U0527974

天喜文化

MORE THAN THE GREAT WALL

THE NORTHERN FRONTIER AND MING NATIONAL SECURITY
1368–1644

长城之外

下

北境与大明边防
1368—1644

〔美〕窦德士————著   陈佳臻————译

天地出版社 | TIANDI PRESS

目 录

第一章 洪武时期——太祖肇基（1368—1398年）//0001

第二章 永乐时期——永乐皇帝的攻守之道（1403—1424年）//0085

第三章 宣德时期——和平之巅（1426—1435年）//0145

第四章 正统时期——英宗皇帝的多事之秋（1436—1449年）//0193

第五章 阶下囚皇帝（1449—1450年）//0275

第六章 景泰时期——规复行动（1450—1457年）//0317

第七章 天顺时期——此起彼伏"天难顺"（1457—1464年）//0369

第八章 成化时期——马不停蹄？疲于奔命？（1465—1487年）//0393

第九章　弘治时期——负重致远（1488—1505年）//0463

第十章　正德时期——"总督军务威武大将军总兵官朱寿"（1506—1521年）//0563

第十一章　嘉靖时期——大明堡垒（1522—1566年）//0693

第十二章　隆庆时期——曙光！（1567—1572年）//0827

第十三章　万历时代——先礼后兵（1572—1620年）//0845

第十四章　大明余晖——最后的辽东防线（1573—1627年）//0925

注　释//1001

译后记//1075

第十章

正德时期——"总督军务威武大将军总兵官朱寿"

（1506—1521年）

第十章 正德时期——"总督军务威武大将军总兵官朱寿"（1506—1521年）

正德皇帝朱厚照于1505年即位，即位时年仅13岁，1521年驾崩。他在位期间，切实证明了他在人格上与乃父弘治皇帝完全相反。他的生活作风极尽奢靡浮夸，且经常不按常理出牌。他本人对军事有着近乎狂热的追求，他渴望离开幽深禁宫，走向战场。尽管明朝迎来如此"任性"的皇帝，但强大的官僚体系及其中杰出的人才仍在发挥作用，出色地维系大明王朝的正常运转。

弘治皇帝驾崩后，鞑靼人的袭扰越发加剧，破坏烈度有增无减。弘治十八年（1505年）五月，北虏大举入寇宣府，由新开口毁垣而入。尽管明军奋勇作战，但诸军仍被围困六七日，人马饥乏。援兵"为虏所扼"，救援难为。是役，明军最终死者2165人，伤者1156人，失马6500余匹，被掠男妇、畜产、器械不可胜计。这看起来似乎是土木堡之变以来明军遭受最惨重的损失，《明实录》称之为"己巳年兵祸以后，所未有也"。尽管京军陆续前往援边，户部亦拨银至宣府筹措兵粮，但这一切为时已晚。[1]

五月二十六日，苗逵、朱晖、史琳再度与张林等率神铳火器兵往宣府征剿北虏。内阁以皇帝之名行敕与朱晖等曰：

> 近宣府守臣节报，虏贼拥众寇新开口等处，势甚猖獗。尔等其相机调度，分布要害，设伏出奇，或攻围未解，多方救援，或肆为冲突，悉力拒遏，或掩其未备，或邀其归路，务期克捷，毋坐守一城，听其掳掠，毋率意轻进，堕其奸

谋。宣府、大同、偏头关及延绥等处游骑等兵,俱听调用。参将而下及各镇巡等官,悉听节制。官军头目人等,敢有违犯号令者,重以军法处治,其临阵退缩,不用命者,指挥以下就于军前斩首示众,然后奏闻。斩获贼级,俱送纪功官处审验,从实开报,以凭升赏,不许冒滥军中。事有难拘常例者,听尔等便宜处置。尔等受兹重托,宜竭忠效力,以纾朕北顾之忧,其往钦哉。

明廷并没有对此次北虏入侵掉以轻心。但是,朱晖等表现平庸,御虏无策,与其节制宣府地区军民人等大权不相匹配。另外,在北虏作耗的这段时间里,兵部仍希望当地踊跃募兵,以替代京军。[2]

六月,经略山海关、工部左侍郎李镂回京,上陈其经略事迹:"起庙山口,迄于密云墓田谷关,展出荒地五十顷二十亩,修边墙二万四千七百九十余丈,濠沟三千三百余丈,墩台、敌台、城楼、营堡等项共一百七十余座,营房三百八十余间,所用夫力计四百九十余万,工马价、匠价银计二千二百九十余两,夫钱二十八万一千九百余文,口粮二万四千三百余石。"[3]如果李镂所奏属实,那么经略山海关的确所费不赀。明廷似乎对北境防线所面临的威胁早有预感,但直到目前为止,北京以东的边防线仍相对平静。

七月,由于"虏贼"在宣大一带势力猖獗,兵部集廷臣会议边事。给事中尚衡言:"丑虏之谋之势,殊非昔日,如架梁哨、高台营,布阵皆效中国。至如盔甲、旗牌,彼亦得诸抢夺而用之。奸细探访,又或过我。我军之虚实强弱,无有不先知者,则彼

第十章　正德时期——"总督军务威武大将军总兵官朱寿"（1506—1521年）

（朱）晖、（史）琳二人之智勇，亦有不必言矣。"兵部亦称："二镇主兵几八万，客兵余三万，将领十四五人，京营调遣者又六人，若使监督、提督、总兵等官果能秉公仗义，惟诚调度，未必不能效力而成功也。"[4]

随后，提督军务右都御史史琳奏捷："虏犯大同、洪州、顺圣川等处，参将陈雄等败之"，是役，明军斩首87级，生擒1人，缴战马200余匹，夺回被掳男妇2700余人，器械、牛马等无算。正德皇帝命嘉奖之。

然而，我们很清楚，这场胜利充其量只是一连串失败中的一次偶然逆转。不久后，万全右卫再次遭遇惨败。据兵科给事中邹轩言：

> 万全右卫去宣府仅七八十里，实京师北门之外。近日，二将败死，官军六千弃甲祈生，虏皆不杀，削其毛发而纵之，今归者殆半焉。彼岂仁之？盖欲款我边士，使畏其势而衔其恩，守边将士莫不解体。且近以虏犯大同，太监、总兵皆统兵赴彼，而宣府之备甚虚，彼或为声东击西之图，其何以支？况古北口、潮河川及蓟州一带，皆贼所出没之路，彼觇知京兵皆聚于边，轻我无备，或间道以窥都城，又将何以御之？乞留军万人于大同，分万人于宣府，使互相应援，仍募土兵，揽群策，究前失事之由而重治之，败归之卒，勿滥恤焉。其古北口诸处，宜益兵以严其备。[5]

又据兵部奏："虏贼拆墙攻墩，及散漫屯驻者五十余处，追虏人畜、踩豆麦、杀墩军者二十余处。未报之数，不知几何。其中或数骑、数十骑，初非众寡不敌，而我将士四集，未闻有防御截杀者，后患可忧。"这是一份令人沮丧的奏报，在兵部看来，必须采取措施解决这个问题，否则"虏兵"一旦杀回，明军莫之能御。[6]

宣大事态出现缓和后，明廷开始清算战争中冒滥功赏、虚报战绩及严重渎职的行为。[7]当然，彻底伸张正义不复可能，但伴随这一过程，年少的正德皇帝身边开始出现新的势力和秩序。刘瑾，这位臭名昭著的权宦，是正德皇帝的玩伴，在逐渐取得皇帝欢心的同时攫取权力。他的党羽，号为"八虎"，刘瑾乃首虎是也。他们决定息事宁人，停止深入追究各种腐败渎职问题，并奖励、晋升、安抚弹劾者。《明实录》撰者于字里行间莫不表达痛恨遗憾。[8]

* * *

许多官员并不愿意赴任边境，或者即便奉命前去，也会想方设法调离是处。但是，从另一角度看，官员若能于边境地区用心高效地履职，亦可成为绝佳的升迁跳板，同时获得良好名声。如前所述，叶盛、余子俊、马文升等即属后者。[9]当然，我们提到的杨一清亦在其中。杨一清的文集中收录了大量他在陕西边防之官时的奏议，最早可溯至弘治十四年（1501年）其于平凉督理马政时。正德二年（1507年），身为三边（延绥、宁夏、甘肃）总制的杨一清因不党附刘瑾而致仕，次年被诬下狱。不过，他的政治生涯远未结束，此后，他甚至成为内阁首辅，嘉靖九年（1530

第十章　正德时期——"总督军务威武大将军总兵官朱寿"（1506—1521年）

年）薨。

管理马政听起来枯燥乏味，但对杨一清而言似未尽然。其《关中奏议》中存有21份自弘治十六年（1503年）至正德初年关于马政的奏议[①]，显示出他对马政工作的付出与热情。弘治十四年（1501年），北房曾在陕甘交界地带发动突袭，致使当地一片废墟，而明朝自永乐时期苦心经营的马场亦毁于一旦。一切必须从头开始，任务极为艰巨，其问题之复杂，不啻需要另一本专著来详细分析。在这里，我们无法细数其实，只能从结果上观照明朝基层治理之一斑。[10]

在这段时间里，杨一清还同时负责茶马贸易，其《关中奏议》中有自弘治十七年（1504年）至正德二年（1507年）关于茶马贸易的奏议5份。[11][②]要完成这一工作亦非易事，而马政之于明边防安全已毋用笔者赘言。对于明朝政府来说，马的获取途径相对多元，既可通过朝贡贸易、官营马场、强制征收，又可通过私人榷买、茶马贸易获得。明朝政府深知，任何单一获取源都存在风险隐患，而马本身又是易耗品，非永久物品。马有生老病死，人们亦需常加更替。

弘治十七年十二月（1505年1月），在突袭宣大之后，小王子的势力又重回河套地区，于是经兵部所请，弘治皇帝命杨一清巡抚陕西。在灵州遇袭、宁夏守臣无能为力的情况下，杨一清这样的人才正逢其时。[12]

弘治十八年（1505年）十月，宁夏守臣请复设将官统领陕西

---

① 见《关中奏议》卷一、卷二《马政类》。——译者注
② 见《关中奏议》卷三《茶马类》。——译者注

游兵,"外以策应花马池,内以保障固原、靖虏"。兵部令巡抚陕西都御史杨一清自行区处。杨一清支持此建议,他说:"宁夏花马池、兴武营、清水营直抵高桥等处,乃套贼入寇之门户,而其钞掠之利,则在于环、庆、固原、安会、静宁、隆德诸处,以监牧马匹在焉。且土、汉杂处,易于生变,一失保障,则腹心受害,根本动摇,游击之设,往来防遏,所以攘外而安内也。"其建议得到明廷认可。[13]

关于此事,《明实录》的记载相对简练,而杨一清的文集中则有更为详尽的奏议。早在弘治十八年(1505年)三月十九日,杨一清题奏:

> 陕西天下要害之地,固、靖等边,又陕西要害之地,八郡数百万生灵之命所系,而缺乏至此。今虽烽火少息,套贼去留犹未可测,纵使河开过套,将来事势,尤有可忧。
>
> 盖自弘治十四年大举抢掠之后,虏贼闻知设有总制大臣(即秦纮),将以为修筑边墙,增兵增粮,事事有备,以此,小王子大众不曾过河,止是火筛等枝入套。近日,贼人分散,丑类潜谋剽掠,随处拆墙填沟,如蹈无人之境。各该大小领军官员,拥兵坐食,未闻运一方略,以挫其锋。况黠虏多遣奸细入境,觇我虚实,恐其蔑我无能,知我无备,将来纠合群酋,乘冻渡河,大举深入。势须征调延、宁、凉、庄官军,以为内援。若不先事储蓄,临期缺乏,未免佥运劳民,贻患地方,诚非细故。
>
> 臣惟图事于平时者易,应变于仓卒者难。先年,陕西为因不曾先事储蓄,及至大虏入套,动调军马,奏开课盐不知

若干万引，运送官银不知若干万两，举行纳银、冠带等项事例，所得又不知其几何。虏寻出套，师旅既罢，仓库一空，徒为乘时射利者之地，而民遭它运转输之苦，至于阖门逃窜，逮今比屋萧然，生理未复。向使虏贼不退，兵连祸结，内变将作，不知何以为计？言之可为寒心。边报稍息，上下相安，遂谓无事，储蓄之策，废而不讲。

顷者，虏复入套，烽火络绎，会计所储，在在不足，相顾骇愕，仰给朝廷。幸而虏贼悔祸远遁，设或潜伏河套，经年不出，乘秋大举长驱深入，纵然不惜府库之财以充供军之费，而地方所出有限，仓卒亦难办给，此皆失于先事储蓄之过也。

杨一清接着指出边储匮乏对于人心士气的不利影响：

且如每草一束，平时价不过二三分，遇急收买，至七八分一钱而无措；每粮一石，平时价不过五六钱，遇急转输民，至费银二三两而不足，此理明甚，人岂不知？其因仍玩愒，良亦有故。今之士夫，任耳不任目，恶闻人善而乐谈人之过失。宁仓卒而劳费，人无非议，平时招籴、增粮、增草，则群而哗之，以为多事，甚则疑其因以为利。用是，凡厥有位，卑者矜矜自保，苟免罪责；尊者循循度日，坐待升迁，有能实心为公家任事者寡矣。……臣窃恐议者因见延、宁小捷，地方稍靖，遂置边储于度外，万一有警，又将贻后时之悔，深虑却顾，不得不极言之。

解决边储问题的方法,杨一清认为还是需要依靠开中盐法:

> 查得先年户部拟奏充实边储事件,非止一端,虽出一时权宜,中间有益无损、经久可行者亦多。至于开仕途滥进之门,为罪人幸免之地,所益者小,所伤者大,苟非门庭之寇,亦正不须如此。若发京师帑藏之财,虽失居重驭轻之宜,终成损上益下之美。但京师储蓄有限,各边仰给无穷,恐非可继之道,求其获利多而取效速者,莫如开中引盐为便。盖榷盐之利,本为助边,果能绝私贩之阻滞,杜权贵之请求,则生生无穷,何忧不给?伏望皇上俯念陕西关中重地,边储缺乏太甚,所宜急时预处。乞敕户部合无于陕西开中两淮等运司,常股、存积等课盐百余万引,及今招商于夏秋收成之后,籴买粮料、草束,查拨固、靖、兰州、环、庆各该边堡屯驻军马缺乏之去处上纳。[14]

数月后,杨一清又亲往沿边巡历,发现许多问题。他奏道:

> 臣巡历陕西沿边军卫、城堡,阅视军马,多非素练之兵。或弓矢器械之不习,或坐作进退之不知。其间勇健壮丁,又多困疲,身无完衣,而备冬人马狼狈尤甚。询其所以,盖因近年领军官员,以操练为故事,以科敛为得策。遇冬主将巡边,各枝各队辏办银两,官则或马或币,献其所有;军则或粮或草,任其侵克。至于河开将放,每军敛银一二钱,谓之"卸甲"。驿站所过,料草不支本色,谓之"打干"。头目虚张声势,打点过送,以为孝顺。将官佯若不知,端居坐受,

以为当得。承应不及，而棰楚随之，钱物到手，则诸事不问。故凡把总、管队等官，但知媚上，岂复顾下？但求免祸，岂暇恤军？以致军日贫、马日耗、武备日弛，职此之由。去冬，套贼侵犯，势甚危急，镇守武安侯郑英统兵固原，不闻扬兵耀武之谋，仍为克科聚敛之举。夫三军之命，皆系于将，驱冒水火、蹈白刃之人而夺其衣食，戕其肌肤，使之怀愤积怨，深入心骨，仓卒遇敌，其不涣然离散者几希矣！况望其捐躯效死，以成尺寸之功哉！[15]

杨一清的奏文令人愕然。可以想象，一支士气低迷，腐败丛生，将官玩忽职守、不恤下情的军队如何能保卫明朝的边防安全？或许边防设施损坏可以修缮，奖惩制度失灵可以弥补，军需供给短缺可以临时改善，士兵不足可以调遣，但腐败问题难以连根拔起。即使监察官员们一再弹劾上诉，但这种现象仍普遍存在，且在可视范围内无法消除。[16]问题在于，是什么驱使明朝不愿屈服于这种腐败现象？事实上，只要稍加调整，这一防御体系仍能维持低位运转，明朝君臣何以苦苦追求将士们必须以集体主义精神的饱满热忱去忠君爱国？在笔者看来，防御姿态并不需要如此精神，局部取得成功，已经足以称道。

明朝政府并非不鼓励革新。有些革新之法获得成功，当然亦有失败者。如前述，余子俊对新式战车的设计就濒于破产，其墩塔建议亦最终无果。而在巡抚延绥都御史文贵的建议下，明军在榆林城等处修筑新式墩台凡147座。此前，明军缘边墩台多为"前代之旧土木，深厚且坚实"，文贵提议将之易为砖木结构，因为砖木墩台"中空外坚，多留箭窗、铳眼"，可以"伏兵御虏"。但是在实战中,"虏兵"多"毁其砖石,因风纵火焚木,熏烟从窗入",明军将士多窒息而死,于是这一设计又被废止。[17]

＊　＊　＊

陕西缘边仍旧处于动乱之中,无论在人们的思想中,还是现实生活中,弘治十四年(1501年)入侵事件的影响依然存在。弘治十八年冬十二月(1506年1月),"虏众拥众数万,毁边墙散入","势甚猖獗",但明军互不统属,指挥不灵,使得虏众得以乘机剽掠。于是,杨一清向朝廷奏道:"近因警报,尝议调延绥游兵、土兵至此分布防御,而无一人至者,盖以事关各镇,不相统摄,彼此抵牾故也。宜命大臣为总制,无事则常驻庆阳,有警则往环县、韦州诸处,居中调度,如虏众出套,亟行经略花马池一带边务,庶有备无患,全陕可安。"明廷支持杨一清的想法,并令其总制陕西、延绥、宁夏、甘肃等处边务,兼督马政。[18]

事实上,明廷也在积极应对多面威胁。正德元年(1506年)正月二十六日,兵科都给事中艾洪奏:"河套之虏侵掠宁夏,势甚危急。其半在河外者,逼近宣大,恐其诱我西援,分兵北寇,不可不早为之备。宜遣给事中四人,分往辽东、宣大、延宁、甘肃,召募土兵,程其功能,重立赏格,亦防御之一策也。"兵部奏道:"虏窥伺宣大,实如言官所虑,臣等项欲设总制大臣……仍以请若募兵,则人用银三两七,镇每兵三万,总为兵二十一万,用银六十三万矣。"[19]

第十章　正德时期——"总督军务威武大将军总兵官朱寿"（1506—1521年）

我们可以看到，明朝文官接管军务的迹象越来越多。高层指挥官团队通常由太监、将领和文官共同组成，仅就此看，是难以察觉其变化趋势的。但若从其他角度，我们还可以看出，地方巡抚渐渐成了边防军队的"总制"。

作为新任总制官，杨一清开始向朝廷奏报关于河套方面更为详细的边防作战情况。根据宁县总兵官、右军都督府都督佥事李祥奏报，正德元年（1506年）正月初一"夜丑时分，据鸣沙州迤东枣山墩夜不收周翊同、灵州摆拨夜不收刘瑛报"，十二月三十日未时，他们发现"达贼精兵约有五六万，俱穿戴明盔明甲，张打旗号，三路摆列台营，从地名石把都来，后面灰尘不绝"。而红寺儿夜不收潘关一等报，初一未时，"虎巴山灰尘约长三十余里，亦结营阵联络而行"。初二申时，"哨探夜不收王洪报，未时哨见达贼灰尘涨天，结营走，从南往旧白塔儿去讫"。副总兵卫勇也看到，"贼势十分拥众，摆列营阵而行，又兼天晚，援兵不能猝至，难以发兵"。明军守将"一面急差乡导陆宽等，飞调韦州按伏副总兵姜汉等人马前来，并力追杀"。戌时，杏园墩摆塘乡导陈演报，未时"瞭见达贼灰尘，从地名白塔儿东空过，至黄昏时分未尽"。

初三黎明，明军出兵，"副总兵卫勇人马为左哨"，李祥"为右哨，指挥杨瑛、周冕统兵车继后袭追"。行军途中遇到白塔儿墩瞭高小旗张英，据张英报，初二未时，"宁夏差来夜不收徐礼保、魏成爪探声息，到于本墩空，被前哨达贼杀死，马二匹抢去。追至白塔儿后，有延绥副总兵姜汉、游击戴钦、参将王戟人马到彼会合，袭踪追赶。随有固靖游击将军陈善亦领人马俱到地名猫儿头山，因见天晚，风雾昏黑难追，彼众我寡，力不能支，恐堕诡计"。故"三更时分，延绥兵马往小盐池"，李祥等"至五更时分到石沟儿驻扎"。

初五，灵州守备焦洪差夜不收张华等报称，昨日，"大众达贼从清水营、木井等墩空，及花马池原拆墙口出境去讫"。李祥等将前线战报上报给杨一清。

杨一清总结了近来的边防战况，认为李祥等作战不力：

前事先因大势达贼于弘治十八年十二月十七等日拥众大举深入固原、隆德、会宁地方抢掠，缺军御敌。臣遵照钦奉敕谕及兵部节该题奉钦依事理，移文调取延绥游击将军戴钦、参将王戬，统领游兵、土兵前来腹里应援。副总兵姜汉统领奇兵会合宁夏总兵官李祥等人马，联络驻扎小盐池、石沟、韦州等处，邀贼归路，因是道途阻滞，游兵、土兵日久征调不至。本月二十九日，据西安州海剌都操守指挥陈晟等差人走报，前项达贼于二十七等日由西路麻张堡、西安州、锦鸡口出境，恐前调游兵、土兵仍来固原，缓不及事，又经差人阻回，行令前去石沟、盐池一带按兵，密切会合宁夏主副将官及陕西游击将军陈善等官，相机邀截，已经具题外。

今据前因，照得前项达贼自弘治十八年十二月十七日拥众大举从花马池地方拆墙进入，分守参将霍忠兵败被围，杀伤官军数多。贼众乘胜长驱，深入腹里抢掠，至正德元年正月初二等日，从石沟、盐池两界地方出境，虽经会行延、宁二镇将官合兵追截，止是延绥副总兵姜汉奇兵斩获首级二颗，参将王戬、游击将军戴钦人马俱无斩获。又查得各官不遵兵部原拟，到边稽迟，但系新旧将官交代之际，况王戬当虏寇入境之初，冲锋解围，有功于花马池官军实多。戴钦弘治十八年十二月十六日方才任事，十七日随即统领官军启行，千里赴援，未尝后期。宁夏主、副将官李祥等各称声势，十分拥众，摆列营阵而行，难以发兵，缘事关各镇。中间事机委曲，非臣所能悉知。除将姜汉等解到首级、夷器看验收库，达马给军领养，及陕西官军获功误事缘由俱另行外，缘系大举达贼出境，客兵追截获功事理，谨题请旨。[20]

与此同时，宣大方面对虏的进攻亦应对不力，部分原因仍与"老师费财，冒功匿罪"等腐败现象有关。[21]

北虏袭扰的奏疏如雪片飞来，朝廷上下弥漫着一种不安的气息。此次袭扰，似乎与弘治十四年（1501年）时的破坏力度相当，甚至在某些方面更为严重。兵科都给事中艾洪等措辞强硬地题奏曰：

臣等窃见胡虏犯顺，边事孔棘。陕西、宁夏等处官军已被其挫衄，隆德、会宁等县地方俱被其抢掠，肆无忌惮，直至秦州西南等处约二百余里抢掠。国步艰难，人心危惧，殆如一发之引千钧势，不可救药。道路传闻，畿甸惊惧，十分紧急，危及宗社。且大势达贼在王府衙下驻扎，声势联络，火光相望，远近不一。传闻宁夏分守东路右参将霍忠人马约有七百余骑，俱被损折无遗。参将王戬所领土兵，中途偶遇达贼，又被杀伤数多。总兵官曹雄人马约有五百，俱被残灭，仍将曹雄围困在红城子，略无一人一马救援，势甚猖獗，人颇怆惶。镇巡匿不以报，地方失陷，咎归于谁？万一不虞，延及宗社，虽万死何赎！

杨一清在其《关中奏议》中记载了这则题奏，并针对艾洪的题奏作出回应，总结了战事细节。[22]

接着，杨一清在《奏议》中提出了自己的建议。他向朝廷提议招募当地土兵："往年，达贼河开之后，俱各出套，即今虏请非常，事势难料，若果在套潜住，未免肆意侵掠，为患不已。况陕西一带岁遭大歉，民财已穷，合用军马，除本省三边之外，别处客兵，决难轻动，况彼处土人生长边方，材力勇劲，便于战斗，若欲鼓舞用命，必须激之以利，故云'重赏之下，必有勇夫'。"正德元年（1506年）七月初二，正德皇帝批复，是其议。于是杨一清又继续上奏，罗列一系列弘治十四年（1501年）以来效力明军但没有得到封赏的边方当地土民。此后，杨一清指出："兵部奏行招募事例，明白详尽，虽有榜文揭示，但边方村野土著军民，字且不识，意何由解？必得能言晓事之人开谕，庶几人心乐从。"同时，他还提到明朝奖惩体系中的腐败和不公平现象，指出这种腐败和不公平极大挫伤了本地土民的积极性。[23]

西宁，藏族聚居区的门户，明人入藏，必经此途。此地也是杨一清所"巡抚"的范围，但各族杂居，纷争不断。正德元年（1506年），西宁等处兵备、陕西按察司副使萧翀丁父忧，杨一清向明廷推荐陕西按察司佥事胡经和太仆寺少卿郭珠，从中择一代萧翀职。明廷最终升胡经为陕西按察司副使，"整饬西宁等处兵备"。[24]

不过，这段时间，明朝边防的主要安全问题仍集中在河套地区的南部边缘——宁夏东部至延绥一带。杨一清为此奏道：

切见陕西各边,延绥城堡据险,宁夏、甘肃河山阻隔,贼虽侵犯,止在本境,为患犹浅。惟宁夏花马池至灵州一带,地里宽漫,城堡稀疏,兵力单弱,一或失守,乘势拆墙而入,其所利不在宁夏,而在腹里,必将犯我环、庆,寇我固原,深入我平凤、临巩等府州县。其间土汉杂处,倘兵连祸结,内变或因之而作,根本动摇,诚非细故。此所谓膏肓之疾,腹心之害也。

杨一清接着又说:

成化初年,北虏在套,彼时未有边墙,恣肆出入。后该巡抚宁夏都御史徐廷章等奏,修今边墙二百余里,开浚沟堑一道。延绥地方边墙壕堑,又该巡抚延绥都御史余子俊修浚完固。北虏知不能犯,遂不复入套者二十余年。世平人玩,边备稍疏,墙既日薄,沟又日浅。弘治十四年,大虏由花马池拆墙入寇内郡,戕败我士卒,鱼肉我生民。虏人得志,始蔑我边墙为不足畏,连年拥众拆入,我军动辄失利。

杨一清根据自己在陕西任官的经历,认为:"虏情边事,颇尝究心。但腹里频年旱荒,仓廪空虚,馈饷不继。虏贼动号数万,倏聚忽散,出没不常,未至而广征士马,则徒费刍粮,既至而调兵应援,则缓不及事。纵使大兵既集务速,则彼或不来,持久则我师先老,恐终无以伐其深入之谋,沮其方张之势。"

对此,杨一清根据自己实地考察的经验,提出了解决问题的方案:

臣恐坐谈不如亲见，本年五月间，自庆阳、环县历延绥、定边、宁夏、花马池、兴武、清水营直抵灵州一带，边墙、城堡、墩台逐一躬亲阅视，及将原勘议事情，会同巡抚陕西都御史张泰、巡抚延绥都御史文贵、总兵官张安、巡抚宁夏都御史刘宪、总兵官李祥、巡按陕西监察御史邢缨面议，所见所处，大抵略同。臣广集众思，兼收群策，参酌损益，始有定论。其大要有四：修浚墙堑以固边防；增设卫所以壮边兵；经理灵、夏以安内附；整饬韦州以遏外侵。当务之急，莫先于此。

杨一清承认，修筑边墙确实劳民伤财，但面对"虏患"威胁，应该"两害相权取其轻"：

但修边一节，陕西各该地方财匮民劳，兴此大役，必多异议。然利害有重轻，关系有大小。土木之害，较之抢杀为小，动摇之患，比之劳费为大。大事可成，则小费不足计，远效可图，则近怨不足恤……兹欲复守东胜，因河为固，东接大同，西接宁夏，使河套方千里之地，归我耕牧，开屯田数百万，用省内郡转输，斯为上策。顾今之力有未能，未敢议及。使虏人不恒入套，或如近年，入而遄出，犹可支持。万一拥众在套，经年不出，则陕西用兵，殆无虚日，八郡之人，疲于奔命。民穷盗起，虽有智者，不能善其后矣。及今将延绥、宁夏一带边防，设法整饬，贼来有以待之，虽不得为上计，犹愈于无策。然边防既固，虽中人可守，丑虏闻知，或数十年未敢轻犯，馈饷可省，休养生息于十数年之后，东胜之议，未必终不可复。

而之前历任官员主持修建的边防工程存在缺陷，不足以有效"御虏"。杨一清曰：

> 前项边防，委的壕堑窄浅，墙垣低薄，墩台稀疏，节被大势达贼入套，近边窥伺。墙里既无大兵阻遏，墙上又无官军拒敌，贼众填沟而进，挖穵边墙，一日可开二三十处。本处官兵，自保不暇，安能截剿？墩军惧其攻穵，往往弃墩而逃，烽火不接。纵使征调客兵前来应援，墙内墙外，俱平漫广衍，黄沙白草，弥望无际，贼众动称数万，我军众寡不敌，无险可据，难以遏其初来之锋。贼既入境，驰骤长驱，一日夜可至固原地方，无复邀阻，连年失利，职此之由。

针对这一局面，杨一清提出自己的解决方案，即以更为严密强大的防御体系来防止北虏袭扰。"将旧墙内外帮筑高厚"，墙上开设垛口，安置遮板；墙外添设壕沟、小堡，以及"上盖暖铺一间"以供士卒居住的敌台，"每间用五人守之，该用军四千五百名。无事之时，止守旧墩，每冬月河冻，不拘达贼曾否入套，即便调拨铺军上墙防护。仍添拨军人于新墩守哨，河开无事，疏放回营……虏贼若果入套，必似前窥伺侵犯，原拟征调延绥游奇土兵，及宁夏副总兵等人马，各于定边、花马池、兴武营、清水营、灵州等处驻扎，仍各分兵于新旧小堡内按伏策应。其间应分应合事宜，又在临期调度。如此，则边备严密，威武振扬，足以伐其邪谋，不敢轻易近墙。若是仍前填壕，近墙攻穵，官军出列墙上，敌台两边枪炮矢石攻击，贼徒愈众则所伤愈多。步兵击之于墙上，骑兵待之于墙内，其锋必沮，其气必丧。虏贼远来，利于速战，入既无策，势必遁归，纵使犬狼不肯悔祸，结聚攻围，边墙受敌不支，然相持之间，未免少延时日，烽火传接，环、庆、固原一带人畜既敛，兵备既严，可保无失。事不得已，则我边兵姑敛入大小城堡，以避其锋。贼果深入，速将原拆墙口补塞，量留官军坚壁固守，各挑精兵袭踪而入，陕西官军挠之于内，俟其将遁，蹑踪而出，延宁精兵邀之于中，沿边官军拒之于外，贼虽枭雄，岂有善归之理？就令小有侵掠，比至边墙，我军仍于墙上里面垛口用枪炮矢石攻击，势必溃乱。诸军乘之，纵不能使其匹马不旋，亦必大遭挫衄，可保数十年不敢入套。犯边经略之计，宜无出此"。在奏议后文中，杨一清详细计算这一方案所需的成本。

不过，很快杨一清就会注意到，即使方案如他所规划的那样实行，仍会存在不严密之处，还有许多工作亟待解决。至于防御体系中事关其他族属的问题，杨一清亦奏道：

> 灵州千户所北临广套，西控大河，实宁夏之喉襟，中原之门户。原额土、汉马步官军四千八百余员名，备御西安右护卫官军七百五十一员名。所管地方，东至萌城，北至兴武营，方数百余里，大小城堡二十余座，诚为达贼出没要害重地。灵州不守，则宁夏隔为外境，环、固势孤无援，无环、固则无陕西矣。

关于灵州，杨一清奏称：

第十章　正德时期——"总督军务威武大将军总兵官朱寿"（1506—1521年）

内有土民四里，并土达军余六百户，俱系洪武年间山后节次归附人数。我祖宗嘉其诚，款收而羁縻之，给与田地草场，使其任意耕牧。后因有警，土人自备鞍马，出力报效，累有斩获，北虏畏之。近年以来，所司不知存恤，草场被人侵夺，莫为理断；马匹一概走站，死则追赔，虏贼外侵，科差内扰，人畜凋耗，死徙居半。

从杨一清的奏议中，我们可以看到明朝边境颇为惨淡的画面——暴力冲突、叛乱或其他糟糕的事情互相交织。

杨一清还说道：

巡抚衙门奏设州治，建学立师，训诲土官、土人子弟，用夏变夷，似亦有见。但宁夏军余改设编氓，未免损此益彼。近又革去州治，仍隶宁夏卫管辖。夫州治固不可设，缘本所军非不足，官有剩员，复守御之旧，当无不可。且今之管军官员，多一层则受一层之害，灵州军民，甚以为害，而宁夏之人，则因以为利，贪豪恣肆，上下交征，众暴强凌，无所控诉。必须复设守御千户所，专设宪臣一员，在彼常川驻扎，庶几夙弊可革，土人获安。但陕西按察司添设兵备副使已多，若再添除，又启官多人扰之议查得环庆兵备副使止管庆阳一卫事务，甚简况，又兼理灵州盐法。庆阳相离大小盐池各数日之程，实难遥制，灵州相离盐池不远，易于提调。合无将灵州千户所改设守御千户所，换铸印信使，径隶陕西都司，所辖土民听本所吏目带管。将环庆兵备改作整饬环、庆、灵州等处兵备，自环、庆迤西，宁夏花马池、兴武营、清水营直抵灵州一带地方，俱听提调约束，常川在于灵州驻扎，操练军马，问理词讼，抚安土人，禁革奸弊，兼理灵州盐课司大小盐池、盐法。仍听陕西、宁夏巡抚官员节制，如此而又委任得人，则军民免十羊九牧之扰，土人有趋利避害之望，而一带地方边备，钱粮有所稽考，不为无益。[25]

明廷十分赞赏杨一清的一系列提议，很快，明廷就批准其各项奏议并下发实施。而杨一清的叙述，也确实让我们难得一见地窥视到明朝边防地区基层行政的情况。从中我们看到，经过一系列深思熟虑，明廷决定重组当地行政架构，而这可能会对生活在当地的非汉人族属产生巨大影响。事实上，他们的生活福祉也事关明朝的边防安全。如此，我们似乎也得以进一步理解，为何文化上"用夏变夷"的政策会被明廷所否决，因为这并非根源于"夷"的反对，而是直接减少了"夏"可兹利用的兵源。

* * *

正德时期，明朝北境防线的一个突出特征是：最高指挥官通常拥有极为广泛的管辖权。杨一清并非唯一一位出任"总制"的要员。在杨一清"总制"范围以东，还有附从于刘瑾的阉党人士刘宇出任大同、宣府、偏头关等处总制。他与杨一清之间需要彼此协调，以便北虏离开河套时明军得以及时作出战略调整。当然，无论杨一清还是刘宇，都无法做到一言堂，他们的决策仍需要"宫里"——正德皇帝及刘瑾的同意。故如此前所引杨一清的奏议，亦多由兵部尚书刘大夏、许进奏进获批，方可实行。[26]

当然，明廷并非事事都应允杨一清。尽管他以十分的热情应对边防事务，但明廷亦会偶尔驳回其请求。如正德元年（1506年）十月十三日，杨一清就向朝廷提议停止继续要求宁夏方面进贡红花，但遭到朝廷拒绝。众所周知，红花是西北地区的特产，是重要的染料、药材和佐料，产量极低，故弥足珍贵。但杨一清指出进贡红花对宁夏方面造成了极大负担。他奏道：

> 访得宁夏镇守衙门递年采摘进贡红花，拨用官军数多，恐有别项私役情弊，已行查报去后。今据前因，切照惟正之供，在圣王不能废；毕献方物，亦臣子所当为。宁夏镇守太监、总兵进贡红花，未知起自何年，及称节奉钦依事例，各该官司亦无案卷可查。以臣度之，既不经由司府卫所衙门，又无额征一定斤数，其非任土常贡明矣。先年或以其土产之良，暂时取用，又恐喜事贡谀之辈倡而为之，递年相承，以为故事。
>
> 夫红花之为物，取之以供服用，固非奇技淫巧之比。但播种浇灌，薅锄采摘之役，拨用军丁，动以千计。前项查报，犹恐未的。经该人员借是以耘种私田，营干私事者，难保必无。计其所进之数两，镇守衙门每岁共不过二千余斤，装盛柜扛，差官赍进，起拨车辆、人夫。宁夏距京师几四千里，未免骚扰驿递，中间指称盘费打点等项使用，莫可查考，利之归于官者甚少，害之及于人者实多。
>
> 且宁夏地方，孤悬河外，与虏为邻。在先年间，边境宁

谧，年谷丰登，军有余力，似不为虐。近年以来，山后之贼，不时窥伺，河套之寇，乘冻侵扰，按伏截杀，征调无休。正兵兼有守墩、守墙、守堡之劳，余丁又有修边、修渠、修坝之役，加之频年荒旱，衣食不继，屯粮重大，输运孔艰。原领军伍，凋耗居半，逃者未复，存者又逃，不得已而抽选招募，求以实边，所得不偿所亡，空虚转甚。陕西各镇边兵，未有若宁夏之最贫且弱者，将来事势，臣切忧之。及今正宜多方宽恤，扶衰补羸，以图元气之复。一切不急之务，似应停止。

臣切惟圣明轸念边镇重地，岁发帑藏之银，易买粮草、马匹不知若干万两。前项红花，京师所值价银不过数百余两，若蠲每岁数百两之银，宽每岁数千人之役，所失者小，所得者大，亦何足惜。如蒙乞敕工部查议，合无将宁夏镇守太监、总兵进贡红花，特降德音，停免。额拨播种余丁，听当别差，果有钦奉先朝着为常贡敕旨，亦乞暂停三五年，以恤边兵用，成损上益下之美，且免假公营私之弊。所谓宽一分则受一分之赐，边人云霓之望，此其一端也。

工部同意杨一清的建议，试图将原来种植红花的土地改为屯田，但正德皇帝（或刘瑾）不同意这一做法。[27]

弘治十四年（1501年）之殇，在接下来的五年里仍存在余波。是役而后，陕西都司都指挥佥事杨琳受到牵连，锒铛入狱，而后被发配充军，忍受着饥寒交迫的生活。杨一清（与杨琳并无亲属关系）奉命彻查此案，并将事情本末如实上奏。其曰：

弘治十四年间七月内，巡抚都御史周季麟于固原驻扎，闻知达贼侵犯韦州地方，随差陕西都司都指挥佥事杨琳率领官军九百九十四员名，前往黑水口按伏截杀。本月二十四日，杨琳据夜不收马黑儿走报，达贼进至打狼川。本日至午时，达贼万余先已攻围镇戎所。彼时杨琳以众寡不敌，与随征西安左卫指挥朱鼎等议要仍驻黑水口，以避其锋。有朱鼎等回说："若不进兵，被周都堂打一百，也只是死，不如进战，便死也有名。"杨琳当即发军。本日未时分，行至孔坝沟，辛遇大势达贼，约五六万骑，连山遍野，满川前来迎敌。占在四面高岗，将官军围在沟南。两阵相离不上三十余步。杨琳在中军发放："如今彼众我寡，且又陷在死地，须是大家力战求生。"当令指挥朱鼎、妙龄、武臣、许庆，千户杨玺各分一面，督军当先对敌，因是两阵相近，矢无虚发，战至戌时，官军死者三百余人，其贼死者亦有百十余人。官军在前者奋死力战，在内者挤捱，不得展手，彼时心慌目乱，莫辨谁何，直至昏晚罢战。敌众俱在周围扎营，又值夜雨如注不息，至天明二十五日，军火器具皆湿，又复交锋。贼说："不要杀了，只与我马罢。"官军叱骂固拒，舍死力战，至巳时，官军死者又约三百余人，敌死者亦有八九十人，俱在沟中重迭枕藉。贼见朱鼎、妙龄、武臣、许庆、杨玺善战当先，仇视四面，攒合拥挤向前，将朱鼎等钩搀下马，俱支解讫。杨琳与见在中伤官军三百余员名，各中贼箭，血流模糊，俱在死尸内掩藏。贼退，方才走出回城。

此后，贵州道监察御史杨仪为杨琳说情，认为其在孔坝沟提一千之弱兵，当十万之强敌，奋不顾身，输心死战，使彼处居民得以逃生。但大理寺最终仍认为其"轻率交锋，全军覆败"，据此问拟斩罪。后来，秦纮又奏称"彼众我寡，情有可矜"，于是朝廷决定宽宥杨琳，发为充军。杨一清认为此事仍有蒙冤，于是亲自前往杨琳交锋之处仔细勘察明白。据他陈奏："杨琳以寡御众，奋死对敌，又值夜雨如注，弓矢、铳炮、火药俱湿，不堪使用。官军虽多损折，虏贼亦多杀伤，阻遏贼骑至于一日夜之久，不但山野居民得以逃避，而固原各城堡官军闻警戒严，方得保全。不然，地方之患，尤有不可言者。较其功罪，似亦相当。且孔坝沟南至黑水口三十余里，北至镇戎所仅七八里，彼时黑水、镇戎俱有按伏人马，而镇巡重臣又在固原驻扎，相去不远。初传贼众攻围镇戎，人心震恐，杨琳领军急趋而进，意欲与镇戎所主、客官军合兵拒守，且料固原援兵必至，不期未到镇戎，骤遇强敌，外无救援，只得奋勇对敌，事势至此，无可奈何，比之怯懦逗遛者，委的不同。"鉴于此，杨一清进一步指出，如果杨琳进一步受到惩罚，那么守军可能会因为这样的不公正待遇而畏缩不前。他奏道："近日，各边将官动以杨琳借口，贼至则婴城自守，杜门不出，坐视深入，不交一矢，以图全军，致令虏骑蔑我无人，肆行无忌，戕害生灵，抢掠头畜，其数无算，元气为之萧索，流弊至此。故欲宽彼覆军之罪，用励敢战之人。臣闻胜负兵家之常，成败利钝，诚难逆睹。古之名将，不能保其无败。若使沿边小大将官，咸怀以身徇国之忠，遇敌量力以战，不先为退怯，纵不能保其常胜，亦岂得全然无功？贼虏知我处处有敢战之兵，未必不少沮其方张之势。"[28]

* * *

边境的短暂平静给了明朝军民休养生息的时机，也让杨一清等沿边守臣得以反思重构明军的防御体系。正德元年（1506年）十二月十八日，杨一清再奏道："照得黄河将冻，虏贼虽未见入套，备御之计在我，不得不严。看得延绥、定边营迤西，直抵宁夏、灵州地方，广袤平漫，无险可据，边墙低薄，壕堑淤塞，不堪保障。贼每从此拆墙深入陕西、环庆、固原地方抢掠，上廑九重宵旰之忧。臣切详此虏频年犯顺，其气方张，不曾遭挫，必无惩戒。然其志已骄，罪恶贯盈，天实怒之。今岁若复不肯悔祸，决当重遭殛罚。臣受命总制各路兵马，谨当申严号令，分布主、客官军，扬兵耀武，以伐其谋于未入之先，出奇设伏，以乘其弊于将归之际。然须脱略常法，随事达变，乃克有功。且善战者必知分合，善守者必审常变，我边兵患于备多，将病于权分，各据利便，自分彼此，机可乘而不乘，兵当合而不合，其轻率寡谋者，则又知常而不知变，往往堕贼计中，以致我武不扬，狂胡日肆，职此之由。"杨一清接着又将前线按照纵深分为四类，"以定边营、花马池、兴武营、灵州一带为藩篱，以石沟、盐池、韦州、萌城、山城一带为门户，以固原、黑水口、镇戎所、西安州、海剌都一带为庭除，以安定、会宁、静宁、隆德、平凉一带为堂室"，并各安排将领布防，以争取最大限度保护明境。[29]

杨一清并非唯一一位热衷此事的官员。镇守延绥总兵官、都督佥事张安向杨一清呈报道：

切见近年以来，虏酋骄横肆志，势甚猖獗，动辄深入腹里，诸镇被其蹂躏，地方尽皆残毁，未尝有一挫彼锋锐，切齿含恨，无所施为。且如弘治十八年十二月初旬，虏中走回人口传报，酋首会议每人杀羊一只，牵马二匹，前往迤西地方抢掠。彼时得此消息，欲集官军乘夜出境，扑捣巢穴，破彼南侵西掠之势，但恐又有引惹边衅之说，有为首尾之畏，束手忍忿，掣肘难行，以故贼徒得利而归，动摇内外。言及于此，实可寒心！若不预为处置，使贼痛遭挫衄以回，边患何时得息，地方何时得宁？合无将来虏贼仍前恣意侵掠，不拘何镇探听声息，选定马步官军住守，先差乖觉夜不收出境，密切哨爪贼巢远近、帐幕多寡，果离边墙一二百里之远，的实回报，然后将马队官军分为左右哨拨，步军驾御兵车随同出境，挨边扎营，作为家当，声势联络，遥振兵威。马军昼伏夜行，徐徐前进，约至贼巢，分兵四面，齐起惊击散乱，擒拿老小，剿杀强壮，邀赶生畜，纵有侥幸逃命脱走者，冬则冻饿死伤，夏则困渴疲敝，自有不战而亡。且又致使深入腹里抢掠之贼，得知前后不顾，急趋回营，见其巢破营空，妻子散乱，无所顾藉，生畜被劫，无所收集，加之腹里按伏官军追击，内外夹攻，手足无措，未免魂丧胆落，号哭奔遁。虏贼所顾恋者，妻子生畜，如此谋为，使再不敢返顾轻犯，庶保内外军民得安。缘系预计兵机事理，合行具呈，乞为参详可否，明示施行。

杨一清认真考虑了张安的建议，并认为值得一试。他向朝廷奏道：

第十章 正德时期——"总督军务威武大将军总兵官朱寿"（1506—1521年）

> 虏酋自弘治十三年延绥、大同官军失利之后，志骄气横，肆无忌惮。弘治十四年，深入陕西腹里，残害生灵，动以万计。弘治十八年，宣大游兵全军覆没。又河冻之后，连年窥伺陕西，既未遭挫，必无惩戒。今冬踏冰入套之举，难保必无。既入河套，必不安静。臣方部署将士，振扬威武，已将沿边直抵腹里，分为四路，布置主、客官军相机邀截。及具题外，但兵少备多，未免以一当十，出奇制变，似不得已。前项扑捣巢穴之议，不为无见。臣非不知来战去守乃御戎之常道，犁庭扫穴非圣王之本心，缘商高宗之伐鬼方，唐太宗之擒颉利，是非薄伐，昭然可知。况河套本我内地，而彼据以为巢，由是以窥我近边，犯我内郡，此正田中之禽，利用搏执，固非称兵于阴山之窟，溅血于不毛之地，喜功好大者之所为也。

接着，杨一清详细向明廷介绍了自己的布阵方略，并强调前线将领的临敌措置之权，希望明廷能够授之以方面节制大权，而非事事遥制。明廷最终认可了他的建议。[30]

* * *

问题远不止此。陕西有一部分管辖地域已经深入藏族聚居区，而越往西，则藏人生活的痕迹就愈加明显。在这里，负责军政事务的是明军的卫所，而非文官统治的州县。

那么，这里又会出现什么问题呢？杨一清有五份奏议涉及此处①，其中不乏他自己的观点和评论，而大多数时候，兵部也非常认可杨一清的建议。正德二年（1507年）正月二十六日，杨一清奏曰：

> 洮、岷、河州、西固城、阶文五处地方，切邻边境，番贼先年不时侵犯，陆续奏设守备官各一员，职专操练军马，抚治番夷，保障地方。近年以来，仗赖朝廷恩威，诸番顺服，但夷性狠诈，种类数多，反覆不常，祸患难保。况岷州相离阶州五百里，文县七百里，西固城三百里，洮州一百余里，河州五百里，河州直抵阶文一千二百余里，且又山沟陡峻，道路崎岖，若将各该守备官员尽行裁革，止设参将一员，常在岷州驻扎，边备副使常在河州驻扎，有事公同计处，倘遇有警，直待呈报各官，方才调用人马，不惟缓不及事，抑恐所丧滋多。其称前项守备官每人常带家属四五十口，莫肯自出己财养赡，分外供亿，何胜其繁，甚有不守法度，肆为剥削渔猎，诚有所见。但征剿截杀之际，若非亲人跟随不可，合无将各官随带家人，量为查革，各止许存留十数名跟用，其余俱发回原籍随住。各官仍照旧存留于各地方守备，若有人口过多，甚或废弛边情，剥削军士等项奸弊，听边备官用心访察。

---

① 见《关中奏议》卷七《为急缺兵备官员事》、卷八《为遵明诏更置将官以苏久疲边人事》、卷九《为激励土兵事》《为预处储蓄以安边固本事》《为遵明诏更置将官以苏久疲边人事》。——译者注

明廷是其议。[31]

在另一份奏议中,杨一清指出攻守之道的不同,并为此要求重新安排才能不同的将领各就其位。他奏道:

> 惟三军之命,实系于将,而战守之将,其用亦各不同。今之参将,分疆画地,各守一隅,所谓守将,遇警固未尝废战,而其用则先于守。今之游击,随贼声势往来策应,所谓战将,所至固未尝无守,而其用则专于战。守将之务,修车马、备器械、据要害、固封守、明斥堠、谨禁防。寇至而先为之备,不必求取战功,求无所失而已。若游击之官,披历荆棘,眠宿霜露,非身先士卒,不足以鼓勇齐力,非躬冒矢石,则不能解围溃坚。虽谋勇贵乎兼济,而常以勇为主,是二者固未始不相通。而目前之用,则先其所急。切见分守延绥东路右参将、都指挥佥事时源,性资果敢,胆气猛厉,惯经战阵,骁勇著闻。今分守一方,虽亦未尝废事,使当游击之任,冲锋破敌,是其所长。延绥游击将军、都指挥同知戴钦,性资明爽,才识疏通,晓畅边情,熟闲戎务。今为游击,非无可取,若居分守,其所建立必有过人。且人才难得,用违其长,虽能者无以自见,随才器使,则天下无不可用之人……如果臣言可采,合无上请将时源改充游击将军,戴钦改任分守参将,各换敕行事,则此二人者易地而居,各当其才,战守之寄,两有所托。

明廷是其议。[32]

我们暂且不看杨一清关于经略要害边防、保固疆场的一系列冗长奏议，而先看看他《为衰病乞恩休致事》的奏疏。他自陈"臣禀赋素弱，血气早衰，中年以来，耳鸣如蝉，目眩生花，元气受亏，火邪乘之，痰晕呕逆，时作时止，腰膝无力，行立艰辛"，希望朝廷能恩准他致仕养老，或至少让他回去养病，待病稍痊再行出仕。他在朝堂的朋友们也都替他在刘瑾面前说情。[1]他将在正德五年（1510年）重新出山，届时我们再将焦点聚集于他。[33]

* * *

总的来说，弘治十八年（1505年）到正德五年（1510年）期间，除了个别小规模袭扰，明朝北境防线总体相对稳定。此时，明廷的"当家人"是权宦刘瑾，他非法谋权，排斥异己，被广大士大夫所唾弃。在边防领域，刘瑾严格审计各类军需粮银的支出，试图以此降低成本，节约军费。不仅如此，刘瑾还诬陷杨一清冒领浪费边疆费用，将之逮捕入诏狱。

正德五年（1510年）四月，宁夏安化王朱寘鐇反，与周昂、何锦、丁广等联合，图谋不轨。叛乱始因刘瑾党羽在宁夏敛财而激变，安化王决定"清君侧"。正德皇帝以圣旨重新启用杨一清以都察院右都御史的身份提督陕西等处军务，剿灭叛军。但叛军力量薄弱，杨一清尚未到陕，叛军已被镇压，杨一清转而奉命彻

---

[1] 刘瑾因杨一清不党附于己，心生怨恨而弹劾杨一清。杨一清被迫请辞，但仍难脱厄运，被刘瑾借口逮系诏狱。后经大学士李东阳等极力营救，罚俸致仕。——译者注

查事件始末。其《关中奏议》对事件作了细致入微的详细记录，所有证人证言的采信度以及处置方式，亦均作如实记录。[34]

这里，我们需要以弘治十四年（1501年）所编的《宁夏新志》[35]——最早的边疆方志之一——为参考，对宁夏作一简要介绍。《宁夏新志》对宁夏的细节记载是其他史料文献无可比拟的。据该志载，宁夏有户41474，城市发达，有羊肉市、柴市、靴市、鸡鹅市、巾帽市、杂货市、杂粮市、猪羊肉鱼市、米麦市、骡马市等。住户职业、身份亦各有不同，包括宗藩（庆王及叛乱的安化王等）、太监、都御史、总兵官、王府官等一系列官家人等，儒、释、道人员，王妃、郡主、县君、乡君等贵妇群体。此外，普通居民有耆老、农民、医生、卜者、阴阳家、丹客、博局、圆社、园丁、樵夫、牧民、猎户、巫师、火夫、回族、土达、通事、医兽、仵作等。军人则有将军、舍人、舍余、总小旗、总小甲、校尉、旗手、旗牌手、马步军、守城军、夜不收、弓箭手、大炮手、神枪手、盾牌手、弓弩手、吹鼓手、屯军、操丁及军属老幼、备御军、伴当、军牢等。另外，宁夏还住着许多基层吏员和贩夫走卒，计人掾史、令史、典吏、司吏、攒典、军吏、斋郎、巡拦、斗级、库子、秤子、厨子、门子、水手、马夫、驴夫、皂隶等。

又有一等工商业者，如酒、肉、米、布、油、鱼、杂货商人，行屠、店主、牙侩等，及画工、刊字人、金箔匠、银匠、裱褙匠、笺纸匠、塑匠、金线匠、织机匠、毛褐匠、绣匠、锡匠、帽匠、纸匠、丝线匠、绒线匠、钉磁匠、木匠、盔甲匠、裁缝匠、梳篦匠、镘师、冠带匠、碾玉匠、伞匠、笔匠、销金匠、描金匠、磁窑匠、瓦窑匠、车匠、石匠、挑花匠、挽花匠、生熟铁匠、打铜匠、铸铜匠、弓匠、箭匠、刀匠、油漆匠、錽银匠、旋匠、鞍子匠、秋銙匠、护衣匠、毡匠、绦匠、刷牙匠、各色染匠、琵琶匠、弓弦匠、穿花匠、绒花匠、雕栾匠、篾匠、绳匠、柳斗匠、芦席匠、笼甑匠、斜皮匠、熟皮匠、靴匠、鞍鼓匠、火药匠、泥水匠等。

社会底层的"贱役"者有媒人、家人、小脚、雇工、乐工，"贱女"者则有乳婆、尼僧、道婆、媒婆、师婆、稳婆、卖婆、干婆和妓女。[36]

大多数方志并不如此详尽地罗列这样一份清单，那么，这能说明什么问题？我们不妨设想一下，这样的清单，实际上非常有助于即将上任的官员及其家属快速了解到本地的商品和社会服务行业发展状况。从这份清单我们也能看出，当地存在不少奢侈品生产职业，这可能与地方皇室成员的存在或官员骄奢淫逸的贪腐生活有关。另外，与军事装备相关的制造职业也占据极大比重。最为有意思的是，尽管宁夏这个边陲军事重镇远离富庶的中原地区，但它并没有变成一个斯巴达式的原始武装营盘，而逐渐发展成一个市民阶层多元、结构多样，居住着上至王公贵族，下至黎民百姓的城市。我们不禁要问，其他边境城市，如大同、西宁，是否与宁夏的状况一样？

此外，通过《宁夏新志》，我们还可以看到宁夏某些时间断面上的人力与生产力状况。如《志》中所载，宁夏有军屯12826顷又45亩，每年可收粮14.84万余石，收地亩银1283两6钱4分5厘。每岁又可于官湖内采秋青草1840980束，窑草30万束，主要用于烧造修城砖瓦。另有样田[①]20顷，岁纳粮1500余石，由惠民药局

---

① 弘治《宁夏新志》载："先年，罗侍郎（即罗汝敬）画立屯田，以此为式，故曰'样田'。"——译者注

收贮，"以备人马药饵及各公署公物支用"，同时亦用于"给来降之人兑换衣袄"。不仅如此，宁夏还有红花田6顷72亩，为每年向宫里进贡红花之专田，由太监、总兵管领；又有敬禄田333顷，为庆王府专田。[37]

《志》中还向我们透露出宁夏军民的"差役"很重。军丁每年需挑浚唐、汉等渠以及修理东西墙关，号为"挑渠、修边"。驻地明军还需要向朝廷进贡红花、灰石、秋青草等物，同时向边防哨军运送口粮、器物，以及往来官员行李、军器等物。"烧窑"也是"差役"之一。官窑一共6处，计300余名军余负责烧造砖瓦。另外，当地还有军匠280名，每岁负责造弓320张，箭9600支，刀320把，枪320条，甲320副，盔320顶，盾牌160面，铳箭头3600个，信炮700个，撒袋320副，弦320条。"烧荒"和"守瞭"是边防军队常有的军事行动。所谓"烧荒"，指每年农历十月，副将及都指挥分领骑兵3000余人，至山后、河套地区放火烧草；而所谓"守瞭"，指明军每年分四季，每季用步兵944名轮流守墩瞭望。其中，设提调巡墩官16员，又有夜不收188名，协助侦察敌情。巡哨则每隔一个月差遣一次。其中，往玉泉营、大坝方向各差500名士兵，往黑山营则差50名，往威振堡、镇朔堡则差300名。把门者则有311名，计把南熏等6门。[38]

以此观之，宁夏方面似乎完全能够实现自给自足，甚至摆脱中原王朝控制，建立相对独立的多民族政权。事实上，公元1038—1227年间，西夏王朝就在此立国。因此，安化王之反并非没有经济基础。不过，在明朝，宁夏仅仅成为其北境防线中的一环，是应对河套和贺兰山后之敌的桥头堡。这里地处前线，时常有前来应援的明军驻扎，加上偶尔歉收，明廷需要不断向宁夏调遣客兵，并提供各类补助，以弥补其供应不足。此时的宁夏，已完全成为大明王朝的一部分。

* * *

正德五年（1510年），借由安化王叛乱之事，杨一清与诸臣一起携手除掉了权宦刘瑾。此后，他被任命为户部尚书，后改吏部尚书，终至内阁首辅。嘉靖三年底（1525年初），杨一清重新以兵部尚书、左都御史的身份总制陕西三边军务。此事我们在后文详述。

就在此时，明朝西部出现了新的威胁——亦不剌（又作"亦卜剌"）。亦不剌出身于野乜克力部。[39]正德六年（1511年）年底，亦不剌和其"丞相"阿尔秃厮与小王子在河套相互仇杀，为小王子所败，余众溃散至凉州、庄浪，四处掳掠。分守凉州右副总兵苏泰领兵与之战于大河滩，先后斩获首级113颗，夺获若干马匹、器械。随后，明军又在洮、岷诸卫加强防御，防其复寇。正德皇帝决定赐敕奖励有功将领。[40]

如前述，野乜克力与哈密为邻，在此前的哈密兴复战中曾站在明朝一边。后来，野乜克力与小王子结盟，后者当时的主力部队正在贺兰山以西，亦不剌是其右翼蒙古部族的首领。自弘治十四年（1501年）以来，亦不剌一直是袭扰明军的主力将领。不过，在正德三年（1508年），裂痕出现了。小王子在河套北部打败了亦不剌，随后亦不剌率军向西南移徙，沿途袭击了甘州、凉州、庄浪，而明军亦予以有效回击。在小王子和明军的双重打击

第十章　正德时期——"总督军务威武大将军总兵官朱寿"（1506—1521年）| 0599

下，亦不剌只能进一步远徙，并于正德七年（1512年）在藏族聚居区东部边缘锁定了新的征服目标。亦不剌的势力逐渐渗入这片山林草原交替地带，并在松潘、洮州、岷州、西宁等处发动更多袭扰。[41] 从亦不剌的一系列行为看，他既不拥护宗教，亦非意图以族属立国，实际上，他是个不折不扣的地方军阀。他的血统和个人才能给他带来了一定名声，但在明朝看来，他始终是"达贼"、是"虏"，与其他势力并无二致。

正德七年（1512年）八月，亦不剌采取双重策略对付明朝。一方面，他令阿尔秃厮寇永昌，制造紧张局势；另一方面，他又遣使肃州，"求速剌（川）、讨来（川）之地居住"，又欲以女与哈密都督奄克孛剌成婚。肃州守臣厚劳之而遣归其使。事情上报到明廷，兵部议曰："虏情叵测，请令总制、都御史张泰亟驰赴甘肃，会镇巡、总兵官议处。"[42]

但张泰卒于任上，这使得事态放缓。不过，至少在正德八年（1513年）五月，明廷就已经拒绝了亦不剌的请求。而此时，亦不剌亦已离开"兔河"（讨来川）①，西入乌斯藏。对此，兵部议曰："亦卜剌窜伏边陲，苟延性命，乃敢阴怀谲诈，非分妄求。镇巡等官略无制御，乃欲以利羁之，是纳侮也。宜令总制都御史张泰等审计预防，喻以利害，若入境侵犯，则相机剿杀，毋或误事。"正德皇帝是其议。[43] 于是，西海子——今之青海湖——一带，成了明军抵抗"草原侵略者"的新战场。

---

① 讨来川，又名讨赖川，即今甘肃北大河。匈奴语中，"讨来"意为"兔"。前文之速剌川，即今甘肃疏勒河。——译者注

* * *

约与前述事件同时，正德皇帝开始亲自主持军政事务。尽管兵部及其他朝臣反对，正德皇帝仍决定亲力亲为，荡平"流贼"。自正德四年（1509年）以来，"流贼"肆虐京畿附近，荼毒百姓。为此，正德皇帝将原本驻扎在宣大一线、久经战阵的明军调回京师参与"剿贼"行动，而孱弱屡败的京军，则被调往边区戍守。廷臣对皇帝的计划表示反对，他们深深知道，削弱边防防御力量对明朝整体安全来说意味着什么。[44]

正德皇帝这一举动是否可行？现在看来，确实存在明显漏洞。尽管到了正德七年（1512年）九月，明军镇压了大部分"流贼"，但作为代价，北境防线也同样遭受破坏性打击，局面比部队换防之前还要糟糕。

正德八年（1513年）五月，北虏五万骑寇大同，巡视居庸等关侍郎丛兰奏乞"选调真定、保定等卫京营下班官军防守紫荆、倒马、龙泉、居庸及浮图峪、插箭岭、白羊口等处关隘，仍择骁勇指挥等官七员，统领各协守操练"。兵部议如所请，且发辽东买马余银及太仆寺库银共15万两买马，寄牧于畿内州县，以备宣府、大同调用。

但是，这一策略远未奏效。很快，"虏贼"又犯大同，由白羊口入掠平虏、井坪、乾河等处，围总兵官叶椿、潘浩于黄土岭。随后，"虏骑"撤围，南下直趋马邑、朔州。宣府、延绥亦同时声称有警。巡抚都御史高友玑奏言："本镇地方广阔，各卫所堪调马队官军不满三万，众寡不敌，乞增调游奇兵分布按伏于天城、阳和、平房、威远左卫等处城堡，相机策应，庶几三路可守。今延、宣各称有警，不发奇兵，又欲挈回游兵，事势危迫。乞敕兵部责令二镇守臣，无分彼此，速行应援，更乞命将出师，以彰天讨。"兵部议曰："宣、大二镇，为京师襟喉，而与偏头、延绥境辅车相依，奇游兵马专为应援而设，故一方有警，诸镇策应。近因盗贼窃发，延绥兵马调征河南、四川，宣府兵马先调一千戍河间，又兑三千入京师，故兵力寡弱，不能相援。为今之计，宜ва停征四川，兵守延绥，其游奇兵调于大同西路，以京操兵守宣府，其游奇兵调于大同东路，以大同、偏头兵扼其中路。仍令巡视提督官严备宁武、雁门、倒马、紫荆等关，如兵更不足，量发各州县民快义勇军余救援。仍乞于团营总兵内简命一人，统率原选听征官军六千人，分布截杀，余一万四千人待报启行。"于是，正德皇帝命咸宁侯仇钺充总兵官提督军务，统京营军六千人，"往会各镇巡官，协同操守"。[45]

接下来数周，北虏的袭击此起彼伏，有关明军防御的崩溃、失败，以及粮食供应受阻等问题层层上达天听。不过，咸宁侯仇钺也取得了一系列战果，受到嘉奖。正德八年（1513年）十月，仇钺奏称"北虏已退，边事稍宁"。但正德皇帝认为此时撤军为时尚早。他诏令仇钺"审量虏势缓急"，再班师并散遣所调各镇士兵。[46]

西北防线方面，袭扰重新出现，但我们尚无法判定其与此次"虏军"撤退之间是否存在联系。正德八年十二月（1514年1月），巡抚甘肃都御史赵鉴奏陈边务："一、自古浪以西，直抵肃州、酒泉驿，俱极边，军站原额每站甲军一百一十二名，今逃亡过半，乞令山、陕、河南三省应问充军囚犯，俱解本边，听其拨补。仍行陕西问刑衙门，一应赃罚，类解本边，听其供应，则往来朝贡，传报声息，不至阻滞。二、本镇倒死官马，俱由灾伤、征战，难照常例追赔，乞以西宁茶易马匹，暂准全给本镇骑操。"正德皇帝从之。数月后，正德皇帝与兵部商议，命兵部右侍郎邓璋为都察院右都御史，总制陕西、延绥、宁夏、甘肃等处军务。之所以突然增设总制，是因为"达虏犯边，诸番族部落为所侵扰，往往寄寓甘肃城外，居人惊窜，耕牧皆废"，故有此设以应对。[47]

吏部尚书杨一清又奏言："甘肃虏情最急，边备最弛，为将者必得地利素知，人心素附，庶几缓急可倚。如副总兵徐谦、山丹卫指挥佥事武振，最宜用之此地。今谦处四川，用违其才，振尚居闲散，才而不用，且战将之与守将，各有攸宜，御虏之与驭番，为用亦异。西宁控制西蕃，藩屏陇右，抚御安辑，全在得人振之。廉勤镇静，练事知兵，足以办此。若西宁守备都指挥杭雄，其才可充游击，而局于封疆，未能大有建立，乞量为拔擢则用"。兵部基本认可杨一清的用人策略，并进行调整。[48]

正德九年（1514年）五月，据报，吐鲁番再一次占领哈密。此时的吐鲁番速檀，已经不是前文提到的老对手阿黑麻了。阿黑麻本人在弘治年间率兵救援汗国西部，为月即别（乌兹别克）人所败，不久去世。[49]阿黑麻之子满速儿经过一番王位争夺，最终夺取了汗位，并在正德八年（1513年）重新吞并哈密。[50]满速儿遣使要求明朝赏赐，"狂悖益甚"，邓璋奏其事，引起明廷警觉，于是正德皇帝敕都御史彭泽总督军务，量调延绥、宁夏、固原官军驻甘肃御之。据《明史》称，彭泽其人"材武知兵，然性疏阔负气"，为此，不少大臣认为遣其经略哈密颇为不当。彭泽至甘州时，满速儿方寇赤斤、苦峪诸卫，遣使向彭泽索要金币。彭泽认为"蕃人"贪利，于是与甘肃巡抚赵鉴合谋，令哈密都督写亦虎仙以银币两千及其他各色物品贿赂满速儿，令其归还哈密印信。满速儿接受了馈赠，但并未作出任何表示。[51]

或许，正德皇帝对"蕃人"自有好感，因此他似乎不愿意对满速儿采取过度强硬的措施。甚至，当满速儿以击退瓦剌为由邀功请赏时，明廷还慷慨地赐予其彩缎、织金衣服和白银等。朝贡似乎仍在继续，到了正德十年（1515年）六月，明廷召彭泽回京，其奏曰："满速儿悔过效顺，乃付哈密金印及城池于都督满剌哈三、写亦虎仙掌守之。召监守头目火者他只丁还，仍献所夺赤斤卫印。"[52]

但这仍存在问题。兵部尚书王琼认为，哈密忠顺王乃拜牙即，而满速儿仅归还金印，令写亦虎仙等管理哈密，并未遣归拜牙即，恐其中多有变诈。王琼指出，应督令满速儿速成其事，正德皇帝是其议。不过，这个问题还会持续地困扰这位兵部尚书，我们不妨随后再谈。[53]

* * *

亦不剌及其"丞相"阿尔秃厮，同时在藏族聚居区东南部给明朝制造事端。自正德五年（1510年），他们从河套撤离后迁至青海，先后攻破堡寨53座，杀掠官军并居民1200人有奇，"孳畜、器械、粮饷亡失以数万计"。巡抚都御史张翼、镇守太监宋彬等匿而不报，以"虏老弱残病及为小王子所败亡者"冒功充赏。正

德九年（1514年）秋，巡按御史成文纪奏报其实，但正德皇帝下令无复追究，事乃作罢。⁵⁴

亦不剌沿着明军的边防线不断发动袭扰。正德六年（1511年），甘州、凉州、永昌、肃州等地先后为亦不剌所袭扰。正德七年（1512年），亦不剌将注意力转移到沙州南部，置于青海湖西北的安定、阿端、曲先、罕东四卫，占据了四卫的牧地。同年六月，亦不剌再寇嘉峪关，为指挥佥事赵承序等袭击，斩首百余级。同时，小王子的势力也没有给他喘息之机。两个月后，小王子的部队从贺兰山后直趋甘凉，亦不剌为避其锋芒，因此才如前文所述，遣使到肃州求速剌川、讨来川之地居住，并欲将女嫁与哈密都督奄克孛剌。奄克孛剌因不满哈密王拜牙即投降吐鲁番，率众于肃州一带牧放，与亦不剌驻地邻近。亦不剌试图与奄克孛剌结成同盟，并倚靠明朝。可惜的是，正德八年（1513年）五月，明廷拒绝其请求，或许，这并非明智之举。⁵⁵

亦不剌挥师南下，向川藏交界的松潘地区遁去。但小王子北归，亦不剌则又再度往北，袭击洮、岷二州。在明军的抵抗下，他又掉头突袭松潘，随即又将兵锋重指洮、岷二州。亦不剌对松潘的袭击引起四川方面的恐慌，当地"番夷"或"诸寨"为其所掠，或"乘变纠众以侵松城"，如果所传无误，那么这样的结局显然更有利于明朝。⁵⁶亦不剌最后选择在青海湖附近安营扎寨。尽管小王子将之驱离河套，但青海湖一带对于亦不剌来说，显然是另一个河套。亦不剌进可与吐鲁番结盟，发动对甘肃的袭击，或待河冰开日，再次袭扰洮、岷二州或西宁卫。于是，正德十一年冬（1516年底至1517年初），这些"西海达贼"又开始侵犯洮、岷二州。不过，河冰已开，明军未知其下一步动作。他们有可能

"久住河东",继续袭扰洮、岷二州,也有可能与吐鲁番一起袭击甘肃,明军必须充分做好应对准备。[57]

正德十年(1515年)秋,明军遭到双重夹击。北虏寇陇州,亦不剌复寇洮、岷二州。二者相距约360公里,明军显然捉襟见肘,不得不匆忙动员各镇军兵。显然,对于明朝而言,这不是什么好消息。[58]巡按陕西御史常在奏:"虏自春至秋,深入腹里为害,至八月十二日,十万余骑从花马池入固原,联营而行,长七十余里,肆行抢杀,城堡为空。"两年后,明廷统计损失,显示伤亡人数高达3700余人,近20万马匹牲畜被掳走。[59]

明军对此似乎无能为力,只能任由侵略者摆布。是年十月,亦不剌又犯临洮,明廷以右都督张洪充总兵官,提督陕西诸路军务,另京营兵马奉命出师讨伐①,但军队从北京开拔到临洮,显然需要相当时间。给事中任忠奏:"顷者,北虏及亦卜剌入寇,命将出师。窃恐此虏狡猾,师出暂退,班师复来,是当以守御为本。近年,各镇以贪懦之将官,御疲敝之兵马,加以军饷不给,饥寒切身,故每遇虏辄避不前,及至失机偾事,朝廷悉从宽贷,军士有出死力杀贼者,未必获赏,而诡名奏带,足迹未至行阵之人,或得以攘其功,何怪乎将士之不振也!"兵部议谓:"今边务久废,卒难整饬,虏入寇方急,兵非得已。宜再敕监督等官相机剿杀,各边守御事宜,其循旧规,巡抚官必六年以上迁转,并总兵官亦宜久任。"正德皇帝从其所请。[60]正德十二年(1517年)二月,

---

① 张洪任总兵官乃是年九月事,即上文北虏寇陇州、亦不剌寇洮、岷二州时。但由于正德皇帝一直未上朝("上希视朝"),故张洪无法辞行,至十月还未从北京领兵开拔。——译者注

任忠向明廷奏报陕西边境的恶劣形势:"陕西北邻胡虏,西接番戎,地瘠早寒,民多穴居野处,衣皮哺藿,无他生计。顷因北虏入套,沿边之民,耕牧尽废,腹里未遭杀掠者仅三四府。又以调集士马,日费刍粮,千里转输,亦皆疲敝。况春夏亢阳,麸麦少熟,继以霜雪,苗稼尽死,流移逃窜,十室九空。"但是,正德皇帝对此留中不报。[61]而在延绥方面,总兵官柳涌乞辞任。他报称:"虏连岁扰边,我军委靡,以致虏益轻中国,出入长驱,盖由把总、坐营等官贪懦,惟事剥削,军士困苦,莫肯赴敌。臣尝以利害申谕之,鲜有能自振励者。况延绥为关陕咽喉,军令岂可一日而废失?今不惩日复一日,养成骄蠹,边防大坏,臣虽万死,于事何赎?乞遣官按各官罪状,奏请黜革,仍别选才勇者代臣,庶地方可靖。"正德皇帝嘉奖其忠勇,但不准其辞呈。[62]

* * *

正德十年(1515年)到正德十一年(1516年)整整一年,明军的处境极为糟糕。北境防线处处面临突袭。从松潘到陕西,再到蓟州,小王子、亦不剌以及兀良哈人的袭扰此起彼伏,明朝君臣心有戚戚然焉。甚至有"虏报传闻"传至京城附近,百姓一片恐慌,"西直门外居民奔入城者数千人"。为此,御史卢雍等上言,"宜命文武大臣分守九门,严讥察以安人心"。阁臣梁储等亦建议采取一系列紧急措施加强边备,为正德皇帝所采纳。[63]

正德十一年(1516年)八月,"虏众将南侵,以僧法顺者为间谍",为守关士卒擒获。数日后,巡抚宣府都御史王纯奏:"虏六万余入寇,总兵潘浩御之,于贾家湾败还,复整众迎击于鸡鸣山,杀伤亦略相当,但众寡不敌,征兵邻镇,虑缓不及事。"事下兵部,兵部尚书王琼极为愤怒,议曰:"纯初自谓宣府兵马足以御虏,可不烦发兵。及虏骑充斥,顾婴城自卫而事败,又不敢明言请兵,此非臣等所能遥制。其令太监张忠、侍郎丁凤、都督刘晖等督同纯等相机战守,纯、浩俱仍戴罪,俟事宁勘处。"正德皇帝是其议,并在随后同意言官请求,逮捕潘浩,发京治罪。[64]

明廷决定抓捕"猴儿李",并对其进行通缉:募边士有能擒获"猴儿李"者,"首从皆授指挥使、世袭,赏银二千两,仍以'猴儿李'家产给之";有能"就阵擒斩者,赐以爵赏"。那么,"猴儿李"是谁?据载,他原名李怀,为明军指挥,战败后"降于虏"。明军从抓获的间谍口中得知,北虏似乎非常重视他,授其为"平章","诸部落听其号令"。兵部曾试图将其子李勇以及其余家属迁往湖广,以迫其降,但最终并未奏效。尽管"猴儿李"听起来像江湖混子,但从明廷悬赏的金额看,此人必定十分重要。[65]

接着,太监张忠、侍郎丁凤、左都督刘晖"各奏获虏奸细",称"虏酋"郭那颜将在本月"复寇大同迤西"。兵部认为:"宜令提督都御史彭泽会总兵、游击等官议,如东、西二路贼远,量发兵驻紫荆关;如寇蔚州一带,令都御史臧凤严守,刘晖、时源等策应;如寇隆庆一带,仍于东路关隘防御,悉听泽便宜从事。仍令忠等多方哨探,马锡、王宪、时源等各整所部兵会剿。"随后,明廷又得知"虏谍"已四散入京的消息,于是兵部又令锦衣卫、巡城御史严督兵马司缉访,"凡流移潜住,及踪迹不明者,皆捕治之"。[66]

九月，大同城内出现动乱。代王府镇国将军朱聪温、朱聪㶉、朱聪㶧等恣横为虐，代王朱俊杖等纵容之。聪㶉曾殴打大同府知府鲍继文，几致其身亡，又怀刃欲杀之。聪㶧则盗马出城，私铸军器，"遣谍潜刺边事"。镇守大同总兵官时源以"掠马"罪名，执代王府人，由是与代王朱俊杖有仇隙。于是，代王府皇室宗亲十三人至时源宅第，"毁其私所造旗牌及诸器服"。后来，"虏兵"寇大同，时源为其所败，退入大同城，"虏直抵城下，四散杀掠，死亡不可计"。时源之子时隆，亦非善荏，淫侈不检，朱俊杖由是向朝廷参奏时源，而时源亦向朝廷奏禀诸事，两相倾轧。刑部议令将"王府诸拨置舞文者十四人，及源等党殴伤宗室者六人，俱发戍边卫，情重者仍枷号，杖而遣之"。时源及其子隆、承奉都指挥等七十九人逮系京师。据《明实录》载，大同"且境临极边，既莫之制驭"，这里随后将有更大的灾难发生。[67]

此时的小王子，亦在宣大方面厉兵秣马。正德十二年（1517年），"虏七万骑分道入寇"。这是一次大规模的分兵进攻，这对小王子而言，无疑获益颇丰。明军败北四溃，"虏兵"杀掳军民3749人，掠夺牲畜2.35万余只。正德皇帝仍令巡按御史纠治涉事官员罪责，先后有数百人"下巡按御史治之"。不过，最终仅6名官员受到惩罚，其他人皆为赦免。[68]

以上这些"虏患"、冲突、边军腐败及战争失败等，构成正德皇帝即位以来第一次亲临北境防线视察的时代背景。我们不妨回想一下，明朝皇帝的上一次"视察"，还在正统时期，其结局则是土木堡之变。那么，正德皇帝为何甘冒此险？其巡行目的又在哪里？

要解决这些问题，我们首先必须介绍一下这位时年25岁的年轻皇帝。正德皇帝自幼颇特立独行，少年叛逆之心未泯。他不喜欢那些让他循规蹈矩的文人士大夫，同样地，士大夫们也对正德皇帝的种种言行报以抗议。明廷之中，如阁臣焦芳，两任兵部尚书陆完、王琼等，愿纵由正德皇帝并与之为伍，因此受到同僚道德上的谴责。但年轻的皇帝贵为九五之尊，他有能力凌驾于法律之上，甚至改变数千年不变之成例。他讨厌幽禁他的紫禁城。正德三年（1508年），他搬到了臭名昭著的"豹房"。豹房之中，蕃僧乐师，西域舞姬，奇珍异宝，娈童鹰犬，无所不有，甚至在豹房中，正德皇帝还建立了骑射场（内教场）和军队。他在这里过着荒嬉无度的生活，每日莺歌燕舞，沉溺女色。而他最宠爱的，则是他的"义子"钱宁、江彬等人。[69]

土木堡之变以来的半个世纪里，明朝君臣看起来尽职尽责地致力于北境防线的建设管理，但此举似显吃力不讨好，从我们目前的史料看，明军总是输多赢少。而正德皇帝从中看到了不一样的机遇。在他看来，破旧不堪、勉力维持的明军防御体系给了他施展个人才华并获得荣誉的机会。他渴望御驾亲征，驰骋疆场，将自己一腔热血投入明军所面临的严峻和危险的局势中。或许在正德皇帝看来，此举既能给北房留下深刻的印象，又能鼓舞萎靡不振的明军。[70]

正德九年（1514年），正德皇帝命令陕西太监购置的162顶铺花毡帐运抵北京。这些毡帐组成了一个宫殿区，有全套的大门、住房、庭院、厨房、马厩和厕所。[71]正德皇帝及其随从等开始居住在这些毡帐中。正德十二年（1517年），这些毡帐开始成为皇帝巡幸各地的"旅游工具"。正德皇帝开始离开北京，到宣府居住。这一主意来自江彬，作为宣府人，他极力邀请正德皇帝驾临宣府，而理由仅仅是宣府有比北京多得多的乐师和美女。

不出所料，正德皇帝巡幸宣府之途，更似越狱。朝臣和地方大臣等竭力劝行，但正德皇帝屡不听劝。七月十九日，巡按直隶御史张钦冒死进谏："臣职巡视边关，敢一言而死。人言纷纷，谓陛下欲过居庸关，巡行宣大。臣意陛下非事慢游，必深愤虏贼也。此虏谲诈凶狠，惟可命将御之，不必自与之角。汉高祖经百战之余，所统者皆良将，且围于白登七日，我英宗不听大臣之言，自出亲征，遂有己巳之变。且匹夫尚不肯自轻，陛下以宗庙社稷之身，又无太子、亲王监国，而轻出远游，万一不虞，将如之何！今天下之事，言者寒心，陛下不是之，思而欲长驱观兵，不谋之朝廷，而独谋之宫中，不议之众人，而独断之一己。使大小臣工莫知所措，恐非保国至计也。"八月初一，张钦再次奏道："或传陛下欲出居庸关巡宣大，臣惟天子举动，所系不小。或欲亲征虏寇，宜先下诏，大廷共议，必不得已而出，亦宜戒期清道，百官扈从。今者皆不闻，而轻骑潜行，万一奸人有假，窃陛下名号，欲过关诱引胡人，以危社稷者，何以防之？臣职守关，陛下即欲出，臣万死不敢奉诏。"在群臣反复进谏下，正德皇帝欲出居庸关不果，只好作罢，自昌平还。

但是，正德皇帝并不死心，很快，他再次外出，这一次，他成功了。车驾启程，无威严仪仗，亦无过多炫耀武力的兵马。八月二十三日晚，正德皇帝复夜出德胜门，趋居庸；八月二十八日，车驾过居庸关，遂幸宣府。这次，张钦出乎意料没有阻拦，未知是否正德皇帝乔装打扮，蒙混过关。[72]

正德皇帝驻跸宣府足足五个月。此行最值得称道的是十月份的"应州大捷"。此役发生在大同以南60公里的应州，小王子率

第十章　正德时期——"总督军务威武大将军总兵官朱寿"（1506—1521年）｜0611

军寇掳此地,为正德皇帝率领的明军所击退。[73]十月初五,正德皇帝亲督诸军御虏于应州,至暮,于驻地建成营垒。次日,虏兵来攻,正德皇帝复督诸将御之,自辰时至酉时,大战百余合,虏兵退却。复次日,虏兵退往西去,天大风黑雾,正德皇帝与诸将且战且退,直到退至平虏、朔州等处。虏兵最终撤退,正德皇帝命总兵官王勋、巡抚金都御史王瓒等奏捷于朝廷。据《明实录》载,是役明军斩首16级,而明军阵亡52人,重伤者563人,圣驾乘舆亦几陷"虏"手。

兵部尚书王琼,随后表达不满。其文集《晋溪本兵敷奏》载:"正德十二年（1517年）,虏营仍住威宁海子,本部预奏设备,视正德十一年（1516年）,尤为周密。大同镇巡官哨探分布,亦中机宜。适车驾幸阳和,虏贼入应州,辽东兵已在阳和待奏,方发稽迟,大同总兵官亦在阳和回迟,杭雄等虽遇战,不获大捷。惜哉!"[74]九月二十八日,"达贼一万余骑,从怀仁城、煤峪等口入境往东南直行",势甚猖獗,但王琼并不清楚发生了什么。他提到"达贼入境,其原布人马有无获功失事,地方有无抢杀被害",并要求地方合行查勘明白。在他看来,应州大捷后,"虏寇"虽已出走,但是否会倏忽复来,亦未可知,他要求边防明军尤当提防戒备,并请求正德皇帝允许兵部会同都察院遣巡按御史贾启"亲诣大同虏贼经过地方",查照勘验各地损毁情况及地方官员是否恪尽职守。令人费解的是,直到十一月二十二日,正德皇帝方可其奏,但彼时早已势异,无须再行王琼的建议了。[75]

后来,正德皇帝还慢慢被卷入边防腐败中。十二月十六日,兵科给事中汪玄锡奏:"延绥、宁夏二镇迭有警报,盖黄河冻合,虏骑可渡故也。今宁夏之兵调甘肃,延绥之兵调宣府,万一虏乘虚,而不知何以御之?且圣驾驻跸宣府日久,仓库虚空,又益之以各镇之兵,供亿不足,率皆饥困,万一哗然而起,不知又何以制之?夫事有召乱之形,已了然矣,陛下独不虑及此乎!望散遣所调兵,俾还卫各镇,早旋车驾,则边方之大幸也。"但正德皇帝并无答复。[76]

正德皇帝确实想过解决边军供应短缺的问题。他督责户部务必凑足白银百万两以添军饷,但户部亏空,无以应命。于是,正德皇帝和户部决定"开源节流",拟开纳银授职例:"武职授空衔者,都指挥佥事六百两,指挥使五百,指挥同知减五十,指挥佥事减百,正千户二百五十,副千户减五十,所镇抚、百户各减百。犯罪立功者许赎,岁以二十两为卒。生员入监者,廪膳二百,增广二百八十,附学及武生三百四十人,以千五百为限……义民授冠带者二十两,九品、八品、七品散官递增,阴阳医官七十,僧道官减二十,未给度牒者度之。"[77]

正德十三年(1518年)正月初六,正德皇帝终于回到北京。为了向臣民们展示其亲征成果,正德皇帝于奉天门下陈示应州等处所获的"达贼"器械诸物,令文武群臣纵观,又于文华殿前颁赐赏功银牌、彩缎等物。兵科都给事中汪玄锡等又言:"前日应州之役,杀掳人民难以计数,六军之众折损亦多,得失相较,实为悬绝。君臣动色相贺,不知丑类退还部落之时,亦有大赉如我中国之为乎?吾民之拘系于虏廷,南向而哭者,亦望君臣有以救之乎?由此言之,则前项赐物,非惟臣等不敢受,而亦非所忍受矣。"正德皇帝继续无视其言。[78]

那么,我们今天又应如何审视正德皇帝的北巡呢?它是否增强了明朝的边防安全?抑或仅仅是一种收效甚微且代价高昂的任性行为？我们又是否能将这种行为，仅仅定性为一个刚愎自用的叛逆统治者，为公然反抗道德前辈的约束所采取的行动？对正德皇帝的行为进行界定诚非易事，事实上，就连北巡或"应州大捷"本身亦存在争议。如果将这一问题政治化，我们就会看到，卷涉其中的人，或选择与皇帝为伍而加官晋爵，或占据道德制高点，以各种名正言顺的理由将皇帝的北巡斥为灾难性结果。若双方两败俱伤，则北房无疑要成为最后的赢家。

正德十三年（1518年）正月二十一日，不安分的正德皇帝再度离开北京，并于九天后到达宣府。五月初一，圣驾驻跸宣府以东近300公里的喜峰口，巡抚蓟州都御史臧凤谏言："迩者，传闻圣驾驻大喜峰口，欲招朵颜卫夷人至关宴劳。此夷非朝贡不绝，而豺狼之性难驯，今屈万乘之重以临之，彼怀谲诈，未必肯从。纵使率其部落而来，恐无以塞无厌之求，请早回銮，垂拱大廷，四夷自来王矣。"正德皇帝未予回应。大学士杨廷和等又进谏道："圣驾在外已余一月，臣等犬马之情，依依恋慕，以日为年。又闻亲出喜峰口外，使人招引三卫达子近边交易，人心益以惶惶，莫所知措。况虏情狡诈，尤难料度，万一变生不测，何以处之？此在凡人稍知自爱者，尚不肯为，而谓万乘之主可为之乎！伏望回居大内，颐养圣体，以尽孝道，以襄陵寝。大事兵政则委之该部，边备则责之边臣，坐收不战之功，永保无强之业。"正德皇帝依旧没有回应。[79]

五月初八，巡按直隶监察御史刘士元向正德皇帝上表了他的担忧：

近者，圣驾远出，北至密云，东经渔阳，又东北直抵喜峰口，猎于古北，渔于滦潋，且闻将招朵颜三卫夷人纳贡宴劳，以臣论之，有不可者四。王者之驭夷狄，来则受之，去则不追，所以严夷夏之防也。今必欲招徕而强致之，与古人制驭之道异矣。此其不可一也。夷人狼子野心，虽阃外之将，尚不轻与之接，况屈万乘之尊，履其地而狎其人乎？此其不可二也。万一梗而不来，来而无礼，损威失重，关系非小，且牛酒盐布之赐，今日与之矣，自是以后，援为岁例，其何以待之？此其不可三也。往年贼虏犯顺，残我边将，耻尚未雪，恩又滥施，示夷狄以威信者，固如是乎？此其不可四也。请亟回深宫，恪守大礼，以政务责诸公卿，以边务责诸边将领，天下幸甚！

兵科都给事中等亦以为言，但正德皇帝均未予理睬。[80]

正德皇帝并不急着回京，并在这个时候诡异地为自己更替身份——总督军务威武大将军总兵官朱寿。以"寿"为名，似非文人士大夫所能为。"寿"意为长寿，但听起来颇接地气，倒像山野村夫的用名。正德皇帝令太监萧敬传旨："近年以来，虏酋犯顺，屡害地方，且承平日久，诚恐四方兵戎废弛，其辽东、宣府、大同、延绥、陕西、宁夏、甘肃尤为要甚。今特命总督军务威武大将军总兵官朱寿统率六军，随布人马，或攻或守，即写各地方制敕与之，使其必扫腥膻，靖安民物。至于河南、山东、山西、南北直隶，傥有小寇，亦各给与敕书，使率各路人马剪削。"[81]我们不禁疑问，正德皇帝如此掩饰，意欲何为？

接着，正德皇帝开始录应州御虏功，"升赏太监、总兵、副、参、侍郎、都御史、御史、郎中、主事及官旗军舍" 9555人有差。

此前，巡按御史贾启纪应州一役功册，但其冒滥者凡56449人。兵部尚书王琼援引御房旧格，认为符合升赏者仅9555人，此言行激怒了正德皇帝。皇帝传旨曰："朕统六师亲临战阵，率少击多，解应州敌，大展雄威，振扬士气，全捷而归，比于分命差委者不同。尔兵部拟奏失体，其仍依原册，别拟毋缓。"但科道官们并不买账，六科十三道言官奏言："应州之役，所获不偿所失，且其间未出国门而冒名者不可胜数，岂可专以纪功者之言为是，而众论为非乎？乞赐宸断，处以至公。"正德皇帝继续不予理睬。最后，兵部尚书王琼只能曲为变通，依援征剿流贼升荫例为众人拟赐封赏。[82]

以此观之，这位九五之尊，已经集独裁者、三军统帅、移花接木大师、鼓吹专家于一身。由于他的离经叛道，瞒报、腐败被视为真实，甚至本为虚构的内容，也竟成了事实。

正德皇帝回京师不久，便再度北巡。但此次出巡宣府、大同、偏头关，他的身份是总督军务威武大将军总兵官朱寿，兵部、户部、工部各有大臣扈从管理军队后勤。八月十八日，正德皇帝驻跸大同，九月初三，圣驾抵达偏头关。礼科给事中李纬上疏谏言："圣驾远幸宣府、大同、甘肃、延绥等处，六军所至，掠人财物，乱人室家，侵陵有司，需索百倍。四方闻风，十室九窜，诚恐祸变之来，不可测也。夫欲巡视三边，修举戎务，岂无文武大臣可遣？何必亲冒艰险，下行将帅之事，与区区丑虏角胜负哉！况秋气渐寒，圣节在迩，伏望早赐回銮，以安人心。"对此，正德皇帝依旧不予回应。而到了十月十三日，他已经驻跸河套南缘的榆林了。[83]

十一月初四，大学士杨廷和再次上奏，从奏疏中我们亦能感受到其愤怒之情：

> 伏自去秋以来，皇上时出游幸，人心忧惧，遑遑不安。然宣大犹在近京之地，彼时胡虏侵犯，幸赖神灵默祐，得无他虞，至今言之，可为寒心。今又闻圣驾自偏头关渡河而西，远幸延绥等处，驱驰道路，经冒雪霜，以蹈危险不可测之地。切虑我军暴露日久，疲困已极，而河套虏贼近日自固、靖、临、巩诸处抢掠人畜，满载而还，势众力强，其情叵测。万一乘隙突出为寇，顾我疲困之卒，何以御之？意外之患，恐有不可言者。陛下纵不自忧，其如宗庙、社稷何？且今沿边城堡粮草在在缺乏，六师经过，日用不赀，镇巡官员节次奏讨银两，缘帑藏空虚，既无所积，而各处运司正德十四年以前引盐，又开中已尽，该部计无所出，连开纳银事例，及差官四出催督逋赋，事势穷迫，一至于此，不知明年又将何以为计？盖天下钱粮，岁入有限，近日各镇用过百十余万两，皆往年所未有者，陛下何为无事而靡费若此也？又延绥去京数千里，奏事人员往回，动经五六十日，一应军马、钱粮、机密文书，未免稽迟，误事非细。况圣驾之出，今已四月矣……臣等若不恳恳为陛下言之，则废事误国之罪，其何以自逭于天下？伏望皇上仰遵祖训，俯慰人心，严郊祀之敬，竭宫闱之孝，几务不可以久稽，财用不可以妄费，慎摄圣躬，深防虏患，则保安宗社之大计，诚无以逾于此者矣。[84]

杨廷和一番恳恳而谈，但到了正德皇帝这里，仍是留中不

报。事态并未好转。十一月二十一日,大学士杨廷和等再次向已在绥德的正德皇帝问安,并奏曰:

> 伏自圣驾出关,由宣大以至延绥,跋涉数千里,自秋初以至冬季,经历五六月。上而圣母思虑之深,下而臣民瞻恋之切,皆谓京师根本重大,居守无人,宗庙神灵久失归依,宫阙宸居久虚幸御,黼座不临,朝仪尽废,祖宗百五六十年来成规定制,一旦荡然,虽臣子不敢言,天下不敢议,而远近惊疑,人心惶惑,甚至室家妻女,不相保持,奔窜流移,号泣道路。陛下但知驰骤鞍马,纵情弋猎,以取快于一时,左右之人,亦惟知曲为顺承,先意迎合,以图希恩固宠,而岂知间阎之下,人情惶惶,一至于此!况边塞萧条,冰雪寒冱,公私窘乏,供给不敷,行在内外,扈从人马数多,其中饥寒愁苦,疾病呻吟,千态万状,岂能一一悉达于宸听?又况北虏屯牧黄河套内不下二三十万,自西而东,一带边墙外,无处无之,日夜窥伺,欲骋奸谋。万一堕彼计中,智勇俱困,将何以处?凡此利害关系匪轻……臣等职叨辅导,休戚相关,此而不言,死有余责,用是冒昧上陈。伏惟嘉纳,宗社生灵,不胜庆幸。[85]

同样,正德皇帝仍旧不予表态。正德十四年(1519年)二月初八,正德皇帝终于回京。六月,关于宣大地区的财政问题,正德皇帝与户部尚书杨潭发生了争执。时兵部右侍郎冯清以宣府、大同军饷缺乏,数次奏请多发官帑,户部尚书杨潭则认为,最近一年内,解送宣大二镇的白银和开中盐引共计已高达188.12万余,

"若使每岁如此，则虽倾天下之财，亦不足以供二边之用，诚非臣等愚昧所能区处也。乞敕镇巡等官，以后非有紧急边报，不许假以按伏为名，擅自调兵，靡费粮饷"。出人意料的是，正德皇帝下旨斥责杨潭"擅议军机，欲为阻挠"，随后又令杨潭从实陈状，并先发银10万两充军饷。[86]

是夏，宁王朱宸濠反，正德皇帝再次化身总督军务威武大将军总兵官朱寿，讨伐宁王。但杨廷和担心正德皇帝将边军调往南方剿叛，会影响北境防线。他说："伏见近日宣府奏报，兴和城等堡达贼下营，长阔数十里，日遣轻骑，千百成群，入境侵扰，势头猖獗。已调大同游兵前来怀安城驻扎，但虑各边军马调去南征数多，在镇军马缺少，未免顾此失彼。伏望皇上轸念西北重地，万一仓卒有事，恐难支持，将所调南征军马掣回本镇防守。"但正德皇帝并不买账。[87]

那么，对于正德皇帝在北境防线的维护作用问题上，我们应如何评价？积极的一面固然有之，其最重要的是，在他在位的16年里，北虏从未能突入华北，造成毁灭性的入侵。他御驾亲征的举动很可能重振了边军士气。毕竟，作为大明天子，他将自己置身行伍，与普通士兵面对同样严苛的环境。这两点评价，是基于史料的合理推测。另外，北虏袭扰势头有所减弱，是因为他们对正德皇帝有所忌惮吗？皇帝亲临指挥前线，真的令"虏兵"望而却步吗？应州大捷之于明军固为壮举，但彼时"虏兵"的士气如何，我们未能得知。明军方面，也未见正德皇帝有怜悯士卒、关心部下的举动。或许，正德皇帝慷慨的封赏为他赢得一些支持，但不见有谁因此而受到振奋，起码于史无征。

官僚集团最终占了上风。正德皇帝的性格，完全不适合位登九五。从史料记载看，尽管臣僚对正德皇帝举止的抗议有时稍显矫枉过正，但他们的反对亦非捕风捉影。毫无疑问，正德皇帝的特立独行，对明军军事机构的运作及国家安全构成威胁。他的思想中，甚至没有对此提出改革计划或设定战略布局，他的行为更多地为了满足自身的需求。有意思的是，尽管正德皇帝荒诞不羁，但他的行动大体是可控的，明朝的防御体系依旧韧性十足。但这种情况又能持续多久呢？正德皇帝于正德十六年（1521年）驾崩，年仅29岁，可谓英年早逝。试想，短短16年，正德皇帝已经让明朝的臣僚们疲于奔命了，那么，如果他活到70岁呢？

* * *

事实上，明朝国家安全的崩溃状态已经远远超出了皇帝权力所能控制的范围。王琼于正德十年至正德十五年（1510—1515年）担任兵部尚书，其在边政事务方面的影响力显然超过了正德皇帝。尽管为保住自己的职位，他不得不屈从皇帝的恣意妄为，并且为这种屈从付出了声誉上的代价，但从他的文集《晋溪本兵敷奏》看，在边政事务上，王琼仍是位合格的领导。

王琼在《晋溪本兵敷奏》中将其所奏文书分门别类，计分类22种，其中，有关北境防线的部分，以地域划分，计分京畿、蓟州、辽东、宣府大同、山西、陕西延宁、陕西甘肃7类。每类目下俱涉其所奏边政事务，述备大全。

在辽东类的序言中，王琼指出："国朝自山海关以东置辽东镇,周回数千里,盖兼古幽、营之地而有之。设都司一,卫二十有五,州所各二以控制之。其外诸夷,各因其类,设卫三百二十八,所二十四,各授以官职,令每岁来朝以羁縻之。每卫不过五人,至于朝鲜尊奉正朔,岁入朝贡,视前代独为恭谨。内安外顺,固无足虑。然以海西、建州女直诸夷,往往桀骜难制。成化以来,议当剿者,恒以姑息,纵贼为害;论当抚者,又以贪功启衅为非。然其机系于本兵,必欲视顺逆之势,得剿抚之宜,而处之不差,斯亦难矣。呜呼!金起女直,据中国辽东边备,其可忽哉!"[88]

王琼提到的半个世纪前的成化时代,与正德时代的局势完全不同。那时候,明朝采取的边防政策仍充满活力而偏带激进,而非正德时代一潭死水的防守姿态。成化时期的总兵官赵辅,于成化三年(1467年)大破建州女真,战后封武靖侯。在其著《平夷录》中,赵辅称:"建州三卫,世为女直,东方之黠虏也。深处万山,林木障天,晴昼如晦,恃险负固已有年矣。永乐间,开原降虏杨木答兀者悖逆,率众数百骑往投之。其党类遂滋,日浸强悍。会我太宗文皇帝靖难之初,悯生民之艰,不即加兵,姑抚绥之。彼狼子野心,终怀觊觎。乃者守边将吏弗能制御,以致猖狂莫遏。一岁间,寇边者九十七次,杀虏人口十万余。"接着,赵辅提到朝廷兴问罪之师一事。赵辅本人挂靖虏将军印,总统戎师,其他参战之太监、御史及各级将领总计36名。明军"兵分五路,深入虏地",朝鲜亦遣兵万余参战,以助明军。战事出奇顺利,"一月之内,虏境萧然"。据赵辅称,"时积雪盈尺,寒风裂肤,不可久居",于是明军整兵凯旋。随后,又有女真指挥张额的里率其妻赴军门,哀辞请降。他感慨道:"吾所处之地,自唐以来,人迹罕到。太宗东征,至凤凰城而止,亦未尝入吾境土。今天兵卒然至此,使我父母不相顾,兄弟妻子尽被擒戮,家产已尽,死亡无日,岂非天也耶!"正是因为此次大捷,赵辅最后极尽溢美之词,以赋一篇吟咏,是为《平夷赋》。[89]

从王琼关于辽东防线的九封奏议看,他对辽东之势并无必胜把握。毕竟,明军在辽东方面的战绩乏善可陈。部署辽东的军队已经节次西移,加强京畿守御,这便使得辽东本土更易受到兀良哈及鞑靼的袭击。王琼认为,事不宜迟,当速为之计。

正德十一年(1516年)十月,巡抚辽东都御史张贯、镇守太监郭原、总兵官韩玺等建议,再次发大军,讨伐建州:"挑选各路兵马,分为奇正哨掖,整捆齐备,督令各该副、参等官统领分投,一齐出境,直至犯边贼营。若系长壮达贼,尽行诛戮报官,幼男妇女俘获解京。"但兵部尚书王琼持质疑态度。他认为:

> 御夷之道,抚剿二者不可偏废;抚剿之法,顺逆二者不可混施。查得成化十四年,建州、海西夷人犯边,都御史陈钺主于剿,侍郎马文升主于抚。以剿为是者,病抚之不能息兵;以抚为说者,忌剿之或启边衅。卒之命将出师,捣巢杀戮,虽威振殊俗,而至今借口,思欲报仇。盖由抚剿之势有所偏执,而不能审顺逆之宜故也。今建州等贼叛服不常,乘机寇掠,节次侵犯开原、清河、碱场、叆阳等处,杀死官军,残害地方。照依成化年间事例,兴师问罪,未为不宜。但详奏内,建州左卫都督脱原保等说称,"孛速合、金奴、尚叟四等做了贼,我们劝化他,不从"。建州左卫都督尚哈

说称，"有都督牙委哈的儿子金奴、尚叟四，与左卫赵士四、哈桑失哈四个人商量做贼，我们拦当他不住"等情，显是中间亦有归化效顺之人。若便捣巢杀戮，未免玉石不分。成化十四年，本部尚书余子俊等所议以为，"宁成功于门庭之间，勿远致于敌人之境。来则击之，使无遗类，去则置之，不必穷追"等语，诚为至论。近日瑷阳等处节报贼众三千入境，斩首五十三颗，国威自振，虏自知畏，何必捣巢尽诛，然后快心？合无照依成化十四年事例，不必会议，本部马上赍文交与辽东镇巡官等，督令通事人等于各夷近边答话及入市交易之时，宣谕朝廷恩威。大意谓尔等世受国恩，每年进贡，宴赏甚厚。今速长加等自作不靖，犯我边境，朝廷欲照成化年间事例，整点人马，捣尔巢穴，大加杀戮，使尔种类无遗，事无难举。但念中间必有归化效顺之人，如都督脱原保等所说情词，不忍一概诛戮。今后务须坚守臣节，敬顺朝廷，不许听信奸夷诱引，一概犯边。各夷中间有能擒斩速长加等曾经犯边达贼者，镇巡等官审实具奏，大加升赏，以酬其功，决不失信，将宣谕过缘由回奏查考。其镇巡等官务要协谋计议，料度虏情，调集精兵，预谋战守。夷人纳款进贡交易，照例施行，倘来犯边，督兵剿杀。如近日瑷阳旧古河之捷，升赏自不吝惜。若贼势败散，料无伏兵，亦许乘胜追逐，出境剿杀，但不许捣巢穷追，妄杀无辜，或堕贼奸计，责有所归。

正德皇帝是其议。[90]

第十章 正德时期——"总督军务威武大将军总兵官朱寿"（1506—1521年）

*　　*　　*

辽东以西是蓟州，又称蓟镇，其总兵官屯驻三屯营（今河北迁西县西北），位于北京以东约160公里。明朝设置蓟州，将山海关到居庸关之间绵亘千余里之地纳入明军的控制之中。明军在此修筑驰道，建立卫所，蓟州镇总领113关、72寨、115营堡。蓟州之设，以控制"外夷"，故在蓟州之外，明廷又置朵颜、泰宁、福余三卫，以羁縻兀良哈人。王琼认为，三卫"为中国藩篱。三卫夷人每岁入贡处，待有常规，不可因其挟求赏逾常格，而启轻侮之心。若入境寇掠，备御亦有常法，不可轻议增兵，而使百姓困于输挽"。[91]《晋溪本兵敷奏》共计收录关于蓟州的奏议28篇。

在蓟州，明军也将面临颇多挑战，特别是当明军转入防御后，兀良哈人变得更具侵略性。正德十年（1515年），兀良哈人袭击马兰谷（今马兰峪，位于北京东北110公里），杀守将陈乾。王琼在奏议中指出：

> 百余年来，穷寇零贼，鼠窃狗偷，时或不免，未闻轻骑深入，杀害将官，如蹈无人之境，如今日者也。况访闻马兰谷地方，外隔重关，自来并无达贼进入，显是参将陈乾平昔号令不严，提备不谨，一遇贼入，寡谋轻敌，致堕贼计。及邻近关营把总等官，视常怠玩，并各营官军，内有役占卖放，以致军威不振，遇警失事。

为此，王琼建议，其一，应令夜不收出境打探敌情，特别是朵颜卫都督花当及其子把儿孙的动向。如"贼势众大"，则发兵防御。其二，王琼建议兵部右侍郎陈玉前往提督军务，并拣选马队官军三千人随行，同时命工部备好军器，户部备好马匹草料。其三，启行之日，每员士兵照例赏银二两，布一匹，以备军装。户、工二部照例差官先至沿途预备粮料、草束、槽、镰、锅、瓮等物，以备军队经过或驻扎时使用。最后，王琼要求通行辽东、山海、永平、宣府、独石、马营等邻近蓟州的军镇，务要严谨提备，不分彼此，相互配合。马兰谷之事，兵部会同都察院遣巡按监察御史前往查勘并评估损失。

王琼接着提出：

再照朵颜、福余、泰宁三卫夷人，自我太宗文皇帝安插在彼，授官降印，畜为藩篱，百余年来，坚守臣节，未闻悖逆。自去岁以来，奸夷造为小王子结亲之说，敢为要求之计，守臣轻信，张大其事，遂致本夷肆志。先要我以添贡，朝廷俯念夷情艰难，暂从其请，曾令大通事谕以祸福，令其效尔祖父，永守臣节，毋起歹心。若倚北虏和亲，要求无厌，必调大兵痛加剿杀，扫除巢穴，不许住牧。又曾俟其来朝，令礼、兵二部堂上官督同大通事于礼部明白宣谕。后该朵颜卫都督花当奏，要与本卫所镇抚失林孛罗不必赴京，就彼承袭祖职。右都督职事守臣又曲为奏请，准写敕一道交与蓟州镇巡官，亲付失林孛罗收领。今年二月，礼部手本开称，译出朵颜卫都督头目花当奏称，迤北达子伊并不知东西二处达子已省谕了，并不作歹。今巡抚都御史王倬奏称射死参将陈乾等，系花当男把儿孙等带领达贼拆墙入境，显是花当等外示效顺，中怀悖逆，以要求为得计，以犯边为长策。都指挥陈乾之死，轻率寡谋，虽其自取，但奉敕将官殒命于臣服小夷，亏损甚大。

针对这种局面，王琼建议：

请敕蓟州镇巡官从长计议，选差通事并有智识官员前去近边地方，拘唤花当等责问：朝廷既节次施恩，抚待汝夷，因何面是背非，阴纵尔子把儿孙领人马到马兰谷抢掠，射死参将陈乾？如果花当不知，就令花当将把儿孙捉拿解京，或令自行处治偿命，姑赦其罪。如或通同，故纵不问，再来犯边，朝廷必要兴师问罪。将京营并通州、蓟州、天津、保定等卫精健步军选调三万，各执短兵火器，分路进入，犁庭扫穴，再调辽东精兵二万攻其左，宣府精兵二万攻其右。汝失故巢，进退无门，追悔无及。

正德皇帝同意王琼的建议。[92]

明廷严厉的措辞之后，兀良哈人有何表现？显然，明廷非常重视马兰谷事件，并将之视为兀良哈人的严重挑衅。但这次，兀良哈人也表现得极为强硬。五月二十六日，兀良哈人从板场谷袭来，数日后又从神仙岭袭来，又数日后从水关洞袭来。提督军务陈玉等乞调辽东兵三千或京营人马协防，兵部据闻以报。

巡关御史张鳌山又奏称："朵颜三卫花当与失林孛罗谲诈骁勇，彼欲增贡则增，彼欲袭职则袭职。我既堕其计中，彼遂决为大举。今之画计者有三，曰增贡决不可从；曰守亦不可也；曰攻则忠臣义士之愤，未可为非。要调宣大、辽东边军，旬日之内，速赴地方分布防守，出其不意以攻之，预为必战以御之。"王琼认为，张鳌山所言"理直气壮，词严义正"，当合准所言。正德十年（1515年）六月初十，正德皇帝亦是其奏。

　　兀良哈人得以大举入侵的事由也渐次调查清楚，乃因明军通事程理等交通敌人，指引其侵犯边疆所致。王琼建议，应对通事选差制度进行改革，要选差谨整老成者为通事，"一年一换，通行各边，着为定例"。

　　此外，王琼还提出一系列征剿朵颜三卫的建议。他指责花当"恃其诈力，敢肆侵凌，外示效顺，中怀悖逆"，一面进贡，一面犯边，是个十足的两面派人物。同时，他还指出："北房小王子、瓦剌等部落世为中国边患，去年深入崞、代，今年屡犯延、宁、固。不假朵颜等卫夷人和亲而后敢犯中国，亦不必自蓟州一带边关进入而后可以内侵也。"因为小王子与花当互为掎角，花当之子把儿孙才有恃无恐，杀死参将陈乾。此罪显著，随后花当更是拥众侵犯，以致张鳌山等极言"夷房侵侮之患，当以攻讨为急"。鉴于此，王琼采集群言，度量事势，将合行事宜逐一开款条列，奏报正德皇帝。最终，正德皇帝同意其大部分建议。

　　王琼的建议计开六条，大致如下：

　　都指挥桂勇钦奉上命，领军前往蓟州边关征剿"叛夷"，专问朵颜卫杀死参将陈乾并屡次犯边之罪。出征的目的，是"擒斩房贼，明正其罪"。或若未能擒斩之，也要"使房众畏服，将把儿孙等献出"，押解至京，并许诺不再犯边，方能照旧入贡。若"夷人""畏威远遁"，则桂勇等切不可远追。如长久未能擒斩，则必须速行班师,不可"老(劳)师坐费"。若有将领"贪功远处,致有疏虞",则朝廷必将有所惩戒。(王琼的奏议中还列出若干桂勇进军时应注意的事项,兹不枚举。)

接着,王琼又指出明军出征时可能会面临的另外一个问题。他说:"但访得三卫夷人往来辽东前屯、学避寺处地方,尤为密迩。见今辽东镇巡等官节次奏报,海西、建州等处达子在彼犯边,诚恐三卫夷人往来,在彼勾引为患。"为此,他建议令辽东镇巡官选精兵三五千相机剿杀作乱"贼人",并同时让通事晓谕各部"夷人":"今次朵颜卫头目花当等设诈杀死参将,屡次犯边,以此朝廷遣将征讨,止问花当等罪过,其别卫夷人各安生理,照旧进贡,不许听信花当谗言,一概惊恐。若各夷有能拿住杀死参将陈乾花当男把儿孙的,押送前来,赏与织金纻丝十匹、绢一千匹,以酬其劳。"

这一计策是否奏效?要知道,明朝开展了巨大的攻势,一方面在辽东东部部署数千士兵,以报复朵颜卫这个麻烦不断的小势力,而后者也试图当两面派,一面议和,一面掳掠。这种做法与鞑靼人如出一辙,而明廷这一雷厉风行的手段,则为了表明它对这种两面派的厌恶,及其对此事的认真程度。

随后,六科十三道言官开始交相弹劾前线诸边将,并迫使朝廷更换帅臣。桂勇奏请出征时带官旗、舍人一百三十员前往听候调用,但王琼认为"奏带太多,中间未免混杂无用",请令桂勇精选三五十员从行即可。如果这些人有所斩获,亦可照例得到赏赐。

九月,张鳌山奏报,桂勇差舍人刘鼎巡边,"招抚朵颜卫达子把歹等六名赴边答话"。议者以为,把歹等"信服""纳款"是因为桂勇统兵征剿,大振天威的结果,其余虏夷则畏惧远遁,不敢近边。局面看似良好，但王琼认为尚有未尽，仍需谨慎："把歹等回还，与花当等说知，亲来答话一节，未知从违，难便定夺。"

王琼在另一封奏议中，统计道，朵颜三卫的"虏贼"在正德九年（1514年），犯边50次，杀官军男妇67人，掳走军民男妇共167人，被伤官军男妇共60人。此后"虏贼""益肆猖獗，戕我将臣，背德逆天，势甚凶恶"。自正德十年（1515年）五月以来，"各该提督等官仰承敕旨，惕励图新，将士效力，军威大振"，明军在数次作战中斩获贼首52颗，获马161匹。"自是虏贼破胆，关口百里之外哨无贼踪，不敢似前入境侵犯，是皆皇上圣武布昭、付托得人之所致也。"于是，明军保持警戒，徐徐班师，而朵颜三卫也恢复了对明朝贡。

把儿孙又有何后续处置？据王琼称，朵颜卫的首领企图避重就轻，蒙混过关："今看得都御史李瓒等奏内明开，审得朵颜卫头目扯秃等说称'都督花当差我们来'，赍着无印番文一纸。及看番文，内亦开'都督花当、男都督失林孛罗、弟干儿路阿剌忽、头目把儿孙惧怕叩头'，不曾开称'系把儿孙一人独自认罪进马'缘由，各官会奏，却要容令把儿孙进马赎罪。"王琼认为："今若容令把儿孙以数马赎杀死陈乾之罪，恐非所以尊中国而示外夷也。合无本部行文都御史李瓒等，督令原审通事王远等再审扯秃等，果系都督花当差来进马，以礼犒劳，验放入关。若系把儿孙独自差人进马，仍照本部前拟，相机行事，设法擒剿，不可自示怯弱，致生侵侮，亦不可机谋疏漏，误堕贼计。"正德皇帝批复称是。

前音刚落，变故再起。蓟州等处边备左金都御史李瓒又奏，"朵颜卫小失台等六名说称：'把儿孙差我们来，叫扯秃等回去，只在三四日要行作歹'"。李瓒调查后认为确系实情，故上疏请求展缓将驻守各处的辽东明军撤回蓟州。王琼认为："（朵颜卫）既以认罪为词，又以作歹为说，岂蕞尔臣服小夷所以敬事中国之体？而都御史李瓒等不能以大义责问，辄便畏惧，意欲朝廷决从其请，快小夷之志，损中国之威。万一此虏得遂其请，肆其犬羊无厌之求，要我悖理难从之事，又将何以处之？……仍乞敕蓟州镇巡官整搠军马，严谨堤防，固不可徼功以启外夷之衅，亦不列尔弱以损中国之威，倘或失事，罪有所归。"正德皇帝是其议。但李瓒已经先行一步，径自任意将把儿孙所贡马匹接纳，使朝廷节次降下的敕令成为虚词。兵部认为，事已至此，宜令李瓒等追回扯秃等人，若果系花当进贡马匹，则如前以礼犒劳。如是把儿孙之人，则差人相机擒剿。

正德十二年（1517年）七月，把儿孙再度要向明廷叩头认罪，并单独差30人进贡马30匹，作为赔礼。这一次，明廷决定看在其父花当的分上，姑且不问，接受其致歉。但王琼也将兵部的意见送达镇守太监、总兵官，告知若花当或把儿孙再遣人来答话，则务要将兵部意见转达使者，回告把儿孙。其意见如下：

> 四方万国，只有中国为尊；尔朵颜卫一家，只有都督花当为主。尔把儿孙先引人来杀死参将陈乾，已有无君之心，是为不忠；今要于本卫常例三百人外自差三十人进贡，是又有无父之心，是为不孝。在前，朝廷已差副总兵桂勇统领定州等处达军捣尔巢穴，因尔远遁，朝廷念尔父祖世为藩篱，并花当不曾犯顺，特从宽宥，班师不征。今尔不受尔父花当教训管束，任意妄为，姑且不问。若再来犯边，朝廷必敕尔

父花当将尔擒拿，解京治罪，尔悔无及。

正德皇帝是其辞，并恩准把儿孙继续朝贡。

明廷最终作出了让步，此时距离把儿孙袭杀陈乾事件已过去两年。或许，袭杀事件所带来的痛苦回忆正逐渐烟消云散。明军有心进行大规模军事行动，但由于出征成本，明军无法长期保有大量作战兵力。事后，罪魁祸首者亲自道歉了，基于利益衡平，明朝决定接受其赔礼并恢复朝贡，甚至突破了常规的贡使300人的定例。看起来，这并非值得称道的结局。[93]

但事情远未结束。正德十二年（1517年）九月，把儿孙又强行独让朵颜卫330人进贡，而不容福余、泰宁二卫一同遣使朝贡。蓟州守臣遣人省谕，二卫则推以"黄毛达子要来抢杀，保守家小"为辞，愿待无事之后再来补贡。王琼认为，福余、泰宁二卫必是惧怕朵颜卫强大，不敢与之同来，而后才借隙前来，以致错过入贡期限，于是他要求蓟州边将提高警惕，"常川在役，比常十分加谨瞭望"，防止朵颜卫袭扰。同时，他还请兵部移咨礼部，要求彻查福余卫、泰宁卫入贡失期的真实缘由。十月，正德皇帝批复是其议。

以此观之，三卫已非一体，情况甚至更为复杂。花当另一儿子打哈说称："我父花当同兄把儿孙差我们来报，有都督失林孛罗说称，累次差人告讨六百人进贡不准，要收拾人马，往西边做贼。有父花当同兄把儿孙等拦当他了，不知他如何。"又说，"我们众达子几时来进贡？好收拾马匹来关听候。"通事主簿许凤令其于正德十二年闰十二月上旬（1518年1月中旬）来，并依例量赐酒肉、盐米、布匹等物，抚赏回还。

关于此事，王琼认为："朵颜达子把儿孙惟欲要求添贡，造为交通北虏之说挟制中国。今年万寿圣节乃敢不与泰宁、福余二卫齐来进贡，意欲耸动朝廷，俯从所请。及本部坚执大义，奏准不许，因见所谋不遂，思欲来贡，又恐朝廷罪责，不容放人，以此假以报事为名，归罪于失林孛罗，逆探我意。事虽遮饰，终有悔罪效顺之意，系是夷狄，似不足较。许凤等省谕，令其照常闰十二月初旬来，深得抚待夷狄之体。合无本部行文蓟州镇巡官，将主簿许凤、序班孟昇并魏宗渊等以礼奖励，督令用心等候。如遇朵颜夷人前来进贡，即便设法省谕，以为'既是失林孛罗不顺，尔朵颜父子效顺，准尔照常年事例人数验放入贡，其以前失误进贡，奏请宽宥，姑免尔罪'。一面严督各该参将、守备、把总等官，督令哨守人役比常十分加谨堤备。倘或设诈侵犯，就便相机剿杀，毋失事机。声息重大，本处官军不能御敌，星驰具奏定夺。不可因其来贡，懈弛边备，致有疏虞，咎必有归。"正德十二年十二月三十日（1518年1月11日），正德皇帝批复是其议。

尝到甜头，把儿孙决定进一步有所动作。正德十三年（1518年），把儿孙先后送还四名被俘的明朝边民，并借机讨要大头目职位，以便合法地管束朵颜卫人民。王琼对此表示反对。他认为之前朝廷允许把儿孙入贡，不追究其犯边杀将之事，已属法外开恩，若再准其求官之请，"将来狼豕无厌之求有何纪极？况朵颜卫部落人民自有伊父都督花当管束，把儿孙所请实有无父之心，尤为可恶。合无本部行令舍诚等，明白晓谕脱桶阿，回去说与把儿孙：'尔前罪过既已宽宥，今又要讨大头目职事，管束本卫人民，置尔父于何地？如尔肯着实改过，辅佐尔父花当管束所部，三五年再不犯边，尔父来奏，朝廷方有恩典。如尔不听父教，再来犯边，决不容恕。'其进送人口，行与蓟州镇巡官查勘是实，照依彼中事例量加给赏，以慰其心。"二月二十三日，正德皇帝批复是其议。

或许，这是花当和把儿孙的一出双簧戏。花当唱红脸，充当服从和平的外交角色，而把儿孙则唱黑脸，常来袭扰。当然，明廷不会纵许其实。对明朝而言，若花当与把儿孙父子相互掣肘猜忌，无疑更有利于明朝管控。但是这一做法，也可能会使朵颜卫内部的权力谱系更为裂乱。

五月，便发生了前述正德皇帝欲于喜峰口接见朵颜三卫贡使一事。正德皇帝试图会花当、把儿孙等三卫"夷酋"，遭到明朝官员的强烈反对。但正德皇帝没有回应他们，最后此事似乎也不了了之，很快他就重新回到北京。[94]

《晋溪本兵敷奏·蓟州类》的最后一篇奏议，表明明朝与朵颜三卫的关系并未得到根本扭转。王琼在奏议中说：

> 查得朵颜等三卫自来进贡验放夷人三百名，系是旧例。正德九年准添六百人，后复不准，遂启杀死参将陈乾之衅。正德十一年，于朵颜等卫常例三百人外，又准朵颜头目花当男把儿孙三十人进贡。以后守臣不能禁止，将以为常。今正德十三年九月验放夷人，都御史张润等乃能遵守旧规，开明大义，阻止把儿孙非礼之贡，诚可嘉奖。其要本部于各夷回还之日戒饬，及请敕彼处镇巡宣谕一节，见今来贡夷人将回，未奉有旨，难擅戒饬。合无本部行文都御史张润，会同镇守官员，依奏召集省谕施行。但抚顺夷情，固在晓谕明白，尤在防御有道。况犬羊夷性，惟知贪利畏威，非口舌所能驯

服。合无本部行文都御史张润等，务要运谋设策，修举边备，通达烽堠，申严纪律，一遇侵犯，务使痛遭挫衄，不敢近边，斯为得策。不可倚信夷人，玩忽边备，倘致失事，咎必有归。其省谕各夷之时，虽以礼义为主，必须示以兵威，庶彼知畏。

十一月初二，正德皇帝批复是其议。[95]

最初，朵颜三卫之设，本为明朝藩篱，明廷与之一起抵御鞑靼，屏障辽东。三卫偶尔也确实能够发挥这一作用。但在王琼任兵部尚书的五年后，朵颜卫的把儿孙与小王子等暗通款曲，朵颜卫本身竟变成了明朝的威胁。明廷自此不得不对三卫"夷人"审慎戒防。

* * *

蓟州以西，便为宣府、大同，简称宣大。关于宣大边防，王琼的《晋溪本兵敷奏》收有奏议36篇。在序言中，王琼指出了北境防线上明军与小王子之间你追我赶的猫鼠局面。小王子常驻威宁海子，在宣府、大同之间，离边不远。但他有时也移营驻牧于河套。恃明军防御有缺，小王子常率兵游击抄掠，明军对此束手无策。"虏兵"神出鬼没，其下一步行军亦莫之所向，因此边将常在迟疑不决的情况下调兵遣将。而供给成本及困难又意味着每一处边防力量都稍显薄弱。即便京军驰援，也只是远水不解近渴，只能解决短期临时遭遇的问题。所以对于明军来说，边防时刻处于危机状态,永远不能松懈。也正因此,每当小王子四处剽掠不定时,巡边大臣的反应都近乎恐慌。

在防御体系中,宣大之于京师自不待言。王琼称:"宣府南至居庸关,不及二日之程,北去虏地,近者仅百里许。"[96]可以说,九边之中,宣府离北京最近。

正德十年(1515年)十月,宣、大二镇共有官军14万,延、宁二镇又设有官军7万,岁费粮储数以百万计,专为防御"虏寇"。但是,沿边守将"因循怠忽,不肯预先料度虏情,运谋设策,调度军马,相机战守",以致"虏贼"大肆猖獗,深入腹地,掳掠得利而去。等到朝廷命将出师,"虏兵"已经撤退,如此反复,师老费多。且因边境线绵长,腹地广阔,"虏兵"出没无常,即使京军与之偶遇,也往往只得仓促一战,难以成功。总的来说,王琼对明军这种被动防守的局面甚为不满。他说:

> 臣等愚见,乞敕宣府、大同镇守太监、总兵官、巡抚都御史会同计议,今年河冻,虏贼过河驻牧,作何设法堤备可保无虞,访取熟知边情地理之人,密切审问先年虏贼进境抢掠出入道道,应该调拨何城堡军马,在何地方驻扎,可以正当贼冲,截杀取胜,于何地方按伏,可以邀其归路,追剿得功。本镇军马虽各散处城堡,必须量数挑选精锐官军,记名听候,有警调取,会合剿杀。务在料敌先知,算无遗策,不可互相推倚,因循苟安,及似常分调按伏,不当贼冲,虚应故事,以致虏贼深入抢掠,出入自由,定照叶椿、姜彬、高友玑等事例拿问,取回降黜,必不轻贷。[97]

第十章 正德时期——"总督军务威武大将军总兵官朱寿"（1506—1521年）｜0635

边将们确实作出了实质回应。巡抚宣府都御史王纯，会同太监于喜、副总兵陶杰一起上奏预防虏患事宜。王纯等指出："大同、三关、延绥、紫荆、倒马等关俱不系宣府所辖，军机难以遥度，及有碍旧例者俱难施行。"同时，他们也希望朝廷能添选精锐援兵，委任惯经战阵、勇谋兼备的将领前来助战，并派遣更多夜不收探查敌势多寡、进军道路，一遇警情，则"举放炮火，互相传报"。对此，王琼等议以为，近年因"贼至不得预知"，明军往往贻误战机，故对于王纯等提出的"举放炮火，互相传报"之策，王琼认为"深得御虏之法"。同时，对于王纯等提议的"军前执旗，挂牌记功及临阵退缩，立斩示众"等方法，王琼认为俱系旧例，可以准行，但他希望王纯等与总兵官潘浩计议妥当，再行实施。王琼最后告诉王纯等，无论施行什么计策，务要"料敌先知，调军得胜，随机应变，计出万全"。正德皇帝亦是其议。

巡抚大同都御史王宪、太监马锡、总兵官时源，亦有奏报。其奏称，正德十年（1515年）下半年，实有马、步官军46274名，但据管粮署郎中陈溥奏报，在册官军58136名，因此王宪等认为"中间恐有私役隐占，冒支月粮等项情弊"。对此，正德皇帝要求兵部会同户部等一起彻查此事。（若刘瑾当道，此事可能会被极力弹压，但今非昔比，刘瑾已经身败名裂。）

宣府、大同画地为牢，各自为政，只有中央的兵部尚书王琼才能监督和协调所有边防事务。巡抚宣府都御史王纯指出，"万一虏贼整阵长驱，本镇官军众寡不敌，莫能捍御"，故请求朝廷协调京营、辽东精锐官军设法"按伏防御"，以助宣府御敌。王琼附其议，认为"近年胡虏强梁，侵犯得利"，王纯的建议深有远虑，不为无见。但王琼也指出："宣、大二镇见有食粮官军一十四万，竭民脂膏以佐军费，正为防御虏寇之计。设使镇巡等官各能大扬军威，布置得法，虏贼虽有长驱之意，宁无内顾之忧？若恃关内有备，边备稍忽，贼来既不能拒，贼去又安能截？如前岁贼过三关，出入自由，是其明验。"为此，他建议："合无本部铺马赍文交与宣、大二镇镇巡官员，同心勠力，计处调度，操练官军，振扬威武，务使我军有必战之勇，彼虏有不敢深入之势。或遏其前锋，或邀其归路，务期取胜，勿失机会。如有故违，罪不轻宥。本部再行延绥镇巡官，照例将游奇兵马整饬，听候调取，星驰策应，不许迟误。及通行整饬蓟州、保定、山西边备都御史李瓒、臧凤、李钺，亲诣各该关隘，点视军马，戒严堤备。臧凤仍要移在保定住扎，以便经理。其各关口官军，除旧有外，若应该添调别处官军把截，并一应守口事宜，查照往年事例，应施行者就便从宜施行，应具奏者火速奏请定夺。仍各严谨烽堠，多方哨瞭，但遇有警，互相传报，并力固守，务保无虞，一面飞报本部，奏闻区处。敢有纵放军人，懈弛边备，如马兰谷已死参将陈乾者，听巡关御史指实劾奏，拿问更替。仍行总兵官戴钦、郭锦并参将李清、卢英等及守板指挥刘淳、孙玺等，敢有不行严谨，致虏越过关口地方抢掠，各照律例，治以斩罪，悔难追及。各该巡抚都御史仍责取各关口守备官不违依准存照。其辽东人马，总兵官韩玺操练听调。"正德皇帝批复是其议。

尽管有上述议定，但执行中还是出现些许偏差。王宪等不久即奏称，三月初八，"达贼"两千余骑与明军三千对敌于贝家造，最终明军将其追赶出境。但在大同，又有"达贼"千余人在花家屯将123只羊抢掠一空，城中官军未敢发一兵以援。直到"贼到教场门外杀人"，官兵始出，而"贼"亦远遁。虽然未知消息真假，但王琼等仍感吃惊。"达贼"不过千余，就敢出入抢掠，肆无忌惮，万一"贼众"大举来犯，明军岂能支持？于是，王琼等议曰："合无本部移咨都察院，转行彼处巡按监察御史，将……达贼入境抢掠事情并官军迎敌有无功罪查勘明白，体访得实，具奏定夺。仍行总兵官时源等，务要整搠军马，严谨火墩，贼入先知，相机追剿，毋致得利全归，重贻后患。看得各官奏，要将原调延、宣、偏头守臣兵马催促，尽数督发前来，听其分布追剿。如果贼势猖獗，持久不退，各镇守臣亦该照例整搠兵马，兼程应援一节。查得旧例，各镇官军互相策应，止许征调游奇兵马，其镇城官军各守重地，难以弃离本镇，兼程前往邻境应援。及查偏头等关，原设官军数少，防守本关尚不够用，原无调出关外策应之例。前年为因调出口外，以致连贼越过三关抢掠，以此都御史陈天祥奏准，三关游兵不许动调远出，系遵旧规，难再改议。其延绥游兵六千、宣府游兵三千，各已奏到起程日期，亦无别议。合无本部行移都御史王宪等，从长计议，将杭雄游兵三千、朱銮游兵三千人从宜分布，听杭雄等随机应变，追逐截杀，务使迎合虏冲，遏其来路，不许故为迁延，远避贼锋。如有故违，失机误事，从重究治。"三月二十八日，正德皇帝批复从之。

随后，警情突起。七月十五日上午巳时，方良口夜不收李八、常峪口夜不收王纯等报，"虏兵"漫山遍野而来，直趋怀来，抢掠牲畜，又往南行。防守白羊口都指挥马忠等试图拦截，但寡不敌众，于是星夜差人至京请援。王琼亲自指挥这次作战行动。他命都督张椿、桂勇等前往居庸关、白羊口协防，又令左都督刘晖于辽东取兵三千回防京师。很快——第二天——正德皇帝即批准他的建议。从这里我们可以看到，每当北京面临草原方面的直接压力时，明朝的官僚机构就会被迅速调动起来。

其他地方也陆续出现入侵袭扰事件。因边关武备废弛，"虏兵"于宣府杀死游击将军两人，又越过三关（宁武关、雁门关、偏头关），直趋山西省城太原，此后又自固原入平陇。王琼感叹道："夷狄之祸（祸），近所未有。"怀来防线的突破同样在京师引起恐慌。这表明，尽管明军一直以来采取各种措施构筑防线，但防御体系仍不可避免出现裂痕。其因何在？王琼认为，这一切与总兵官等高级指挥官的严重疏忽息息相关。他责骂道："潘浩素乏谋勇，又敢不畏国法，先于大同、宁夏两处失事，幸得无罪，复转官阶，略不警悟，玩愒自如；都御史王纯惟知大言以自宽，全无经略以防患；太监于喜不能协谋行事，以致虏寇拥众深入，越过怀来地方，遍满山川，下营住扎，抢至白羊口以里，杀掠人民，惊扰地方，震动京畿。而潘浩等若罔闻知，既不见调兵截杀，又不行星驰奏闻，失误军机，贻患军民，论其罪过，俱难轻宥。"不过，责骂归责骂，大敌当前，王琼并不打算弹劾诸人，而是希望他们戴罪立功，效尽死力。七月二十日，正德皇帝批复是其奏。

明廷持续防范警惕北虏再度深入京畿腹地。不幸的是，他们真的出现了。羽林前卫正千户苗世英称，七月十五日，其于西山斋堂、清水等社取水与炭时，撞见"达贼"数十骑于宛平县清水社齐家庄、塔河村、清水村等地杀死平民2人，伤6人，掳走男女10余人及牛羊骡马无数。苗世英跟踪"达骑"，发现其于洪水口安营。随后，明军又发现有"达贼"200余骑于三岔村等地劫掠牲畜，并于黄鲁安营。此次"达贼"掳掠之地皆京畿附近偏僻地方，但所掳军民俱来自宛平，以致人心惶惶，颇有朝不保夕之感。而守关边军又寡不敌众，以此向朝廷请援。

七月二十日，明廷收到警情奏报，王琼议曰：

> 臣等料得前项贼情即系白羊口同日犯边达贼，今已过五日，前贼或已退出。况刘晖等统领军马出口，遥振军威，彼贼闻知，畏惧截其归路，不敢深入。但恐贼势众大，宣府官军尽数发出，彼已轻视不惧，万一闻知刘晖等所发军马数不上万，扎营不退，复入侵犯，逼近京师，若不急早预备，不无仓卒失措……乞召提督团营内外官面谕，令其作急计议，挑选精锐有马官军作为骑兵，每三千名委将官一员管领，关给马匹、火器、什物，各给与赏赐，整办军装。户部上紧措备本色草料，攒喂膘壮，并合用棋炒口粮，俱预为办完。一遇警报，即时出城，相机截杀。仍多选步军，关领盔甲、挨牌、火器并战车，就于教场演习下营，预立阵法，演习熟惯，遇警即发出征。各关厢相视便宜地势，安营固守，一则防护关厢军民，不使扰乱，一则将官所领有马奇兵往来截杀，有所归宿，相机行事，保无他虞。①

两天后，正德皇帝批复曰是。

但是，随后仍不断有噩耗传来。七月二十一日，"虏兵"又至上常谷处劫掠，几至京师，后因明军截杀，退至宣府柳沟扎营。王琼再度敦促增援部队就位，并要求合用军器、粮草等项，各部门应悉心配给。正德皇帝允其议。

---

① 见王琼奏议《为北并入境惊扰人民事》。

巡抚宣府都御史王纯称敌众我寡，难以御敌并请自劾，但王琼认为他意在掩饰过失。王琼责称：

> 查得前项虏贼七月十三日入境，十九日方出，六日之间，从容抢掠。而宣府官军初出下营，自以为哨探不的，仓皇未齐；复出追袭，又以为连日鏖战，损折不多。详其都御史王纯前项去年议奏御虏计策，预拟虏势重大，京军不必动调，自谓"本镇军马按伏观变，如吴起之善守；夹攻捣巢，如孙膑之解围。必不出虏贼之下"等语，人皆谓王纯大言如此，必有自负智略，宣府一镇必可保其无虞。不意今日虏贼入寇，王纯婴城自卫，一筹莫展，既谓众寡不敌，又不敢明言请兵救援，且要本部从长议处。

正德皇帝赞成王琼的斥责，并要求王纯戴罪立功杀敌。

八月初，关于宣府方面的问题，科道官开始弹劾当地官员。兵科等六科给事中纷纷要求正德皇帝下敕锦衣卫，逮捕潘浩等至京问罪，又请将王纯、于喜召回，罢闲降用。王琼等议得：

> 窃惟朝廷所以制驭万方、罔敢不服者，赏与罚而已。有功不赏，有罪不罚，虽尧舜不能治天下。自古用法宽纵，威令不行，以致人心轻忽，百度废弛，卒之坏事误国，遂不能救，载诸史册，皆可考见。近年各边将臣失事，往往以有事之际借口，终逃刑宪，遂使人不知畏，因循幸免。如潘浩辈，若有畏法忧死之心，岂无先事预防之策？今既该科道官交章论劾，似难再为宽处……其潘浩等虽是暂留在彼，垂首

丧气，亦必不能有所施为。伏望圣明俯从各官所奏，特敕锦衣卫差官校将潘浩先行拿解来京，其王纯、于喜，或一同拿解，或取回，定夺伏乞圣裁。"

正德皇帝道："是。这地方失事情重，比常不同。潘浩便差人拿解来京问理。于喜、王纯姑免提，还照前旨，俱着戴罪杀贼。"

很快，宣府方面就更换统帅，形成以左都督刘晖、太监张忠、侍郎丁凤为首的新守臣团体。很快，刘晖等便有所作为，他们派兵瞭哨，探知北虏营地所在。其虏众大势已到威宁海子扎营，离大同不远，于是王琼认为，应全面加强与之相邻的蔚州、灵丘、广昌及三关十八隘口等处地方的防备。大同副总兵朱振骁勇善战，朝廷擢其为总兵官，镇守宣府，但王琼担心如朱振及其精锐出镇宣府，大同恐一时缺人。但是，正德皇帝并未认可此担忧，照旧于正德十一年（1516年）八月令朱振出镇宣府。

不久，朱振至宣府整顿兵马，向明廷提出宣府新的防御建议。朱振发现"前任总兵等官止是分司分队，立为营分，听候出战，未曾精选，以致强弱相搀，今年达贼压境抢杀，官军迎敌，因而偾事"，于是朱振提出练兵之法：在团操前后营马队官军中进行拣选，头等者3133人"立为前营，听其统领，遇警当先出战"；次等2089人、步兵800余人，"并随营兵车俱立为后营，探报声息缓急，继后策应"；此外，"仍每五人编为一伍，互相救援。一人有功，四人同赏；一人有罪，四人同罚。果有畏避当先艰苦，夤缘请托更改等项，究问重罪"。

王琼认为朱振所议甚合朝廷之意，但仍要求朱振应与巡抚都御史刘达、镇守太监刘祥作为新的守臣集团，一起"协和计议，依拟施行，不可偏执己见，阻坏军法。如有违犯，御史专得弹劾"。王琼又议得：

> 宣府一镇食粮官军数几八万，今主将所统不过三千。近日虏贼拥众入寇，动至七八万，寡不敌众，遂至失事。又近年建议者不知边情，方欲添设城寨以分兵力，又欲召募新兵以困百姓。若不早为救正，其弊不可胜言。及主将所统兵少，亦当早为议处。合无本部通行宣府、大同镇巡官计议，今后不许添立寨堡以分兵势，亦不许召募新军，以致粮草不敷，旧军缺食逃窜。仍查各城堡见在食粮官军，内除已选本镇团操及奇游兵外，中间但系骁勇精锐军人，可以调用杀贼者，挑选见数，编造文册，或临时征调策应，或量数取赴镇城轮操，务使总镇城内常有精锐奇兵二万以备征战，其余城堡官军不必数多，遇贼势小则追逐截杀，若遇势大则坚壁固守以待援兵。

十月十五日，正德皇帝批复是其议。

宣府方面新的人事任命及战略调整似乎起了某种作用，"虏兵"开始向西进攻。张忠等报称十月十一日早上（辰时），"虏兵"约3000骑，到井坪城三山墩，拆墙七处而入。随后至下午（未时），又有"虏兵"约3000骑往南行进，十三日抵达偏头关，而后往南镇西卫等处抢掠。关于这一局势，王琼在奏议中称：

> 显是虏贼觇知宣大地方辽东并京营人马在彼有备，不知取回，故从井坪、朔州边界军少去处乘空进入，直趋偏头等

关抢掠。计自十三日入寇，至今二十三日，已过十日，山西镇巡官不见飞报，必是又已出境。都御史王宪已行参将李淳，游击卢卿、孙镇并延绥游击杭雄、朱銮，随贼向往，相机截杀。又督副总兵张輗探贼缓急，相继应援。又调宣府游奇等兵兼程前去，分布防守，倘偏头关十分紧急，亦就督发救援。详此王宪所处，深为得策……今欲再发天兵，不惟缓不及事，抑且访闻大同等处粮草十分缺乏，供给不敷。

接着，王琼又称：

切照近年以来虏贼强盛，动辄深入得利，出没无常，实难料度。各镇兵马东西调发，互相应援，疲困已极，添支行粮、草料，费用不赀……此时达贼虽未知消息何如，但即日起风河冻，大虏过河入套，侵犯延、宁，又恐延绥人马尽调河东，本镇无备，致有误事。及查宣府境外近日亦报零贼出没，倘或乘虚分道并入，亦难支持。

在王琼看来，"难支持"的根由在用人问题，原都御史王纯已辞回，虽尚在宣府等候交代，但难以行事，而新任都御史刘达尚未完全就任，故而明军统帅的守臣集团尚未形成凝聚力。为此，王琼提出了一系列用人部署方案。

十月十三日，大同方面报有"达贼"万余骑洗劫偏头关，但距事发已过去十天，山西镇巡官等又无相关奏禀，通属误事。王琼向正德皇帝请求彻查偏头关事件，正德皇帝可其奏。

正德十二年（1517年），巡抚大同都御史胡瓒会同巡按御史贾启奏陈六事，曰"原情罪以责战守""严事例以防推避""体人情以省支费""养间谍以资探报""明赏格以激人心""添兵备以专经略"，皆修举边备要务。王琼等逐一予以批复并启奏正德皇帝。其事计开如下[①]：

一、原情罪以责战守。前件查得，守边将帅守备不设计，为贼所掩袭，攻陷城寨，或彼贼入境，抢掠人民，俱有太祖高皇帝钦定律条，擅难异议。但中间有守备已设计，本城堡原设军马数少，止可固守城堡，不可轻出御敌，以致地方被抢，其情与守备该设计而故不设计者委有不同。问刑衙门不论有无计策可设，一向俱引前律问拟充军。又因事出不测，或所抢房人畜数少，参称律重情轻，奏请俱免充军，降级发落。依律言之，虽似减轻，以情原之，犹似过重。所以都御史胡瓒等奏，要将各城堡军少，守备官被贼入境抢房人畜者，止拟不应从重，照常发落，不为无见。但贼势众大，非守备官军所能支持者，问拟不应，犹似亏枉。倘贼少势轻，可备而不备，被其抢房者，止问不应发落，不无以后守备官员益加玩忽，废弛边备。合无通行各边巡抚、巡按、问刑衙门，今后各城堡守备等官，可以设计而故不设计，致有失事，俱依律问断，不许宽纵。内有事出不测，及失事数少，情轻律重者，仍照例奏请定夺。若本城堡人马原有数少，贼

---

① 原著中作者仅用几句简短的话概括此六事内容及兵部尚书王琼的批复，在汉译时，译者决定将《晋溪本兵敷奏》中所载胡瓒所奏"六事"及王琼批复内容全文转录，以最大程度还原其实。——译者注

势重大,力不能支,止可固守,瞭高守哨,及征调邻境兵马等项,俱无失误,别无计策可设,地方虽被抢掠,力量不能支持,系干律内该载不尽事理,参详明白,引律比附具奏,从法司再行议拟,奏请定夺。其调来各城堡按伏住扎将领,往来不常,违期畏缩,失误军机,自有本律,难问守备不设罪名。

一、严事例以防推避。前件查得,各边守备员缺,多系彼处镇巡官疏名奏保,中间亦有不曾奏到,本部虑恐缺人,查照历年贤否考语,斟酌推用。今都御史胡瓒等奏称,各官到任之后,因见地方多事,往往推病辞任,意图日后别用,要将推病官员改调南方。子孙就彼袭替,固是惩戒之意,但律例已定,轻难纷更,罪人不孥,恐失苛刻。合无今后守备等官,但有推病避难者,听本处巡抚、巡按官指实参奏提问,查照律例,问断发落,以后不许再行举用。

一、体人情以省支费。前件议得,兵机最难遥度,用兵最忌偏执。若使兵常散而不聚,各保境土,岂不省费?但料贼先知,预先调集,乃克有功。若报至才发,鲜不失误,所费益多。合无行文胡瓒会同镇守总兵官等料度虏营去远,地方无事,则散兵以自守。若有拥众入寇之谋,非大集兵马不能防御,则依律调遣,会合策应。或调或不调,皆各官临时从长计议,便宜而行,不可着为定例,致有拘泥,耽误大事。

一、养间谍以资探报。前件房中走回男子,听镇巡官斟酌查取,仍充夜不收名目委用,不必另立通事名目及一概行属查取,致有警疑,妄生疑议。

一、明赏格以激人心。前件查得,先为边务事,该大学士梁储等条陈内一款，大同、宣府、偏头等处土著军民、舍余人等中间，多有材力勇悍、轻生善斗之人，若激之以利，自能使之鼓舞用命，胜于远调客兵。查得先年兵部题行宣大二镇事例，该本部议称，各边土人有能奋勇设谋，斩获贼首一颗，随即赏银三十两。愿升者给与冠带，名为义勇，永免本身差徭。若能纠集乡丁，敌杀贼众，斩首至五颗以上，为首者加升署所镇抚。夺获被虏牛羊等项四分充赏等因题。奉孝宗皇帝圣旨："是。便铺马赍文与各该巡抚官，着好生省谕乡村军民人等，果有设谋奋勇，斩获贼级的，照例重加升赏。钦此。"钦遵通行外，但原拟事宁停止，不为常例。今虏势猖獗，比前尤甚，合无令兵部查照前例，通行宣、大、偏头等处三镇，揭示一应人等知会，有功照例施行。盖虏贼初入，势合而强，官军既不敢轻与争锋，及其分散抢掠，军马猝难调集应援。若此策一行，人人踊跃，庶几随地寓兵，虏人知惧，不敢恣肆等因，该本部依拟具题。正德十一年八月初二日节奉圣旨："这各项事宜，便行与监督、提督、充总兵官并各该镇巡等官，都着依拟行。钦此。"钦遵外，今都御史胡瓒等又奏前因，缘土人斩获贼首一颗，赏银三十两，愿升者给与冠带，五颗以上，为首者升署所镇抚，夺获牛羊等项充赏，已有前项题准，见行事例，难以别议。合行各边巡抚都御史，将前项略节缘由遍发告示，于各城堡、乡村张贴晓谕，务令悉知其要。将转卖首级之人暂宽禁例一节难准。

一、添兵备以专经略。前件臣等议得，各边事务，固当修举废坠，亦不可生事，别有更张。宣府城堡最多，止有二州一县，俱属直隶，先年原无设有按察司官。成化年间，兵部尚书余子俊奏设副使毛松龄，吹毛求疵，词讼蜂起，边境多事，人心不安，旋复裁革。近年添设佥事一员管屯，亦未见其有益。至于大同地方，城堡比宣府颇少，州县加多，祖宗旧制定为冀北道，原设分巡佥事一员，及布政司分守官一员，又有管操、管屯等官往来巡历。成化间，巡抚都御史叶淇为因大同边方更替不常，又奏准许令守巡官带家眷在于大同常川住扎，二年更换，识者犹以为政体纷更。今若再添副使一员在于大同，听镇巡官提督行事，不无创立新例，益见更张。其宣府巡抚官必来比例添设，将何阻止？合无行文胡瓒等，遇有应行事务，行委守巡官往来督理，各城堡事务仍令各城堡官就近分理，违误者依律究问，自可责成。再照各边政务，历年俱有成规，各年巡抚官员亦多效劳经画。若不遵旧约束，守而勿失，惟务更张，自立新法，诚恐议论多而成功少，难以保终。合行巡抚都御史胡瓒，凡有边务，照旧修举，不必更张。

正德十二年（1517年）夏，明朝为应对时隐时现的北虏，不得不多次调整防御策略，甚至正德皇帝亦御驾亲征。兵部尚书王琼并非扈从亲征之臣，也许与当时大多数廷臣一样，王琼亦对皇帝亲临前线表示强烈反对。但即使如此，他还是对正德皇帝表达了某种支持。他将奏议直接送往正在前线的正德皇帝，而非如常制，由兵部议拟后上闻。

但直到正德十三年（1518年）初，北境防线的局势并没有因正德皇帝的驾临而有所改善，明军完全不清楚北虏的动向。王琼称，每年若黄河冰没有融化，则北虏驻于河套不出，为患陕西；若河兵开，则北虏过河东行，威胁宣大。为此，明军必须差人哨探虏情，确定虏兵动向，而后才能有的放矢，以省劳费。另外，王琼还指出正德皇帝亲临前线给边军造成的财政负担。他说："近因调动客兵，日久住扎，粮草费用尽绝，户部无计措处。今若不再严加撙节，预为计处，宣大二镇官军不但不能御寇，抑恐疲困至极，自生内变。"王琼请求正德皇帝撤走客兵，有事方为急遣，并请户部协调粮饷事宜。二月十四日，正德皇帝批复是其议。

正德十四年（1519年）秋，宣府出现粮饷严重不足的危机。"各路城堡官军拥门禀告，称月粮半年未支，人心忧惶，不能度遣……军日愈贫，饥日愈甚，逃窜死亡日多，墩堡空虚。"王琼认为，应"咨户部作急查议，拖欠者追补，欠少者措拨，及查近年不足之由、今日足用之法"。而兵部则须设法先给予缺粮军人借支军粮，从权宽恤优待他们，以防逃窜。正德皇帝同意给予其采取紧急措施的权力。

《晋溪本兵敷奏》中所收王琼的最后一份奏议是正德十四年十二月二十八日（1520年1月18日）的《为预防虏患事》。奏中王琼再次对明军防御力量的分布及虏兵的行动作出判断。他说：

> 明年黄河冻开，虏贼大营若在河东威宁海子等处住牧，仰赖皇上威武，严督宣大将官整搠军马，及调延绥奇游兵马相机战守，虏贼入境，必遭挫衄。但恐河开，虏贼在套住牧，拥众深入，延绥、宁夏、陕西地方广阔，兵马分布不周，难为战守。查得今之黄河套，即汉河南朔方之地，自古匈奴所

居,为患中国。我朝除以前年分不查外,弘治十四年,套贼大举深入,命太监苗逵、保国公朱晖统领京营官军剿杀,又命工部侍郎李鐩督理军饷。弘治十八年,套贼大举深入。正德十年,又大举深入,预设总制都御史邓璋调各路人马防御。其贼俱至固原、平凉下营,分投抢杀。官军寡弱,俱未能成功。正德十三年,套贼闻知固原有备,兰、巩空虚,却从干盐池西入兰、巩抢杀。今不及早议处,虏贼在套,陕西地方必又被害。合无本部差人马上赍文交与宣府、大同、山西、延绥、宁夏、甘肃、陕西各该镇巡官,各差的当人役哨探查勘。黄河冻开之后,虏贼大营若不在套,在于河东威宁海子等处住牧,宣、大、山西三镇严谨堤备,延绥游奇兵马听调策应。若不过河,在套住牧,待候草长田茂、势将深入之时,延绥游奇等兵俱分布定边、安边等营,宁夏人马俱分布花马池等处递年虏众经行之处,遇虏侵入,会合剿杀。陕西镇巡官预先计处,除环、庆、固靖守备人马及固原游兵外,再量调取腹里卫所州县堪用战阵官军、土兵、民壮,编成队伍,委官管领,处置盔甲、马匹,并查照旧例,预造战车、火器、炮铳等项,料虏必由之路,设伏堤备,一遇虏入,出奇奋击,或乘夜斫营,或截其归路,俱相机行事。再行宣府、大同、甘肃各镇巡官,各挑选精锐官军三千员名,定委将官统领,俱约定五月以里到于固原,会合杀贼。户部奏差堂上官一员,整理军饷。本部另行议奏,差官处置马匹,听候兑军。

正德皇帝深感"近年以来虏贼深入抢掠,地方好生受害",

要求兵部务要落实上议内容，地方将官不许怠玩，直至将北虏驱逐出边。⁹⁸

尽管正德皇帝北巡给北境防线的明军后勤带来巨大压力，朝臣对此亦颇有微词，但总体而言，明朝君臣仍是上下一心，一致对敌。笔者认为，这在很大程度上要归功于兵部尚书王琼的运筹帷幄。从《晋溪本兵敷奏》中我们可以看到，作为兵部尚书，王琼尽可能设法远离党争，并坚持以现实的所见所闻为依据商讨对策，而非一味附庸于正德皇帝的幻想世界，或随波逐流，卷入党争的旋涡中。王琼的苦心经营成全了正德皇帝，正因有他，正德皇帝的批奏才得以"是"为结，简单明了。①

* * *

《晋溪本兵敷奏》中，关于山西的奏议有8篇。其序曰：

> 今雁门、宁武、偏头三关在太原北境，密迩虏地者也。雁门之东北为云中，即今大同府。朝廷于大同屯兵，命将镇守，固足为太原之屏蔽。然虏自西北马邑而入，则大同路远，亦不能为之援。正德九年，虏贼大举过雁门，深入崞、代，逼近晋城，大同诸路兵应援不及，虏贼得利而出。正德十一年春，边臣奏报虏贼大营移过河东咸宁海子住牧，山西亦报

---

① 由于王琼的奏议颇为详细，切中枢机，因此正德皇帝并不需要过多操心边防事务，只需在圣旨中批复"是"字即可。故作者有是言。——译者注

瞭见境外烟火五十余里。琼窃料是岁秋必又入寇，乃预为之备，既申严宣府、大同之边备，复奏令山西严设守备，又奏请遣将出师，差大臣督饷，又奏调延绥兵马过河，于偏头关等处住扎，又奏留巡抚官不必改调，又奏提宣府失事总兵官下狱，分布既已得宜，人心又知警惧。是年十月，虏贼大举由偏头关入寇，诸将合兵击杀，遂有镇西之捷。虏贼百余年来入寇，始遭此挫，亦足以少伸中国之威矣！[99]

颇为令人费解的是，《明实录》中却只字不提所谓的"镇西之捷"。或许，史官们个人对正德皇帝和王琼的喜恶造成了这一记载缺失，但无论如何，我们仍可从《晋溪本兵敷奏》中还原是役：

镇守山西副总兵、都督佥事郭锦奏：

…………

臣见得本镇地方广阔，兵力寡弱，本关止有次兵一千有余，倘遇警报，恐误大事。会同镇守山西太监罗篪、巡抚山西右佥都御史李钺具题，乞敕该部从长计议，调取延绥精壮人马三枝，分布老营堡等处住扎，及将游击张绮仍回本关防守。该兵部议拟奏准，将游击张绮官军发回本关防守，仍将延绥总兵官王勋原调人马过河，在于偏头关等处随宜住扎。后蒙监督军务太监张忠等会议钧帖，因贼西行，又将延绥奇兵副总兵安国分布偏头关按伏。至正德十一年十月十二日酉时分，据原差平虏卫爪探夜不收李谷智走报，本日卯时分，平虏卫三山墩哨见达贼三千余骑往西行走。续据守备偏头关地方都指挥同知傅铎呈，据平良泉墩夜不收刘景原走报，本年十月十二日戌时分，瞭见达贼约有二万余骑，张打旗号，进入边夹道下营，从水泉营红门迤东梨儿墩等处拆开边墙二十余处，至十三日寅时分进入边里，分路南行等因，备报到臣。

当即带领守备傅铎，会同副总兵安国并战锋营都指挥朱昶等，于本日各统兵马袭贼踪路，前到地名土沟。臣熟思此贼马壮器锋，其性犷悍，加以众多，又况兵马寡少，势甚难敌，一面差夜不收李通、朱名分投驰调老营堡游击张绮、井坪城延绥游击朱銮、朔州城延绥游击杭雄，星飞前来截杀；一面差夜不收常青驰调平虏城参将李淳，游击卢卿、孙镇，及代州守备朱纶、宁武关守备赵光，各联络以备其东；一面帖仰把总指挥李玠等，管领本镇步军，严谨防范城池、门禁、关厢地方；一面行仰偏头所掌印千户偶威，拘收附近人畜，各入城堡、山寨、窑窨；一面分布本所千户李瀛等，率领本关弱马官军，前往捌柳树堡截杀。布置已定，臣同副总兵安国等昼夜进兵，辙践向往。

至十五日，游击朱銮、杭雄、张绮各统所部人马俱至，五所大寨，合兵一处，当会各枝将领，虑恐贼知我兵聚会，必然整伍防范，臣因将前项兵马匿形前进，攻其无备，出其不意。至十六日未时分，前来镇西卫城西，正遇前贼，约有二万余骑，抢掠牛羊马骡，离城五里，于西川山庄坪等处下营。臣当时会同副总兵安国，游击朱銮、杭雄为左哨，游击张绮、都指挥朱昶为右哨，臣为中哨，各联络并进，一面鼓舞军士，以报朝廷恩典，一面督率官军攻进。其贼不意臣等兵马猝至，披戴盔甲，张打旗号，列阵呐喊，五路来冲，尘土蔽天。两兵相接，矢下如雨，浑战一处，鏖战数十余合，贼尚未败。臣等奋不顾身，督并官兵，各用弓箭、枪炮一齐射打。贼见我兵夹攻愈劲，腹背受敌，方才溃乱，就阵斩获首级，夺获战马、夷器等件。众贼逃往北行，至本日夜三更时分，收兵入城，暂歇饩马。

至十七日寅时分，臣等仍照前分哨掩袭迹追赶。十八日午时分，至地名许林沟赶上前贼，复来冲敌。臣等仍督官军并力向前，倍加勇狠，与贼对敌十数余合，杀败贼众，就阵斩获首级，夺获战马、夷器等件，余贼乘夜逃遁去讫。

查得臣部下官军一千二百员名，斩获首级二十六颗；张绮部下官军三千员名，斩获首级六颗；安国部下官军三千员名，斩获首级三十四颗；杭雄部下官军三千员名，斩获首级五十五颗；朱銮部下官军三千员名，斩获首级八颗；朱昶部下官军二千员名，斩获首级一十二颗：通共斩获首级一百四十一颗。至十九日，游击朱銮回兵原拟井坪城，张绮回兵老营堡，臣同副总兵安国、游击杭雄、都指挥朱昶回兵偏头关。节据各路平良泉等墩坐夜不收刘英等各报称，南来达贼陆续于各墩空经过，答话"你南朝人马杀了我多多达达"，仰天哭痛，悲声不止，共约有二万余骑，俱往正北去讫。

正德十二年（1517年）二月二十八日，正德皇帝按功重赏各将官兵士。王琼累有成功，加少保，兼太子太保，其一子世袭锦衣卫正千户。[100]

＊　＊　＊

陕西延宁方面，《晋溪本兵敷奏》计有奏议47篇。据序言解释，所谓"延宁"，即"延绥、宁夏二镇也"。延绥者，即"延安府、绥德州也"。洪武二年（1369年），设绥德卫，成化七年（1471年），又于其旁另置榆林卫。

但是，榆林卫的设置，给沿边民户带来巨大负担。据序言称："自移镇榆林，绥德官军多徙居之，在绥德者不及什一。自是延、庆之民困于远输，日益流徙，田多荒芜，户口减什之六七，而边储日益匮乏矣。虏贼大举，或由榆林东双山堡等处入寇绥德，或由榆林西南定边营、花马池入寇固原等处。榆林之兵，其在东也，则以无险而不能守；其在西南也，则以路远而不能援。而绥德旧镇则以兵寡而不能御，则移镇榆林者，未见其为利也明矣。惟东自定边营起，西至宁夏东黄河岸横城堡止三百余里，中间皆平漫沙漠，无山溪之险，故虏贼大举多由此入寇，故论者多欲于此地增筑城堡，募兵以守，而未易成也。"基于此，王琼建议："为今之计，宜量撤兵卒之半复还绥德，使守险拒敌，遏其深入，又可减省远输以苏民困。其榆林及新设城堡，各计其屯田岁入之数，留兵屯守，以立孤悬之势。而移置其多余者屯于定边营要害之地，委谋勇将官统之。宁夏亦委将官，调兵于花马池住扎。又调集内地骁健之兵屯于固原，令原设总兵官常住其地，提督操习，各充其馈饷。如料虏将有大举入寇之机，定边、宁夏、固原三路合兵防御击杀。如此，虽不能使其必不侵犯，而自足以制其不敢深入。"

最后，王琼以这样一段话作为序言的结语："若曰必使虏不内侵，或欲连数百里之地尽筑城堡，则力有所不赡；或欲置重臣总制三路之兵以抗其冲，则智有所不及；又欲发数十年之师，直捣虏巢，灭其种类，则势有所不能：皆非今日之所可行也。"[101]

实际上，王琼意在表达，面对北虏不断的袭扰挑衅，明军只能尝试做一些局部微调，以使明朝不致卷入无休止的边防战争中。这里附带提及的是固原。固原本为州县，景泰三年（1452年）以故原州城置固原守御千户所，成化四年（1468年）升为卫，最终成为明代九边之一。[102]固原之设，本为防御小王子、亦不剌及其他驻牧于西北防线周边乃至西海的势力。有时候，这些势力会从西宁、洮州、岷州等处掠夺各族人口，这使得整道北境防线中，榆林、宁夏、固原三处所面临的挑战最为要紧。

王琼的每封奏议之后，都有正德皇帝的批示，偶尔附带建议。总的来说，在陕西延宁方面，王琼的奏议并无具体围绕某个核心事件，总体的思路是及时发现并解决潜在的风险及防御弱点，委任、奖励良将，裁汰冗员。王琼的奏议中自然也有针对陕西延宁局势的全面建议，其所奏多为正德皇帝所认可。我们不妨从中管窥一二。

正德十一年（1516年）四月二十七日，镇守陕西署都督佥事赵文条陈"添设火器，预防虏患"等五事，俱为地方军务重情。王琼予以一一答复，正德皇帝是其议。其奏计陈如下：

一、添设火器，预防虏患。前件查得，先为陈言事，该镇守宁夏总兵官张泰奏，称守边之兵单弱，天顺六年奏准置造兵车一千二百两，遇贼拥众入寇，臣等统调官军驾御，分作二营，互相掎角战守。每车一两，上置两枪，安小铜炮三个，四门四角各载大铜炮二个。车上用二人，一人打神枪，一人燃炮火。每乘用卒十人推辕运车等因。该本部议得，前项所造兵车，并车上合用枪炮等件，俱合整理完备，以防虏骑冲突，为守边之助。成化元年二月初二日具题，奉宪宗皇帝圣旨："是。钦此。"又查得《大明会典》："神枪、神铳等项火器，俱系内府兵仗局掌管，都司卫所季造，止是编降字号手把铳口。其各边城堡所用大将军、二将军、三将军并手把铳口，一出颁降。若铳口损失，并给用不敷，巡抚、镇守官具数会奏，方许自造。"今署都督赵文奏，要铸造虎尾马腿火炮各二十个、各样将军三百个、载炮车五百两，送固原发兵车厂收贮，遇有大举贼情，城下列阵，万炮举发等因，固为御虏一策，但查《会典》事例，外省不该擅自添造。合无本部移咨都御史萧翀，会同镇守总兵等官查议，如果原降手把铜铳损失或不敷给用，照例具数回奏，请旨定夺。其置造战车一节，听各官查照先年事例，径自从宜置造。

一、请拟征调乡兵，各苏远劳，以便战守。前件查得，陕西原调游兵三千员名，在固、靖截杀，内洮、岷、河、秦、临五卫共一千七百五十员名；平凉原调官军二千四百二十八员名，在庄浪备御。今署都督佥事赵文奏称，洮、岷等五卫去庄浪不过五百里，去固、靖二千余里，欲要改调平凉官军赴固原，洮、岷等五卫官军赴庄浪，以近就近，便于人情，诚为有理。及要于阶、文等所抽选官军六百五十员名补足庄浪之数，亦似可行。但恐先年分拨，别有所见，难便定夺。合无本部移咨都御史萧翀，公同三司官查勘。如果依其所奏，互相更调抽选，人情、事体两便，别无违碍，经久可行，就便明白，具奏定夺。若有违碍，难以施行，宜从照旧，中间弊病设法查处禁革，亦不可因袭故常，益致废弛。

一、添设寨堡，收敛人畜，以保抢掠。前件看得所奏，要于华亭、陇州、崇信等处修筑寨堡以收人畜，添设墩台以便瞭望一节，诚为有理。但前项地方在延、宁腹里，设使延、宁地方慎固封守，虏贼不敢深入，何待腹里处处皆筑寨堡？况寨堡、墩台之设必费财力，而居民散处，家业已定，拘集一处，情必不堪。至于添设墩台，就令本处地方居人守瞭，是驱耒耜之民充哨瞭之役，官吏乘机作弊，必至生事扰人。合无本部移咨巡抚都御史萧翀，公同三司官从长计议。如果民居团聚本处，情愿修筑寨堡以自护卫者，听从其便。其接连延、宁紧要道路，原设有城堡去处，量设墩台，就令本城堡之人哨瞭传报，不必另行传报，负累人逃。其奏要将州县驿递、城郭查勘修理一节，合行依拟修筑，不许迟误。

一、添筑墩台，以便传报。前件看得所奏，去岁套贼俱由打狼等路无墩空地取径奔固原，人不知觉，要于打狼至马刚堡、彭阳城，平凉至镇原县起倩附近军民修筑墩台，以便瞭报。彼镇见有古迹墩台，但工程繁多一节，所言似为有理。但恐先年已曾修筑，后因地方宽广，人力难守，以故废弛。若又修成，恐枉费财力，粮饷难供，缺人守望，又致废弛。况墩台之设，宜在边地，而内地似非所宜。御戎之道，宜急安内，而攘外似非所急。秦筑长城万里，无补咸阳一炬。假使添设墩台不困民力，臣等岂敢过论？合无本部移咨都御史萧翀，公同三司官计议。如果依奏添设墩台不劳民力，不费粮饷，经久可行，即便依拟施行。若工程浩大，劳费财力，姑且照旧，不必添设，坐困中国。其哨探虏情、传报声息事宜，亦要从长计议，作何处置可以先知，不知误事，径自从宜施行，应具奏者，奏请定夺。

一、增军设所，以实边备。前件查无都御史黄宝等奏词抄出在卷。合无本部移咨巡抚都御史萧翀，查勘弘治四年有无将添设红古城守御千户所缘由具奏，仍公同镇巡三司官计议，即今应否设立，明白具奏定夺。[103]

同样，到了八月初四，王琼针对巡按陕西监察御史常在①所奏"更驻扎以防要害"等六事提出意见。大要而言，常在所奏皆御虏安边，兴废补弊之事。其奏与王琼之议，正德皇帝亦多从之。其奏议计开如下：

一、更住扎以防要害。前件查得，先为处置边务事，该总督参赞并陕西、宁夏、延绥镇守总兵、巡抚等官，宁晋伯刘聚，左都御史王越、太监刘祥、王清，少监张遐，都督范瑾、许宁，都御史马文升、余子俊、徐廷章等会奏，参互议得，定边、新兴、安边、永济四营堡俱系平漫沙漠去处，难以打墙挑壕，贼易窥见虚实，军马难以出入。近年，参将钱亮于安边营咫尺之远被围失利，足为明鉴。及镇靖堡已行奏准，挪回塞门。今议得定边等四营堡俱合挪移，就险而守。但定边营接连宁夏花马池营，此固便利，彼无邻援，合当

---

① 原著作"Chang Cun"（常存），核《晋溪本兵敷奏》卷4《为慎选擢以重民兵事》，"存"字当为"在"字之误。——译者注

照旧不动，止将新兴堡挪于迤南古迹海螺城，安边营挪于迤南地名中山坡，永济堡挪于迤南地名上红寺。镇靖堡不必挪回塞门，却挪于迤北白塔涧口，以守则固，以战则利，该兵部依拟具题。成化九年九月二十四日奉宪宗皇帝圣旨："准拟。钦此。"钦遵。缘安边营系成化九年都御史王越、马文升、余子俊等多官会议，挪移事理必有所见，今要复回旧安边营，改调官军，事体重大，难便定拟。合无照旧，待年丰事宁再议。

一、增兵卫以保地方。前件看得所奏，要将灵州守御千户所改为灵州军民指挥使司，惠安堡改为小盐池千户所。切缘每卫要设立五所，每一千户所又要设十百户所，每一百户所又要召军一百名，及选除军职，召募军人，并合用盖造衙门、仓厫，定拨起运粮草，俱未见议拟，作何区处？缘由明白，系干事体重大，难便定夺。合行巡抚陕西都御史，公同巡按御史、三司官计议停当，应否施行，具奏定夺。

一、设营堡以便防守。前件看得所奏，要仍将各堡交界去处已筑未完什字间、砖井二城查修完备，各选委把总、坐堡官员，将各处免粮土兵并原逃召募军人俱清召前来，及再为请给银两，召募新军，在于二城修筑，就将附近地土拨军屯种，公馆、衙门、仓厫、草场一一修复，选官铸印，坐拨粮草等项事宜，无非欲慎固边防之意。若果一举事集，有何不可？但臣等所见，开边增戍，坐困中国，自古为难；兴工动众，劳费财力，决非容易。本部职司边备，岂不欲筑长城、决大堑以限华夷，为长治久安之术？历观载籍，前古所行，皆可以为戒。况今陕西连年灾伤，百姓穷困，正当偃兵息民，不宜生事纷扰。所据前奏，合候年丰事宁，议处施行。

一、严事例以禁冒功。前件查得，买功卖功人员，已有法司会议奏准事例，本部擅难别议。况律例责在遵守，不在过严，所以旧例凡遇用兵，必差御史随军纪验，以公赏罚。若使各官依公纪验，造册奏缴，则不必严法，事自公道。合无本部通行申明禁约，如有犯者，照依律例究治。

一、处墩军以均劳逸。前件看得，军士之苦，莫过于边军；边军之苦，莫甚于哨守。今御史常在要将各边老家马、步军人编定班次，轮流守墩，亦均劳逸以悯人穷之意。合无本部移咨陕西各边巡抚都御史，查议无碍，从宜施行。

一、选军士以备征调。前件依拟。[104]

从这些奏议内容，我们可以看到陕西延宁方面所面临的挑战。明军似乎从未希冀北虏能够停止进攻，而仅仅希望将事态影响降至最低。明军的防御体系建设是一项复杂工程，像一道复杂的公式，马匹、饲料、粮饷、募兵、营堡、武器等都是公式中的变量。即使这些因素都能得到人为解决，还有平漫沙漠、人体极限、成本负担、无常气候、战损收益、通信距离等不能完全人为控制的因素影响。这些因素从北京到遥远的西北防线，构成一张又一张的编织网，而高级将领和巡抚、太监等文职官员则是其中的枢纽，通过各种地方之间的协商及上情下达的奏议，修复补救这些编织网中存在的疏漏。而这，正是明军防御体系的精髓之处。

正德十二年（1517年）初，御史程启充建议巡抚、总兵官驻扎前线，而另设总制统筹全局。其奏称：

第十章 正德时期——"总督军务威武大将军总兵官朱寿"（1506—1521年）

往年，虏贼河冻则住牧，冰解则北渡，今乃据有其地，数年于兹，祸机隐伏，识者寒心。于时去总制以建提督，议者以为无益成败，三边兵马，人各自拥，势分力弱，不相为用。八营固原，适平、陇、西、凤之冲，陕西镇巡高居省城，遥制可否，卒然有如前日之虏乘虚旁午，其利害得失何如？宜令陕西巡抚、总兵住扎固原，以扼其吭。复设总制，慎选才德系天下之望者任之，俾之经略边务、整理兵食。

王琼对此持疑议。他说：

查得自永乐、宣德以来，因各边地方广阔，每镇差都御史一员巡抚，并无总制之名。成化十年，刑部主事张鼎建议创设总制。朝廷特改参赞军务左都御史王越总督军务，于固原住扎，亦无总制之号。至弘治十年复起王越，始令总制甘、凉各路边务，又恐事有掣肘，就令王越兼巡抚甘肃地方，取回原设巡抚都御史吴珉别用，初无一官总制三边之理，亦无总制、巡抚二官并设之例。彼时王越专制一边，尚无成功，自后承讹袭谬，添设总制三边官员，才宽死于锋镝，张泰卒于忧劳，多无成效。去年二月，以兵部侍郎邓璋升右都御史，总制陕西军务，又自江西赈济取回。以诸臣之中而特举邓璋，可谓极天下之选；又夺拯溺救焚之命，不计数千里往返之难，乃自江西取回，可见廷臣堪总制之任者无出邓璋。又虑甘肃危急，恐邓璋一人顾理不周，复命都御史彭泽总督甘肃等处军务，与邓璋颉颃行事，可谓夹辅之有其人。又因差总制而骤升右都御史，其职不为不崇；以一人而遥制三边，其权不为不重；自去年二月以至今日，其任不为不久。而固原、陇州杀掠之祸，前此未有如今日之甚者。由是观之，总制之设无补于事，已有明验。

况邓璋调用延绥军马，既不能为固原之助，翻失延绥之守。而巡抚陕西侍郎冯清，因专任总制，难于自效，无所设施。邓璋当虏寇内侵、时势危急之际方请于朝，欲专设巡抚于固原驻扎以分己责，奏疏未至，而固原、平凉已尽被蹂躏矣……今以三边数千里之军务，而独禀令于一人，臣等故知不可也。今都御史邓璋总制失事，去任未几，而复设总制以踵其失，臣等若不援引故实，极陈利害，万一复设总制于陕西，自此诸边戎务互相掣肘，彼此牵制，将来失机误事，系于天下、国家之利害非浅浅也。

况陕西套贼近已遁河东行，合无遵守旧制，再不必添设总制官员。如遇贼情重大，命将出师，自依常例差遣，事毕回京。其陕西事情，仍行巡抚都御史萧翀、陈璘、边宪、李昆四人[105]，各照地方，会同镇守总兵等官，经略边务，整理兵食。交界地方应该会合截杀去处，依律会合策应，不许自分彼此，互相推托，失误事机。其甘肃、哈密、土鲁番事情，及乜克力、亦不剌等贼情，就着彼处镇巡官查照本部节次题准事理，用心筹划，整饬防御。[106]

正德皇帝认可王琼的建议，决定不再设立总制一职。正月十七日，巡抚宁夏都御史边宪奏要参照旧例，请命督军大臣一员，前去宁夏等处"经画议处，预防虏患"。但王琼从中听出某些弦外之音。他说：

查得弘治十四年，差太监苗逵、都御史史琳、总兵官朱永征西之时，糜费巨万，未见成功。弘治十八年，都御史杨一清承委总制，事多纷更，亦无实效。况近年添设总制，失误事机，众所共知。已经本部查议明白，屡奉钦依，通行遵守，擅难别议。及照都御史边宪，不以本镇分内防御事宜陈奏，却乃故为异同，沮挠国是，虽由私淑之误，终涉附会之嫌。至于所奏修举废坠、相机战守之说，正边宪职分当为，乃托空言，委诸督军大臣，似于边务有所推托。况前年虏寇由花马池地方深入固原、陇州抢杀，彼时已有总制官在固原，边宪在宁夏不能协谋御虏，见今戴罪听参，乃隐其误事之迹，复陈设官之议，似此识见，难委边方重任。但本官见已升任，合无本部行文新任巡抚宁夏都御史郑阳，会同镇巡等官，查照本部节次题奉钦依内事理及钦奉敕旨，用心逐一遵依，务在武备修举，军威振扬，防御虏寇，保障边疆，凡事悉遵旧规，不许妄议更张。

正德皇帝是其议。[107]

* * *

最后，甘肃方面，《晋溪本兵敷奏》计收有奏议72篇。甘肃方面是明朝边防安全最具挑战的一环，这从王琼奏议的字里行间可以看出。其议多涉吐鲁番、驻牧于西海的亦不剌以及北虏，同时与其他各边不同的是，甘肃边防还需维持丝路贸易畅通，为朝贡保驾护航。甘肃地区除明朝军民外，还有不少地方土著势力及寻求庇护的难民，他们并非天然臣于明廷，且本地物资粮饷匮乏，官吏又不乏滥竽充数之辈，明廷之于此边远之所，只能勉力应付。王琼的奏议检讨了如上问题，也在事态恶化之时从明朝管理机制中寻求原因。

正德十年（1515年）四月二十九日，巡按御史冯时雍奏称：

> 甘州等处寄住羌夷数多，历称其害有伍，要将各夷并寄住回舍发遣，归其本域，以塞狂悖。及今后夷人进贡，止许本夷并方物入关，有妻子者免其入贡。不许擅买民间田土、房屋。事发，本夷遣发出境，卖者，军问发烟瘴，民边卫各充军，官调别边卫带俸差操。

王琼认为，冯时雍的提法"援引故实，反复开陈"，其意在"谨华夷之辨，消未来之患"，是有见地的主张。但他也有自己的忧虑。其奏言：

> 但恐官司奉行未至，此等夷人安土重迁，激生他变，系干夷情，难便定夺。合无本部备咨总制都御史邓璋，会同镇守太监许宣、巡抚甘肃都御史赵鉴、巡按御史冯时雍，将前项所奏事情再行从长计处。如果事可举行，保无后患，夷情顺服，边境获安，就将应行事宜开陈明白，会本具奏，以凭上请定夺。

正德皇帝是其议。[108]

冯时雍又提出一个更为严重的问题：

> 土番之酋长尚尔骄悍，哈密之城印犹未归复，请罪之词不闻于军门，犯顺之状颇著于嘉峪，遣使讲好，则大开其沟壑之欲，要我以难从之事，乞要早为决策，以平定贼番。如其不然，地方之变故无形，有非愚臣所能逆睹。

王琼注意到，冯时雍此番言论与御史燕澄所奏内容不同。但王琼认为，言论之不同，主要在燕澄巡按陕西腹里，所奏乃为彭泽掩饰，而冯时雍巡按甘肃，不受总督军务左都御史彭泽节制，其言乃为朝廷之忠言逆耳。王琼决定采信冯时雍之奏，他说：

> 冯时雍所奏土鲁番嘉峪犯顺，要我以难从之事，必有指实，恐非虚妄。况见今虏贼在套，拥众侵犯，邓璋一人，急难摘离，而又使遥制甘肃之事，未免两相妨误。合无行令彭泽，仍照原奉敕旨"事宁之日具奏回京"，及节奉圣旨"彭泽待处置哈密事情停当，行取回京"，以后本官事宁回京，果建奇功，大加爵赏，以酬其劳，亦未为晚。

彭泽也有自己的奏议。其奏称：

> 土鲁番速檀满速儿王等畏威悔过，已将哈密金印、城池交付都督满剌哈三、写亦虎仙收掌住守，近抢赤斤印信亦已悔还，头目火者他只丁取回土鲁番去讫。虏寇阿尔秃厮先遁出境，亦卜剌下一枝部落，一半往迤西亦郎骨，一半往迤南

乌思藏去讫。及称速檀拜牙即尚在把巴义处，为伊弟兄不和，未经送出。必须量给赏物，令伊自分族众，以相和辑，事乃就绪。除行巡抚都御史赵鉴，将原收见在段匹等物量为增给，责付通事马骥等前去分给，赏犒速檀满速儿王、把巴义等并大小头目，守取效顺番文至日，方将原捉获回夷虎都阿力等发回。仍要候送回速檀拜牙即至日，将速檀满速儿王等一体赏赉。差官押送赏赐前来，交付都御史赵鉴，会同镇守总兵，差人分投给赏。仍请敕谕，令都督奄克孛刺同心扶持速檀拜牙即照旧为忠顺王。

王琼议以为：

其称哈密金印、城池已复，见令都督满剌哈三等住守，具见各官奉扬上命，经略勤劳。但徒有城、印，无人主管，名声虽若效顺，弛张犹系土番。今彼处镇巡等官虽已增添赏赐，差人前去分给。若速檀满速儿果能革心悔过，即便送出，有何不可？但恐缯帛徒入于穹庐，而忠顺王终无下落。合无本部移咨总制都御史邓璋，会同甘肃镇守太监、总兵官、巡抚都御史从长计处，姑候通事马骥等回日，果土鲁番悔祸畏威，将忠顺王送回，如弘治年间阿黑麻送出陕巴到甘州事例，别无变诈等情，依拟一面将原捉获回夷虎都阿力等发回，一面星驰具奏，以凭议拟，上请赏赉。若万一夷情尚有变动，亦听邓璋等计处，会奏定夺，务要万全停当，保无后艰。

六月十三日，正德皇帝批复是其议。[109]

六天后，即六月十九日，冯时雍来奏：

> 土鲁番酋长速檀满速儿、头目火者他只丁弃天叛道，趋利背恩。乃者守臣具奏，朝廷采之群议，命将出师，相机行事。然蠢尔番贼，顾不悔罪效顺，乃敢率众内侵。赤斤之印虽还，而护送之使未发，其情狡诈，未易测知……上以求古之道，下以酌今之宜，远如建武之闭关，近如我朝之绝贡，使中国自为中国，土番自为土番，彼虽包藏邪心而自不得萌，因袭故智而自不得售。

但王琼认为：

> 今朝廷责差总制大臣在彼经略，哈密之城、印初复，土番之悔过方萌，正向背未定之时，亦事势难期之际，且所奏夷情与总督都御史彭泽等会奏事理多有不同，干系事体重大，本部难擅定拟。

他建议冯时雍与邓璋等再行从长计议，仍旧等候通事马骥归来，再作区处。正德皇帝是其议。

八月二十八日，邓璋的一份奏议令人惶恐。其称：

> 大势达贼亦卜剌贼众先过黄河，遁往四川松潘，今又回至洮州地方，抢杀番簇，逼近洮州，仅二百里。其甘肃又报，亦卜剌弟把巴歹纠合众贼也克力等，要来肃州抢掠。访得前贼因我调兵征剿，又见小王子在套，虑恐寻杀，遂过黄河，

南走四川松潘，今又回至洮州地方。把巴歹数年以来仍在赤斤、苦峪，又与野贼乜克力等以亲连合，赤斤每被扰害，番夷不得安生。及照赤斤、苦峪乃朝廷内属之地，为甘肃藩篱之倚。今以把巴歹之穷寇，兼与乜克力之强戎同心合谋，以众暴寡，赤斤、苦峪势必胁从，甘肃一镇岂能万全？况今将冬，不久河冻，亦卜剌达子一枝贼众不在归德、洮、河，必复西宁、凉、永，与伊叔把巴歹彼此牵制，两路侵凌，将见甘肃危急。臣即欲前去甘肃并洮河地方往来督调，奈延、宁、环、固见被大虏压境，不时深入，决难擅离，顾彼失此。

王琼议曰：

今详邓璋所奏大虏压境，决难擅离之言，倘后失事，不惟本官得以为辞，抑且公论难以独责邓璋一人。及照甘肃镇巡等官，总兵官、都督同知徐谦等，明知前项亦卜剌弟把巴歹、乜克力等扰害地方，系干本镇重大夷情，自合星驰具奏，却乃隐蔽不奏，转行总制官员。照详其意，惟欲无事得以侥幸，有事推诿邓璋，迹其奸欺，深为可恶。合无本部铺马赍文交与新任巡抚甘肃都御史李昆，会同镇守总兵官徐谦等，将前项所奏夷情用心计处，严谨堤防，一应战守事宜，既是邓璋不得摘离前去，悉听各官相机行事，可战则战，可守则守，务使地方安静，保无他虞。应具奏者，依律径直奏闻区处。敢有似前隐蔽推托，贻患地方，从重究治，决难轻纵。

第十章　正德时期——"总督军务威武大将军总兵官朱寿"（1506—1521年）

正德皇帝是其议。

又后来，明廷决定对甘肃进行人事变动，以应对日益紧张的边防局势和粮饷运送困难等问题。王琼称：

> 议得甘肃一镇孤悬西北，哈密、赤斤、苦峪等夷皆内附中国，为我藩篱。近年为因哈密忠顺王被土鲁番拘留，西宁等处地方又被阿尔秃厮等贼侵扰，巡抚都御史赵鉴具题，科道交章论奏。朝廷虑恐肃州不守，有失故地，关系非轻，先将侍郎邓璋自江西取回，升右都御史总制；随命左都御史彭泽总督军务，专一整理甘肃地方哈密等项夷情；又将巡抚陕西都御史冯清升户部右侍郎，专一督理甘肃粮饷；又添设郎中张键，专在兰州籴粮转运；其为甘肃地方计虑，可谓深远矣。今各项官员俱各取回。赵鉴熟知甘肃事情，屯田得法，又改南京都察院管事。近有甘肃差来舍人王昇，九月十六日在彼起程，说称赵鉴已来兰州，李昆尚未到彼。
>
> 臣等窃详，各官所奏甘肃夷情不宁，似不减于去年，而差官处置，大不同于前日。万一果如所奏，土鲁番夷交结把巴罕，胁从赤斤、苦峪等夷侵犯肃州，加以西宁一带番夷抢掠，道路不通，馈运不继，我军力不能支，地方因而失陷，被其盘据，诚非细故。合无本部行文，就令差来人赍回，交与巡抚都御史李昆，会同镇守太监许宣、总兵官徐谦等，整搠军马，严谨防御，遇贼入境侵犯，相机截杀，毋堕贼计。如不来犯，扬威固守，亦不必远出寻杀，启惹衅端，逼迫反噬，惟以保固封疆为重，不以穷追远讨为功。若果各夷纠合势众，窥伺镇城，一面星驰具奏，一面会行副总兵郑卿量调

人马，应援截杀。若再势众，再行宁夏镇巡官量调精锐官军，就委副总兵周诚统领，前赴甘肃策应。若遇宁夏河州有警，斟酌调发。本部仍行宁夏镇巡等官，预议选拔听调。及行副总兵郑卿，将原调领附边卫所汉土官兵民快严加操练，修置军火、器械，与甘肃官军声势联络，相机战守，一遇甘肃镇巡官行文约会，火速领兵前去策应。如贼势循常，不得轻易调发。再咨户部，转行巡抚陕西都御史萧翀，严督布、按二司守巡、管粮官起运甘肃粮草，上紧攒运完纳，及将调兵经过、驻扎地方合用粮草整理预备，毋致缺乏。

十一月初四日，正德皇帝批复是其议。[110]

此外，亦不剌并非甘肃方面面临的唯一威胁。西宁卫是明朝的边防重镇，但这里有大量藏民居住。随着生齿日繁，藏人诸部中渐渐出现"作耗强人"。为此，巡抚甘肃都御史赵鉴、总兵官徐谦、太监许宣等奏曰：

西宁控制申藏、隆奔等一十三簇土番，天顺年间，总兵官卫颖等统领大兵剿杀之后，四十余年不敢犯界。弘治年来，生齿日繁，继踵为患。正德九年，因思冬沙等族西蕃纵肆凶顽，敌伤官兵，节蒙总督、总制都御史彭泽、邓璋，各行总兵官徐谦统兵抚追，仍前执迷不听，时常上路抢劫伤人。又奉都御史彭泽、邓璋明文抚谕，而各番公然怙终不悛，先杀死百户王朝复，又杀死千户严玺、吴成等，大肆悖逆，愈甚于前，公差商旅、屯居人等不得安生，道路不通。从宜行令右副总兵柳涌等，选调各路官军共六千员名，刻期会合，取路前去，抚督族头，将为恶正贼挨捕。总兵官徐谦量统甘州马、步官军一千五百员名，复去凉、庄驻扎防守。若各番拒逆，伤我人马，势难再容，相机剿捕，待事宁兵回，另行具奏。

既然诸镇巡官已经会同计议并调兵剿抚，兵部自然别难定夺。但王琼仍借机指出其中彭泽的问题：

但照前项西蕃为患已久，总督都御史彭泽等在彼之时，止令抚谕，不敢发兵，盖恐启衅生事，酿成大患。今赵鉴、徐谦等调兵六千前去剿捕，固非得已，但恐胜负难料，致生他虞。合无本部铺马赍文交与接管巡抚都御史李昆等，查照前项夷情，除已宁息外，若尚未宁，务要用心筹度，相机战守，计出万全，事体重大，星驰具奏定夺。如或处置乖方，启衅误事，咎有所归。

十一月初五，正德皇帝批复是其议。[111]

正如正德十一年（1516年）三月二十五日的奏议所示，围绕明朝—哈密—吐鲁番三边关系的迷局，远在京师的王琼很难深入了解，中间备细情由未得悉知。巡抚甘肃都御史李昆等欲筹计哈密城池、金印归还事务，但前述前往吐鲁番的使臣和写亦虎仙等并未曾回还到关，李昆等不知所措。出现这一情况，或许与吐鲁番、哈密内部之间的矛盾有关。写亦虎仙的禀帖曾称："速檀满速儿调察力失人马，要来汉人地面，被他每劝停止。及领去赏赐尽使用了，将金印与了，城池不与，还要段子一千五百匹，伊等辏段匹、马牛羊只，准去赎取。及速檀满速儿差进贡使臣二百人到哈密了。"

王琼对此感到困惑。他说：

> 先该总督左都御史彭泽及今都御史李昆等所奏，皆谓哈密城、印俱已送归，火者他只丁亦取回土鲁番去讫。及看今译出哈密写亦虎仙等禀帖，则谓止归金印，火者他只丁尚在哈密城居住，要段子一千五百匹、马牛羊只赎取。各奏不一，未知孰是。即今速檀拜牙即未经抚出，写亦虎仙与原差官通并续与土鲁番送赏抚谕火者马黑木未曾回还到关，以后抚处事情，委难逆料轻议。

面对各执一词的说辞，王琼认为：

> 合无本部移咨都御史李昆，会同镇守、总兵等官，照依原奉钦依事理，整搠人马，用心防守，不可轻信写亦虎仙等所禀"土蕃人马被我劝止"之言，弛我边备，致堕贼计。仍候官通回还及写亦虎仙等到关之日，译审哈密国城有无归还，忠顺王有无抚出缘由，明白将主守、城印事情作急议处停当，奏请定夺。及看得见今索要赎城段匹一节，镇巡等官不见具奏应否准与缘由，但恐写亦虎仙与火者他只丁彼此交通往来，隐瞒实情，假托土番，要求重利，事久不谐，致生他虞。合无行令镇巡等官从长议处停当，查照先年事例，斟酌施行。既不可严峻拒绝，激变夷情，亦不可示弱轻许，开启弊端。其土鲁番果来效顺进贡，到边之日，照依旧例放入，

加意抚待，及严谨关防，毋致疏虞。

正德皇帝是其议。[112]

五月初十，甘肃镇巡官请求正德皇帝发敕一道，责让速檀满速儿忘背恩德，轻信火者他只丁谗言，要求无厌。不过，鉴于满速儿已经归还哈密城池、印信，明廷不打算追究其责，仅仅要求他和把巴义尽快将拜牙即送回本国，而后朝廷将与之赏赐。此后，甘肃镇巡官又请正德皇帝再发敕一道宣谕把巴义，其敕曰："尔既得蒙朝廷赏赐，即将速檀拜牙即差人同去人送回本国，凡事照旧。如各不协和，仍不送回，朝廷别有处置，悔难追及。"王琼认为，随敕送往满速儿的合用织金彩缎、绢匹等，就令甘肃镇巡官以官钱就近采购，可"稍从优厚"，但"不可过多"，以启满速儿"等将来复为抢夺，要求厚赏之心"。而使臣不必另遣，只需令吐鲁番进贡使臣带回即可。王琼告诉甘肃镇巡官："若敕赏到彼，将速檀拜牙即送回，即便奏请给与金印，照旧为王本国，坏事奸夷查奏处治。若不送回，就便照依弘治七年（1494年）事例，闭关绝贡，不许往来，将先今差来使臣迁徙南方边卫收管，亦即开具奏闻，毋得犹豫。仍要整搠兵马，慎固封守，遇有侵犯，相机剿杀，务要防御得宜，不许轻忽误事。"正德皇帝是其议。[113]

亦不剌的袭扰仍在持续。十月二十一日，巡抚甘肃都御史李昆奏称，要加强毗邻亦不剌但势单力薄的镇羌堡和岔口堡的军事防御。但王琼认为，此举纷更事体，人难遵守。他提议：

盖欲增兵要害以御番虏，不为无见，若果无碍，未必无益。但要分庄浪等处官军前来二堡防御，虽称从宜量拨，其庄浪等处官军未免因分寡弱。况事干创始，修营拨粮，劳费财力，恐难轻举。

查得近年肃州西路添设游击将军芮宁，分拨永昌等卫官军二千员名管领，该巡按御史冯时雍奏称不便。本部覆奏，行文李昆等，勘得前项新添游击势分力单，相应裁革。今若又于庄浪、凉州、甘州三卫分拨官军一千六百，前去镇羌、岔口二堡防守，亦又事体纷更，人难遵守。合无本部行移都御史李昆等从长计议，如果镇羌、岔口二堡地方番贼不时出没，抢劫人财，阻隔道路，量调游击等官，或就委指挥甘玺等量拨官军，统领按伏，相机截杀。候番贼知惧，不敢出抢，即便照旧。不必分定数目，岁以为常，以存庄浪等卫之兵势，以省镇羌、岔口二堡之劳费。

臣等又议得，增兵积粮以备战守，最为有理，但增设太多，难为供给。及分旧兵，多列城堡，虽似处处有备，其实兵分势弱，难御大敌。查得辽东、宣大、延宁、甘肃等边，先年止设大镇，及十分要害去处方设城堡。后因节年差去官员计虑未审，往往建议增置城堡，分军召募，以致势分力弱，一遇虏贼大举，不能防御，原额供边粮草不勾岁用，处处告乏，军士多逃……今后务要循守旧规，修其废坠，遇有军情，相机调发，互相策应。不许创立新法，增兵置戍，罢敝中国。[114]

在边防问题上，王琼的秘诀在"攘外必先安内"，而所谓"安内"，则是维系祖宗旧制，轻易不更事体。但这种"安内"政策单调且乏味，它需要的是驻防明军时刻保持集体警惕，而非个

第十章　正德时期——"总督军务威武大将军总兵官朱寿"（1506—1521年）| 0675

人英雄主义情结。尽管正德皇帝特立独行，但在边防问题上，他没有足够的兴趣关注，因而事事倚赖王琼，唯知画诺。

李昆继续上奏称："速檀满速儿假以赏赐未得、贡使未回为由，令火者他只丁占住哈密城池，牙木兰扑抢境外属番。"又称："哨探未得，一面选差夜不收密切探缉，如果牙木兰止因求讨赏赐，委曲议处，若果有侵犯，出奇剿杀。"但王琼认为李昆这些说辞皆疑似未定之词，无非夸夸其谈，毫无用处。他说：

> 查得先该都御史李昆等奏报，土鲁番进贡正使四名、副使四名、打剌罕①三十四名，哈密正使一十名、副使一十名、打剌罕四十名，伴送土鲁番贡使正使二名、副使二名、打剌罕六名，原差去土鲁番传谕夷情、送赏抚取城印哈密使臣都指挥火者马黑木等一十二名，俱于正德十一年四月二十六日验放入关，今尚未到。既以进贡为名，万里来王，若遽羁留不遣，非惟有失怀柔远人之意，抑且非朝廷待夷狄正大之体。况土鲁番、哈密夷精顺逆，彼处镇巡官尚涉疑似，朝廷

---

① 打剌罕，为历代漠北民族官号，最早可追溯至柔然。元代名"答剌罕"，成吉思汗对其本人或其子有救命之恩的人，授此官号，享有一系列特权。陶宗仪《南村辍耕录》载："答剌罕，译言一国之长，得自由之意。非勋戚不与焉。太祖龙飞日，朝廷草创，官制简古，唯左右万户，次及千户而已。垂相顺德忠献王哈剌哈孙之曾祖启昔礼，以英材见遇，擢任千户，锡号答剌罕。至元壬申，世祖录勋臣后，拜王宿卫官袭号答剌罕。"明代漠北诸部，多沿元制，授予此官。王士琦《三云筹俎考》载："凡部夷因本管台吉阵前失马，扶救得生，或将台吉阵中救出者，加升此名。如因救台吉自身阵亡，所遗亲子或孙，酬升此名。亦有各色匠役，手艺精能，造作奇异器具，升为此名。"——译者注

岂宜逆诈轻处？合无礼部待候各夷使臣到京之日，仍要遵照常例以礼馆待，赏赐表里、筵宴等项务要齐备精洁……回还之日，仍照先年旧例，选差廉谨通事、序班沿途伴送，以礼馆待，不许交通，纵容生事，扰害地方。

正德十二年（1517年）正月十五日，正德皇帝批复是其议，李昆之建议再次未被采纳。[115]

不知何故，李昆总将自己的建议置于朝廷的对立面。他还奏称：

土鲁番酋首速檀满速儿与奸夷火者他只丁等，贪心无厌，益肆狂图，一面差人进贡，佯为通好，一面侵占哈密，阴谋侵犯，揆之天道人心，十分难平。今肃州兵备副使陈九畴、参将蒋存礼反覆推辩议拟，欲将奉到敕谕二道暂免差人往谕，速将先今见在奸夷拘收发遣，及整兵齐力，伺其来犯，奋勇痛杀，以报积年之恨。言词激切，亦诚为人臣子许国敌忾之义，志实可嘉，理当准从。

王琼再次批判李昆的奏议：

查得正德十一年五月内，本部会官议得，土鲁番若将速檀拜牙即不即送回，就便照依弘治七年事例，闭关绝贡，不许往来，将先今差来使臣迁徙南方边卫收管，亦即开具奏闻，毋得犹豫。仍要整搠军马，慎固封守，遇有侵犯，相机剿杀，不许轻忽误事……今都御史李昆等不行恪遵成命，果决行事,却乃多张虚诞之词,尚为犹豫之论,不知廷议当守,妄称副使陈九畴等志实可嘉,理当准从,以致事机不密,军情漏泄,又督调不严,军失纪律,见今报到游击将军芮宁全军败没,致厪圣虑,命本部会官推举文武大臣,上紧前去提督军务。合无候命下之日,将前项贼情备行各官查照,议处施行。

正月二十四日,正德皇帝再次认可王琼的处理意见。

十天后,事态终于进一步明晰。王琼在奏议中追溯了吐鲁番与明朝关系恶化的历史。他奏道:

查得前项先年抚处土鲁番、哈密事例,自洪武、永乐以来至弘治五年,并无发兵征进土鲁番缘由。至弘治六年,始差侍郎张海、都督缑谦前去,只是会同彼处镇巡官讲求安攘方略,亦无用兵。弘治八年,止令彼处镇守太监陆訚、总兵官刘宁、都御史许进议差副总兵彭清,就调本处汉番兵,不过二千三百员名,征进哈密,止杀其占住回贼数十人,其首恶牙木兰亦未曾得,因无粮草,难以久住,昼夜奔回,丧失亦多,未足言功。其后闭关绝贡,事自宁息。正德九年,谋臣不考故实,轻主用兵,既设总制右都御史邓璋,又设总督军务左都御史彭泽,既差户部郎中张键赍带银两兰州籴粮,又设户部侍郎冯清专在陕西督理甘肃军饷,远调延、宁人马,专为遏绝土鲁番夷,克复哈密,及剿逐亦卜剌等贼。不意亦卜剌等贼返过河东,抢杀洮、岷。土鲁番夷虽称献还城、印,忠顺王未得复立。会延、宁有事,乃议掣兵回救。其土鲁番夷，理势既难加兵，方议加赏抚处。边情重务，前后异议，而又委任不专，事多推诿，以致番夷请求不遂，阴怀怨怼，节次番文大意，皆以不馈原许段子一千五百为词，启衅纳侮，事实有由。

王琼紧接着又奏道：

今土鲁番既已率众侵犯肃州，杀死游击将军芮宁，揆之大义，似难再与赏赐，示弱求和。若欲似前调兵，又恐延、宁地方虏贼窥伺，乘机深入，顾此失彼。况即今陕西、临巩、甘肃等处地方灾荒，军民十分贫困，倘若攒运粮草，督责严峻，必致激变地方，夷外侵、百姓内乱，实难支持。

为此，王琼建议甘肃地区需要新的官员团体领导，故应走马换将：

合无请敕见差太监张永、都御史彭泽、总兵官郤永上紧前去甘肃，督同彼处镇巡官处置粮草，赈恤军士，振扬兵威，抚驭属番，运谋设策，相机战守。如土鲁番贼已回，照依成化、弘治等年事例，闭关绝贡，不许往来。若复来犯边，可战则战，毋轻举失利；不可战则尽力固守，以逸待劳，彼当自遁。各官起程之日，经过官司密切挨查土鲁番差来贡使人等，如遇在彼，从长计议，或就所在官司设法拘留，或带去陕西羁管，具奏发落，务在处置得宜，毋或疏漏，致有他虞。各官到于甘肃，询访本边故老，料度彼处夷情。如果土鲁番兵力强盛,蓄有异谋,势将深入,夺占肃州,不能固守,径自从宜取调甘、凉、庄、永等处官军协力战守。如甘肃本镇官军力不能支,方许查照附近甘肃地方以次征调。若该调宁夏、延绥二镇边军,必须会知延、宁镇巡官,查勘本处声息宁息,方许酌量起调,前去应援。若轻易调发,到彼不用,失误本边防御,咎有所归……再请敕三道,就付各官赍捧前去,宣谕赤斤、苦峪、哈密三卫夷人都督,令其照旧内附,坚守臣节,毋或被其逼胁,党逆为患,自取减亡。仍各量加赏赉,固结其心,使三卫结合,互相救援,及随从我军并力战守,有功厚加赏犒。其余属番一体设法抚驭,毋致叛逆生变。其阿尔秃厮、亦卜剌等残贼,尤须严加防御,毋致乘机与土鲁番应合,大扰地方。……再照前项差官处置土鲁番、哈密事情,系干地方重务,诚恐本部前项查议该载未尽,合无通行南北两京府部科道等衙门大小官员及见差重臣,但有安内攘外长策,本部智虑所不及者,并听直陈所见,径直奏闻,取自上裁。

正德皇帝是其议。[116]

二月初六,明廷收到了吐鲁番寄来的番文文书。其书译曰:

你们原许下的都昧了,说了谎。你一切反事,都是你们引起的。我上马前来了,你承认不是,有好了。若不呵,写出、哈出、苦峪三处人都调将来,会合达子头儿伯彦猛可(即小王子),一处与朝廷的人马对敌,甘州、肃州已是我的。你要好呵,作急差人出来,我与你好和。若不呵,将你地方城池时间坏了。

王琼对信中的傲慢语气感到震惊。他说：

查得近年差官处置哈密、土鲁番事情，委的许与赏赐，送出金印，未曾了结，以致番夷怀恨，借口启衅，大举入寇，杀死将官并军士数多，亏损国威。今欲再与赏赐和好，诚恐益损国体，况夷狄贪婪无厌，万一乘此机会益肆要求，难尽满其所欲。前代增添岁弊（币）之说，可为明鉴。若欲兴师问罪，大张杀伐，又恐地方艰难，钱粮缺乏，激成他变。

且据速坛满速儿所言……似非虚诈。为今之计，纵不往前征进，亦当急为堤备。合无请敕见差提督甘肃等处军务重臣上紧前去，督同彼处镇巡官，斟酌夷情缓急，度量兵粮多寡，或调兵剿逐，或并力固守，悉听便宜施行。及查先前许与段匹之人因何轻许失信，致启边衅，就彼拿问明白，解京发落。干碍镇巡等官，参奏施行。

仍将拿问许与失信缘由设法传示晓谕速檀满速儿，使知非朝廷本意，令其回还本土地面："若能悔过，送回哈密王速檀拜牙即复立，奏闻朝廷，自有处待。若仍犯边，调集陕西各路人马征剿，尔贼岂得保全？"一应事务，并听各官从宜斟酌施行，不必拘泥原议，惟在事体停当，内安外攘，斯称委任，有功升赏不吝，误事责有所归。

正德皇帝是其议。[117]

当时，明廷不得不艰难地与吐鲁番等外部势力周旋充满误解的问题。礼科抄译到哈密都督满剌哈三用回文写就禀帖一纸，内称："许下速檀满速儿纻丝一千五百匹不与。又镇巡官说，哈密使臣许一年一贡，吐鲁番使臣三年一贡，撒马儿罕使臣五年一贡。以此速檀满速儿十分恼怒，要领人马来。因见镇巡官差人赍好文书到哈密，火者塔只丁前去报知，速檀满速儿差人来哈密，言说原许下我的一千五百匹纻丝，若不与我，还去作歹。"帖中同时提到哈密不堪"达贼扰害抢杀"，决定出兵剿杀。这封禀帖原无年月，但总兵官史镛曾称正德十一年（1516年）六月满剌哈三已投顺吐鲁番，据此明廷猜测，此帖当于六月前已送至甘肃。但令明廷不解的是，此帖为何直到正德十二年二月方才送达礼科。王琼要求查清此事，二月初八，正德皇帝批复是其议。[118]

上述繁冗复杂的事迹交织在一起，我们只能明确一点，那就是明朝将哈密倚之为藩篱，但无力保护哈密免于战火屠戮，而吐鲁番却可以做到这一点。

巡抚甘肃都御史李昆再次上奏，让本已混乱不堪的局势更为复杂。他奏称：

> 在途进贡未经到京夷使所赍方物、马匹，已经进贡到京夷使回还所领赏赐，欲要一并差人跟赶，行令所在官司追收封进，缘事干国体，臣等未敢擅拟。及照已经进贡回还在途，亦有天方国、撒马儿罕地面夷人，原不系土鲁番一例为恶之人，应否一并拘收。再照未经起送进贡撒马儿罕夷人，并奄克孛剌进贡谢恩夷众，已到甘州住久，先因起送土鲁番、哈密进贡夷使，恐驿递应付不便，令其暂住，今乃值有土鲁番

侵犯之变，应否照旧起送赴京，亦非臣等所敢辄拟，乞要查照议拟的当，早赐施行。

对此，王琼认为：

> 合无本部再行左都御史彭泽等查照施行。其撒马儿罕并奄克孛剌进贡夷人，既称不系土鲁番一例为恶之人，难以一并拘收，合无行文李昆等再行查访，果无交通土鲁番情弊，照旧起送进贡。

二月二十九日，正德皇帝批复是其议，并令太监张永、都御史彭泽等密切留意已经来贡并回还在途的使臣。

肃州明军最终击退了吐鲁番来犯之敌，明廷决定论功行赏。但李昆提出："彼时以为贼众兵寡，武振等率能全军退敌，忠勇可嘉，是以从宜量行奖犒，已为优厚，若再量加赏犒，或恐公论有所未平，未敢擅拟，伏乞圣裁。"

"有所未平？"王琼对此提出反驳，并指斥边防赏赐中存在的种种问题。他奏道：

> 查得前项事情，武振奏来，都御史李昆等未奏，所以本部议拟，奉钦依"查勘是实，准量加赏犒，武振还奏未定夺"，初不知李昆等已行径自奖犒，又令量加赏犒也。李昆等自当具实回奏，却乃反复辩论，以为公论未平，是以赏出于己者为宜，而以出于朝廷者为不宜也。盖是李昆因怪武振径直具奏，故为强辩沮抑，以快私忿。

且云本边遇贼侵犯，却敌之事亦尝有之，若俱以偶能却敌自陈叨冒，倘有擒斩之功，何以加尚？原本部原议，兵家之事，以克敌制胜为全功，不以斩首多寡为勋迹，故李牧守雁门，匈奴不敢近塞，非取其能斩首也。今李昆等故为异同，谓却敌为常事，斩首为奇功。近年甘肃地方失事，多有隐匿，及至搜斩病死幼小番达，即便冒报功次。近来前弊方少息，如李昆所论，不无又启贪冒之风，大沮名将之气。如近日游击芮宁不能却敌，全军败没，较之武振以军七百敌退达贼八千，夺回人畜者，岂常事乎？奉旨谕奖，岂得为过？

及看奏内开阵亡军每名赏银伍两，征伤当先官军每名赏银三钱，又有每名赏银二钱五分，或每名赏银四分，俱不合赏格。及武振、神楫、郭韶虽各赏叚一匹，缘武振、神楫俱系领敕将官，郭韶系方面官，原无镇巡官不奏径自给赏事例，况恩典必须出自朝廷，庶能使人心激劝。

三月初四，正德皇帝批复是其议。

尽管王琼没有言明，但李昆擅行赏赐，僭越朝廷恩典的做法，无疑是明廷对之产生芥蒂的原因。而此事亦侧面反映出明廷对地方的有效监督相对乏力。或许，在明廷看来，李昆此举颇有功高震主之嫌，迟则难免为地方割据势力之基石。

甘肃明军也被授权得专任方面，相机战守，明廷仅事后审查，不以遥制。李昆就曾于战后向明廷奏陈二事：其一，正德十年十二月（1516年1月），"督调左副总兵郑廉等，并哈密等卫掌印都督奄克孛剌等，统领番汉官兵，在于瓜州、沙沟（州）二处地方斩获吐鲁番贼首级共七十九颗"。其二，"吐鲁番速檀满速儿兴师动众，谋侵边鄙，肃州寄住奸夷往来造逆生谋，故敢卷土而来。虽有游击将军芮宁一败之变，此贼终不敢辄至肃州城下，累次差人赍书求和。又被瓦剌达贼抢杀攻劫，事在危急，且悔且哭，交相怨仇。即今地方已靖，军民复业，除行各官愈加用心堤备，并行宁陕副总兵周诚等，各将人马暂且停止，候本镇有紧急重大声息，另行征调，将肃州寄住回夷解来甘州监候，另行议处。"显然，甘州寄住的回民都成了李昆口中串通吐鲁番的嫌疑人了。四月初二，正德皇帝批复是其议。

四月二十四日，王琼又称：

> 参详得速檀满速儿番文五纸内情词①，大意归咎写亦虎仙、火只怯白，及恐杀害亲信头目朵撒恰，所以反复论说，只欲求和，保全朵撒恰，又欲约会把巴义等达子人马二万来讨朵撒恰，虽有挟诈要求之意，终有悔罪纳款之情。但差写亦虎仙许赏及拘留朵撒恰，俱系彼处总督、镇巡等官前后议处事情，已该本部前项拟差给事中会同巡按御史查勘，及敕李昆等查照本部前后奏行事理度量处置，今译夷情，别无定夺。合无将译出番文备行见差给事中、巡按御史并镇巡等官查照，各照原拟并钦奉敕内事理钦遵查勘，议处施行。

正德皇帝是其议。

在王琼看来，明朝与吐鲁番之间关系持续恶化，首要责任在

---

① 原注称"王琼看得懂番文吗"，但后文已经指出，此番文属"今译夷情"，自不存在看懂原文与否的问题。——译者注

明朝，尤其是甘肃方面守臣。他向正德皇帝解释道：

> 议得甘肃事情，先因谋臣失策，轻举用兵，挑启衅端，见事难成，变为和议，又轻许增币，中道弃捐。及至大举来犯肃州，杀损官军，镇巡官员仓皇失措，一面急调河东延、宁人马，一面奏报贼情十分紧急。朝廷虑恐肃州失守，旨从中出，遣差内外重臣，动支内帑银五十余万两，又举见任镇守宁夏总兵官郤永前往甘肃征进。既而土鲁番贼引退，本部料度此贼虽已退遁，其情顺逆尚未可保，以此节次议奏，暂留郤永在于邻近地方住扎，无事不为多费，有事得以应急，不为无见。向使郤永亦就回京，万一如今脱脱忽所报，土鲁番夷率众复来，然后又差郤永前去，必不能及，所据郤永去留关系地方，诚非细故。

但此次，正德皇帝并无称"是"，他第一次提出异议，于四月十八日下旨令郤永回京听候旨意。

不过，即使王琼承认吐鲁番事出被动，但明廷仍然将其使节扣留在河南、陕西等地。同时，明廷遣署员外郎事主事孙继芳前往地方，会同当地巡抚都御史等官，审查吐鲁番和哈密被拘使者，并令各地牢固关防。王琼建议，对于拘留在各府州县狱的使者，既"不可宽纵致生他虞，亦不可严急因而致死"，且要注意关押时日，恐关押日久，深为未便。五月二十七日，正德皇帝同意其意见，令兵部再差人与甘肃官员议拟如何区处使者事项，逐一明白开呈。

此外，甘肃方面发生的这一系列动乱，又造成大量难民流离失所。巡按甘肃都御史李昆奏称："甘、肃二处并无预备夷人赈贷口粮之数,肃州旧关口粮夷人三百余数,所乞口粮、牛种夷人计以千余,若不从宜抚赈,有失众心。"因此李昆请户部计议,"粮米应于何项粮内暂且支给,段布应于何项银内暂且支买,候哈密稍宁,麾之使去"。此外,李坤又建议"审访各种夷人,择其骁悍难过渠魁数百人,各带家小,取调甘州,及山、永、凉、庄之间羁住,令其随军关支口粮,以分其势,事宁照旧发遣"。巡按甘肃御史赵春亦奏称"肃州见在仓粮料止有八千余石,月支已不勾用,若将夷人羁留养赡,恐愈不敷。及虑地方兵寡力弱,夷势众多,必须早为计处,庶免后患",故请求户部"怜彼犬羊,不与计较,收留安插,暂给口粮,候回贼稍宁,仍发该族住守,或分散河西十五卫所,量拨地方安插,造册支粮,遇警调用"。

王琼的回应颇具争议。在他看来,"自古圣王之治天下,详内略外,谨中国之防,严华夷之辩。自晋内徙五胡,遂乱华夏。我朝鉴前代之弊,建卫授官,各因其地,姑示羁縻,不与俸粮,贻谋宏远,万世所当遵守者也。近年巡抚甘肃都御史赵鉴奏,要动支布政司官银二万两赈济番夷,臣琼时任户部,议奏恐启无厌之求,为将来之累,竟寝不行。今都御史李昆等因见地方事势危急,不及远虑,暂准支粮,以系番夷之心,及见粮尽无处,事势难行,方才会奏,于何项粮银内支给。查得甘肃一镇,官军岁用粮饷往往不敷,岂有别项粮银可以常久支给?但各官既以准给召集归附,若不从宜善处,遽加阻绝,必生激变,为患地方"。

为此,王琼提议令李昆等甘肃方面守臣从长计议,向各路难民晓谕朝廷旨意。其旨略曰：

> 尔罕东等卫属番，自来俱是自种自吃，不纳粮当差，原无支给官粮事例。近因土鲁番侵犯杀害，尔等离失故土，镇巡官悯念尔等遭难，从权赈济，不为常例。今土鲁番贼声言复来沙州，姑容尔等附近安插。尔等宜各自为生理，不可专倚官粮过活。见蒙朝廷差侍郎杨旦赍带银两、段匹、绢布前来，专为预备军饷，亦为赏劳尔罕东等卫效顺属番之用。今遵原奉钦依，酌量颁赏，尔等俱要感激朝廷厚恩，管束部落，选定骁勇好汉，听候土鲁番来，跟随杀贼，有功重加赏劳。待土鲁番远遁，尔等各回旧土安住，以后口粮俱难按月支给。

从提议中可以看到，王琼最终同意向内附藩属权拨粮银，但并非无尽供给，仅为暂时过渡生计。对于将各藩属人民安插各卫的建议，王琼则认为"不可轻许安插河西甘州山、永、凉、庄等卫"，否则容易生起祸端。

王琼随后进一步指出：

> 土鲁番速檀满速儿留下五六百人在沙、瓜州住着，要到七、八月，多收拾人马，复来汉人地方做歹一节。先因本部料度土鲁番夷虽是暂退，恐有举众复来之情，以此节次议奏，令总兵官郤永统领宁夏劲兵于附近甘肃地方住扎，以待其变。未蒙俞允，已将郤永取回，军回本镇。万一速檀满速儿果如奏词，秋后复来侵犯肃州，势必愈强。宁夏官军路

远,一时难调,不无误事。合无行文李昆,作急与史镛、许宣、陈九畴等计议,整搠军马,十分严谨堤备。见在兵寡力弱,听于归附属番内挑选精锐好汉编成队伍,临用之时给与赏赐、月粮、盔甲、器械,听本处领兵官约束,防御土鲁番贼,并力剿杀,有功厚加赏犒,事宁各回本族。

六月二十四日,正德皇帝批复是其议。

正德十二年(1517年)八月初五,李昆等审问被扣押使臣,其称:"写亦虎仙要得攀援速檀满速儿做亲,依势欲图哈密为王,求娶本王姨母为妻,许允,写亦虎仙嫌老不要,又要娶王妹为妻。速檀满速儿嗔怪要杀,央火者他只丁解劝,许下王段子一千匹,又许与火者他只丁五百匹相谢,则前项段匹系是写亦虎仙买免杀戮之物。"李昆等又查前后递到番文,其中写亦虎仙禀称:"领去的赏赐尽使用了,千难万难,将金印与了,城池不与。满速儿王要段子一千匹,火者他只丁五百匹,我们这里辏下段一百匹,牛马各一百匹只,还不喜欢。"而火者他只丁、马黑麻等番文却称:"写亦虎仙等使臣每常赍敕书来,多许我们来,因此将金印、哈密城送还他。许我们一千五百匹纻丝,并不曾到来,吐鲁番王十分恼怒。"双方说辞显然自相矛盾。另外,针对有大臣请求处死写亦虎仙一事,李昆认为量刑过重。他奏称:"写亦虎仙明知速檀满速儿要行犯边,不合不行阻劝,又不差人传报预备,则写亦虎仙似无造谋之迹,而参词却称引惹边衅,致失军机,勾连谋逆,应该显戮于市,情罪俱有不合。"

李昆还奏,不少使臣声称自己是撒马儿罕、天方国或奄克孛剌的使臣,中间假姓冒名者居多,应让各处官员与通事一同查明，以防冒名顶替。但如何审断各使臣身份，又如何区分其等第等问题，地方官员仍有疑惑。对此，王琼奏称："各项夷人中间多有名姓相同，纵无籍贯可查，亦有年岁可辨，今俱不见开写明白，日后发遣，不无错乱。系干处置夷情，事体重大，万一情犯不真，处置失宜，伤坏国体，贻患地方，谁任其咎？"故朝廷应派遣给事中、御史，审查各贡使所呈番文，并将仍在羁押的"夷使"人审问明白，"将情轻人犯暂发所在官司拘管，情重差委的当官员，沿途量拨官兵押解赴京，送法司会官通行覆审"，而孙继芳所审查的火者马黑木等127人，"候勘事给事中回还经过之日，转行该管地方差官伴送赴京，一并会审施行"。

甘肃明军一直在为吐鲁番的进攻做准备，但吐鲁番兵迟迟未到。后来，李昆从一名叫孛力忽的夷人处审知，吐鲁番可能出现内部动乱。据称："速檀满速儿弟把巴义等嗔伊兄做歹，把金路断了，与伊不和。"而后，吐鲁番又遭瓦剌人洗劫。据前去出使哈密的通事马骥等回奏，他们在哈密东北遇到了瓦剌人他巴，其称："我们去吐鲁番抢了两遭，今年截路，把回子杀了三百多。我们没有外心，只是要把赏赐讨些来。"马骥还在哈密城东将满速儿差来的伏哨火即、哈剌巴失抓获，审知满速儿要差满剌哈三、卜儿罕虎力来通和好，但因与明朝关系持续恶化，使团并不敢前来。

这些传闻之言是否可靠？瓦剌人想要赏赐，满速儿亦似乎欲虔诚乞和，但鉴于"夷情谲诈"，明廷亦将信将疑。王琼建议："请敕都御史李昆等查照节次题准事理钦遵施行。又将瓦剌等项夷人并属番获功人员，就于见运去银、段、绢布内给赏犒……若吐鲁番来犯边，相机剿杀；若已远遁，则闭关绝贡，不许往来；若自告愿听抚谕，则从宜抚处，具奏定夺。"[119]

*　*　*

正德十三年（1518年）至正德十四年（1519年）间，王琼又题奏大量关于甘肃地区的冗长奏议。这些奏议往往并非针对个别事件，而是对此前案卷内诸多问题的深入讨论，但证据之间往往模糊不清或彼此龃龉。[120]王琼试图厘清明朝与吐鲁番关系恶化的责任，因此他力图从各类奏议中还原故事真相，或许其中有为己开脱之嫌，但大体不脱忠君爱国之基调。总的来说，王琼的担心在于，其赴任兵部尚书时已深感北境防线之弱点，甘肃虽僻远，却是该防线链条中极为薄弱之一环，稍加不慎，即土崩瓦解，满盘皆输。明军的防御体系中存在纰漏——甘肃守臣得以自专边防事务，而不为明廷所遥制，这可能带来灾难性的后果。其责者谁？无疑是正德皇帝惰政所致，王琼只能克制自己，选择无视。

正德十六年（1521年），正德皇帝驾崩，无嗣。谏官弹劾王琼，于是在嘉靖皇帝支持下，大学士杨廷和提议罢免王琼。王琼在其私著《双溪杂记》①中，记述了杨廷和及其党羽的谱系脉络，并一直提到杨廷和被罢免之事（与嘉靖朝"大礼议"有关）。尤其令王琼感到愤怒的是，党争派斗的势力已经牢牢渗入明朝的官僚体系中，即使"负抚绥之重任，昧经国之远图，养成回贼之

---

① 原注作"Shuangqi Zaji"，有误，实为《双溪杂记》。——译者注

患，大损中国之威"，亦因朝中有党而得到宽宥，这使得明朝官僚机构运作不可避免出现淤塞，而甘肃所面临的无可挽回的僵局亦必有之。[121] 如彭泽，与大学士靳贵同年进士，皆杨廷和门生。彭泽不愿蹚哈密这浑水，未赴任即奏休致。但明廷认为，需等哈密事情停当，彭泽始能回京。于是彭泽阴托燕澄、钱宁、靳贵、陆完等，奏称陕西甘肃方面已有邓璋，若再令彭泽总督事务，不免相互掣肘，最终得以回京。又如李昆，乃大学士毛纪姻家。毛纪又与大学士蒋冕同年，故蒋冕同毛纪力庇李昆。李昆"行事任情，全欠持重"，陈九畴则"本以狂生，全无远识"。[122] 这种裙带关系环环相扣，尚不止此。王琼本人，亦不免得正德皇帝之庇护。

《明史》有论："当正（德）、嘉（靖）间，（彭）泽、（王）琼并有才略，相中伤不已，亦迭为进退。而琼险忮，公论尤不予。然在本兵时功多。而其督三边也，人以比杨一清云。"[123] 不过，在笔者看来，杨一清比王琼要更受同僚欢迎。

* * *

该如何总结正德皇帝在位期间明朝北境防线的漫长事迹呢？正德皇帝在位期间所做的事，包括他对腐败的纵容，以及不愿兢兢业业为人君父等，实则非他首创。自成化、弘治以降，这些问题似乎已经成为每一位九五之尊所面临的问题。同样贯穿于其中的还有明军的防御体系建设。明军试图建立一个相对稳定的防御体系，以抵御来自草原日复一日绵延不绝的入侵。但北虏的打击方向总是倏忽不定，打击力度亦日渐加深，明廷不得不随时调整用人方略以应对，这又使得明军的防御系统总是处于超负荷运作中。不过，承受这一切的往往并非皇帝本人，而是如杨一清、王琼等高级官员。正德一朝，皇帝本人之于边防的影响可谓微乎其微，他的举止不定虽然令群臣心惊胆战，但总体而言，其行为尚不足以阻塞停滞明朝安全体系的运转。

第十一章

嘉靖时期——大明堡垒

（1522—1566年）

第十一章　嘉靖时期——大明堡垒（1522—1566年）

在明朝，凡有紧急军情，必奉圣旨，而后得以应对，无论这一紧急情况是否记录在案。问题在于，谁提出了问题，谁商拟了对策？显然，这取决于谁在明廷中主持大局。明初，太祖、永乐、宣德等皇帝往往对边政事务亲力亲为。正德时，防务问题的主动权往往落入兵部尚书手中，如前述，王琼即为此间代表。

但到了嘉靖年间（1522—1566年），天子对边务的态度完全不同。与桀骜不驯的正德皇帝不同，身为其堂弟的嘉靖皇帝为政勤恳，亟欲奋发有为，尽管他存在某些性格缺陷，如暴躁、易怒及多疑。在嘉靖皇帝在位年间，防务政策的制订由兵部移至内阁。

嘉靖皇帝即位方初，内阁首辅杨廷和主政。嘉靖皇帝积极施为，与内阁廷臣共商防务大计，则要到"大礼议"事件之后。在嘉靖一朝，兵部逐渐失去在军事问题上的主导地位，尚书人员变动率很高（44年间竟有29人先后出任兵部尚书一职）。直到嘉靖后期，才有杨博任兵部尚书长达8年的特例，此间之兵部才或多或少恢复其前中期的权力。

在嘉靖皇帝统治的近半个世纪里，明廷不得不着力解决其防御体系中存在的严重且极具争议的难题，如兵变、收复河套的失败以及嘉靖二十九年（1550年）俺答汗制造的"庚戌之变"，其余一如既往，无休止的袭扰、政策变更、军需供应、部队招募、军事部署、武器装备、防御工事等更不待言。

正德十六年至嘉靖三年（1521—1524年）：杨廷和任内阁首辅期间

嘉靖皇帝继位时年仅13岁，此时杨廷和为内阁首辅，国家大政一由其所领导的内阁决策规划。最引人注目的，莫过于杨廷和对正德时期重臣的清洗——如王琼、杨一清等，尽管他们在杨廷和下台之后被重新启用。杨廷和还废除太监监军制度，将太监从边防明军中清洗出去。杨廷和还力主以雷厉风行的手段打击猖獗的军事腐败，尽管在正德皇帝的纵容下，这种腐败难以得到彻底根除。[1]

为了庆祝新君即位，正德十六年（1521年）六月初三，内阁以皇帝敕谕的形式加赏边军辛劳。其敕曰："朕即位之初，重念守边官军勤劳，宜加赏赉。自辽东至甘肃缘边一带官军，每人赏银二两，差给事中、御史分投前去，会同镇巡等官取勘的数，公同唱名给散。不许头目人等总领侵欺。恁礼部便会同兵部查见在各边官军实数，还会同户部查照诏书，于内库抄没银两内关运支给，如敕奉行。"最终，明廷查核辽东、蓟州、宣府、大同、山西、陕西、宁夏、延绥、甘肃九边诸镇官军共371906员名，给赏银743812两。[2]

杨廷和反腐决心坚定。尽管权宦刘瑾早被凌迟处死，但他遗留下的腐败问题并未得到根除，而正德皇帝也恰恰忽略了这一层面的问题。官方无任何档案记录此事，审计工作也未曾开展。到了嘉靖时期，风向发生了变化。《明实录》中详细记载了大量关于军饷开支的审计和廷议内容，账簿变得公开透明，正德时代一再纵容的贪腐投机行为得到一定遏制。[3]

但明朝边防到了嘉靖时期，仍不可避免出现某些崩溃的前兆。一场内部兵变，使明军的防御体系出现卡顿。嘉靖元年（1522年）正月，甘州五卫大乱，乱兵杀巡抚都御史许铭并焚其尸。兵变之由，一则因总兵李隆忌其威严，乘机嫁祸。李隆长期腐败地方，占役军士，哄抬物价，遭到许铭整治打击，以此怀恨在心，策动兵变，戕害许铭。一则因彼时粮价飞涨，而许铭所折银价太低，部卒来告，许铭处理为首者二人。李隆借机"欲邀人心"，于是他与部下私约，于公议日以赴公议府告状为由，趁乱殴打许铭致死。随后，又至许铭公署抢掠，由此一发不可收拾。暴卒抢掠成瘾，又劫掠城中仓库，释放罪因，并胁迫镇守太监董文忠上疏朝廷，言称兵变乃由许铭搭克粮饷所致。许铭家属因逃至董文忠家中，侥幸逃过一劫。

经过漫长时间的调查，事件终于水落石出。许铭无罪，赠右都御史，荫一子入国子监读书。总兵官李隆最终被逮捕并处决，但此前谣传他要带领哗变士兵在贺兰山中落草为寇的说法也不攻自破。为首者四五人被斩首或凌迟处死，但因西事（亦不剌袭扰等问题）未宁，明廷决定其余胁从者勿问其罪。[4]从这一事件看，杨廷和在处理反腐案件时，既不因循守旧，也不苟且得过。

嘉靖三年（1524年）七月，大同发生兵变。巡抚大同都御史张文锦借鉴宣府以葛谷、白阳诸堡为外蔽的经验，环大同筑水口、宣宁、只河、柳沟、桦沟五堡，遣卒2500家戍之，以遏制虏兵袭扰。但五堡相距过远，又过于靠近敌人，戍卒皆不乐往，他们请求张文锦募新兵往戍，张文锦怒曰："如此，则令不行矣。

镇亲兵先往，孰敢后！"亲兵求只身前往，不携带家眷，张文锦又不许，由是戍守大同的亲兵也心怀恐惧。参将贾鉴督役严苛，杖其队长，责令他们出发，戍卒郭鉴、柳忠等不堪忍受，遂杀贾鉴，裂其尸，并逃往焦山墩。张文锦担心哗变的士兵与虏兵谋合，于是招抚他们回大同，但欲处罚首乱者。郭鉴等惧，再度作乱，兵变之火最终燃烧。

七月二十七日，暴卒焚大同府门，入行都司纵狱囚，又焚都察院门。张文锦逾垣，逃往博野王府邸，暴卒围攻王府，博野王不得已交出张文锦，张文锦遂被裂尸杀害。随后，暴卒又占领武库，分发装备，关闭城门，又迫使革任总兵官朱振出为统帅。朱振与哗变士兵达成三点共识——"勿犯宗室，勿抢仓库，勿纵火杀人"，暴卒们允诺，兵变始稍安定。而后，内阁又令兵部左侍郎李昆前往赦免哗变士兵，兵变始才平息。[5]

兵变之余波，暂且不表。杨廷和之后的新首辅仍会协助嘉靖皇帝处理此事，以及后续爆发的第二次大同兵变。

嘉靖即位之初，明军边防一片萧瑟景象。巡按直隶御史杨秉中言："墩台哨探军人缺粮尤多，死亡几尽。"巡抚甘肃副都御史许铭奏："陕西河东卫所备御河西等处官军，旧额一万九千四百三十人，今则去其太半。"尽管史无明载正德皇帝巡边的具体耗费，但从"正德末年，车驾频幸宣府，饥馑相继，官军俸粮经年未支，饿殍遍野"等记载中我们仍可管窥一斑。此外，又有虏兵寇庄、凉、洮、岷等处，守臣告急，巡按御史许翔凤因言："虏势日炽，防御日疏，大臣坐食廪禄，而不展一筹。将官惟务剥削，而不发一矢。廪藏空虚，刍粮匮乏，军令伤于姑息，锐气馁于侵牟。遇虏入掠，辄婴城自保。闻虏造锹钁，欲攻城堡，请下户、兵二部讲求良策。"宣、大两镇连岁凶荒，军粮久缺，米价腾贵，给事中杨秉义亦奏言："臣等奉敕行边散赏，目睹宣府、大同二镇村堡丘墟，公私匮乏，山西、河南等处运饷不至，帑金、盐引不救目前之急，仓猝有变，西顾之忧也。"大同巡抚杨志学亦言："本镇军民缺食，公私匮竭，强悍聚众为盗贼，肆行劫掠，北虏近边住牧，警报日闻。"为此，户部议曰："二镇量增月粮折色每石一两，按月支给，候麦熟停止。又请如前议，动支没官银二十万作速运赴各镇，趁时籴买米豆，与折银相兼支放。"盐引开中之法亦继续实施，作为输粮之补充。6

北虏的袭扰却未见丝毫减弱，西北防线常遭亦不剌和小王子的蹂躏。陕西巡抚都御史郑阳就曾奏言："虏亦卜剌扰掠熟番，顷以小王子追逼渡河，窥伺边境。"7北虏之患，不仅在于军事，还在于其对明朝边境管理的破坏。兵部曾指出这一问题，并提出商量之策。其奏："比年，北虏为患，俱因掳去边民及负罪投入者教以用兵节制，以故所向无前。今各边走回人口在虏营住久，其于虏情动止、关隘险夷及我边人为彼乡导者，无不熟知。乞敕各边镇巡官，凡有走回人口，如幼男妇女并掳去年浅者，量给衣粮，护回原籍。其在虏日久，谙晓虏情者，务加研审。若果忠实有才略，即留边效用，厚加慰劳，以备咨访。因而资为间谍，诱我汉人，使渐逃归，以消虏势，其无他者，仍护还。若有留难需索者，加治不宥，庶来归日众，而虏情可得，战守有赖。"8嘉靖二年十二月二十八日（1524年2月2日）①，巡抚山西右副都御史胡锭

---

① 原著为1523年2月1日，有误，核《明实录》，应在嘉靖二年十二月甲子（二十八）日，即1524年2月2日。——译者注

言：" 近年，各边奸民逃入虏中，为虏奸细者多。比捕得，辩诘踪迹，又诡词求脱，莫可穷竟。反罪原缉之人，边吏缘是不敢捕诘，甚有阴为窝接者，我之虚实，虏无不知。而虏之奸细，我顾容纵，是自涂其耳目，反为虏视听也。今之边计，修守为上，用兵次之，而其机莫急于伐谋，其要惟在于绝觇。第此辈皆我小民，一旦肉酪与化，甘为虏用，虽出无知苟活，亦由迩年生计憔悴，征输烦苦，加以不才官吏多方刻剥，故宁有去此而就彼者，罪固可诛，情实可悯。况二边虽修，固非金汤，夜警虽设，素乏传箭，将领弥缝机熟，蒙蔽年久，边墙水口，何处不可逾越？何人不可私度？其误国家大计如此！若不预为区处，而徒严加惩禁，舍源障流，非便计也。臣愚，过为杞忧，谨条八事：一清掳实以备查；二严巡了以绝入；三倍缉奸之赏以示劝；四严纵奸之罚以示惩；五谨窝接以绝容；六别投墩以明迹；七开矜恤以召复；八禁虐害以安生。" 兵部覆实其事，内阁与嘉靖皇帝亦是其议。[9]

朵颜三卫方面，泰宁等卫朝贡如故，较为友好，但朵颜卫颇为敌对，前述朵颜卫花当的儿子把儿孙时常拥众犯边。把儿孙与小王子联姻，这让兵科给事中陈时明感到忧虑。他奏道："朵颜花当之子把儿孙，顷与北虏小王子连婚，京城东北一带，原无边塞，所恃者岭木岑蔚。今以樵采曰疏，而二虏曰亲，万一掩我无备，乘虚而入，不可不虑。"但明廷未做回应。[10]

辽东方面，嘉靖二年（1523年）六月[①]，都给事中许复礼言："顷朵颜卫夷人把儿孙，建州右卫都指挥佥事牙令哈，各以送回

---

① 原著为9月，核《明实录》及《奉天通志》，在嘉靖二年六月癸丑（十四）日，即阳历7月。——译者注

被房人口，守臣言其功，因授把儿孙千户，牙令哈都督佥事。臣窃闻二夷欺诈百端，窥我军弱备弛，纵部掳掠，因以所掳诈称夺回人数，以希升赏。况把儿孙往年杀害参将陈乾，尚未伏法，而反加秩，是为丑虏夷所愚矣！乞追夺之，各守臣曲为陈请，亦宜惩诫。"兵部的意见则是："牙令哈历年效劳，在边守法，与把儿孙不同。"于是，内阁和嘉靖皇帝同意暂扣把儿孙的赏赐，待守臣将被掳逃回人从实奏报后，再行定夺。[11]

综上，嘉靖朝甫一开局，就不得不面对从正德时代接收继承而来的，充斥着官吏腐败、财政枯竭、饿殍于野、兵变不穷、守臣无为的边防局势，以及明廷奉之如圭臬却又明显过时落伍的审计监督制度。首辅杨廷和力图扭转局势，而前任兵部尚书王琼不得不为这一乱象买单。褫夺王琼，仅仅在于他阿附君上正德皇帝，但这显失公平，若非其在正德一朝励精图治，明军防御体系的崩溃恐将更甚于此。

嘉靖三年至嘉靖十四年（1524—1535年）：张璁[①]等人任内阁首辅时期

嘉靖三年（1524年）发生的"大礼议"，既是年轻的嘉靖皇帝与官僚集团之间的博弈，也是官场中新旧势力政治的综合较量、一次政治洗牌。年仅16岁的嘉靖皇帝不愿再受首辅杨廷和的掣肘，而张璁、桂萼等新势力迎合了这一潮流，尽管这意味着嘉

---

① 原著作"张孚敬"，即张璁。因避御讳，明世宗赐名"孚敬"。——译者注

靖皇帝将转而依赖这股新兴势力。具体到北境防线而言，这一时期问题的焦点集中在兵变及吐鲁番、哈密的持续纠纷上。

是年，"大礼议"事件持续发酵。而是夏，吐鲁番速檀满速儿发兵肃州，大同兵变。当嘉靖皇帝的注意力被边军乱局吸引过来的时候，兵变甚至还未结束。

嘉靖皇帝没有责怪兵变者，却对张文锦和贾鉴予以谴责。嘉靖皇帝还派兵部侍郎李昆（前巡抚甘肃都御史）前往赦免乱卒。诸乱卒稽首谢罪，但其余奸盗却趁乱勾连部分乱卒劫扰居民，总兵官桂勇督兵摧杀作乱者50余人，首倡者郭鉴、柳忠为所笞打，余众皆释。尽管皇帝颁发赦诏，但人情汹汹，局势仍在恶化。乱卒执杀知县王文昌，又纵火延烧居民百余家，乱复大作。巡抚蔡天祐试图委曲抚谕，但以失败告终。嘉靖皇帝重新令户部侍郎胡瓒、都督鲁纲率师讨大同叛卒，并在制书中要求他们"诛首恶，胁从不问也"。但到了十二月，事态依然无法得到缓解。总兵官桂勇计斩首恶郭鉴、柳忠等11人，但很快，郭鉴父亲郭疤子又纠集胡雄、黄臣、徐毡儿等倡乱报复。他们趁夜围攻桂勇府邸，劫掠其家产，并杀死其家臣数人，磔尸啖肉。蔡天祐反复劝降乱卒，最终他们将徐毡儿等首恶4人斩首以献。但屠城的谣言仍不绝于耳，蔡天祐竭力谕镇城兵民各安其业。随后，他又逮捕了首恶郭疤子、胡雄等40人而斩之，人皆称快；又捕诛逆党近数百人，厚赏谍者，大同方始安定。[12]

整个兵变直至嘉靖四年（1525年）三月才彻底平定，前后持续近8个月。兵变的处理结果颇受争议。部分大臣认为，对张文锦和贾鉴的指责有失公允，而对乱卒又未免过于宽纵。大量银钞被浪费在抚赏乱卒之上，所谓镇压失之严苛。这些问题始终未能得到有效回应和解决，而由此产生的情绪亦一直处于酝酿状态中，直至嘉靖十二年（1533年）第二次大同兵变爆发。[13]

第二次大同兵变的破坏性远远超过上述第一次兵变。

巡抚宣大的御史苏祐，第一次听闻大同兵变是在嘉靖十二年（1533年）的十月初十，彼时代王正遣使吴聪往京师告变。《明实录》将这一事件始末置于十一月初五条的记载中。而山西巡抚韩邦奇在其《苑洛集》中亦详述事件之经过始末，其奏疏如下：

> 谨题为亲王至镇，欲要赴阙事。嘉靖十二年十月十一日午时，有代府承奉吴聪，赍王令帖到臣，内开为叛逆军人凶恶逼迫，私出禁城，亲诣赴阙事"嘉靖十二年十月初六日晚三更时分，本爵在宫闻知城中放炮呐喊，差人门首打探，言说军士烧毁总兵官、都察院门。及至天明，将总兵官李瑾杀死，将总兵官及都察院衣服等件尽行抢去，又将各店客货亦行抢去。有经过府门者，言说要本爵与他做主，于初七日申时分，将各处修边按伏军马调入城中。本爵慌惧，引领承奉吴总裹衣小帽，就混入于众人之中，从北门而出，前至金谷庄潜伏。一更时分，将管庄人王宣带领，跟随前至四家庄，将管庄人宋景春亦随前来，至顺圣川，西城刘参将容暂一宿。初九日起身，有总旗张文锦、杨达因在东井村催粮，亦随前来"等因到臣。至本日未时，臣谨迎王入至镇城。臣慰安及整备一切供用，外会同总兵官、都督佥事看得：大同军变，王因出至臣等镇城，实不得已，但要亲诣赴阙，未奉明旨。臣等启王留住镇城，候明旨以为进止。缘系亲王至镇，欲要赴阙事理，臣等未敢擅便，为此专差谨题请旨。[14]

很快，苏祐又接到大同巡抚潘倣的使者，言称巡抚大门并卷房亦皆烧毁，巡抚潘倣失联。使者称，大同兵变皆由总兵官李瑾性过严急，兴工不息所致，军士诉苦亦未能得到上级理解。最终，乱卒趁夜激而杀之，于黎明时分逃散，事态似乎已经平息。但苏祐认为事情恐非李瑾一人之过，身为巡抚的潘倣"知人心之将变，不能弭消，致祸胎之既成，转乞赦宥，事不得已，罪亦难辞"。苏祐要求朝廷另行纠查。

在其文集《云中事记》中，苏祐称总督刘源清、代王亦具疏上奏，一时朝议汹汹，难有定论。最后，兵部决定命刘源清和提督郤永提兵按问首恶，余胁从者皆降皇榜赦免。大兵未至，潘倣已捉拿二十余人械送京师。其中王弓儿系首恶，其余皆乘机抢货之人。讯问后，贼众又招供数百人，潘倣要求只缉拿其中的首恶分子。

兵部尚书王宪也认为大同兵未必悉变，实际参与杀害总兵官李瑾的大约只有六七十人，为此，他建议仅将诸渠魁置之极刑，其余诸人皆赦免。嘉靖皇帝并未给出明确答复。他说："逆军蔑视国法，屡肆叛乱，势难遥度。其令源清等随宜处置，务使国法大伸，恶逆殄灭，毋得更事姑息，贻地方后患。"随后，嘉靖皇帝又任命提督西官厅都督佥事鲁纲代替李瑾行总兵官之权，又令江西布政使司右参政樊继祖为右佥都御史，以替潘倣。[15]

此时，由于代王逃离大同城，叛军乱卒只好向前总兵官朱振寻求支持。朱振曾参加过第一次大同兵变，当时在乱卒的威逼利诱下，朱振一度接受了他们的请求，成了他们的领袖。九年后的今天，乱卒们曾请求朱振劝说李瑾，但事竟不果，朱振称"不我听，奈何"。李瑾被杀之后，苏祐等敦促朱振重新介入这次兵变中。不过，由于朱振总督大同军务期间"赃以万计"，最终他选择了自杀谢罪。

李瑾被杀，乃因其督工军士于天城卫、左孤店等处（大同东北70公里）浚濠堑四十里。由于虏骑渡河，李瑾原意加急竣工，"以遏虏骑，不意驭众苛刻，不得士心"，最终因催役甚急，军士不堪重负，致生哗变。但在苏祐看来，李瑾其人"实甚廉，谋勇亦绝人，独见军政之日废也，欲整饬之，不少纵"，绝非贪暴之辈。①

如何处理此次兵变，明廷内部颇见分歧。部分大臣赞成应对乱卒宽大处理，另一些人则认为应当予以严厉镇压，以为教训。不过，在处置杀害总兵官李瑾的凶手问题上，群臣均认为应将首恶戮尽。其余伺机趁乱劫掠者当何以处之？或仅小犯，或为胁从，这部分人是否可以得赦免其罪？

刘源清与郤永师次阳和卫，约在大同东北40公里处。刘源清遣人于大同城内张贴皇榜，晓谕诸人，此次举兵惟按问首恶，其余胁从一概罔治。处理意见既出，一时言者纷纷，以为这样的处理结果过于宽大，将重蹈嘉靖三年（1524年）兵变之前辙。于是，刘源清又令苏祐拷讯那些妄言前总兵朱振失职，实为首乱之人。彼无端妄言，或是朱振后来自杀的原因之一。不过，刘源清和郤永后来率师包围了大同，这与第一次兵变的情形有所不同。而在大同城里，这一包围举动却成了讹言屠城之借口，由是一城皆

---

① 原著此处有一段话："事实上，李瑾在此前就参加过杨廷和发起的一系列剿匪行动。"正德年间镇压流寇的李瑾与大同兵变中的李瑾并非一人，前者卒于正德十五年（1520年），作者误以为是同一人，故此处删去。——译注

变，四门昼闭，谋抗王师。叛军释放了部分被囚军官并奉以为将，随后城中叛军与攻城明军互有战损，洗城之说仍在传播，而大同城却依然牢不可破。刘源清加紧围城，城中有心归顺的士绅无由表达自己忠于明廷的心迹。城中薪柴渐少，樵采路绝，叛军遂拆代王府及各宗室、军民房屋，及诸公廨焚之。后来，叛军首恶黄镇等请求派人外出樵采，郤永许诺答应，又趁城中樵夫300名外出时将其扣押。[1]

与此同时，叛军诱小王子等虏兵前来助战，内外夹击，明军暂且失利。韩邦奇具文上奏此事，并表达了他的担忧和不安。其奏曰：

>谨题为逆军引诱虏贼大举入寇邻境，预防边患事。本月二十日，据游击将军夏杲差夜不收孙良报称，大同逆军引诱北虏五万有余至大同城下，将游击将军王镇等杀败，即今贼尚未退。二十二日，又据巡抚大同樊都御史差来赍本，百户郑镇禀称，即今北敌大众尚在大同城下，分遣精锐三千余名，南抢应州[2]等处。自聚落堡至大同城下，道路不通。二十三日，又据摆拨军人任福玉传提督军门号令，运粮之车且不必来。本日，又据夜不收刘章报称，东关宣府参将李彬兵，北关宣府副总兵张镇兵、参将刘江兵俱被围困，六日未支粮料。先据宣府分守东路右参将冯勋禀帖开报，十六日大举达

---

[1] 此处原著称郤永将此300名樵夫悉数杀死，但核《明实录》，唯见"（郤）永悉执之"的记载，未见杀戮记载，疑误。——译者注

[2] 应州在大同以南50公里处，距浑源、朔州、怀来路程相当。——原注

贼从永宁边方拥众入境,本职统领官军林锦等急出迎敌,不料贼众兵寡,混砍一处,倡令我兵舍命对敌,占据山梁,伤中贼人贼马数多,俱被钩驮内。贼汉语叫说'不要放箭,与你答话!你们人马去关大同,我大纳延也来了,先使三个头儿领众达靶抢杀'等语。据此,切详所言,中间显有奸细复寇之举,旦夕难测。除对敌缘由另行呈报等因,各到臣会同总兵官、都督佥事议照,大同逆军引诱北虏大举入寇,直抵城下,败我官军,驻兵不退,且分兵抢掠,围困诸将,阻绝饷道,似与寻常入寇不同。臣恐大同既已得利,必寇宣府,纵或暂回其势,草生冻解,必然大举分寇宣、大两镇。而东虏亦有大纳延引兵也来之说。及照近因西征大同臣镇奇兵、旧游击兵、新游击兵、南路参将兵尽行调去,而前后营及各路精锐之兵、谋勇之将亦行摘调,臣镇实为空虚。夫以大同城下京营及各路兵马林立云集,尚且败挫不支,而况空虚之宣府哉?且虏中既有逆军为之画谋乡导,则我各边之虚实夷险,彼皆详知,其大举入寇,必然之理也。夫以一北虏,大同城下数路之兵不能支,若东虏入自东路,北虏入自西路,一宣府岂能支哉?夫宣府者,大同之根本,京师之堤防也。大同虽已失利,苟宣府无事,则犹可据此以图再举,而京师亦不至于震惊;傥宣府亦复失利,譬之根本既枯,枝叶无从而生,堤防既决,下流必受其害,则大同不可图。而京师之势孤且危矣!况大同城下冲锋处险被围被杀,张镇、刘江、李彬、王镇部下皆宣府调去之军,则宣府之虚岂但目前而已哉?臣窃叨承重寄,镇抚一方,事在剥肤,心诚危惧。故敢昧死上陈,伏望皇上轸念边方重镇,敕下该部,会集多官,从长计处。将新调延绥、辽东之兵发与臣镇，听臣等调遣节制，仍再调别镇兵马防御，及多给马匹，听臣等选军给授。如此庶乎有备无患，而边境可保无虞矣！缘系逆军引诱虏贼大举入寇，邻境预防边患事理，未敢擅便，为此专差谨题请旨。嘉靖十三年正月二十四日。[16]

部分煽动暴乱的头领，如王安、郭全等，还设法向北虏小王子馈赠金币、女伎，并鼓动他们入寇中原，号称"中土饶可帝，胜沙漠也"。他们甚至还以代王的土地奉送小王子。[17]

据《明实录》载，叛乱发生后，叛卒曾"引虏十余骑入城"，还承诺以代王府作为那颜官邸。次日，又有叛卒两人宴请虏酋，希望能与虏兵互为犄角，联合作战。但到了第二天，在进攻东门中，明军殊死抵抗，叛军表现不佳，虏兵知其不足以依赖，于是反戈一击，乘势离开。[18]

从鞑靼的角度看，所谓虏军似乎更乐意袭击毫无防备的乡村地带，这种兴趣远远超过占领大同等城池所带来的诱惑。又设若他们果真占领了城池，他们是否能守住？而从明廷看来，大同早已千疮百孔，刘源清和郤永所采取的行动，似乎未能奏效。宣大一带的边防风雨飘摇，明军是否应采取一些措施？

面对各种相互矛盾的建议，主战主和的呼声，年轻的嘉靖皇帝决定亲自介入事端。嘉靖十四年（1535年）二月初六，嘉靖皇帝谕诸阁臣曰：

朕在病中，未尝不以大同事为怀。叛军先因杀李瑾，此谋杀主将之罪，法不可赦，原非举城所为，亦未敢逆朝廷。

本是郤永无谋，信从刘源清贪功嗜杀之计，辄使有洗城之讹，传吓城中，致使逆军劫囚，勾虏抗拒朝廷。既说专剿逆徒，胁从不问，却又专攻城之计，又引水灌城，看来玉石亦不可得而分也。朕为宣大为京师北门要地，皆不可坏。人而无臂，可以卫头目乎？况此地此民，皆我祖宗所遗，今源清必欲城破人诛，果忠乎？否乎？前日将二人调置，别命将以专讨渠魁，岂有今日之患？今又不可轻听伊说，卿等亦不可不虑将来耳。纵源清幸成功，不知此地何以兴复？今只可罪去二臣，挈还诸路人马，另遣文武大臣果能职事者，使专意备虏，密令多方，计擒逆贼之魁者，庶免老师伤财。源清既能了事，如何又请添官，岂非官多事扰乎？

此谕应是出自嘉靖皇帝之手，因为其行文并无辞臣润色之痕，且首辅张璁等高官俱受其严厉批评。因为嘉靖皇帝的指责，刘源清自请劾退，改督饷侍郎张瓒为兵部左侍郎兼右副都御史，代刘源清总督军务。郤永素有谋勇，继续留任。[19]

出于某种原因，作为南方人的礼部左侍郎黄绾，对大同局势亦表现出浓厚兴趣。嘉靖皇帝派他前往大同了解局势，而他在回奏中，也提出了自己的看法。总的来说，黄绾认为朝廷处理第一次兵变时过于温和，而第二次平叛时，又错误地委任了刘源清和郤永。他写道：

臣窃惟大同之事，往年之失，则在于并首恶而赦之，纪纲之废，莫此为甚。此后宜乘不备，有以处之不难。一向置之度外，所以复有今日之事。今日之失，则在于惩往太过，卤莽不思，辄倡征剿之说，殊不知叛卒居于城中，非比贼巢夷房。夫城池者，朝廷之藩篱；宗室者，朝廷之骨肉；文武官僚者，朝廷之心膂；军民良善者，朝廷之赤子。其初只数十叛卒，并胁从不上三百余人。刘源清、郤永先受阃外之寄，苟知方镇为大，生灵为重，早能因其未备，闯入城中，擒之特易，失此不为。既及受命，率兵只宜远顿外方，愈假宽缓，移文查访，以求首恶姓名，则众心皆安，洗城之说自无以惑。彼或劫掠城中，城中之人必深恶之，乘其深恶，因令整兵预备，人情所愿，俟其有备，只假一檄而罪人可得……刘源清、郤永和为征剿于下，领兵围城，先攻东西二关，如战敌国，如攻贼巢，杀其无辜，使益惊骇，奔入城中，反为叛卒守城。洗城之说，益信无疑……伏望陛下大发乾断，速去郤永，并正刘源清妄杀失机之罪，别简忠智以代之。[20]

三月初六，嘉靖皇帝及时召回了郤永，而这是关键的一步。随着明军撤出围城，谈判开始了。首恶最终被处决，余者则被赦免，城中军民"始欣欣鼓舞，知不复有诖误累矣"。噩梦终于结束了。[21]

善后工作开始陆续展开。大同兵变后留下一片萧然的废墟，甚至比任何一次北虏劫掠都要糟糕。韩邦奇回忆，"家无闲丁，役及妇女，日无宁时。继之以夜差役，固已繁重，况其时天寒地冻，雪深冰滑，损伤者不计其数。又以极边之地，人无多蓄，数月之间，闾阎困瘁"。[22]

黄绾是兵变后大同局势重建的核心人物，此时的大同百废待兴，面临的最直接问题是如何对待那些叛逃北虏的士兵？在一次军民大集会中,黄绾晓谕诸人道:"此辈悉庸奴,虏所牛马驱役之者,何能为中国患?且中国当严武备,虏之来去,要在有以待之,而奚虑此公也!"他下令,若有"逆卒自虏来者,则边吏执而戮之,不来则不必主动出击追索"(也许有不少叛逃者希望得到宽大赦免而回来,但黄绾的政令令他们感到失望)。是时,大同军民惧怕叛逃者"留虏且遗祸",而黄绾也尽可能消解人们这种恐惧。他对大同百姓道:"虏得汉人,率奴隶之,不则易马远夷耳。且使虏果雄桀,即无赖此一二辈,如犹常虏也,则得此百辈奚益?况虏性得利则趋,遭创则避,固非此辈能使之去来也。"[23]但是,黄绾没有提到北虏以汉人为向导的事实。

为了恢复大同秩序,黄绾还采取了一系列措施。他认为大同街衢广衍,故凶狡易于夤夜作恶,为此他于大小街衢各设门房栅门,晨昏启闭,又立十家牌法,挨家挨户鳞次编为保甲,各立长统之,内防奸人,外御北虏,并立社学以教军民子弟以礼仪,潜移默化改变当地风俗。七月初一,黄绾宣布首恶者福胜等14人论凌迟处死,妻孥、资产没官,父母、祖孙、兄弟俱坐流徙;张玉等19人论斩,与福胜等俱决不待时。另有未能缉拿归案,尚在潜逃的郭经等49人俱论斩,白奴儿等41人当充戍兵。斩首者最终均枭首示众,巡历九边,以儆效尤。

为了重建大同,户部还以折粮银4万两,与已解盐银7万两及南北新纳例银3300余两给之。随后,黄绾奉旨汇报大同事变。他奏称:

> 乱卒王福胜等之杀总兵李瑾,是瑾峻法所致,其首恶不过数人,应者不过六七十辈,借令如巡抚潘倣议,旦擒旦

抚，自可旋定。而总制刘源清、都督郤永益张其事，以笙朝廷。朝廷命其相机征计（讨），而源清、永一意讨之，且言五堡事处之太宽，遂榜示城中五堡遗筑，疑以为追理旧事，而人心益骇。倣所捕乱卒杖杀及槛致者已六七十人，是时入抚而徐图之，逆党可尽得，而源清以功不出己，乃凭诸囚之妄攀，纵甲士之横索，追呼益急，复证原任总兵朱振为谋主，振仰药死，乃人人自危，讹言屠城，群起为乱。今日谕诸军胁从不问矣，明日又以师逼城下，斩关而入，大肆杀掠，虽以宗室士民及佥事孙允中等之力沮，卒不听，益百道攻城，至穴地灌水，而城中不得不为自全之计，乃发禁兵，出罪囚，开门迎敌，杀参将一人。是时，王府及有司军民章皆为逻卒所遏，朝廷莫得闻，而两人请济师益急，且谓城中悉从贼，实大欲厌绝此城，遂致上廑宵旰之忧，调兵转饷，殆无宁日。忠于谋国者，固如是乎？时乱卒又诱北虏数万人大举入寇，攻东南诸关，官军累败，城中且为内应，源清、永进不能讨逆，退不能御虏，致残破重镇，几撤藩篱！赖圣明特降御札，释群疑之心，罢源清之职，中外始知用兵非朝廷意……是役也，杀游击曹安、千户张钦等数人，士女千八百人被虏，及惊失者千余人，其余擅杀埋掩者不可胜数，毁室庐以万计，财货、刍粮称是，民不堪命甚矣！[24]

那么，作为局外人的我们，能从这一系列事件中看出什么？似乎时至嘉靖朝，明朝的防御体系仍能在军事重镇大同几近瘫痪半年的情况下彰显韧劲，而没有演变为边防崩溃的第一张多米诺骨牌。不过，偶然因素也很重要，鞑靼（明人口中的北虏）没有做好南下中原的准备，也是边防体系得以维系的重要原因。或许，此时的鞑靼对于再现大元不感兴趣，即便大同叛卒已经给他们提供了一个契机。零零星星的突袭、掳掠仍是其进攻明朝边防的主旋律，而大同兵变无疑为他们提供了绝佳的机会。

* * *

没有形成多米诺链条，不代表明军的防御体系稳如泰山。就在大同兵变后的大约一年，辽东也出现了暴动。事件起因与大同兵变类似：嘉靖十四年（1535年）三月二十九日，巡抚辽东都御史吕经苛虐诸军，催役过激，致使军心失众哗变。诸军拥入巡抚院，吕经不得已逃匿苑马寺。哗变者一路追至，搜出吕经，尽裂其冠裳，执至总兵官刘淮处。刘淮以状闻，兵部则以事未经查勘，难以遽议，令总兵官会同巡按御史查勘属实，方行下结论。嘉靖皇帝同意兵部的建议。

此次哗变事态复杂，吕经未深思熟虑就取消一项长期政策是其导火索。辽东诸卫所，每军一以余丁三供之，每马一给牧田五十亩，此制度其来远矣，而吕经着手改革，每军给余丁一，余悉编入徭册，征收银两，解纳广宁库，又追牧马田还官，召佃纳租，由是众益怨之。是月，吕经巡视辽阳城筑围墙时催督严急，最终致变。诸军要求罢此工役及免马田租，而都指挥刘尚德火上浇油，在旁呵斥众人退让。吕经又威胁要笞打首恶，众益悍哄不可制。推搡之间，士兵殴打了刘尚德及指挥李钺，骚乱就此而起。哗变士兵击毁巡抚院门，焚其徭役籍册，又鸣钟击鼓，关闭城门，纠合众人起事。他们想将下狱的游击将军高大恩请出来主持政务，又从苑马寺搜得吕经，剥衣殴打，而有前文扭送刘淮之事。

兵部要求彻查此事，否则难以遽议。而在事情出结果之前，兵部先令副总兵李鉴入城宣布恩威，使哗变将士悔罪守法，各归营伍，原有官田亦仍令其照旧营业，以保全身家。刘尚德则被革职监候，吕经则因轻信寡谋，退缩不振而被召回，都察院左佥都御史韩邦奇取而代之。

辽东局势的缓和大部分要归功于巡按辽东御史曾铣[1]。兵变之初，他亟令李鉴揭榜安抚，凡政策为众所不便者，悉数罢除。又令将吏督诸军职守如故，于是叛乱逐渐平息，城门得以重新开启。

但是，曾铣的四处奔波无疑杯水车薪，兵变已成星火燎原之势。吕经行至广宁时，有乱卒于蛮儿效仿之前辽阳之事，鼓众倡乱。乱卒释放监狱囚犯，劫持吕经，胁迫镇守太监王纯、都督刘淮等上疏言都指挥袁璘、吕经之罪十一[2]。嘉靖皇帝并不打算忽略此次事件，他令韩邦奇"悉心经画"，务要妥善处理事件。而在抚顺，城备御指挥刘雄等亦为其部卒王经等所囚。朝廷闻兵变，又令工部左侍郎林庭㭿兼左佥都御史，前往抚谕，而与此同时，曾铣已经访得诸首恶姓名，并一一搜捕之，数十人同日被捕获。

---

[1] "13年后，他却因重整河套秩序失策而被处死。"此句为原著正文，为保行文顺畅改为注释。——译者注

[2] 原著称此十一项罪名针对李鉴，核《明实录》原文"复胁镇守太监王纯、都督刘淮等各具奏，言（袁）璘阿附（吕）经激变，数经十一罪，请逮京问理"，此十一罪者当指袁璘、吕经。——译者注

曾铣上言曰："往者甘肃、大同军变，处之过轻。群小谓辱命臣，杀主帅，罪不过此，遂相率为乱。今首恶宜急诛。"[25]或许诸兵变之间并不存在多米诺骨牌效应，而仅仅是"类似"。

五月十一日，林庭㭿至广宁，乱卒疑其前来的目的，于是又有谣言称官军将要屠城。就像在大同一样，乱卒关闭了城门，并要求得到赦免。这时，曾铣的首恶名单起了作用，28名首恶分子被逮捕，余者皆赦。嘉靖皇帝览奏毕，同意其处理方法。

朝鲜人对明军兵变的看法值得关注。据朝鲜《李朝实录》载，朝鲜大臣认为："辽东形势，山海关距达子地界仅四十余里，而其外又有二十五卫与彼人连境，而辽东之人弓力甚强，故叛乱之初，朝廷深以为忧，而不能处置。或云当讨，或云弃之。而以为弃之者，恐叛附于达子，则其为害不止于叛乱而已故也。适御史曾铣徐缓善处，只囚魁首，而胁从不治，故旋即安定矣。若朝廷兴师问罪，则其叛朝廷无疑。"[26]由此亦可见，前述曾铣的策略，有效地缓和了事态。

辽东兵变在事后引起明朝君臣的反思，议者多质疑明军的防御姿态。南京大理寺丞林希元对此直言不讳，却因所论"兵变起于姑息政策"为朝廷所不容，终被黜职。[27]林希元并不赞成嘉靖皇帝所走路线。在奏疏中，他称：

> 盖自大同了事之日，臣已知其有矣，岂特辽东？沿边诸镇以及天下，皆将为辽东也。何也？大同犯卒，敢行称乱，朝廷合三镇之兵攻之，半年不能克，而卒苟且了事。虽得首恶数十人，桀恶如马昇、杨林（麟）者，卒莫如何，反仗其力以了事。诸镇奸雄，必谓朝廷果无能为，轻侮之心起于此

矣！一有触发，则奋攘而起，事势固然，今之辽东是也！

他接着又奏道：

> 都御史或有不当，亦是常事。五十亩官田，殊无大故，何至缚执窘辱，犯顺干纪之？若是，岂非侮朝廷乎！……辽东之难未已，广宁之变继起而益甚焉！闻吕经被辱，无所不至，皆非人力所可受，要不如一死之为快。吕经何足惜？所可惜者朝廷耳。闻兵部差官亦被囚系，迹其狂悖，虽大同未有如是之甚者……臣意本兵大臣宜与国同忧，为国讨贼，使奸谋以折祸乱不生，然后为忠于人国也。如今所处，宛转支吾，终属姑息，叛卒之志，不杀而益骄；朝廷威令，不振而益削。台谏交章而若周闻，边声日急而不以入告，臣不知何说也。臣揣其意，不过苟且弥缝，图目前之安耳。夫图目前之安，而忽社稷之至计，贻将来之大患，此不忠之大。何也？天下之都御史一也，此而可辱，孰不可辱？天下之军一也，此而可叛，孰不可叛？且辽东之作变，以查拨官田也，而出于都指挥之呈请，必是法所当问也。在各边诸军事，岂无当问如辽东者乎？亦将作变乎？其势将使天下官田听其匿占，天下诸军听其不法，皆无人敢问，朝廷法令不行于诸军，都御史拥虚器于上，而亦不必设矣！国家体统，天下事势，不知将何如？故曰图目前之安，忽社稷之至计，贻将来之大患者，此也。

看来，林希元几近打蛇打七寸地指出，他所看到的天朝尊严已然扫地,对任何触手可及的侮辱,林希元敏感至极。也正因此,嘉靖皇帝对他几乎没有宽大处理的余地。林希元在奏议中仍滔滔不绝:

> 臣又闻辽东事体,与大同异。大同北临强虏,为我捍蔽。大同受攻,或诱强虏以自解;辽东塞外之夷,如朵颜诸卫,皆我臣属,必不党彼仇我。又地形隔绝,必不能越辽东数千里而为吾患,此其大异也。又辽东二十五卫所,不输斗粮尺帛于我,而岁费朝廷八十万。有之虽可吾藩,失之无甚害事。且其塞外之夷,岁仰器用、赏赐于我,吾绝辽东不与通,东夷失利,必怨望而为彼患。彼不能一日安,其势终必服属于我,此其异也。夫辽东事体,既异大同,今日事势,又不容已,此臣所以断今日之计决于用兵也。

从这一内容看,林希元似乎仅将辽东兵变视为疥癣之痛(此时的女真尚未入其法眼),而他担忧的,是朝廷纵容叛乱的政策将对整个明朝边防产生极为负面的影响,甚至威胁到王朝的兴衰更迭。[28]

同时期的王廷相,是著名的哲学家、诗人,在朝廷供职。[29]对于辽东兵变,王廷相的看法却与林希元截然相反:

> 查得激变良民律条:凡牧民之官,失于抚字,非法行事,激变良民,因而聚众反叛,失陷城池者,斩。由律议度之,必致反叛之状已形,城池之陷已确,而后罪至处斩。
>
> 今据所奏事情论之,众军拥赴都察院喊叫亏枉,不过欲

巡抚控求免困苦而已。使当时为吕经者善于应变，镇静不动，不致越墙而走，则军民越诉之常耳。惟其先自避匿，以故众军恐有不测，为累非小，故拘禁于都司，遂致形迹可恶。则众军之罪也，原无杀人，原无放火，原无劫夺奸淫等状，安可谓之反叛？在众军既无反叛之迹，而刘尚德却参以激变之罪，异于情，律法两不相合矣。照此拟罪，岂不冤枉？但刘尚德攛其抚驭乖方，为罪之首固不可逃。

又据所奏，凡在辽阳总军操守门等官，并皆参其失职，至于军士，虽无反叛重情，其拘制都御史，捆打都指挥，擅出狱中罪人，擅收九门锁钥，亦当求其为首者十数人，以正其罪。庶朝廷纪纲，不致因而废坏；各边军士知警，不致因而效尤。此为正议，此为远谋。

…………

且如往年，大同逆军戕害主将，罪在不宥。抚臣仓皇无谋讨赦，此盖一时贪生惜命之计，犹有说也。今辽阳军士，既无反叛之恶，必无至死之罪，大之不过充军，小之不过徒杖。若索其为首之人，彼亦自然听服，岂敢不受法理，固于抗上，以自取大同逆军灭族之祸也哉！柔懦之论，不足谋国；苟且之见，大失事会！[30]

显然，在对待辽东兵变事件上，明廷各方所论还掺入了朋党之争，故其所持或恩或威或宽严相济之立场，也因而变得模糊不清。"大礼议"事件使得嘉靖皇帝极为严厉地制裁反对他的士人，而在对待叛军的问题上，嘉靖皇帝却一反常态，甚为宽容。张璁、桂萼等阁臣在"大礼议"问题上是支持嘉靖皇帝的，而在镇压兵变问题上,他们却出奇一致地强硬。不过,嘉靖皇帝最终坚持了自己的态度。

大学士桂萼是嘉靖皇帝"大礼议"事件直言不讳的坚定支持者。对于辽东兵变,他有自己的看法。在给一位观点与王廷相十分接近的同僚的信中①,他有着与众不同的见解。他说:

> 广东辽阳军士之变,虽曰抚臣乖方也,细审事由,只云工役骤兴也,然已停止矣;又差徭帮丁不免也,亦已改正矣;查马军田也,亦已给军矣。虽云每军栽树二株,所费亦复几何;每军敛银一分,所取亦复几何?所云吕都御史具本奏各军罪状,则辽阳人惧罪可也,广宁何罪,乃亦惧耶?若曰奏减军粮一半,则讹言虚诞,激愚军者也。必有奸人鼓扇摇惑,致士卒纷起,而怨而怒。举镇军皆变,然后彼奸可逞,而大得志也。实考辽东屯田,原额粮六十万,近年仅存二十五万,则三十五万之粮之田,皆入势家奸人之橐可知也。今又仅存十九万有奇,余五万皆捏称无田虚粮,逼军士代赔,则五万之粮之田,又入势家奸人之橐可知也。今将查究前田,则奸人必惧,不查前田,则额粮日耗,军士于何仰给焉?且势家侵隐屯田之利,乃逼贫军赔粮,为政失平,孰大于是!

桂萼的分析如果足够准确的话,那么其观点无疑独到而精

---

① 查《皇明经世文编》卷188,此文取自《与东瀛书(计处辽变)》,作者是霍韬,而非桂萼。作者似将霍韬的书信误作桂萼的。——译者注

明。他接着说：

> 吕都御史行事虽不可逆知，必其莅任之始，即案行合属，稽查屯田，左右用事之人，承望风旨，或发欺隐之迹，或陈清查之策。奸人承机扇动，曰："养马军田，旧例给军永业者也，今亦勘丈，随屯田纳粮矣。"由是马军皆惧，乞免勘丈，乞请不得，遂群呼为变，奸人惧发露屯田奸弊也。故片词不及屯田勘丈，只云马军业田，亦随屯田纳粮，则事所由起决为清查屯田可知也，弊端灼灼可见者也。今差大臣勘究，奸人如惧罪状发露，则巧为欺蔽，承勘官吏，皆彼中人也，奸人羽翼也。孰与证曰：谁实首谋，不过摭拾虚文，陷愚民丐卒数人于罪而止耳。首恶罪魁，隐处静观而窃笑曰："朝中真无人也。"如将究彼奸状，使不蔽覆，奸人惧罪，将又鼓扇愚卒，啸呼称变，则虽朝命大臣，亦且任其旅拒，为其胁劫，无可如何矣。善后之策，不可不深思也。大臣此去，如又辱命，则纲维解纽，列镇效尤，变故所伏，有不胜其可虞者也。国势重轻，天下安危在此一举，不可不深思也。
>
> 窃谓请差大臣即宜覆兵科，奏疏开列镇兵六罪，皆宜究治奸人扇构之情，必在势家。惟势家巨恶，巧于用术，致愚军交扇，变自下起，虽都御史亦陷其术中，不及先觉耳。今宜请圣旨榜文，通谕各军曰：吕经行事乖方，已拿问矣；所兴工役，皆停止矣；拨军养马之田，亦照旧给拨矣；帮军人丁，亦照旧豁免矣；凡可以厚恤尔贫军者，皆无所吝惜矣。惟欺隐屯田，致势家得利，逼贩虚粮，致贫军受害，则屯田之弊，不可不查。奸人鼓扇浮言，恐诱愚军，相率啸呼，窘

辱大臣，擅闭城门，大奸首恶，不可不治。凡清屯田，将以利益尔贫军，治首恶以别白良善，无俾尔贫军枉陷于罪，亦所以利益尔贫军也。尔良善军士，各安心无恐，奸人大家欺隐屯田，听尔贫军互相举首，如不肯首，自有别策稽查，只要清出势家奸人欺隐之弊，于尔贫军不得扰害。尔军士慎无恐，勘问首恶，只求情真罪重数人奏请议处，不许牵扯驾诬平人，不许枉诬贫军；凡军士蠢愚，一时不知事由，随众啸聚，乃无知误犯，俱不究问。尔贫军各无恐，勘问明白，朝廷自有处置，勿听奸人扇惑，各安心守法，保全身家，如奸人惧罪，鼓构愚军，旅拒大臣，不伏勘问，是怙终稔恶，宜诛讨而不赦者也。

特命户部将辽东官军粮银岁八十万，俱不给发，贫军无食，自相仇怨，自相攻击，自相攘夺。势家巨猾，平日虽有巧术，鼓煽愚军，抗拒朝廷，至是亦徒自毙，无以自保全矣。然后命一大将出师数万，声罪致讨，移文朝鲜出兵攻其东，朵颜三卫之夷出兵攻其北，我以大兵扼山海关制其南，彼之粟布金银妻妾子女，不为贫军所攘，则为夷虏所掠，无以自保全矣。贫军如虑曰：户部不给粮银，遂将无食，暂可攘夺，终亦饿死而已矣。贫军即不听奸人扇惑，以旅拒朝廷矣。势家奸人如虑曰：朝廷如遂声罪致讨，贫军攻我于内，夷虏攻我于外，妻子首领，俱不保全，自悔祸不鼓扇愚军，旅拒朝廷矣。盖夷虏固不可使之攻我边境，惟彼既敢旅拒朝命，则亦将谋通夷虏以抗官军，如大同之谋者有矣。是故先令夷虏攻之，所以夺其所恃也，先以此意明白喻晓之，彼虽有智者，亦不知所以自为谋也。奸人计沮，差去大臣乃可申其威令，彼中罪状可核其实。圣上操纵之威柄，可与时舒卷也。[31]

由是观之，桂萼认为，边防中的致命癌症，其病原不在普通军士之中，因此，对所谓"贫军"的错误镇压，很可能一石激起千层浪，酿成更加可怕的错误后果。

至是，我们可以总结，在嘉靖时期，明朝的北境防线发生了若干次大规模兵变，分别是正德十六年（1521年）嘉靖皇帝初即位时的甘州兵变，嘉靖三年（1524年）的大同兵变，嘉靖十二年（1533年）的第二次大同兵变，以及嘉靖十四年（1535年）的辽东兵变。问题在于，明军防御体系中的若干主要节点的瓦解和破坏，为何没有导致外敌拥入？首先，叛军并非一线堡垒、烽火台的服役士兵，他们多为居住在城市里的卫戍部队和后勤部队。其实，甘州的防御力量很薄弱，或许只是运气好，甘州兵变并未产生什么恶性后果。嘉靖三年（1524年）大同兵变时，北虏本可以有8个月的时间充分利用，进军中原；嘉靖十二年（1533年），北虏再次得到机会，然而他只是一味利用大同防御空虚的时间偷袭村镇。尽管两次兵变中叛军一再呼吁小王子等介入，然而他们似乎迟迟没有逐鹿中原的意图。明廷严厉镇压了大同兵变，最终也查明此次骚乱的真正原因，并根据实际赏罚有差。对事态蔓延的担忧最终似乎得到妥善解决，设若军镇的叛乱不至四处蔓延，酿成山祸，那么恩威并重的政策足以解决这些零星的叛乱者。明廷更为担心的是啸聚山林、落草为寇式的兵变，因为这样的兵变难免招致血雨腥风般愤怒的杀戮。至少在北京的一些高官，如首辅张璁等就持这种观点。而更为重要的是，嘉靖皇帝并不允许他们采取这种做法。

* * *

明军的西北防线是另一处多事之所。嘉靖三年底（1525年1月），嘉靖皇帝命杨一清为兵部尚书兼都察院左都御史，提督陕西三边军务，前往守卫固原。此后一年，直到他回朝廷担任大学士为止，杨一清写了129篇与其职责相关的涉及陕西、宁夏、延绥、甘肃的奏议。这些奏议是我们得以最接近当时事实真相的文字。

尽管遥远的西北地区目前尚未爆发危机，但空气中始终弥漫着一股不稳定的气氛，各种错综复杂的情况相互交织，时刻会有引发灾难性后果的可能。而甘肃，是这一地区明军布防的重心，而吐鲁番和西海（亦不剌和阿尔秃厮相继统治该区域）则是进攻明军的桥头堡。关于这一地区的攻守之势，我们无法一一介绍，但可以就其中一些重点内容进行回顾。

就在杨一清就任前夕，兵科都给事中郑自璧奏言：

土鲁番频年进贡，世受国恩，往据哈密以叛，都督缑谦、侍郎张海闭关，绝其贡使，诸夷无所得，怨其酋长，速檀阿黑麻旋自悔祸，哈密复为我有。又真帖木儿以逼逐陕巴之故，镇巡官诱致甘州，羁养数年，生还乡里，感朝廷德惠非浅，且与甘肃居民往来颇久，牵制旧好。二首者，一则贪我之利，一则怀我之恩，纵其鼠窃狗偷，岁所不无。然电起讴灭，未有纠众深入，困城堡，迫抚臣，如今日者也。且达贼亦卜剌、阿尔秃厮窜伏西海，尤号凶黠，与土鲁番二酋先世亲族，使乌合而来，甘肃二镇，可为寒心。此系重大边情，彼中宜不时传报，以便庙堂措画。今自都御史陈九畴报之后，已四十余日不闻音耗，恐诸贼分据要害，道梗不通，或镇巡等官措置乖方，威信不立，故观望蒙蔽，迁延不报。宜敕兵部遣人驰谕平凉、安会、兰州及河西红城子、古浪诸处，俱令侦探声息，各令飞报，仍行巡按甘肃御史躬诣河西察访机宜以闻。

嘉靖皇帝同意进行调查。[32]

此后不久，边境传来了好消息。嘉靖三年底（1525年1月），兵部尚书金献民等言：

九月十九日，总兵姜奭勒所部左副总兵赵镇等，与回贼战于甘州镇城西南张钦堡，败之，贼从山丹遁。十一月十八日，西海达贼八千骑犯凉州，奭复率游击将军周伦等袭贼苦水墩，大败之，都指挥张锦战死。所斩获回、达贼一百四十六人，夺获头畜二千九十有余，救回被贼虏者一千二百一十五人。

嘉靖皇帝对有功将士进行了褒奖。[33]

但杨一清的奏疏却展现了残酷的一面。他在奏疏中陈述了当时的情况，兵部据此草拟了政令，由嘉靖皇帝和内阁共同决定。杨一清指出，小王子领导的"大虏"在套内活跃，而"回贼"亦时而袭击明军，明军内部则出现了供应问题。关于部队的情况，杨一清奏曰：

> 臣近到陕西省城，阅视城操、巡边、备冬、各枝人马，原额数目虽多，中间逃故，缺伍十之三四，其见存者身无完衣，军器缺坏，马匹瘦损，饥寒困苦之状，见于颜面。较之臣先年巡抚总制之时，迥然不同。询其所以，皆云近年以来，月粮缺少，有至一二年之上全无支给者；又被先该镇守官廖镗等指以进贡为由，侵克敛派，痛苦入骨，近虽厘革安静，巡抚衙门按月放支，每石亦止给银三钱，不敷食用，已往年月，无从补给，以此凋伤之人，元气未复。及节据固原、环、庆等处公差人员禀诉，各称沿边一带城堡粮料草束，俱无蓄积，有亦不多，不勾供应主兵。倘若添调客兵，将何支给？及访得前项边方官军，月粮欠缺亦多，应赏冬衣布花，经年不给，凋伤困苦，比之省城尤甚。
>
> 近查得提督尚书金献民奏，内据陕西按察司固原兵备副使成文，分巡关西道佥事钟锡会呈，内开欠少本镇官军月粮二十三万，每每告讨，无从补给，即此一处，他处可知。切惟克敌必资乎兵，养兵必资乎粮，军食不充，则军气不扬，何以克敌制胜？且沿边官军比之腹里，劳逸相悬，平居家有父母妻子之累，身无饱食暖衣之乐，一旦遇警，驱之以尽死力，顾不难哉！近年各边失事官军，不能奋勇力战，甚或因而生变，实由于此。

杨一清接着指出：

陕西一镇，固原、环、庆、靖虏、兰州乃总会要害之处：固原所辖，则有黑水、镇戎、平边、红古、版井、彭阳等城，西安州、海剌都等营；环、庆则有走马川、青平、山城、甜水等城堡；靖虏、兰州则有干盐池、打剌赤、一条城、十字川、西古城、积积滩等堡，处处可以通贼。况黠虏多遣奸细入境，探我道路，知我虚实，声东击西，多窥我之无备，倏来倏去，每乘我之所忽，故要害去处，固当多积，而僻小城堡，亦难全虚，不止供给。按伏主兵，又欲支用经过人马。夫以前项二十五万余两之资，而欲分应数十城堡之备，委有不敷。况前拟引盐山东，小引五万引，自来无人肯报。纵欲抑勒，均搭给与，必须淮、浙二处稍有余利。以淮、浙之有余，补山东之不足，庶其肯从！今据陕西布政司官禀称：固原召报粮料草束商人，为因加银数多，地方薄收，俱各空回，不肯报中。若在该司纳银，固其所愿，但沿边正恐粮草无积，有误供饷。若俱令纳银，运送前去，遇有紧急，银不可食，何以为处？

杨一清就这种情况提出了自己的方案和可行性分析：

臣查得陕西各镇，自来处置边储，不过曰它运，曰召商，曰籴买三者而已。弘治十三年间，大虏在套，动调京军，钦差该部大臣督理军储，它运腹里州县粮草，累民陪补，至于破产鬻儿，今日断不可行。况腹里空虚，亦自无粮可它。惟有召商、籴买二事可行。籴买虽若简易，缘地方时值、道里远近不同，计算脚程，多致末逾其本。若分派州县，佥报人户籴买，未免累民暗陪阴补，而官吏、里书放富拘贫，侵克抵换之弊，又不能无。省费于官，敛怨于民，亦非至计。揆今事势，不得不然，惟有召商报中，似为得策。客商射利，虽小必趋；官府储粮，小费何吝？故在客商增一分之价，则官司有一分之益，但须革兜揽卖窝之弊，岂可废从古飞粮之法。

在杨一清看来，之所以急于整顿边防，是因为甘陕一带不但面临套内小王子等的主要威胁，即西海一带，也有亦不剌为祸，时刻准备侵掠河、洮、临、巩等处，实为明军的"腹心之疾"。

于是，各路人马之间的协同作战，显得十分重要。杨一清进一步指出：

延绥官军素称勇悍，各边调发应援，多得其力，近年亦复疲敝之甚。其官军多臣旧所统辖，每进见询问，辄以粮赏不足为辞，贫苦之诉，如出一口。臣谓此镇官军尤当怀之以恩，养其锐气，庶几缓急可倚。若宁夏远在河外，贺兰山后贼人出没无时，而花马池、兴武营、灵州一带地方又侵犯腹里必由之路，屯兵积粮，俱不可缓。陕西巡抚专为固原等处议奏，而臣则有提督三边之责，休戚相关，事体一同，不敢顾此失彼，以贻后艰。

随后，杨一清又在奏议中大谈如何恢复盐引开中制度，并使之有效运作，推动供给问题的缓解。以此观之，在杨一清提督三边之前，明军西北防线的诸多问题令人绝望。[34]

杨一清的另一份奏疏聚焦于固原。他指出，弘治十四年

（1501年）北虏大举入侵犹历历在目，然而固原的守备仍问题重重。他说：

> 固原一镇，为三边喉襟要冲之所，其总兵官所领官军见在不过五百员名，守备官见在不过六百员名，兵马之寡弱也甚矣！仓卒有警，委难支持。访得敌众自弘治十四年大举入敌，得利而归，每每深入抢掠，必由固原，各该将领累因兵马数少，不过婴城自守，任其出入，以此地方多被残破，人畜多被杀掠。见今虏贼拥众入套，侵犯之举，又在旦夕。若止照往年故事，未免复遭荼毒。

重赏之下，必有勇夫。杨一清提出了自己的建议。他希望兵部能如前议，动支太仆寺马价银5万两作为招募勇士、激励杀敌之本。他说：

> 不拘卫所军余、舍余、村野土民，但系年力精壮，骑射娴熟者，籍名在官。愿领马者给银五两，步军给银三两，令其置办军装、弓矢、器具，团成队伍，听总兵、守备等官统领训练，不敢委用贪刻官员，用强逼勒，以失人心，亦不敢滥收不堪之人，徒费官钱，无益于事。至于给赏有功官军、土人银两、银牌等项，听臣于布政司无碍官银内量为查取应用，不拘官、舍、军余，土人，召募民壮等项，但有斩获首级一颗者，验系真正达贼，不愿升者，军门随即赏银三十两，生擒达贼一名者，赏银五十两。该升者，照例先赏银牌，仍造册拟升，既可鼓士卒立功之勇，又可杜官豪买功之弊。[35]

弘治十四年的袭击或许令众人记忆犹新，而后来的甘州兵变也渐渐进入人们的视野。杨廷和参与对谋害巡抚许铭的60多名凶手的审讯，最终，一批军官将校被定罪。一些人被处死，另一些人则还在狱中。各犯父兄子弟俱在甘肃居住，对朝廷的审判，他们咬牙切齿，以致杨一清认为，他去甘、肃二州巡视时，可能会因此而有生命危险。

杨一清在奏疏中继续谈道：

> 肃州地方相离甘州五百余里，西七十里嘉峪关，外皆系番戎部落。肃州城外亦有寄住番回数多，变态不一，控驭实难。朝廷设有兵备副使，分守参将各一员，无事则抚存堤备，有警则调兵战守，而兵备之官，禁奸以安人，督储以养兵，所系尤重。去岁，回贼大举入寇，地方被其踩践，虽遭挫远遁，难保其不复来为患。昨者，肃州兵备缺员，吏部以陕西布政司右参议周崇义升补，盖亦取其就近，便于赴任。岂期本官始以回避仇恶为辞，今又以患病未瘥为托，坚卧不肯前去，已经奏行陕西抚按衙门查勘，应否回避，具奏定夺。近因抚按官员俱去宁夏勘事未回，不曾勘结，遂使边方兵备半年之上，缺官管理。若待抚按勘明奏报，方才议处，必又耽延数月，不无愈加误事。
>
> 臣惟人臣任事，必有欲为之志，而后可以有为。今周崇义闻命逡巡，称疾不出，纵令勉强到彼，志意隳颓，难以望其修举职业，其在国法，似难轻恕。节据陕西布、按二司官，各称本官年力尚强，平日作官，尽肯干理，但前在甘州勘事，尽法除恶，委的结怨已深，仇恨报复难保必无。稽之

人情，亦当体悉。但系穷边极远之地，若将别省官员升补，赴任稽迟，愈至妨废边务。臣近与新任巡抚甘肃都察院右佥都御史寇天叙计议，周崇义似不可复待，必于陕西二司官员内推补，庶几早得其用。臣博访得，陕西布政司右参议赵载、陕西按察司佥事姚文清，俱生长北方，年力壮强，才识优裕，付之斯任，必有可观。

在提名各关键职位的人选后，杨一清又进一步深入研究当地气候变迁，农业衰退以及因财政官员失职而导致的令人沮丧的审计数据。杨一清奏道：

> 陕西西安等八府及各该卫所军屯粮草供给，以八府之所出，供四镇之所费，若尽数完纳，所少不多。但年岁有丰歉，地土有肥瘠，西、凤等府多苦旱灾，平、庆、延安、临、巩等府兼苦早霜之灾，加以转输征调，差役浩繁，人户逃移数多，县无完里，里无完甲，甚则十存三四，抛荒田土，白地相望，蠲免折纳，节有事例，实征粮数，岂能尽如原额？
>
> ....
>
> 臣查据陕西布政司开报各府拖欠边粮草束数目，原派固、靖、延、宁、甘、肃等仓库，除远年外，自正德十六年起，至嘉靖三年止，西安府所属拖欠夏秋粮三十七万六千三十一石，马草七十一万八千四百六十六束；延安府所属拖欠夏秋粮三十二万五千八百五十九石，马草一十三万三千九百六十二束；平凉府所属拖欠夏秋粮一十六万七千三百一十七石，马草三十万八百八十束；庆阳府所属拖欠夏秋粮二十万

三千九百五十一石，马草二十八万三千三百四十六束；临洮府所属拖欠夏秋粮二万六千一百四十二石，马草三万五千六百一十六束；巩昌府所属拖欠夏秋粮一十九万六千八百五十三石，马草二十五万二千八百七十九束；凤翔府所属拖欠夏秋粮一十九万六千一百六石，马草二十万四百六十四束；汉中府所属拖欠夏秋粮四千一百七十五石，马草三万三千二百七十五束，总计一省共欠夏秋粮一百四十九万六千四百三十四石，马草一百九十五万八千八百八十八束。

　……………

　臣经过州县数处，吊取钱粮文卷，略为稽查，有卷内取获实收而无通关者，有开称已完，不曾掣取通关者，有数年以前通无案卷者，不知前该官员因何通不查究。即此数处，他处可知。

但是，朝廷的银两也并非有求必应，如此巨大的财政缺口，不可能指望朝廷来弥补。杨一清所提对策，也无非只能采取奖惩、任命等传统手段。[36]

在套内驻牧的北虏到底有多少人？这恐怕不易知道。除了夜不收的情报外，明军能直接获得的证词也多自虏中归来者所得。这些归来者的姓名、身份以及因何逃归等信息均被详细披露，这么做或许是为了防止双面间谍在其中散布虚假情报。嘉靖四年（1525年），四月十七日，河西下三墩夜不收黑舍收送套中走回妇女陈氏，审得陈氏年62岁，系灵州守御千户所百户王亨下土军马力长妻。其供称："嘉靖三年九月内，在田生理，被虏抢去使唤。见得套内帐窠遍野，人畜数多，说待马壮要来腹里抢掠。"随后，嘉靖四年（1525年）四月二十五日，分守东路地方右参将、都指挥佥事刘谨又称："圆山儿墩夜不收、墩保收送男子一名王把都儿，供年一十六岁，系榆林卫人，见在宁塞营操备军人王江男。状供：正德十四年十月内，在于门外打柴，忽遇达贼三十余骑扑来，抢去虏营，住过七年，与抢我达子猛虎儿牧放头畜，走失马五匹，慌惧寻马，望见墩台，偷马一匹骑走，一昼夜到墩。在营时听得众贼说称，在套达子一万，内有三个头儿，一个挤囊，一个那言，说要过河与黄毛达子仇杀，一个俺他卜孩，说要先抢汉人。"

解读这些所谓的情报，犹如品茗。杨一清还从延绥、宁夏守军那里得到另外的消息，称："沿边一带，各有达贼近边，数虽不多，窃恐此贼伏藏套内。故遣轻骑觇我有无备御，待草饱马壮之时，大举入边，亦未可知。"于是，综合这些信息，杨一清命令各地部署大规模防御。他还声称要在宁夏等前线阵地更换将帅，选拔"老成练达，威名素著，众情协服者"，授以节钺之任。而自从正德五年（1510年）安化王叛乱被镇压后，朝廷一直酝酿更换宁夏方面的将帅。[37]

关于北虏，杨一清亦有奏议呈上御览。杨一清专注于套内北虏是否离开河套，其营中火光及布局是否意味着虏营聚集着大量的人？随后，杨一清又得归来者焦买。焦买称："在套听得众达子说称，黄河那边无草，要在套里过夏。"于是"即今二月初旬，惊蛰已过，显有住套之机"。又有走回男子郝天喜证实了焦买的说法。哨探则报称由于黄河冰面融化，套内北虏大概只求得以在此安身立命，而无侵扰的打算。又有夜不收张杰，哨探至乱峰子处时，见敌众牛羊马匹无数。彼时冰面正在融化，杨一清认为北虏发动一次大规模袭击是很有可能的，原因是弘治十四年（1501年）后，北虏深度突袭中原的常态化。出于谨慎，杨一清称："今虏寇住套，号称八万有余。近虽差人探报，俱于迤东近河住牧，通不露形。今青草渐茂，马膘将壮，敌情叵测，旦夕大举入寇，亦未可知。"[38]

平凉县发生的诡异事件，杨一清也向朝廷奏报。他奏称：

> 照得陕西平凉府所属三州七县，版籍仅一百二十八里，田粮至一十六万二百有余，额设驿传二十处，地薄粮重，民少差多。田无丰厚之获，岁多霜雹之灾，逃移者无顾恋而不归，见在者坐包陪而益困，内而宗室繁衍，岁增祭葬圹价，不下千百余两；外而节被胡虏深入，杀虏人口，抢掠头畜殆尽，举目萧然。加以番夷杂处，盗贼不时窃发；虏贼在套，馈运势不容缓。臣观天下郡县，地方凋敝，生民困苦，未有甚于此也。其府州县正官，必得精敏强干之人，乃克有济。
>
> 近年，铨选官员因见时势难为，或到任未久而求去，或中途托疾而不来，或忧愤成疾而物故，或告辞不允而逃归。其在任者，不过延挨日月，苟图糊口。上司比较钱粮，俯首受责，一闻考察黜退，欣然而往。夫人之情，既入仕途，岂不思久任以规取利名哉？盖亦有甚不获已焉者矣。
>
> 今本府佐贰及州县正佐，缺官甚多，除另行具奏外，而知府乃一郡之领袖，尤在得人。查得本府自知府安惟学、陈逵之后，未有历任至三四年者，非改调则黜退。近日知府孙聪，到任未及一年，又以养亲告回，致令百务废弛，拖欠积年边粮一十七万有余。官吏师生廪粮，经年不得支给，所辖

驿传马驴夫逃亡大半，传舍几空，使客经过，或致稽延累日。

臣受命提督边务，钱粮重事，因无正官，难以责成。闻升有知府窦明，未知何日到任。臣切谓此等知府，必得曾历边方，习险难耐劳苦者，超常格而用之，庶肯勉修职业。若照常例推升，未曾到任，先已灰心，安能望其举职？窦明虽有才能，曾任京堂，未历艰苦，用之腹里，固有余裕，处之斯地，恐亦难堪。

节据平凉县里老耆民魏庆、蒙钊等，平凉府县廪、增、附学生员李文缙、谢经等，及致仕省祭等官连名告保，本府同知任守德，刚介自守，不为势利所怵，欲将本官奏请升任知府。小民得安等情。臣因询问本官民情、边务，随事应答，俱有条理。及查本官系山西灵石县人，历任河南获嘉县、保定县知县，推升山东东平州知州，任内节经巡抚等官保举。及又博访得庆阳府宁州知州王旸，由进士历任今官。宁州废弛已久，本官莅事以来，政务以渐修举，吏民畏服。此二官者，委的精勤强干，堪宰烦剧，且年劳俱深，亦堪擢用。乞敕吏部再为访议，合无将新任知府窦明改任腹里地方，仍于任守德、王旸二人内择用一员，升任平凉府知府，则人才器使，不至于枉用，小民称便，得借以聊生，不胜幸甚！[39]

杨一清要关注的，尚不止河套前线事务。嘉靖四年（1525年）五月十四日，杨一清得知，嘉靖四年（1525年）四月二十四日卯时明军得报，甘州夜不收段兴三与陈驴儿在三天前前往古佛寺哨探时，至孤山河为敌所擒。据悉，二人在雪打班"见了回贼头目，将我用铁绳拴绊，见得营内回贼约有五百余骑，夜晚乘贼睡熟，脱逃来报"。又据肃州参将报,番军自占领雪打班等处后,累差人擒拿明军哨探,以打探明军兵力虚实,段兴三等有泄露军情之可能。为此,杨一清召开军事会议,详细商讨此后的应对之策和防御计划。明军将领普遍认为,雪打班的敌军可能要比500人还多。[40]

后续事件持续发酵。四月十九日,有哈密走回妇女朱氏抵达嘉峪关。据朱氏供称:

（其）年二十七岁,系甘州失记所分百户军人何宣户内余丁何玘妻。嘉靖三年九月内,有回子王子领人马来到甘州,有氏与夫湖内采草。有先不知、后知是察力失地方回子把我抢去,随营到了鱼海,抢了黄敌人,顺山回到哈密城外住歇,将氏卖与哈密不知名回子家里使唤,与了马三匹。有众回子害怕汉人军马来,城上穿着盔甲,炯火着,等了四五日,不见人马来,方才下城。有王子把察力失的人,先打发去了。哈密的人说:"如今把路断了,再不得做买卖去。后头汉人军马来,便我哈密的人少,先杀我们里!"众人都暴怨。王子听见这话,把土鲁番的留下了一半,和王子还在哈密造盔甲、翎箭,修哈密城上土垛。等到青草大了时,还要往甘、肃州抢来里。有氏因买我的回子的娘子将氏日每打骂作践,过不得,半夜里跳下城来走脱。沿途走了一个月多,来到肃州边外,迎着夜不收送来。

杨一清等审得其所供属实,又将她送回家去。

又有本年三月初十,属番头目普儿咱等族头目哈卜等告,三月初一天亮时分,"有回贼一百多人马,从口子里边扒到我们住处,杀了我们四个人，抢了一个娃娃，马、牛、羊五十个，我们收拾了人马，赶上和他厮杀。我们杀了他五个回子，两个头割着来了，三个死人，回子驮着去了"。所有以上情报，杨一清均具本题奏。

但在杨一清看来，复寇之举，朝夕难测，敌人何时何地而来，来者几何，皆无定数。于是，杨一清要求"各该分守、守备等官整搠兵马，锋利器械，遇警相机战守，及将低薄小堡人畜并入高厚大堡固守"。同时，杨一清还查得甘州镇戍"一十五卫所兵马实有不满三万，除公差事故、老弱、伏塘、传报等项，受甲马步不足二万余人，又分守于各该地方……又况绝彼买卖道路，不得我土麝、黄等物，生命所系，此来复寇，必与别房（指西海亦不剌）纠合，进取谋为，比前尤为不同"。先前，为防备"套贼"而安排的部分延绥、宁夏的守军，杨一清又将其作为预备部队，时刻准备西援；同时安排额外粮食装运，以便向前线输送后勤保障。[41]

作为三边总制，杨一清拥有绝对权力去调配资源，他仅需将其所做及原因告知朝廷即可。

六月中旬，杨一清接连收到有关明军与"回贼"、西海诸番的战报，上报明廷。[42]如此相近的时间，不由得让人怀疑"回贼"与西海亦不剌意在纠合入寇，为此杨一清规划了明军预先向他们发动进攻的方案。[①] 其奏曰：

---

① 原著为："7月2日（六月十二日），杨一清写了一封与'回贼'有关的奏议，上报明廷。文中谈及'回贼'要寻西海亦不剌，意在纠合入寇，以及明军预先向他们发动进攻的可能性。"但核查《关中奏议》原文，作者似将《为回贼出没事》《为达贼出设计处用兵机宜事》两篇奏议混为一篇，故理解有所偏差。译文中予以修正。——译者注

各种番夷乌合为巢,岁复一岁,丑类渐繁,乃敢寇我洮、河,深入松、潘地界,自是虎踞青海,蚕食属番,遂酿成甘肃、陕西腹心肘腋之患。去年冬间,被回贼惊散,一半越往官路之北,被各镇官军相遇,斩杀数多,其大营仍在西海剌剌山、江零口住牧,虽未见侵犯,而祸胎实深。除督令各该守臣哨探寻袭,计处方略,另行具奏外,其在北者多不过一二千,俱系精兵,十可当百,因无老小,栖止不定。自今春以来,多则五六百骑,少则二三百骑,或在庄浪五方寺、尖山、芦沟,或在凉州松山、芦塘等处,声东击西,或出或入。河西卫所官军,防御三种寇贼,无所不备,无所不寡,经年累月,不得解甲。若不先其所急,早为祛除,缘前贼切近腹里,恐其寻抢月久,野无所掠。冰桥结冻之后,将有窥伺兰州、靖虏之谋。彼处军马数少,不能支持,乘虚而入,则会宁、安定、狄道、金县地方难保不遭抢掠。

臣愚欲趁今与西海贼寇离析之时,量调陕西、延绥精锐兵马五六千名,与庄浪、凉州副总兵、游击等官会合寻袭,痛加诛剿,以除门庭之害,则西海达贼闻之,亦将褫魂破胆,有不战而走之势。区区回贼,又不足忧也。但今河套虏情未定,沿边腹里俱未敢掣兵。又庄浪一带,仓场粮草,处处空虚,方为逐渐经理,须待套贼无警,粮草有积,方可举事。然兵贵神速,机难预定,必待临期奏请,非惟缓不及期,且恐事机先泄。如蒙圣明裁处,乞敕兵部计议。倘此言可采,乞早行臣密会各该守臣,不拘何月日,相机取便行事,俟大兵既集,询谋佥同,因而扑剿,西海之贼至期计处定夺,务在计出万全。若无可乘之机,或军马钱粮未备,照常战守,不敢轻举妄动，以贻后艰。

八月初一，嘉靖皇帝批复同意。不过事隔数月后，杨一清重回朝廷，该计划最终搁浅。[43]

杨一清非空谈计谋之辈，他甚至还亲自在前线指挥与亦不剌之间的战争。据《斩获犯边达贼首级事》一疏称：

> 嘉靖四年六月十一日亥时，据水泉儿夜不收马骥走报：本日未时，瞭见达贼五六百骑，邀赶马牛四五百，从青山儿湾行来，往东行去。报与守备袁英，出兵迎敌，本役来报。本时，又据镇羌堡随马夜不收徐镇报：有守备袁英领军追至石板沟，与贼对敌，差本役来报。随据石板沟夜不收尚礼报：本日申时，前贼邀赶牛马，从镇羌河行来，径奔柏杨沟出境去讫。
>
> 备报得此，会同游击严铠议得：先日，有贼一百，突至镇羌，声言要寻西海达贼，今果纠众而来，必有乌合侵犯之势。若不截其归路，诚恐久住为患。一面差人调取下场马匹，及传报南、北、西三路，收敛人畜，坚壁清野；一面行调红城子守备杨和统兵前来，与同本城马步军听调策应。
>
> 十二日寅时，职等统领汉、土、游兵官军二千六百员名，由分水岭抄敌归路。本日申时，兵至火牌水，迎据孤头嘴夜不收罗文秀走报：前贼从排坑行至小水儿饮马，来报。得此，赍夜驰至常山儿。三更时分，迎据原差夜不收李玄同彼哨夜不收钱亨一各报：瞭见前贼到红嘴儿河住歇。即会游击严铠，分布游兵千总指挥赵轲、庄浪把总指挥陈玺、土官

指挥蒙顺左哨；游兵千总指挥冶珍、土官指挥李昊右哨；职等掎角相击，驱兵骤至红嘴儿河次口。黎明时分，迎遇前贼五六百骑，内一半穿戴青明盔甲，迎冲前来，就与交锋对敌，连冲数合，职等申严号令，分遣旗牌，催锋督阵。我军奋勇当先，齐力用命，箭射刀斫，枪炮相攻，当有千户鲁瞻等身先士卒，就阵斩首三颗，游兵部下斩首四颗，获其马牛、器械。战至巳时，贼见官军勇猛，射死贼马、中伤贼人数多，方才退遁。况彼相离庄浪二百余里，恐有伏兵，收军结营。当会游击严铠：查得游兵庄浪阵亡官军三员名，征伤各卫旗军一十七名，射死马一十七匹，走死马七匹。各查明白，掣兵回城。差据袭踪夜不收马真等供报，袭得前贼奔往回水，径透土豹岭去讫。

行间，及据暂守备镇羌行都指挥事袁英呈，为敌众出没事。本年六月十一日未时，据水泉儿爪探夜不收马骥走报：本时，瞭见青山儿湾达贼五六百，邀赶马牛四五百，顺河行来。得此，疾统备御兰州等卫官军千户王受等三百出兵，迎遇前贼，一半邀赶马牛，顺河往东行去，一半穿戴青明盔甲，迎冲前来，就与交锋对敌，贼见官军齐力，退往石板沟行去。复又追至本沟，与贼交战，射中达贼人马数骑，夺获牛一只，毡衫二领。战至酉时，其贼退往柏林沟去远，欲再深追，天晚落雨，掣军回堡。查得：收获达箭六十枝，达帽一顶，达鞭一把，被贼射死兰州卫马二匹，走死马一匹……共斩获达贼首级七颗，获贼器械等件五百二十一副件，夺获头畜马骡牛七十八匹头只，阵亡游兵庄浪官军三员名，征伤旗军一十七名，被贼射死、走死马二十四匹……贼寇窃伏庄浪、凉州地方，不时出没，妨扰耕牧，阻截道路，官军昼夜堤备，不得解甲，实与西海达贼声势相倚，将来纠合入寇之谋，难保必无。虽经节次督行，各将官用心战守，终是兵马寡弱，不敢远追，陕西延、宁等处官军又因达贼在套，分布防御，各有信地，难以轻掣。[44]

河套地区的防务，自然也是杨一清的权责所系。七月初十，榆林方面获知，有从贼中走回男子赵四斤，年19岁，系平凉赵总兵家人。据其供称：

> 嘉靖元年六月，失记的日，前往地名沙塘川牧放牛羊，忽遇达子满嗑赖等，抢去房营，住过四年。旧年十二月间，跟随小王子头儿吉纳台记等部落达子约有八万余多，踏冰过河在套。今年六月间，有众达子精兵前去与乌良罕达子仇杀，去了半个月。说到黄河岸边，扎筏浮渡，因水大，将敌人淹死约有三十。其余达子不敢过去，复回在套住牧。听得我们账房里达子说："头儿吉纳等会了事，八万达子每人杀羊一只晒干，整置鞍仗辔头，指着南边地方都要出来，不知几时抢至。"本月二十七日，四斤见得众达子睡熟，思想家乡，遇夜脱走，步行三昼夜，至七月初一日辰时，到于柏林堡礄白涧墩走回。

赵四斤所说自己无法求证，但显然明朝官员都倾向于信其言。防御部署迅速展开，杨一清要求"临近州县各将所管近边夹道住居人畜，起那腹里百里之远，深险牢固崖窑堡寨去处安插。仍于每堡各选差乖觉夜不收，相兼熟知地里余丁共二名，轮流出境，离边二三十里，及五七十里，于虏贼众住牧水头处所潜伏哨探"。

嘉靖三年（1524年）十一月内，又有走回男子路驹报称："小王子叔叔台记领一枝精兵达子四万，哥哥吉纳领一枝精兵达子四万，共八万余多，踏冰过河，在套住牧……自延绥黄甫川堡直抵宁夏灵州，千数百里，无处无贼。帐窠火光，远近相望，络绎不断，牛羊头畜，散被原野，新行马踪，在处数百余道，东西行走，向往不一。"

另一走回男子谷世安称："旧年十一月内，跟随小王子叔叔俺答阿不孩等部落达子踏冰过河，在套住牧，止知他们一枝达子约有三千，其余不知多少。五月间，听得众达子说：'会了事。七月间，精兵多半要扎筏过河，与兀良罕达子仇杀。少半看守老小，在套住牧，又不知过去不过去。'"又有名为钟那孩、冯石城儿者，所供亦与前者大同小异，可以相互印证。

综合以上信息，杨一清认为，明军要做好充分的防御准备，但如果西域诸民与亦不剌一道袭击甘肃的话，明军就稍显兵力困难了。宁夏花马池至灵州一带，地里宽漫，城堡稀疏，兵马单弱，粮食供应不足，即便采用开中法，其供应地距此不远万里，跟进难度甚大。万一形势有变，明军亦难有优秀的军官来指挥作战。[45]

正如杨一清所担心的，"回贼"还是来袭了。嘉靖四年（1525年）五月十三日未时，据原差夜不收张克敬报："本日巳时，瞭见回贼二百余骑在于东石门驻扎。"得报后，杨一清"统领官军分为二路，至次日黎明时候，兵至东石门，赶上前贼。内有头目一人，张打旗号，击鸣铜鼓，率领众贼扑来迎敌，令知汉语一贼称言：'我是大头目脱脱木儿，领头哨人马前来，后头还有多的人马来里。'本职因见山险，申严号令，督令官军。指挥张经等奋不顾身，一半冲彼之前，一半击彼之后，各用枪打、箭射、鏖战三十余合。其贼腹背受敌，见我官军勇猛，方才四散败走。乘胜追杀，就阵斩获首级三十六颗，夺获原抢头畜并贼马、夷器等件，欲再穷追，恐堕贼计，掣兵回至考来口堡驻扎。查报首级间，随据被掳走回夜不收陆益查认得，一大首级约有五十余岁，左眼枯瞎，系贼首脱脱木儿首级。及查在阵射死旗军、余丁六名，射死官军、土兵下马一十三匹，征伤官军四十一员名。"而这些活动的背后，是否有吐鲁番为主使？

杨一清与太监董文忠、巡抚都御史寇天叙一起讨论吐鲁番为幕后主使的可能性。犹记得在正德十一年（1516年），速檀满速儿"纠合各种番夷，前来犯我肃州，官军被其杀害，地方遭其荼毒"。待其退去后，仍有大头目脱脱木儿率领二三百骑在明朝领土上四处剽掠。又到嘉靖三年（1524年），速檀满速儿再次纠合两万士兵进犯甘肃，但遭挫遁归。杨一清评价其"骁雄贪狠，熟知我山川险易"，故大军虽去，仍时而敢再来进犯。满速儿还擅长诱捉明军的侦察兵，探问明军兵力虚实，抢掠其村庄堡垒。尽管一再击退来敌及有所斩获，但杨一清仍担心脱脱木儿的死会引起满速儿的新一轮报复。当然，在此之前，朝廷还需论功行赏。[46]

杨一清还详细提及凉州、西海等处发生的小规模冲突。冲突给明军造成一些困难，明军常常寡不敌众，士气低落，但总的来说，他们还是坚守住了阵地。[47]

一些有关情报通常是口头传译或硬译番文，这就导致形成的文字是晦涩难懂的汉语。杨一清向朝廷寄送大量档案，这些档案往往能追溯到嘉靖四年（1525年）夏天，尤以甘肃为中心。

第十一章　嘉靖时期——大明堡垒（1522—1566年）| 0743

嘉靖四年（1525年）六月初五，原差沙州回还通事夷人马能等四名，并沙州随来探亲蕃人一名来到肃州。据马能等称：

本年四月初一日，蒙差同夷人土伦台、盼卜尔加、也先四名，骑牵马匹，赍带犒赏，于本月十一日前到沙州，抚集头目帖木哥、土巴儿等到彼，宣布朝廷恩威，顺生逆死，杀伐利害。谕毕，当将赏赐段布、茶斤交给各番。有帖木哥、土巴儿说："比前我祖翁翁手里，朝廷讨馈了卫分印信，辈辈把后门出力气来。如今土鲁番王子速檀满速儿力气大，我的军马小，没奈何，跟着他来到甘肃州地方为了歹，又到鱼海上抢了达子。回来到于山后，留下头目脱脱木儿领人马在山后住着，教他常往汉人地方上去抢捉汉人，问他声息。王子往土鲁番去了。有头目牙木兰领人马见在哈密住着里。老爷每计较要杀他，便多收拾些军马来到沙州，我们做一个气力杀他去。若军马不来，便差着人来，我帖木哥亲往土鲁番和王子谪和去。如今若人马不来，又不谪和，差人来调我们往肃州城根前坐去，做一个气力；若不用我，便老爹每（们）也不要差着人来，我也不差着人去。"

由此看来，似乎一个已经饱受蹂躏的"卫所"（或许是赤斤卫），正陷入进退维谷的境地。它可以选择与吐鲁番为伍继续滋扰明军，也可以选择移民肃州，为明朝藩篱。

又有不知名"回子"供称：

七、八月里，马壮了的时候，和黄达子还要往汉人地方上来里。这是实话。我们先差了绰列奔等三个人报去了，一向不见来。马能又见回子一十五名在彼，向问。帖木哥等回说："他是头目牙木兰差来。他先前抢的汉人马匹，着沙州的人隐藏下了，因这是差他每（们）来追寻。"随有帖木哥等将回子叫来，与能相见，认系土鲁番小头目撒的恨等。有能数说："你王子如何领人马来到甘肃抢杀？"各夷回说："有王子和头目每计较，因见汉人杀了大头目火者他只丁兄弟火者撒者儿和写亦虎仙父子二人，收拾了人马，故来报仇。到了肃州城根前，把火者他只丁射死了。后头我们打鱼海上回来，王子回往土鲁番去了。牙木兰领着人马在哈密坐着里，我们人都怨里。若汉人和王子和了便好，若不和了，便到七八月里马壮了的时候，有牙木兰领着哈密北山瓦剌达子，还要往汉人地方上去里。"得说，有回子将寻出原抢汉人男妇马匹，于本月二十六日起身往哈密去讫。

明廷将从这一系列情报中分析关于哈密问题的处理决定。那么，明廷是决定放手抑或重拾呢？

接着，马能上奏道："本役等欲再停住，探听土巴等有无向背实情，恐回夷传报牙木兰得知，将能等拘执，有失大事，于是同日起程，并带随来探亲都督日羔剌部下蕃人一名朵儿只，急速前来。"

肃州方面，又对报事蕃人绰列奔等三名进行询问。他们供称：

旧年七月里，有速檀满速儿领大势军马来到沙州，把头目帖木哥、土巴叫到根前说："你们收拾一千军马，跟着我汉人地方上抢去。若你不跟我们去，从你往那里去罢。"帖木哥、土巴因见他的气力大，我们气力小，没奈何，收拾了军马，跟着他来到肃州东南城角底下。着汉人把大头目火者他只丁射死了，驮到临水堡子根前，捉了一个苦峪的人阿奴奔。有我绰列奔馈他说："大城上射死是火者他只丁。若汉人军马多，便出来和他厮杀，少便不要出来。你往老爹上禀去。"我把他黑地里放着，禀来了。军马起身到了甘州南门上，又把一个大头目呵力克把都儿着神枪打死了，驮到南山里，打开了一个堡子。回子抢东西去来。后头汉人军马来了，杀了三二十个穿甲的回子，又杀了一个不知名大头目。回到营里，做了三个棺材，骆驼上驮着来。看见汉人的军马来的多了，就起营连夜到了西宁鱼海，抢了把巴歹，回来到了沙州。速檀满速儿着了头目脱脱木儿瞎子，领着三百人马顺山回往山后避静去处住着喂马，不要教沙州人投顺着肃州去。你往汉人地方上常去抢捉住汉人，问他甘、肃州有无调到人马，着人报着来。我先差牙木兰和黄达子的军马先去抢杀收田禾的汉人、头畜。有王子速檀满速儿和兄弟三个的大军马随后来，报他老子一般的大头目火者他只丁仇去里。把抢去的乏弱马头口都丢馈我沙州的人，把我们的但是膘壮的马牛羊驴骆驼都换着去了。又收拾了二百石多粮麦，送馈了。速檀满速儿领着军马先去了，留下牙木兰带人马，在沙州守着种田。有速檀满速儿到了土鲁番，把他的儿打发着哈密里来了。又差了三个人来到沙州，把牙木兰带人马这二月十五日，调着哈密里去了。

帖木哥、土巴差我绰列奔、千卜、克字罗三个人，馈了一纸文书，老爷上递来了，教我们快些儿回来，有事便还要打发着人来里。不敢说谎，供的是实。

文书的内容，由蕃僧结思冬译写。尽管译词颇费理解，但它大致涵盖了上述证词的内容，故此处从略，不再赘述。

那么，杨一清从这些供词中得出什么结论？他对明廷的建议大致可分为如下几点：其一，短期内，吐鲁番难以对明军构成威胁，因为吐鲁番目前正受到四面八方的打击，恐顾此失彼。其二，尽管暂时没有严重威胁，但诸寇仍张扬跋扈，长久来看仍需提防。其三，沙州人作为"中国属番"，因此他们的说辞，尤其是其与速檀满速儿的勾连借口不能接受。其四，西海方面的"达贼"威胁程度要远远大于"回贼"。为此，杨一清要求各军官要"申明纪律，训练士马，修葺城堡，整备器械，振威武以警外敌之心，明赏罚以作我军之气"。最后，也是最重要的一点是，杨一清意识到了决定明朝边防安全问题的，不仅在于厉兵秣马，其背后所倚赖的健康的社会经济发展更为重要。而今，"甘肃地方兵马寡少，钱粮空乏，城堡无金汤之固，战马无充厩之良，原额戎伍，逃亡接踵，而其名徒存；见在军人，饥寒困惫，而其形徒在"。河套方面也面临类似局面，杨一清希望兵部、户部能给出有效的政策支持。[48]

腐败问题，杨一清也毫不保留地指出。[49]而对于唐龙，他却青睐有加。唐龙是一位具有极强才干的能臣，既精晓教育，又崇奉心学。杨一清认为"通经学古者多致用而不达，独立自信者多矫枉而过正"，惟有唐龙"早得金华文献之传，志窥圣贤理性之学"，故"如唐龙者，文行俱优，体用相孚，内可以佐台寺，备清华之选；外可以任抚巡，受干城之寄"。的确，就在此后不久，嘉靖十年（1531年）至嘉靖十五年（1536年）间，唐龙接替杨一清，以兵部尚书总制三边军务。[50]

河套地区的防御则颇显捉襟见肘。杨一清奏道：

> 宁夏花马池地方逼临边墙，系套贼侵犯腹里必由之地。先年止设一营，调拨西安、庆阳官军轮班备御。成化年间，奏设守御千户所，添拨改编官军一千员名。正德元年间，臣为总制，因见地方要害，房贼不时侵犯，官军数少，难以截遏，奏改为宁夏后卫，添设四千户所，选拨召募军人四千员名，常川住守，与原拨官军相兼备御。又展拓城池，修盖营房数千间，人居稠密，市廛贸易，遂为乐土。今经二十年矣，城垣损坏，不行修补，新旧军人，逃亡居半。每遇虏至，不过闭门自守。禁断居人，不许樵牧，致将原盖营房拆毁焚烧殆尽。询问其故，盖因近年分守将官不得其人，上下交征，务为掊克，以致如此。

杨一清心中有了更好的人选。[51]

嘉靖四年（1525年）夏，在套房贼前前后后在明军的边墙上掏洞17处。掏洞是为了小规模抄掠明军和百姓，但这些行动或多或少都受到了明军的抵抗。抵抗虽然使边境地带受到严重破坏，但阻止了房贼深入，杨一清对此赞誉有加。不过，杨一清也指出："各官平时失于设备，临事不能效力，废弛怯懦之状，昭然可知。"再一次地，他希望能找到更好的将领人选。[52]

杨一清十分用心地分析在套鞑靼的意图。他很快就从那二十几个草原走回的男女那里获取情报，并迅速形成自己的分析观点。所有情报记载都遵循同一格式，显然是公文格式所需。其中有一份情报，是七月二十三日一位逃归者小王儿所提供的。其从清水营清水川墩走回，据称年二十，榆林人，为"达子"掳走十三四年，已经忘记其父母。据其所供称："旧年十二月间，俱跟小王子部下头儿吉纳、台记、俺答阿不孩等部落达子约有六万余多，踏冰过河，在套住牧。有达子三个小头儿讨克剌、八阿不孩、吾失阿不孩等带领二万达子，前往西黄河地名可可脑儿，收捕亦不剌达子去了。其余达子俱在套内，不知抢不抢，是小王儿见得众达子睡熟，偷马骑回。"

杨一清如何看待这些供词？实际上，对于众说纷纭，杨一清也无十分把握。他说："中间供称虏情，或云要往西边抢，或云要往平地抢，或云要抢田禾、布绢、三梭，则此虏窥伺深入之谋，决所必有。"据他猜测："若如所供，贼众二万前去河西寻杀西海亦不剌等贼，其在套之数，当亦不减数万。但沿边一带营窠账房，远近联络，止是零贼行走，并无大众近边。此其奸谋，未可窥测。"除了严督各将领分布人马，用心提防，杨一清也未能给出更好的建议。[53]

到了八月，杨一清又奏称："蒙差（李）名同夜不收丘成、邵六，土军敦只保、卯三、申保等六名，各骑马匹，前去境外探哨贼情。十五日，到高庙儿。巳时，爪见达子新行人马踪迹，约有三百余骑，奔往芦塘行去。各役回至斩石碛。十六日未时，瞭见达贼四五百，跟袭前来，各役四散奔走，弃马上山。名等三名脱走回还，丘成、邵六、申保不知存亡。得此。行间，十八日，据丘成、邵六供报：遇见前贼将申保锁绑去讫，成同邵六奔入稠密林内藏伏，至晚脱走。随据申保亦报：十六日遇见达贼精兵四五百，骑牵马匹，将保锁绑，牵至速秃堡下营，问说：'庄浪人马有多少？西蕃在哪里住牧？'有保回言：'庄浪人马有二三千，西蕃在河那边住坐。'其贼说称：'我是小十王的儿子，领头哨五百，走了一个月才到这里。分些达子往银铜、镇羌、西蕃地面寻些干粮，歇马十数日，等我的老子后头领着二万人马到来，一同要去西海寻收亦不剌、阿尔秃斯达子去里。将保绑缚在营。至半夜时分，听得众达子俱往他头目跟前去了，只留小达子三人看守马匹，有保将绳挣脱，乘黑走来。"这一情报与前述情报叠加考察后，杨一清认为，"夷狄"内讧相攻，无论如何对明朝都是好事。他指出："况亦不剌等残寇窃伏西海，戕害我属番，侵掠我边境，数年未曾宁息。方议调兵征剿，今北虏远来寻袭，事恐不虚。意者，此贼罪恶贯盈，天实诛之，以雪我兵民之愤，亦未可知。但此贼既已先知，那营南向，临河住牧，恐其被逐无奈，渡河犯我洮、河地方，深入属番境界，临、巩切近州县，难保无虞。其一枝原在庄浪、凉州、五方寺、扒沙等处住牧，不时入境侵掠者，若见迤北大虏远来，必将逃遁，犯我靖虏、兰州等处，防御之计，俱不可不谨。"据此，杨一清已经要求有关州县做好警戒防御准备。[54]

明朝的边防安全，边民生活状况的好坏，有时候又与时任官员息息相关。固原守备刘文即为一例。刘文奉敕前来镇抚固原军民，任内"留心抚恤，并无纤毫科扰，防边事宜，无不修举。至今四年，地方保障无虞，军民皆得安堵"。故其任期将至，固原军民皆请愿刘文照旧守备抚恤当地，防御寇患。杨一清称："职与本官相处二年，其立心制行，诚有可取，众心爱戴，原非幸致。"杨一清指出担任固原守备的艰巨性："固原地方平漫千里，是处通贼，最为喉襟要地。且有楚、肃、韩三府，黔国公家人草场，固原州卫，苑马寺群牧所。军民土汉杂处，尤难抚驭。"更兼比年以来，固原兵荒相继，科索无已，军民困疲，几不聊生。转折时间在嘉靖元年（1522年）秋，新任守备都指挥刘文前来镇抚。刘文到达之时，固原"天年薄收，军民饥馑，人不聊生，军逃马死，无人抚恤，地方十分狼狈"，于是刘文着手存恤、招抚并清勾逃军2000余名，又在接下来四年的时间里修缮城堡墩台百十余座，捣毁近边房巢一处，"地方事宜，无不修举，下人悦服"，本地得保安宁。刘文最终没有继续担任固原守备，但杨一清请求兵部仿洮、岷、河州例，添设分守固原、环、庆、靖虏、兰州等处参将，并举荐刘文出任。[55]

数周后，虏众乘木筏浮渡黄河，由西海而返河套。他们开始袭击花马池，但被守军击退，纠众复仇，势所难免。对此，杨一清奏称："犬羊之性，贪得无厌。近虽遭挫遁归，其大众尚在套中。况沿边一带，虽有边墙，低薄易于掏穵，兵马虽已分布，而地里宽漫，把截不敷。臣今在宁夏地方，亲历各该营堡，阅视边备，策励官军，振扬威武。及通行延、宁二镇主、副参、游，大小将领等官，加谨堤备，遇警协力剿追。"[56]

不久，小王子再次出兵西海。据分守庄浪地方副总兵鲁经称："三十日卯时，据本堡瞭高夜不收徐友元报：瞭见迤东达贼三千，邀赶空马，约有一千五百，顺河行来。本职出兵迎敌，就与交锋，鏖战一日。有人答话：'我是小王子的头哨，后有人马二万，来寻亦不刺，不要当路。收了西海达子，你地方上安静。'"尽管鲁经最后撤军回堡，但杨一清另有判断。[57]他指出："大贼压境，我兵寡少，乃能出军交战，劳勋可嘉。切恐西海贼寇被北虏大势追逐，必有奔窜过河，犯我洮、河之势。而北虏大营寻袭回还，庄浪、凉州一带地方固难保其无患，而我兰州、靖虏等边止隔一河，窥伺深入之谋，亦或有之。"在杨一清看来，从各处侦查情报看，小王子攻打亦不剌，实则欲收编拉拢亦不剌人马。与此同时，小王子在庄浪附近也有人马，他随时可能发动袭击，因此肃州方面尤当警备。[58]

陕西各处官吏将校人员存在短缺问题，新任者多不谙战事，或不愿身赴草原前线，又多非本地人，他们或寻求调任，或畏缩幕后。当然，能够身先士卒、鞠躬尽瘁者亦能崭露头角，为杨一清所举荐。

甘肃走廊西端麻烦接连四起。据肃州、嘉峪关等处夜不收哨探回报，哈密牙木兰似乎将与瓦剌结盟："十五日未时，瞭见回贼并达贼约有七八百骑，牵有驮马，从东安远寨前来到关，径往北九眼泉二墩，乞倒壕墙，往西透大草滩住扎。内有回、达四十骑，复来到关西门上，说称：'我是速檀满速儿王子的兄弟把巴察，我来要通路和好，若不和好，便同哈密北山瓦剌达子做一个气力，大势人马前来，侵夺城池。'说毕，其贼回往大草滩去讫。"又有凉州等处报称："小十王大众人马亦在南北境外驻扎，往来行走，声言要去西海收捕亦不剌、阿尔秃厮敌人。其因而纠合摽掠，势所必有。"为此，杨一清要求整顿兵马，坚固防御工事，同时"收敛人畜，并入坚固大堡固守"。杨一清还关注到河套地区，并尽其所能应对各种威胁。[59]

杨一清的奏议中，还特别介绍了明军在庄浪附近所取得的一系列小规模战斗的胜利。在这些地方，明军表现相当不错。仅就其中一例而言，游兵中军千户赵隆，小盐池中军指挥王浚缴获颇丰，计夺获被掠"幼男一名陈瞎子，幼女一口张存儿，牛二百四只，驴一十二头，号旗杆一根，水浑脱二个，毛口袋五条，铁锅二口，皮可可四个，皮水斗一个，皮袄一领，沙毡一条，毯子一条"。其中缴获的各类物品，全是游牧民族生活必备之物。

又据庙儿墩夜不收吴铎称，其收送套中走回男子一名叶三三，系延绥定边营军人叶钦之男，"被达子满都卜剌抢去虏营，住过五年"。嘉靖四年（1525年）①夏，叶三三"跟随头儿阿儿骨道儿一千人马在套住牧，浮水过河，西山后西蕃地方抢掠，被迤西达子杀败，一半往山后迤北逃遁，一半从靖虏地方扯木硖浮水过河，往迤南腹里抢掠，被各处人马杀败，不得出边。三三偷马二匹，藏躲山沟，得脱到墩"。

根据前述情报，杨一清总结道：

> 迤北达贼自去冬踏冰过河，一向拥众在套。节据走回人口传报：各称小王子部下吉纳、台记、俺答阿不孩三枝，各有一二万精兵，声言要行抢掠。臣自到陕西以来，督行陕西、延绥、宁夏三镇将官，分布防守。节经具题外，本年六月间，据走回人口传报：虏贼二万从黄河迤北水浅去处浮渡过河，往西海寻收亦不剌、阿尔秃厮贼寇去讫。本年七月内，庄浪、凉州等处果报大势达贼俱从本境经过，前去西海寻杀，留下兵马数千，在各境住牧。九月内，又据庄浪、西宁等处将官传报，前贼到于西海，不曾得利，遭挫而归。见今大众仍在

---

① 原著作"1524年"，实为嘉靖四年，1525年。——译者注

庄浪地方五方寺、芦塘等处住伏，不时入境侵掠。

不过，据杨一清称，明军从未应对失利，土地亦未失一寸，应该造册论功行赏势所必然。[60]

如果说边防的棘手问题尚不足以严重威胁明朝统治的话，那么随后由樊绅所领导的起义则在陕西内部引起一场小地震。据后来樊绅招供，其本人习学阴阳之术，因而妄揣福祸，又遇游僧，妄言樊绅"口大容拳，舌顶鼻尖，两目见耳，非常贵相"，以致本人时常误以为自己有"帝王形局"，樊绅又兼采诸迷信之术，而常有不臣之心。嘉靖四年（1525年）九月二十一日辰时，樊绅领马步人500余名，各带弓箭、器械，张打旗号，将乾州四门围困。乾州求援，但杨一清认为樊绅等皆乌合之众，不比草原上的骄兵悍将，所以"固原等处边兵俱发各边城堡按伏防御，见今河套、河西俱有大贼窥伺"，难以掣调兵马应援。到了九月二十八日，樊绅所发动的起义被镇压，起义者及其家属俱附名于奏议后，一同送往朝廷。不久之后，陕西的监狱还出现暴动，杨一清的奏议详细描述了其事，但此处我们不再赘述。[61]

是年底，分守肃州等处地方右参将、都指挥同知云冒告乞休假归家养病。其奏曰：

卑职幼年失父，孤弱多疾。及袭职以来，节年领兵固、靖等处，备冬截杀，于正德十六年八月内，钦铨陕西都司军政佥书，管操巡捕。适有白水、商南等县流贼陈克己、妖言贼首马隆等蜂起，攻劫城寨，荼毒生民。卑职领兵跟剿，奋不顾身，殄灭前贼，多历艰苦。又于嘉靖三年三月内，不意庸驽,叨升今职。每思重任,无术可胜,身心兢业,寝食靡安。本年八月二十三日,忽有土鲁番回贼犯顺,侵掠边陲,肆尔凶残,直抵肃州城下。卑职率众登城,昼夜防御,身不解甲者旬日。及贼势少退,尾后追袭边外赤斤等处,斩获贼首二十颗。时值天寒,冒霜卧雪,因而感寒,遂成杂症。见今手足麻木,头目眩晕,饮食少进,形体渐衰。抑且边境药无全材,人少良医,多方调治,未得痊可。况卑职原系色目,事涉嫌疑,理当回避。如蒙,伏望轸念边方事重,乞委官员代守地方,容令回家养病,庶地方幸甚。

杨一清是其说,并为其附议,请求朝廷批准云冒回家休养。杨一清奏道:"肃州系迆西极边重地,嘉峪关之外,蕃人种类甚多,乃控制西域回胡之门户,分守将官责任,比之他处不同。近年,节被回酋纠众犯顺,直抵甘肃城下,戕杀我官兵,攻陷我城堡,凋伤困敝之状,所不忍言。今年七八月间,又复驱其丑类,窥我边境,虽旋即退遁,顾其志在通贡,既不得遂,明年夏秋之间,大举侵犯之谋,难保必无。分守参将,非老成练达,不能绥近怀远;非壮勇果毅,不能克敌制胜。见任参将云冒出自将门,长于骑射,年方二十九岁,屡曾领军赴敌,立有战功,而驾驭之才,绥怀之略,较之老成,犹恐不逮。今屡陈有病,服药未痊,不能任事,又以原系色目,事涉嫌疑,理当回避为辞。王者无外,此固不足顾恤,但身既有疾,重任实难负荷,若不俯顺其情,早为更易,万一丑虏不肯悔过,纠众入寇,将官不能领军,岂不误事?"不过,杨一清又担心,云冒所系参将一职,"若照常格将别镇官员升任,窃恐新任将领地利未知,人情未附,难责成功"。于是杨一清就近推荐陕西行都司都指挥佥事王辅，守备山丹地方、以都指挥体统行事指挥佥事甘祯二人为其继任候选人。[62]

十一月十五日，分守庄浪西宁等处地方副总兵、都督同知鲁经也提出辞呈。鲁经称：

> 切照本职袭授都指挥以来，累立战功，节升前职。正德十四年，得患脱甲风疾，节次具奏，不准。嘉靖元年四月内，奉敕加升副总兵，仍守前项地方任事外，嘉靖三年十月内，又疏乞休，不蒙俞允。奉敕："鲁经近因回贼侵犯肃州，尔世守忠义，勇略著闻，即今边方有警，方且委用，岂可引疾乞休？务须勤力讨贼，树立战功。钦此。"钦遵本年十二月初二日，力疾任事外，思本职节因本边番虏犯扰，本职披坚执锐，陆续杀获首级三百二十一颗，嘉靖四年七月以来，复冒前疾，累医罔效，见今卧床，不能任事。本职正在披沥肝胆，图报国恩，委疾缠绵，不堪领军。及思男鲁瞻见膺千户之职，管束土、官军家口，人心信服，应该袭替。如蒙准呈乞赐，俯念曾效微劳，早为具题。容放致仕，令男袭授祖职，继管部属。

杨一清夸赞鲁经"沉毅有谋，骁勇惯战"，并建议朝廷同意其致仕请求。[63]

边防事务的桩桩件件，杨一清也不断向朝廷奏报。他指出，夜不收于沿边60公里左右的大草原，相继探到虏民的帐篷和牲畜，计有帐篷三五十顶，牛羊马匹各类牲畜1000多只。这些虏民可能是小王子，也可能是其继任者亨只，抑或俺答阿不孩等人的属民。杨一清奏称：

> 臣自今年四月到于陕西地方，已经分布各路将官兵马按伏堤备。节经具题外，本年五月以来，节据延绥、宁夏镇守分守等官哨报，河套贼情自延绥黄甫川起，直抵宁夏灵州一带，无处无贼，营垒火光，远近相望。其近边者不过三五十人，七八十人，多至二三百人，间有入境零贼，一见官军，旋即遁出。其大众知我有备，不敢深入。七月间，率众二万前去西海寻收亦不剌贼徒，其在套者，当亦不减数万。近于九月间，拥众万余，自延绥波罗、怀远二堡拆墙入境，各该将官追逐，虽斩获不多，而地方不曾失事。臣十月初旬自固原起程，巡边至宁夏灵州，历清水营、兴武营、花马池、定边营，行令各将官，差人出边远哨，并无虏贼人马踪迹，烽火寂然。盖自靖虏渡河丧败之后，闻风畏遁。目今虽延绥、中东二路不时见贼，而不敢侵犯，但恐寻袭西海贼寇回套，纠同阿尔秃厮及原在套贼众大举拆墙入境，抢掠之患，难保必无。

进一步的行动，尚需等待夜不收的侦察结果。[64]

随后，杨一清又汇总了夜不收和走回人口的所有情报，呈奏一封总结性的长奏议。他指出：

> 阿尔秃厮、亦不剌二项贼寇，正德初年被北虏追杀，逃躲前来，窃伏我西海地方将二十年，侵掠庄浪、凉州等处不止一次。又曾侵入洮州，直抵四川松潘境界，大为中国腹心

之患……本年七月以来，套贼二万过河，声言收捕前贼，留兵数千在庄浪、凉州一带住牧，其余径奔西海。边人方幸夷狄相攻，地方之利，将谓永绝祸根，不意先为所觉，拿其家口头畜遁入南山藏躲，逼近洮河地方，止留精兵在于旧伏险隘去处把截。来者千里而趋利，住者以逸而待劳，反为所挫，遁回庄浪，先以数百骑从靖虏扯木硖渡河，犯我腹里，节被陕西、宁夏官军斩杀败散，其大势已渐那营东北去讫。后节据庄浪守臣哨报，阿尔秃厮贼众陆续跟随小十王大营前来，盖此贼自知结衅已深，恐将来北虏大举复仇，力不能敌，故先随从归顺，以图免祸。然阿尔秃厮贼众既离西海，独亦不剌在彼，势亦稍衰……因惩前败，不敢窥伺，俱从洞清沟透过宁夏中卫地方。恐其待河冰已坚，乘间深入固靖地方抢掠，仍从宁夏中路拥众拆墙归套，亦未可知。

嘉靖四年十二月（1526年1月），明军哨探得果有一小撮鞑靼人自贺兰山后而到河套。杨一清判断："窃料套中大贼，夏间寻袭西海贼寇，回旋数千里不得利而归人马，已多劳乏。其邀赶头畜过河者，必是阿尔秃厮残寇，被其收捕归顺而来。缘今水冷草枯时月，似难深入侵犯，而我所以备之者，不得不谨。"[65]

作为三边总制，杨一清还有更多职责，如举劾有司官员。他指出："臣久官陕西，近者起废而来，一方之士民，多所接见；一方之政俗，素所涉历。恒于钱粮之盈虚，人民之愁乐，户口之登耗，学校之盛衰，盗贼之兴息，而郡县官员之贤否，可按而知焉。大抵才贤者，十无二三，庸劣者十常六七。今当朝觐之年，甄别黜陟，此其时也。"[66]此外，他还重点关注固原的防御问题，指出固原防御中存在的缺陷,且建议额外增建堡垒墩台。他以两道长奏罗列了新建堡垒墩台的确切地点,规格大小,建筑耗材,人力成本等。此外,他还指出一旦建造完毕,这些堡垒墩台将部署多少军队,需要多少土地用作配套军事后勤保障,以及卫所屯田及其赋税问题。新兵招募亦在奏议之中,全计划数据详尽,足见用心。[67]

固原的来历如何?杨一清在另一份奏议中提及:

> 固原州原系开城县,弘治年间始改为州,所管辖多系人民,内有军卫、监苑、王府、功臣草场,军民杂处,词讼繁多。先年止有兵备、守备官各一员,后将陕西移镇于此,近又改设参将一员。况节因边情紧急,钦命总制提督大臣多在本城驻扎,上承下移,不可无人。及行委查勘边情,会问罪犯,查盘钱粮,踏勘地方等项,必得文官协同军卫官员行事,方得停当。额设止有知州、吏目各一员,不敷干办,况又时有公差事故等项,甚至全无一官。副使桑溥呈称:要添不拘同知、判官一员,分理委用,诚非得已,但地邻极边,沙漠沍寒之区,戎马驰驱之苦,新选官员多非所乐,终恐不得其用。

为此,杨一清提名了西安府华州判官聂淮等人,为固原新官之人选。[68]

购马之事,杨一清也具体上奏,且在此之后,杨一清和同僚们集中讨论了哈密、吐鲁番等地的市场状况。杨一清指出:

土鲁番自永乐年间以来通贡，世受我朝厚恩。成化十九年以后，敌首速坛阿力及其子阿黑麻日渐生事，虏哈密王母，杀罕慎，执陕巴，诱拘速坛并牙郎，夺占哈密金印、城池，为患已非一日，大抵皆是哈密回回唆使。亦尝遣将征剿，亦尝闭关绝贡，然而一面请罪，一面侵掠，迄无宁时。弘治以前，止于骚扰哈密，正德年来，哈密已为彼有，沙州被其诱挟，而川边、王子庄、赤斤、苦峪、柴城儿、扇马城、大草滩等处属番，俱被残破，赶逐离散，投赴我边肃州临近依住。正德十年，直至肃州，戕杀将官。去岁，又入甘州，围困城堡，声言要夺地方。背天逆理，罪恶贯盈，神人之所共怒。虽用陈汤故事，命将出师，声罪致讨，犁庭扫穴，使无噍类，未为不可。朝廷不欲劳兵动众，从事远征，且以彼犬羊丑类，不足深较，以此因其侵扰，则闭关以示绝，因其悔罪，又许贡以示恩。盖自古帝王制驭夷狄之道，服则怀之以恩，叛则慑之以威，类如此也。

……而论者又有诸夷无罪，不宜一例谢绝之说。盖往年哈密未破之时，诸夷入贡，皆凭彼处番文，可辨各夷种类。今哈密无王无印，西域诸夷，惟土鲁番最强。凡入贡之夷，皆经其地，中间番文真假，与夫是否别国，皆莫能辨。若不一例谢绝，必不能保土鲁番之不诈入。且一例绝之，使诸夷皆归怨于彼，亦足以离其党而孤其势，不必以此疑阻。

此外，佯诈为贡使的写亦哈信等167人，因搜出私书，藏有兵器，事迹显露而被置于各处监狱，由巡按御史提审。提审发现，这些贡使有的来自撒马尔罕及天方国（今麦加）等地，但已真假难辨。杨一清认为，最好的解决方案是"若果输诚纳款，容其入贡"，让贡使们来京，礼遇而遣送之。

杨一清又称：

> 哈密之种有三，而回种居一。土鲁番既因哈密之回以取哈密，得不因回种之寄食甘肃者，以取其甘肃乎？何谓渐？土鲁番日益强大，既因回种以吞哈密，而其种类复蕃于我土，移其所吞哈密者而蚕食，于我非其渐乎？设使当时守土之臣能遵奉太祖高皇帝敕旨，不容回回入贡，容之入使不得至京师，则我中国地方之肥美，人民之富庶，仓库之虚实，士马之强弱，彼何由而知？无由知，则彼欣慕轻侮之心不敢生，而今日侵犯之事何由以作乎！惟其失处废防，容其入贡焉，纵其商贩焉，迟其岁月而不加催督，任其还往而不设禁革，我之虚实美恶、强弱盛衰，无不目击周知。其意谓河西可以计取，中国可以渐图也……肃州之寄住奸回，滋蔓益多，回贼之意，盖欲以取哈密之术取肃州。而肃州守臣堕其计中，殊未有能悟之者。关外内附夷人，数被遣发，时或漏其机缄。及今见监奸回撒力等数十人，每于醉后，笑谈王子来时，某人宅好，吾居之，某人妻美，吾取之，往往为汉人晓番语者所觉。

所幸，其奸谋败露，奸党就擒。

谈到吐鲁番进贡的玉石，杨一清明确表示，吐鲁番认为明朝倚赖其所贡玉石，殊不知其本身更为倚赖明朝赏赐的物品。杨一清奏道：

今速檀满速儿虽欲借奸回以取甘州,然其意不曰:中国贵吾玉,吾事之不成,顾吾有玉在。况吾贡使络绎京师,左右近幸可以赂遗,守边大臣可以货杀谇詬,而贡路岂能我绝乎?此所以哆然为恶而不之恤者,良有以也。

为今之计,固不能如武帝之振威,以勤二师之兵;亦当效光武之闭关,以绝西域之贡。倘或涵容隐忍,不能执义断决,再使奸回夤缘穴隙,复如往日之事,十数年后,臣等恐祖宗河西十五卫所之疆场,必见易于土鲁番数十百块之顽石矣。可不惜哉!可不慎哉!臣等长虑却顾,必欲永保河西,惟有闭关绝贡而已。闭关则我有益,绝贡则彼受害。何谓益?在边则寄食省而军饷不费;在途则贡馈省而驿递不扰;在朝,则赏赉省而财用有余,吾其不受益乎!彼绝贡路,彩段不去则彼无华衣,铁锅不去则彼无美食,大黄不去则人畜受暑热之灾,麝香不去则床榻盘虺蛇之害。彼日用之所不可无者,又不止此,一旦贡绝,一物不出,彼其不受害乎?

杨一清还指出:

迩者,土鲁番王子速坛满速儿听其谋主火者他只丁、牙木兰,纠合诸种回夷,攻围甘肃地方,其意实欲取甘肃也。何者?以彼而言,势驱沙、瓜,姻连瓦剌,借名诸番,拥众二万,诡言抢掠,谋非一日……今幸赖圣明威福……止是剽掠地方,未至失陷城池,然堡寨被其攻劫,人民被其抢杀,室庐被其焚毁,产业被其荡析,河西生灵之厄,亦已甚矣。今虽遭挫失利而归,能保其明春不再侵犯我边乎?

对于上述情况,杨一清给出的解决方案是:

> 或要其立哈密而为甘肃之蔽,或斥其守封疆而开沙瓜之境。纵使入贡,必使处寓有所,而交易有时,称进有防,而遣归有限。未若今日回汉杂处,守臣朝议于公府,奸细夕达于种类,几酿成今日内应之变也。既绝其贡,将拿获奸回写亦哈信等俱各再审无异,依律处决。其余进贡及寄住甘肃者,各访别意向,或布处陕西各边,或迁徙两广、福建等处。所贡狮子、西牛、西狗,皆解其槛而纵之关外。甘肃地方储积粮草,阅实军马,但遇侵犯,即行征剿,则回贼之患庶乎可除,而甘肃重镇方可为国家有矣。

此一方案为明廷所允。[69]

在这封冗长的奏议中,杨一清还指出甘肃地方财用不足,却同时面临吐鲁番、西海亦不剌和贺兰山的后山之敌。杨一清不厌其烦地陈述此事,意在引起朝廷重视,使朝廷明白当前西北防线所面临的最大安全威胁是什么,其利害关系又是什么。

甘肃地区多年来一直存在的民族问题,同样是明廷的心病。而吐鲁番的东侵进一步导致难民东迁,加剧了该地区的番汉杂处问题。嘉靖五年(1526年)初,杨一清会同甘肃方面诸官员商讨此事。

杨一清等奏称:

> 哈密、蒙古、罕东等卫属番,皆属肃州卫带管。先年俱被土鲁番、哈密回子侵夺抢杀,穷迫求生,来投本卫依住。

节蒙总制、镇、巡等衙门奏请,差官抚遣回还本土。各夷畏惧土鲁番吞并杀戮,不敢回还。镇、巡衙门悯其穷无所归,不忍驱就死地,且恐驱迫之急,反生别患。又察各夷情形无他,从宜将哈剌灰、畏兀儿二种夷人,暂且安插肃州东关厢居住,川边王子庄、赤斤、苦峪、柴城儿、扇马城、大草滩等处各夷,暂且安插肃州境外金塔寺地方居住,令其自为耕牧。待后西事稍宁,哈密复立,仍各遣还,住守故地,中间有住居四十余年者,有十数年者。内哈剌灰、畏兀儿二种,屡曾与土鲁番死战,原系哈密忠臣,未尝有过。住居我边年久,时有调遣,未尝敢违,亦未尝作恶。川边等处番达,住居金塔寺地方,去肃州一百二十余里,亦各安居乐业,未敢生事。近该前巡抚都御史陈九畴等,及兵部尚书金献民,虑恐前项哈剌灰、畏兀儿并川边等处番达,原系夷种,非我族类,诚恐日后驭非其人,主不制客,尾大不掉,遗患地方。欲要早为议处,将哈剌灰、畏兀儿拣择肃州城外空闲堡寨安置,将川边等处番达修筑前古丢弃戚房旧城安置,庶番汉异域,可免后忧。

但各族对明廷的安排颇为不满,他们希望能搬到自己宜居之所。据杨一清称:

内哈剌灰有二种,欲将新哈剌灰安置新城儿,旧哈喇辉安置暖泉堡,畏兀儿安置板桥堡。内新哈剌灰云:"此是鸟雀不落之地,我们如何住的?"旧哈剌灰与畏兀儿云:"我们东关住居年久,各有置买房屋,不能割舍,我们情愿入堡，将我们家小仍留在东关也罢。"职等又谕以："既容你辈入堡，你原置买房屋，听你卖与汉人，或自行拆卸。堡中修盖，你原无房屋者，官司替你另盖，务要使你得所。"因谕以"回子去年每每遗言反间，说你哈剌灰、畏兀儿教他来犯边。倘若镇、巡不察其奸，你们也不安稳。处你别处居住，则你辈有畜牧之业，我无疑猜之嫌，两相便安，岂不是好？"

杨一清等还有更多考量。他指出："今哈密、沙、瓜已顺土番，嘉峪关外即为贼境，西域从此不通，地方滋益多事。其畏兀儿、哈剌灰断不敢归还哈密，而罕东之众亦不能住守川边、苦峪、赤斤等城，亦明矣。必欲图我之安，而不恤夷人之苦，既逆其情，必失其心，穷无所归，势将返噬。彼如北合瓦剌，西连察合，岂不又生一敌？所谓借寇以兵，而资盗以粮，为计不已拙乎？为患曷其休已？若欲姑留依住，又恐日后患生肘腋，祸起萧墙……陕西行都司在外卫所，西宁地险，番夷杂处；镇番地窄，偏在一隅；高台、镇夷地小，俱不堪开创。嘉峪关外，近有大草滩、白杨林两地，广漠斥卤，弹丸黑子，不堪耕牧；惟甘肃等卫，俱系镇守分巡重地，可以安辑，防微杜渐。……哈剌灰、畏兀儿惟事畜牧，不善耕作，合无拣择肃州北边久弃空闲堡寨，水草便利之所，少费官钱，为其修理城郭，改造屋庐，谕以番汉杂居，终相疑二，徙居别所，两取便安之理。"二族居于内地，繁衍生息，"男妇不下千口，带甲挽强之士近五六百人"。

在综合诸多意见和考量之后，杨一清认为，迁徙诸番的举动有失莽撞，他选择支持诸蕃人，不再狐疑视之，挑起他们的敌意。杨一清称：

合无将前项川边、王子庄等处番夷,令其照旧于金塔寺地方住牧,以为后日恢复之图,以存兴灭继绝,为我藩篱之意。其哈剌灰、畏兀儿二种夷人,亦且令其照旧肃州关厢居住,不必预为迁徙之说,以离其心。待后番情宁谧,财力有余之日,如果事势可为,另为具奏定夺,庶使夷人无疑二之情,地方无劳扰之患,而我得以专意内修,可收攘外之绩矣。[70]

杨一清对吐鲁番方面的威胁轻描淡写,甚至没有对吐鲁番采取行动的具体日期。而与此截然相反的是,杨一清非常在意亦不剌的挑战和威胁。他在奏议中提醒朝廷:

亦不剌等残贼自正德四年节被小王子赶杀,率其残党打剌豁豁等假息西宁境土,计今十五六年。春夏则趁逐水草住牧,遇冬则踏冰过河抢劫……亦不剌一枝半在西海,半渡河,寇我洮州,即今未否尽数归巢。且西宁、洮、河等处番族,国初分散部落,设有国师、禅师、指挥、千百户、镇抚、驿丞等官管领,给与金牌,令其三年一次输纳差发、马匹,而以官茶酬之,若与王官王民无异……今二种残贼将番族戕害已甚,不能生存,遂与之纠合为寇,西宁最被其害,洮州之番,近亦被胁合伙,为之指引道路。番达合势,我之边境,其何能安?此膏肓之疾,腹心之患也。

在明初,通过和平手段将蕃人纳入卫所序列的做法可能行得通,但到了嘉靖时期,这种做法显然难以为继。战争几乎在所难免,早在前些年,就有明朝官员认真考虑过这一问题,但出于各种原因，问题始终搁置。蕃人土地被亦不剌夺占，骨肉为其杀戮，实际对亦不剌怀恨在心，故杨一清指出，可以一方面离间亦不剌与蕃人之间的关系，这是明军活动的重要组成部分；另一方面，则需开始大量储备粮草。然事未竟，杨一清即回京师，继任者是王宪。杨一清称赞其"刚果有谋，多才善断，昔尝管理茶马，遍历西宁、洮、河地方，又曾督处河西屯田，至今边人颂其风力"。[71]

杨一清作为三边总制的一年过去了。显然，作为封疆大吏，杨一清胸有城府谋略，又能知人任善。他总是着眼于现实问题，力主完善明军的后勤供应和保障。明军两百多年的边防，正因为有杨一清这样兼具才智能干的官员的参与，才得以步履蹒跚地继续维持运作。[72]

　　　　＊　　＊　　＊

太原府忻州儒学训导方仕誉是西宁人，他向朝廷奏报了他在西宁的所见所闻。其奏曰：

> 臣惟陕西西宁地方，原系蕃夷杂处之地，洪惟我朝太祖，迅扫胡元，招集人民，开荒展土，始建城郭，设立卫所，名为西宁。是以学校、茶马司、仓场、驿递，渐为备具。于是西蕃进贡，达贼潜住，虽系边境之地，实同腹里之安。西海出鱼盐之利，山泽滋马牛之蕃，金褐是产，绒货皆多。其城西南有李斯牧川，其城西北有双伯羊川，俱地方百里，土脉肥饶，甚堪种牧。于此军民乐业，西蕃获利，所以仓场

委积，茶马之政兴也。正德七年以来，有达贼名唤亦不剌、阿儿秃厮、黑剌麻三种深入，侵夺前利。西蕃每被掳掠，临城往来，抢劫军民，不息战争，以致地方不安，人民失业，至今视为泛常。臣在此生长，每惧此患，颇知山川险阻，地理深浅。先年作生员之时，曾言于杨总制、郭兵备，设立边墙柞子，略为防备。臣切思西宁地方，自洪武开设卫所以来，原无达贼侵害，今被达贼侵害，为因失于不备之初。

方仕誉接着奏道：

仰惟朝廷身居九重，不能细周边务，虽设总制巡抚，离彼千里，况有巡按，只是一年。本处虽有兵备守备，暂来暂去，故虽设备，未免询于乡人而已。所以随备随废，致使达贼深入。臣受一介之职，愧无涓埃之补，若不悉陈设备之策，恐达贼贪残益甚，熟知山川险阻，窥中土盈虚，致使边疆狼狈，唇亡齿寒。又况西宁正南，四川松藩（潘）卫，东南通归德千户所、河州、岷州；西北通甘肃、凉州；东北通庄浪、宁夏、榆林，直至山西三关、大同、宣府，为达贼往来之路，于此可以设险固守。况达贼诡计百端，忽来忽去，统兵西征而北走，北征而西走，四路通达，徒费军马钱粮，难以防敌，往往失于不备。念臣每在边疆，被害存心，非止一日，伏望圣明远绍，太祖之成宪，大施恤患之深仁，乞敕兵部议处，转行山西、陕西总制、抚、按等官，设法招集各处有罪人民，发去充军，会同西蕃于双伯羊川等处拣择地形，建立城卫，以御达贼往来之咽喉，而为军民力田之良策。不战自巩固，不争自持久，不惟西宁为然，凡宁夏、榆林及山西三关、大同、宣府、四川等处，于达为出没往来险阻去处，亦须设险固守，使达贼不得熟视中国之境，于以壮宗社亿万年无穷之业，使国家永无西顾之忧也。

嘉靖皇帝命兵部集议以闻，兵部尚书王琼为此具题上奏，提出一整套抚预案，得到嘉靖皇帝同意。

巡按御史陈世辅、分巡西宁道副使李淮也加入讨论之中。据呈奏：

> 自兰州至甘凉诸处，沿边一带，虽有墩台，缘坍塌不修，或窵远不守，或设立不系紧要，或紧要未曾添设，虽闻有挑宂壕堑而未必尽挑，有筑堵防卫而未必尽筑，有斩截岩崖而未必尽斩，合无就将附近该修该添堡寨，一并踏看估计，量其多寡，设立大小屯堡。修设之后，各于近堡去处，设立小教场一所，督令屯丁就彼习射。仍于适中去处，筑打小堡，挑宂壕堑，置立吊板，以便趋避。若零贼三五骑近堡，瞭望的确，伏兵许其协力勘捕。[73]

朝中君臣及总制王宪等均承认"设险御房、乃安内攘外要务"，方仕誉、陈世辅等人所言均有可采。但对于在双伯羊川等处设立卫城，王宪则认为事体重大，难以议拟，需待中间有无便己损人等情弊勘查明白，方可再议。

嘉靖五年（1526年）五月，王宪奉旨议处："达虏亦卜剌事言，亦卜剌去冬拥众围洮城，今春复犯，不一挫衄，患无已时。

幸今套虏过河，住牧宣大境外，而各路士马分布要害，臣已勒所部，备粮饷，分游奇兵守归德、永宁等堡。因追剿之，恐其急奔松潘，亦已责令严加提备，务期全胜。"但兵部认为："大军深入，履危蹈险，所当顾虑。且出境征虏，当候冬杪春初，今已入夏，虏地草茂马肥，又恐大雨时作，山溪溢涌，我军进止尤难。愿敕王宪审计，如虏仍犯洮、泯，或迫境上，则相机进剿。不然，即候冬春之交，大举可也。"嘉靖皇帝是其议，认为此事"事体重大，令王宪悉心计画，随宜战守，务在万全，不可辄议出境"。[74]

尽管亦不剌更具威胁性，但明廷君臣仍通过激烈的辩论讨论如何应对吐鲁番的挑战。嘉靖四年（1525年）秋，吐鲁番拥众袭击肃州，"分兵围参将云冒，而以大众掠南山"，肃州方面告急。

次年（1526年）初，吐鲁番遣人持番文求贡，前后词情不一。巡抚右佥都御史寇天叙等认为，吐鲁番"谲诈反覆，不足深信，第恐求贡不得，明春复来"，于是加紧防御备战。兵部和嘉靖皇帝是其议，认为"吐鲁番恃其诈力，且贡且叛，往岁甘州之役，大肆侵掠，故议闭关绝之。今以计穷乞贡，而番文皆戾，夸张不实，其所遣又非彼中夷人，诈谖叵测"，同时命提督、镇守、巡官晓谕夷使，"如果悔过效顺，方许通贡；如有诈，则仍旧闭绝，严兵境上以备之"。[75]

兵部还认为：

> 今土鲁番雄踞西域，吞噬诸夷，将我朝所立哈密忠顺王前后夷灭，其罪已不容诛。而犹容其通贡者，朝廷以远夷犬羊，不足深较，姑示羁縻而已。彼乃益肆奸黠，包藏祸心，

无故兴师二万，谋夺我之地土。假贡使以探虚实，倚同类以为内应。幸仗宗社威灵，守臣宣力，歼彼大酋，失势远遁。虽城池无恙，而村寨居民，不胜践踩。似此狂狡为患边疆，纵未能勒兵远讨，岂可复容入贡！或谓西域国多，理难尽绝。盖今次入寇，实亦借助诸夷之兵，贡道不通，则中国货物不入西域，而诸夷归怨，亦足散其党而离其心。数年之后，果能悔罪，复还哈密之封，再为议处。

随后关于杨一清的提议，兵部亦觉甚为允当。[76]

如何对待吐鲁番，也在甘肃方面引起争议。寇天叙的《上王荆山总制论吐鲁番事宜书》即为一例。寇天叙写道：

六月十一日奉教谕，谕以差通使，赍钧帖，出关省谕回房。乃知老成忧国至意，非常情所能测也。先是，尝有人建议差回夷出关讲和，仆恐启衅招尤，损威纳侮，有亏国体，未之敢从。今以钧帖切责省谕，固为得体，但不知果出执事之独见乎，亦蹈前人之故事乎！抑亦得之他人之献策乎！督府所行，分当速奉，但事体重大，朝廷威德所关。其滥竽守臣，偶有所闻，不敢不披沥陈之，以备采择。

本朝处西域故事甚多，未及缕数。姑以其近者言之。正德中，总制彭公领敕带领兵粮，专以经略哈密为事，亦尝差人持钧帖省谕回房头目，令其劝谕速檀满速儿将速檀拜牙即及金印、城池归还哈密，彭公仍进军甘肃诸地，遥振兵威。当时所费金币，无虑数千。后城印虽还，旋复负约，蹂躏边郡，逾月始宁。此先事之鉴也。且彭公钧帖，词义婉甚，又挟之以兵威，其所就仅及于是。今欲直责其罪，而复无军声以振其后，何其轻忽之甚邪！然此虏在我特以犬羊视之，在彼固一国之主也。况番国非我内地，朝廷相待，亦以优礼，《会典》具载。今以奴隶相视，直呼其名而责之，不知果能厌其心否也。具省谕之意，本欲息兵，而谋出不臧，仆恐兵衅自此启矣。

又钧帖所言，兵马刍饷，奸回无不知之。万一激中其怒，大举犯顺，将何以处之！纵使无此，或将所遣通使拘留不发，又不回报，将何以处之！已之则损威，不已则速祸，斯二者不可不深思也。

今之建议者徒以彭公故事为言，殊不知彭公其中有委曲尔。又所赍币帛，不闻何用，万一通使愚昧，误致酋首之前，岂不遗彼之笑乎！差遣使人，远通异国，亦是大事。未经奏准，又不题知，恐于事体未安，且虑他人议其后也。

或以回夷入寇，虑守臣不能战，却失事，故为是以息兵端。此尤迂浅难通之见，非忠为国家谋者。盖四夷犯边，亦是常事，兵家胜败，亦无常形。且彼夷谲诈多端，恐差人一出，事端愈繁，愈难为处，钧帖有云：'将速檀拜牙即送还哈密，复国为王，如其不振，听尔选择自立。'此于事体尤为未顺。盖哈密是我封地，今虽为彼占据，犹望恢复，彼亦不敢以为己地也。若署置由之，是遂弃其地矣，不知执事左右亦曾虑及此乎！彼造端者，盖欲侥幸以邀名收功，而遗患于人，或将遗患于地方也。

以愚揆度，此虏求贡，是其心，直欲我先差人以占地步耳。若少镇静不动，彼或遣人搔扰，或差人求贡。彼来搔扰则谨为堤备，若来求贡亦必勒致番文，然后议奏，庶于国体不亏，夷横可遏。盖拒之坚则其贡可久，许之易则其患随至也。"[77]

从寇天叙的书中可见，由于地处偏远，明廷将部分决策权力下放给方面大员。在寇天叙看来，无论是之前的彭泽，抑或今之王宪，总制们都没能做出正确的决策。政策的制定应当视明朝为一个整体系统，而非着眼一隅，如此方能顾全大局。换句话说，朝廷在其中应坚持其主导地位和作用。

但在嘉靖六年（1527年），吐鲁番的边患问题逐渐卷入党争中，脱离原来的理性预判。锦衣卫百户王邦奇在升任千户时，为杨廷和所阻，遇诏削级，深怨望之。后来虽官复原职，又为兵部尚书彭泽所压抑。于是，王邦奇上疏陈边事，奏道："今哈密失国，番夷内侵，由泽总督甘肃时赂番求和，邀功启衅，及廷和草诏论杀写亦虎仙所致。宜诛此两人，更选大臣，兴复哈密，则边事尚可为。"镇远侯顾仕隆等回奏："邦奇所奏，皆虚妄无事实，惟欲假陈言以希进用耳。"尽管如此，但嘉靖皇帝仍要求督抚进一步调查此事。[78]

由于王邦奇连续上奏指称诸朝廷重臣结为朋党，嘉靖皇帝将兴大狱。此时，礼科给事中杨言抗议道："先帝晏驾，江彬手握边军四万，图为不轨。廷和密谋行诛，俄顷事定，迎立圣主，此社稷之勋也。纵使有罪，犹当十世宥之。今既以奸人言罢其官、戍其长子矣，乃又听邦奇之诬而尽逮其乡里、亲戚，诬为蜀党，何意圣明之朝，忽有此事。至（费）宏、（石）珤乃天子师保之官，百僚之表也。邦奇心怀怨望，文饰奸言，诟辱大臣，荧惑圣听。

若穷治不已，株连益多，臣窃为国家大体惜也。"嘉靖皇帝大为震怒，令人逮捕了杨言，又斥责了诸为杨廷和说情的人，此事才慢慢得以平息。[79]

桂萼（此时尚不是大学士）也上疏陈言。他奏道："昔甘肃之变，虏以杀降为词，实欲诉冤，初非剽掠。而陈九畴张大其词事，以震惊朝廷。当时大臣议大发兵驱之，遂致涂炭一方，盖杨廷和欲成王琼之罪，故科道官噤无一言。比遣勘问，又相推诿。臣故请起王琼以明此事，臣何私于琼哉！而科道官遂攻臣以为不能安静。"嘉靖皇帝回答曰："尔所奏，朕自有处置。"[80]

需要指出的是，于嘉靖元年至四年（1522—1525年）间巡抚甘肃的陈九畴，是一位以武健名，斗志昂扬的官员。彭泽总督甘肃时，陈九畴为肃州兵备副使。时彭泽与哈密都督写亦虎仙一同贿赂吐鲁番，陈九畴奋然斥曰："彭公受天子命，制边疆，不能身当利害，何但模棱为！"与此同时，陈九畴加紧备战练兵，修缮营垒，时常如临大敌。写亦虎仙随后果然款通吐鲁番，而速檀满速儿进犯嘉峪关，直接导致游击将军芮宁败死。战争一触即发，吐鲁番阳为遣使斩巴思以驼马乞和，阴遗书写亦虎仙及其姻党阿剌思罕儿、失拜烟答等为内应。陈九畴知诸番计谋，遂先发制人，擒拿阿剌思罕儿及斩巴思付狱。但即使如此，兵部尚书王琼仍因恨彭泽入木三分，而牵连陈九畴，以失事罪逮捕其入狱，失拜烟答亦为处死。此一构隙，实启日后党争之端。

甘州兵变后，陈九畴被擢为右佥都御史、巡抚甘肃。嘉靖三年（1524年），速檀满速儿复以二万余骑围肃州，陈九畴"自甘州昼夜驰入城"，以箭射敌军，敌人多被射死。速檀满速儿又分兵掠夺甘州，为总兵官姜奭所败。战后论功行赏，陈九畴却道：

"番贼敢入犯者，以我纳其朝贡，纵商贩，使得稔虚实也。写亦虎仙逆谋已露，输货权门，转蒙宠幸，以犯边之寇，为来享之宾。边臣怵利害，拱手听命，致内属蕃人勾连接引，以至于今。今即不能如汉武兴大宛之师，亦当效光武绝西域之计。先后入贡未归者二百人，宜安置两粤，其谋逆有迹者加之刑戮，则贼内无所恃，必不复有侵轶。倘更包含隐忍，恐河西十五卫所，永无息肩之期也。"

杨一清颇采其言，但陈九畴很快就发现，自己也被卷入党争的旋涡中了。嘉靖四年（1525年）春，陈九畴致仕。

更早的时候，吐鲁番曾兵败远遁，都指挥王辅言速檀满速儿及牙木兰俱死于炮，陈九畴上奏以闻。但后来二人又上表请求通贡，嘉靖皇帝既怪且疑。蕃人同时还在京师散布流言，说肃州之围是陈九畴激变所致，嘉靖皇帝愈发相信其词。恰在此时，王邦奇攻讦杨廷和、彭泽等，事情牵连到陈九畴。桂萼则利用这个机会，以肃州之事加诸彭泽，以达到倾轧之目的，故桂萼请许通贡，而追治九畴激变状。大学士杨一清以事已前决为由不愿追责，但嘉靖皇帝不听，决议逮捕陈九畴。即使如此，刑部尚书胡世宁仍极力为陈九畴开脱，言于朝曰："世宁司刑而杀忠臣，宁杀世宁。"又上疏奏曰："蕃人变诈，妄腾谤议，欲害我谋臣耳。夫其畜谋内寇，为日已久。一旦拥兵深入，诸番约内应，非九畴先几奋戮，且近遣属夷劫其营帐，远交瓦剌扰其窟巢，使彼内顾而返，则肃州孤城岂复能保？臣以为文臣之有勇知兵忘身殉国者，无如九畴，宜蕃人深忌而欲杀也。惟听部下卒妄报，以满速儿等为已死，则其罪有不免耳。"可惜最后，嘉靖皇帝仍采纳了桂萼之言，将陈九畴流放极边，十年后乃赦。[81]

这一连串事件或许能向我们表明，为什么像吐鲁番这样的小国，对明朝能产生几近于亦不剌或小王子那样的胁迫感。速檀满速儿是一位立足城市根基的扩张者。他信仰伊斯兰教，或许与彼时伊斯兰教的泛化有着文化联系。同其他许多伊斯兰教信徒一样，速檀满速儿生活在中国这一广袤世界的一隅，而此时同在中国的鞑靼人却尚未与藏传佛教建立起紧密联系。与生活在中国境内的其他少数民族相比，他们之间的联系显得松散。鞑靼人似乎早就不向明廷遣使，而吐鲁番却仍有使节长居北京，且令人讶异的是，速檀满速儿的使节和间谍，甚至能以一种破坏的方式干预明廷高层的政治。

当然，明朝最终经受住了考验。持续的内忧外患没有摧垮明廷，速檀满速儿的颠覆行径亦最终未能奏效。

* * *

吐鲁番的扩张不仅造成难民东迁，且哈密、沙州、瓜州、罕东至甘肃沿线的居住区，少数民族人口在大量增加，土地及其他资源恐渐渐难以为继。

一开始，哈密数为吐鲁番所破，余众走入塞，散处苦峪、赤斤、肃州诸城，前后千余人，并向当地官府僦屋以居，贷田以耕，边臣也给他们耕牛，协助耕作。此后，随着哈密乜吉字剌部、哈剌灰、畏兀儿等的移徙，此地房屋土地不足。诸番请赐，兵备副使赵载以为："诸夷失国内附，暂留我边，朝廷待之已厚。今我军贫困，仓廪空虚，自救不瞻，而彼辄求田土。与之额内屯田则不可，置之威房远地则不欲，宜使人告谕诸夷，宣国厚恩，责以兴复哈密大义，即不能存，当量给衣食，不得妄有陈乞。候复哈密，别为议处。"提督尚书王宪议言："诸夷散处塞上，皆甘肃守臣一时权宜。今吐鲁番献款求和，哈密兴复可计日待，而虱吉字刺等忘其故国，妄有请求，此未可许也。且夷性无餍，若遂与之，将来何所止极。惟宜省谕诸夷，如载所言，则中国之体尊，攘夷之机得。"兵部和嘉靖皇帝最终均是其议。[82]

以此观之，明朝君臣仍对和平收复哈密，重新将之纳入朝贡体系抱有幻想。

但这有可能实现吗？问题十分棘手，它原本的可行性甚至因嘉靖皇帝对臣下的猜忌而消解。嘉靖六年底（1528年1月），问题在朝堂引发公论。兵部议："番酋乞和者数，前以下提督尚书王宪，因其贡使省谕之，所请似不妄。第其词出牙木兰，非真乞贡之文，其诈以款我，亦未可知。若果悔过输诚，当归我哈密城池，及原掳甘肃人畜，仍械送首恶叛臣，稽首关门，然后可信。"[①] 嘉靖皇帝从部议，命提督镇巡官王宪等省谕回酋，必得其番文无伪，悔过有据，方能为其奏请。

吏部尚书桂萼又奏："夷狄苟以诚归，朝廷亦当以诚待。今不乘其来而怀之，则哈密之地何时可归？而边鄙之患何时可息？臣谓当留质牙木兰，遣译者单骑谕速檀满速儿王，责以访哈密之后，归其金印、城池之旧，改过自新，方许通贡。"嘉靖皇帝是其议，命礼、兵二部共议其言。于是桂萼乃与礼部尚书方献夫、兵部尚书王时中等议言："臣等查看夷情，自正德时我边臣失计，

---

① 原著称此话出自大学士桂萼，核《明实录》，原著有误。——译者注

已正法典。嘉靖二年（1523年）以来，虏复寇甘州，至今未息烽。而番酋乃遣人上书者四辈，委罪前吏，希求通贡，虽其言多抵饰，亦由事发有因也。宜内令严兵堤备，而遣通事及译官各一人，宣谕彼番，以通其意。且遣官查看前后边臣有无激变事情，以服其心。"

对此，嘉靖皇帝回答道：

> 番酋累犯不悛，吾欲问罪，恐滥及无辜，故闭关绝贡。今虽累奏求通，而未见悔过输诚之实。其令甘肃守臣暂羁夷使、马匹、方物，责验安插。礼部遣通事、译官各一人，赍敕与其人俱往。如献还哈密城池及所掠汉人，缚首谋犯边者付吏，乃听入贡。如违命不悛，即兴师往问其罪。其访哈密子孙宜袭者以闻。事发有因，诚如卿等言。即令原遣给事中、锦衣卫官核上先年功罪之实。前三年虏犯边，诸臣言速檀满速儿、牙木兰已死，乃今皆存，妄奏冒功，罪不可宥。甘肃不止回夷可虑，西海残寇、北山零贼，皆伏藏为患。其令王宪亲诣河西经理，户部差官往开盐引足粮饷，务令随处充足，不乏军兴。

甘肃巡抚陈九畴，本有战功，却因妄奏速檀满速儿等死于枪炮之下而受到朝廷质疑。而金献民受命专征，未至地方，又因陈九畴所妄奏而罢。大学士杨一清亦奏认为"失事诸臣，罪已前决"，故"不必追治"。但嘉靖皇帝并不完全同意。嘉靖皇帝回复道：

卿昨奏请罢甘肃夷情事，皆合事宜，其中二事似未当者。若着郎中带银去买集粮草，恐不济事。可推一人或兼佥都御史去，开盐引若干，招商上纳，方可不误。又只将三年冒功人员治罪，前置之不问。朕恐未服夷情，了不成事。夫甘肃之变，虽不止今次，然今二次皆是彭泽、陈九畴始成之。既先以差定罪发落，彼何复三年又行作乱，戕我祖宗之民，可回护此罪人，坐听夷患不知救也。如要彼服，想将此数人先后致患者重刑治之，方可服彼。且将夷情不论，只如此言之。今之巡抚等官，不惧朝廷，辄与和字，或多残杀，或将财产尽侵入己，或以现在夷酋欺诈冒功，均为重罪。乃不能法治之，却要服不知人伦、不识文字犬羊之徒，未有之理！

杨一清并没有对此事进行直接回应，但也间接表达了自己的看法："犬羊之性，终不可测。比年入贡之使，尚在国门，侵掠之兵，已至嘉峪，是岂信义之所能结，文告之所能致也哉！通事、译字官在王朝官职虽微，然以使于外境，则国体甚重。往还万里，出入于沙漠之地，事变所不能无，恐非所以全中国之体也。"他指出蕃人的"犬羊之性"——既入贡，又攻打嘉峪关，似乎敕文对他们全无约束。派遣的译史级别太低，无法彰显明朝之国体尊严。嘉靖皇帝是其议，曰："卿言良是。天子之使，远涉番境，此失尊大之体。在京通事、译字官可勿遣，第以敕书属之甘肃镇巡官，令其遣抚夷官，往谕为当耳。使番酋果能悔过输诚，朕当曲赦其罪，否则闭关绝贡，别作处分。"[83]

刑部尚书胡世宁对此问题有自己的判断。其言：

> 臣以为文臣之有勇知兵，而忘身为国，无如九畴。固彼番酋之所深忌，而欲杀也，惜其后信僚属之公移，轻听奸回之捏报，而妄奏速檀满速儿、牙木兰之杀，则其罪有不免……臣愚，欲乞圣明特与辅臣熟议，今后哈密城池，照依先朝和宁、交阯，舍置不问，而唯责彼番酋恭守臣节，再无侵犯。一二年后，方许入贡，或止通互市，仍约其贡其市，皆不许多带人众，淹留岁月，则我之边城驿途供费可省，而得专事边储。[84]

这几乎打破了讨论中存在的僵局，毕竟在胡世宁之前，没有哪位大臣敢提出放弃哈密的计划。

幸运的是，嘉靖七年（1528年）六月，牙木兰、帖木哥、土巴均率众内附。据《明实录》载：

> 牙木兰故曲先卫人，幼为土鲁番所掠。比长，黠健，速檀满速儿信用之，屡为西边患。至是，为满速儿所疑，惧诛。帖木哥、土巴俱沙州番族，土鲁番威属之，岁征其妇女、牛马，不胜侵暴，故三夷率其族帐男妇数千人叩关求附。甘肃巡抚都御史唐泽议于肃州迤北境外威虏旧城及天仓墩、毛目城等地散处其众，暂给口粮月一斗，量资牛种，令随地耕牧，秋成自食，待西事宁日，各归本土，作我藩卫。

提督尚书王宪指出："牙木兰为番酋腹心，而土巴等被驱为羽翼，今内相猜忌，挈族来归，中国之利也。义不可拒，且安插之地视先年益远，而防亦颇严，抚给之粮，循旧例量减，而费亦颇省。臣已遣人分谍瓜、沙州，察虏众归附所繇，及谕令贡市还国诸夷取速檀满速儿真正悔罪番文。"就在此时，新任提督王琼替代王宪，走马上任，他的任期将一直到嘉靖十年（1531年），诸事将由其亲自处理。[85]

严从简的著作，成书于万历二年（1574年）的《殊域周咨录》，详细记载了当时甘肃边防明军的瓦解及重新部署状况。其载：

> （牙木兰）其兄脱啼娶帖木哥妹，收掌曲先卫印信，部下二百余人依帖木哥等沙州住牧。帖木哥等后投肃州，脱啼乃往南寻本族，后亦无踪迹。牙木兰在土鲁番用事，甚见宠信，常令兵攻哈密，擒王夺印，占其城。兵部尚书马文升请命甘州守臣袭之，调罕东兵为助，刻会于肃州嘉峪关外。罕东失期，牙木兰知故先遁。甘州将无功而还。
>
> 后牙木兰屡夺占哈密城印，兵部议绝土鲁番，不许通贡。土鲁番乃复乞贡。又以事疑牙木兰交通中国，逼逐之。嘉靖七年，牙木兰乃拥帐三千，与罕东卫帖木哥及土巴等来投肃州求降。上命总制三边兵部尚书王琼抚处。敕曰："近该兵部覆题，该甘肃镇巡等官及先任提督尚书王宪各奏，土鲁番酋先年拥众侵犯甘州，残害地方，节该守臣具奏闭关绝贡。近乃遣使求贡，奸谋叵测。夷酋牙木兰等本曲先部落，叛附土鲁番，为彼心腹，侵轶我境。今与帖木哥、土巴等各称被土鲁番逼害，率众投附。有无别项蓄谋，亦难逆料。各官欲照先年事例，安插居住，以示怀远之道。但又称尔新任提督，前项事体重大，未审意见有无相同？今特命尔亲去甘肃地方，会同镇巡等官再加详处。仍多方用心，查审各夷是

否被逼投附，有无别蓄奸谋。若果势穷求生，倾心归向，先将各项人口查验明白，各照所拟地方分散安插。应给口粮、牛具、地土，查照先年事例，斟酌施行。量将城池修筑，以便防守。分族居住，使其自相亲睦。仍选差的当官员不时晓谕，令其安分守法，自为生理。不许专恃官粮供给，及在彼生事，扰害地方。彼处地方虏情不一，尤须督领，令大小将官整饬士马，振扬军威。一切边备武备，务要朝夕戒严，不可时刻怠慢，以防意外之患。朝廷以尔才识素优，练达边务，故兹委托。尔须殚心竭力，规画修举，其干碍夷情必与镇巡等官计处停当，应施行者径自施行，应奏请者具奏定夺。敕内该载未尽者，听尔从宜区处。毋恃己见，务稽众议，使边鄙宁谧，朝廷无西顾之忧。斯尔之能，尔其钦哉！

于是，甘肃兵备赵载会同分巡西宁李淮、游击将军彭濬共议称：

牙木兰原系我曲先卫属番，自幼抢去与土鲁番作为谋主。今逼投附，置之甘肃。平居防其捕逃，寇来防其内应。虽云投降，其妻子兄弟尚在彼中，难保全无反复，必须或徙居内地，或转发别边，方为良便。纵使土鲁番将来求讨，原不系彼回夷，我之旧属，今归一我，名正言顺，亦可塞其求请。

王琼乃谓：

牙木兰原同帖木哥等前来归附，本当与帖木哥等一例安插，但恐复回沙州，又为土鲁番所制，意外生变。若欲安置远方，又恐阻绝以后夷人不肯降附。请将牙木兰并其仆妾差人伴送赴京，查照永乐年间山东青州等处安插夷人事理，议拟安插。或径差人伴送延绥镇巡官处，发榆林卫收充旗役，给拨月粮营房，随军杀贼，或别有处置。[86]

到了七月，王琼又奏言：

往年撒马儿罕、天方国、土鲁番、哈密四处夷人，各遣使入贡，未及廷献而土鲁番旋来寇边，故都御史陈九畴议将土鲁番、哈密贡回夷人羁留不出，以观其变。迄今二年，虏心未悛也。请通行验放出关，仍宣慰番酋，令其改过自新，用示柔远之德。

兵部和嘉靖皇帝均是其议。[87]

是年末，吐鲁番终于决定全面向明朝投降。速檀满速儿决定交还哈密，总制三边王琼书告吐鲁番："吐鲁番速檀满速儿献还哈密城池及诸所劫掠人马、器械，累遣使求贡。顷奉旨索有番文，臣译审其情，似出悔悟。伏冀圣度含弘，不责小夷之罪，许令照旧通贡。"兵部是其议，嘉靖皇帝答道："夷酋世济凶恶，始议闭关绝贡，法所宜然。迩者，乞贡再三，朝廷以远夷不足深较，令镇巡官察其果有悔悟实心，责取真正番文具奏，方许通贡。今既译审无诈，准放入关，分为两运，遣官伴送来京，每运毋得过五六十人，余下人口存留在彼听候，仍定与往来期限，不许在途迁延骚扰。"

李承勋的《议处哈密事宜疏》，对这一事件进行了详细分析。其略曰：

土鲁番在西戎中本非强大，自正德十一年以来数犯甘肃，我边往往失利，非彼之善，乃我之自治未善耳。今虽称献还哈密城池，不过以空言相诳。前后放回彼地羁留使臣共二百十九名，彼送回原房人口止三十二名，不及百千之十一。但中国厚往薄来，似当略其隐情，嘉其善意，不为常例，量赏纻丝数十匹以答之。又恐彼以索讨牙木兰为词，再启边隙，此事当熟虑于未纳之前，不可二三于既纳之后。查得牙木兰先该彼处各官称，系曲先卫熟夷，自小被彼虏去，今始得还，受之不为无词。已奉成命安插，断无可遣之理。若彼不自度量，再来侵犯，将入贡使臣，依各官所拟，斩首示众，诚不为过。然使臣之中，或有原不与逆谋者，临时鞫问明白，分别轻重犯该奸细重情，听总制军令斩首，其余监候奏请发落，庶宽严得中。

合候命下，转行总制陕西三边尚书王某，撰写钧贴，省谕土鲁番使臣，大略言："土鲁番自古以来，永为中国西蕃不侵不叛之臣，所以我前朝列圣，嘉其忠顺，许令通买卖。凡尔服食器用，悉仰给于中国。后因边臣抚驭失宜，致尔怨叛。今速檀满速儿能自悔过，献还哈密城池人口，似有改误之意。朝廷之于哈密，非利其土地人民，以哈密乃哈密之哈密，为尔侵夺，皇上为中外华夷之主，不得不为之治乱扶危。速檀满速儿既能献还哈密城池，自今以后，再不可兴兵扰害哈密并瓜、沙各处熟夷，方见忠顺之实。朝廷不念旧恶，容尔照依旧规通贡。若再骚扰哈密、瓜、沙一带熟夷,使彼不得安生乐业,再来赴愬于边臣,定将入贡使臣或斩首或迁发烟瘴地方,不容尔通贡。大小关隘严切把截,私商官贩,俱各禁止,中国一物一布,不容放出,与尔永绝。"

李承勋又奏道:

> 甘肃之安危在自治之得失,而不在土鲁番之强弱,要当以足食固边为久计,通番纳贡为权宜。若我将士辑睦,军饷充足,斥堠精明,彼若再来入寇,坚壁清野,勿与交锋,前不得战,野无可略,不过数日,彼将自挫。候彼欲退,我则尾之,若彼求斗,我复入壁。或用熟夷以挠于旁,或诱瓦剌以截其后,利则战,不利则守,何畏于彼而汲汲与之和乎!入寇则固守以挫之,而不贪杀获之功;求贡则不拒以柔之,而不责既往之咎。彼虽变诈万端,而我待之惟一诚;彼虽反复万状,而我度之惟一理。庶几控制有道,体统自尊。然兵有深机,事难遥度,是以阃外之事,不从中制。今臣僚中练达老成如琼、才猷宏达如琼亦一时未易得也,而又膺总制之重任,握便宜之大权,事当应机立决,大者画一具奏,毋或顾虑太过,动辄作疑请议。切恐锋镝交于原野,谋猷决于庙堂,万一不合彼中时宜,反致牵制误事。[88]

霍韬在大礼议中是嘉靖皇帝的坚定支持者,他对吐鲁番好感殊无。他在《夷情疏》中奏称对吐鲁番的担忧有四:

今西蕃求贡，尚书王琼译进番文，具裔夷小丑之语，无印信足征，则罪之心未出于实。辄许通贡，恐戎心益骄，后难驾驭而边患愈滋，可虞者一也。哈密城池虽云献还，然无番文足据，何以兴复？或者遂有弃置不问之议。夫土鲁番无道，图我哈密久矣，我遂弃置不问，彼愈得志，将劫我罕东，诱我赤斤，掠我瓜、沙，连北狄，内扰甘肃，而边患益滋矣，可虞者二也。牙木兰者，土鲁番腹心也。拥帐二千，称降于我。而土鲁番书则曰不知彼去向也。岂诚不知也？安知彼非诈降，饵以诱我，他日犯边，则曰我纳彼降人，彼来报复也。又曰我不归彼叛人，彼不归我哈密也。自是哈密永无兴复之期矣。彼拥重坐大，而我之边患愈无休息矣，可虞者三也。牙木兰之降也，日给廪饩，所费良多，犹曰羁縻之策，不得已也。若土鲁番拥众叩关，曰取彼叛人也，将驱牙木兰而与之也，彼则诡曰，降也以投生也，今出则死，而不肯去，将从而纳之耶？恐为内应，而有肘腋之忧。土鲁番拥兵于外，牙木兰为变于内，即甘肃危矣。可虞者四也。

霍韬还指出：

或曰今陕西饥荒，甘肃孤危，尚虑不保，虽弃哈密可也。臣则曰保哈密所以保甘肃也，保甘肃所以保陕西也。若曰哈密难守，则弃哈密，然则甘肃难守，亦弃甘肃，可乎？昔太宗皇帝之立哈密也，因胡元遗孽力能自立而遂立之，借之虚名，我享实利者也。今哈密之嗣三绝矣，天之所废，人孰能兴之！今于诸夷求其雄杰，足以守我城池，护我金印，和戢诸戎，修我贡职，力能自立，即可因立之矣，必求哈密之后乃立焉，多见其固也。

霍韬的长篇大论引起嘉靖皇帝注意，他说："览韬所言，知其留心边务。牙木兰纳居内地，奸谋叵测，兵部其一一参详筹画，究极利害，务要计出万全，具奏定夺。"[89]

有关哈密，还有其他事件对明廷的决断产生影响。"吐鲁番虎力纳咱儿引瓦剌二千余骑犯肃州，至老鹳窝堡。时撒马儿罕夷人因为入贡而留堡中"，虎力纳咱儿军从堡下呼叫其与之答话，问以通贡事。"游击将军彭濬急引兵迎战，斩首数级。"虎力纳咱儿又言"欲问信通和"，彭濬不听，继续麾兵进击，大破之。随后，赤斤卫使人持番文来言，乞许入贡，并请还羁留之使，但词多悖谩。王琼等却"因言番夷行且惧悔"，认为"宜原其求通之情，宥其不知之罪"，于是请令朝廷通贡如故，以罢兵息民。

兵部在答复嘉靖皇帝此前要求的"一一参详筹画"时，也将此事纳入决策考虑中。兵部言：

> 土鲁番自通贡以来，渐置奸回于内地，欲取肃州，事觉乃绝。则多纵反间，倾我抚臣，然终不敢入寇。今诏许之入贡，使方入关，而虏兵已至，几危甘肃，此闭关通贡利害，较然甚明。今提督等官既言虏薄我城堡，缚我军士，声言大举以恐喝中国，变诈如是，而又言虏方惧悔，宜仍许通贡，以息边陲，前后似相抵牾。且霍韬又以虏无印信番文为疑，臣谓虽有印信，亦不足据，第不使堕其术中，以疑我忠臣、弛我边备则可矣。牙木兰，我属番，为彼虏去，为之用事，

今束身来归，事为反正，宜即抚而有之，以招彼携贰，益我藩篱。

至于兴复哈密之事，则臣等窃以为非中国所急也。夫哈密三立三绝，今其主已为虏用，其民散亡殆尽，假使更立他种，彼强则入寇，弱则从彼，难保为不侵不叛之臣。且哈密之复，其力岂能邀截北虏，使不过河入套也哉？故臣以为立之无益，而适令土鲁番挟以为奸利耳。臣愿皇上赐王琼玺书，令会同甘肃镇巡等官召谕夷使，责以大义，晓以利害，自今许入关通贡者，多无过十五人，所至毋得延住。又遣其使谕速檀满速儿，问以入寇状。借曰不知，则令械送虎力纳咱儿。或事出瓦剌，则斩瓦剌百人以赎罪，否则羁其贡使，发兵征剿，庶几威信并行，彼知敛戢。

兵部又称：

除瓜、沙属番及哈密遗民畏兀儿、哈剌灰等，俱不得遣，其他力能服众及能灭土鲁番者，或请给印封爵，使主哈密，听琼等熟计。然臣窃料土鲁番酋所恃火者他只丁、牙木兰统兵于外，而写亦虎仙等数番使为间于我中国耳，今皆诛死，而牙木兰已来归，势亦渐弱。哈密距关千五百里，所过罕东、赤斤诸卫，皆已款塞。彼远涉千里而供馈无资，又过流沙，水无所得，视前入寇为难。故今甘肃所忧，不在土鲁番，而南有亦不剌，北有瓦剌，最骁劲近边。往者我以为援，今从彼为寇，此甚可忧也。自今宜以通番纳贡为权宜，以足食固边为久计，且闻瓦剌之众方怨土鲁番，使谋臣能利而诱之，使自相携贰，此亦伐交之术也。

兵部还请"授牙木兰一官，赏其同降者，以怀来者"。嘉靖皇帝是其议。[90]

刑部尚书胡世宁的观点与此截然相反，他不同意霍韬的说辞。他在《回达入境官军击斩退去随递番文讨要羁留夷使疏》中，用各类事实、历史以及逻辑论证了哈密之重要性。在胡世宁看来，若失去哈密，则明军的边防体系难免出现漏洞而瓦解。速檀满速儿颇具开疆拓土的野心，他甚至还遣商人为间谍，在明朝各处刺探情报。为了制约吐鲁番，胡世宁还提出应让类似牙木兰等他族之人经营哈密。[91]

兵部侍郎王廷相不赞成胡世宁的观点，但他在《与胡静庵论吐鲁番书》中却表达得十分委婉温和。他写道：

> 今据哈密国势人力，果能与土鲁番相拒乎？不然，虽得金印、虽还城池，终还为彼之殴役耳。夫欲大举兴复，必得甘肃兵力，足以制彼之命，如齐桓之救邢复卫可也。今中国之力能然乎？纵有兵马刍储，足以一举而恢复之，嘉峪关至哈密旧城，尚有半月之程，我兵既归，彼兵即至，哈密残困孱弱之族，能与之抗乎？此不待智者而后能料也。

又曰：

> 祖宗之时，关外设立七卫，以捍蔽西戎。今百余年来，渐以凋灭，无复生聚。阿端一卫，不知所往矣。曲先则南入

乌思藏矣。赤斤、安定、罕东，或数百为族，数十为落，皆内附肃州境土，如野鸟惧物为害，依人居止，衰败凋残，厌厌游游，止存气息矣，夫安望其振厉。惟罕东左卫少壮可战者仅有一二千人，即今亦来内附，而瓜、沙空虚矣。其近西羁縻诸夷，大略无复可望如此。不知土番临近如天方、撒马儿罕诸国，何由可以间谍而使之破灭土番耶！非其仆浅近者所能计也。其牙木兰来降，据其当日番文之词，不过与其弟满刺天哥等六人入关耳，其云男妇老小约有五六千人，皆帖木哥、土巴之族属。今牙木兰六人，甘肃守臣已处之深入内地，彼土番虽欲求与通语而不可得，况能有别谋乎？纵有之，六人之力何为哉！据彼之来降也，诚为速檀满速儿之逼，非有他故。观土巴、帖木哥与之同来，其情状可以类见……土巴、帖木哥不可令彼久弃沙州，当令守臣早行计处，促使之归可也。不然，则瓜、沙久虚，土番遣人窃据，耕牧其地，一则可以为入寇之资，一则可以为开拓之计，甘肃愈益多事而不可支矣。[92]

接替胡世宁出任兵部尚书的，是李承勋。有关哈密吐鲁番事件，李承勋称：

> 甘肃之忧在粮食不足，恐日后不能自守，而土鲁番之患其次也。方（牙）木兰既降，彼之谋主已丧，虽诚伪不可知，羁住甘州，在我掌握，但须丰其廪饩以坚其归心，保其妻子以制其逸志，谨其防闲以消其他虞可也。带来瓜、沙诸夷就食于我者，闻已大半各还旧居。若其果然，又边境一幸

也。其有未去者,速宜济以行粮,劝令早归本土,趁时耕种。在彼为长久之便,在我无肘腋之患矣。其入贡诸夷,于土鲁番,宜谕以瓜、沙诸夷皆我良民,防尔扰害,远来附我,今已遣还,尔等宜各守封疆,毋相侵害,则进贡之路长久可保;若仍前侵扰,彼来赴诉,则当拘尔贡使,绝尔赏赐,依前闭关,不复容尔往来矣。于天方诸国使臣,宜谕往岁闭关,止因土鲁番犯顺,尔等自来忠顺,不在所绝,今后宜依期入贡……至于哈密一事,固未敢遽议兴复,以劳人费财,亦未可轻议弃置,以辜瓜、沙诸夷仰望之心,姑羁縻之而已。

其土鲁番国势,昔有人自其国逃来,言彼国都东西可二三百里,南北七八十里。人以种植田猎为业,帐族散处,每帐能战者三分之一。通国一起可五六千人,必数月而后合。命则其主延首领及散卒素有谋者并入一密室谋之,室中上铺红毯,其主南向而坐,东西相向,各铺白毡。首领以下,依次就坐。主乃策其下曰:"我等出兵,若中国布如此阵,何以破之?用如此器,何以御之?"首领以次各陈其见,择一善者。乃杀牛设誓,期以必死,故每战虽败不退,最能支久。

自彼国至哈密六百余里,经黑风川三百余里无水草,瓦剌多于此邀而覆之。自哈密至嘉峪关一千二百里,亦有无水草去处。成化时,刘宁出军四十八日而后到,路虽近而行难故也。

王子速檀满速儿有同母弟,曰巴巴义,最强,素欺其兄,异日必夺其国。异母弟二人,曰:真帖木、忍帖木,仅能自存。彼将入寇,必驱瓜、沙诸夷以为前驱,又约瓦剌以助其声势。

对此，李承勋提出的对策是：

> 使我镇巡有谋，宜结瓦剌以伐其交，厚瓜、沙诸夷以为间谍。俟其兵至肃州，我但坚守不出，小堡难守者悉并入大堡而坚守之。数日之后，彼之锐气无施，自然挫矣。我乃出兵二三千，立牢固营盘而守之，每出游轶以扰其牧放，彼追则走，彼去复来。不过数日，彼将计穷而遁归。俟彼返路，我以精兵随其后，彼若来攻，固守而不与交锋。我无亡矢遗镞，而彼之进退狼狈，则瓦剌、瓜、沙皆将作难于彼，而我收全功。至于所以挑瓦剌、瓜、沙者，又在将官用机用智，难预图也。[93]

大学士桂萼对哈密的看法更为武断。他在《进哈密事宜疏》开篇，就指斥诸说之偏见。他奏道：

> 近朝议哈密事纷纷不一，志事功者主于兴复，悯民命者颇议弃绝，此皆不通时势，而胶于一偏之见者也。臣因以平日所闻，参互考证，而得其说，数以质之前在陕西实心经理其事者，莫不以为所访其中事情并处置之宜，款款切实。今辄开列如类备照册子式样，随此进呈，以备圣览。盖恐兵部复本与百官建议之言，多失事实，并繁文太多，其番语又不易通晓，故敢不惮尘渎。

桂萼的看法是：

> 今哈密之地，必欲兴复，其势有五不可。城池颓坏，地土荒芜，农器子种不备，辄难修理，一不可也。忠顺、安定二王之后，俱无可立之人，欲立他族，则众心不服，罕慎之事可鉴，二不可也。三种夷人回回，不与我同心，畏兀、哈剌灰又微弱不可恃，况住居肃州日久，有恋土之意，必欲驱之，复入哈密，是置之必死之地，且失其心，三不可也。甘肃之地已为穷边，近来又荒歉，在官仓廪空虚，在民十室九空，甘肃西路虽新设游击三千人，马号为三千，其实不满二千，俱各卫新选之人，其势不足以慑吐鲁而护庇哈密，四不可也。纵使强勉兴复，随复随败，徒劳中国，且伤国威，益资吐鲁之利，五不可也。势虽不可兴复，亦不可废弃。一则祖宗所立之疆土不当弃，一则指以恢复为名，以羁縻夷心，彼以为汉人必不舍此地，常以奇货诱我，如弃而不讲，彼以为我不以哈密为轻重，必启其侵谋肃州之心，大为不可。故哈密之地不可恢复，而亦不可弃也。

对此，桂萼主张从根本上解决甘肃的经济问题。他接着奏道：

> 所谓闭关绝贡者，是因回夷之犯顺，而吾以威摄之也。必须修我之边备，使仓廪充实，士马精强，城堡完固，而将士日夜淬砺以待之。如回夷果能悔过输诚而求贡，然后容其入关；如其桀骜侵犯，则仗义征剿，使之痛遭挫衄而归。如此，则闭关彼以为威，开关彼以为恩，而后边境宁谧。今日之事，一闭关绝贡之后，边备之事置之不问。今闭关绝贡已数年矣，仓廪空虚犹昔也，士马寡弱犹昔也，城堡颓坏犹昔

也。内治狼狈如此，故回夷之求和未必诚也，而镇巡不敢深拒，恐其侵掠地方，稍不得利，即率乌合之众长驱深入，如蹈无人之境，必获大利而归。昔年之事可鉴也。盖由我边备不修，闭关彼不以为威，而开关彼亦不以为惠，故今日之事不在于关门之闭与不闭，惟在于内治之修与不修也……故为今日计，惟在安静以养兵民，羁縻以缓他变，则兴复之道耳。[94]

桂萼的论点虽武断，但颇有道理。以明军目前之窘状，不采取过分行动可能是最好的决定。桂萼的论争或许并没有将焦点集中在哈密问题本身，且就整个明朝而言，哈密问题很快就不再出现在朝堂之上。因为明朝君臣逐渐将关注焦点转移到了边防的其他问题上。

嘉靖十四年至嘉靖二十七年（1535—1548年）：夏言等人任内阁首辅时期

明朝之所以能在长达两个半世纪的时间里保卫其2700公里长的北境防线，起码有如下两大因素：一是鞑靼人及其他掠夺者从未试图真正逐鹿中原；二是明朝的防线从未同时在各个方位受到严峻挑战。战火硝烟之地渐渐降温，而新的星火在其他地方燎原。夏言出任内阁首辅的那几年，吐鲁番的威胁渐渐消失。在《明实录》中，最后一则有关吐鲁番的重大消息，是嘉靖二十五年（1546年）正月，明廷获知速檀满速儿病逝，其子沙速檀袭爵王位。满速儿的次子马黑麻速檀意图再次占据哈密，致使兄弟二人争忿仇杀。随后，马黑麻速檀与瓦剌联姻以为援，退居沙州，意在与其兄抗衡。沙速檀东侵，马黑麻向明廷告发其兄，随后叩关纳款，归附明朝。[95]多年来一直为肘腋之患的哈密，最终因吐鲁番而解决。明廷不再过问此事，而哈密的脱离似乎也没有对明朝的安全形势造成更大影响。

战争的幽灵四处游荡，给西海大草原和河套地区带来了致命问题。现在，漠北方面也出现了战争苗头，宣府、大同二镇乌云密布。

鞑靼人内部正为争夺西海而发生战争，这对明朝来说多少算是好事。嘉靖十四年（1535年）底，总制三边军务的唐龙奏称，吉囊①率骑兵五万出套，"由野马川渡河径入西海，袭破亦不剌营，收其大半部落，惟卜儿孩所领余众走脱"。[96]随后，吉囊又率兵西掠四川松潘，与明朝属蕃帖木哥、革课等联合勾结。如此，鞑靼人内部争斗的余烬烧到了明朝边防，整个甘肃受到了严峻威胁。[97]

或因迫于压力，到了嘉靖二十年（1541年）初，"西海虏酋卜儿孩遣人献金牌、马匹，叩塞纳款"。但兵部对其投诚之事颇有疑虑。兵部尚书张瓒等言："卜儿孩据西海二十余年，实为甘肃腹心之害。若果输诚，则庄浪、西宁诸处得耕收休养屯田，堡寨得乘间修举，河西孤危之势可转为安矣。但虏情叵测，今止献金牌、马匹，未有如往岁求遣子入侍，酋长入觐之事。镇巡官亦

---

① 吉囊是"小王子"达延汗的孙子，巴尔斯博罗特长子。"吉囊"一语既是蒙古官名，也是人名，又作"济农"，其本人尊称为"衮必里克墨尔根"，明人往往称其为"麦力艮吉囊""己宁"等。此句原为正文，为行文顺畅，改为注释。——译者注

未明言何以待之。请命总制尚书杨守礼，同本镇官侦察情实，并陈制御之策，奏请裁决。"嘉靖皇帝是其议。[98]

河套争端中的失败方有时也会向西海迁徙，西海虏酋整克即为一例。整克初为小十王部落，因变故逃往西海，嘉靖二十四年（1545年），遣其属阿都赤赴甘肃纳款，求往内地居住。总督张珩等奏："整克部精兵万人，若不得请，必为套虏所吞，是借寇兵也，纳之便。但虏情诡诈难信，宜令整克亲赴军门，覆审无异，然后从其请。仍令照旧海上住牧，俟套虏入寇，即于境外拒战，有斩馘功，一体给赉。或计擒酋首，朝廷待以不次之赏，既以羁縻西虏，又借其力，以捍御套虏，计无便于此者。"[99]

显然，西海诸虏之间的斗争，常以明朝的支持作为相互威胁的筹码。嘉靖二十六年（1547年），"西海虏酋大同遣绰卜等二人到明朝款塞求市"，总督曾铣言："兹虏自嘉靖十年（1531年）以来，或遣人通好，或投献金牌，或进送马匹，回营之后，竟不还报，多因衰谢之余，甘言缓我边备。即使尽率部落来归，不免分处内地，养虎贻患，尤宜慎重。请如往年例，将绰卜等量加赏犒，令还谕大同等，果乞通贡市，或欲协御套虏，策功祈赏，须亲诣军门，听候处分，如似往岁一去不返，即置勿问，止宜修我边备，以伐其谋。"兵部和嘉靖皇帝均是其议。[100]

的确，"套虏"给明军制造了很多麻烦。其首领吉囊出身黄金家族，是达延汗（小王子）的孙子。在某些年份里，吉囊甚至拥有最强大的鞑靼部落。嘉靖十五年（1536年），吉囊拥众十万，于宁夏贺兰山后的大草原游牧，又分遣其众入寇凉州、庄浪。巡抚甘肃右佥都御史赵载条陈边事，称"吉囊屡犯边境，且有并吞小王子之心"，本意是想成为真正的一方霸主。但事情没有下文。[101]而总督三边都御史刘天和等称吉囊声势浩大，请求朝廷拨赐火器、盔甲、器械，并招募新军以备不虞。[102]又据称小王子正在与东部的兀良哈结盟，而吉囊与其弟俺答正于套中养精骑十万。嘉靖十六年（1537年）初秋，刘天和为此提出一系列应对之策。[103]

嘉靖十九年（1540年）八月二十一日，吉囊拥众数万，由延绥西路定边营入寇。但恰逢大雨浃旬，道路泥泞，吉囊的骑兵不得驰骋，弓箭亦处于胶滑状态，难以使用，为明军所截杀。九月十二日，吉囊等众回到河套，而明军则称此役斩首440余级。[104]是冬，吉囊渡过黄河，进入大草原，并继续在此袭扰明军。[105]

吉囊还时常俘虏明朝百姓以为向导。嘉靖二十三年（1544年），大同左卫指挥王铎之子王三伏诛，原因是王铎素与吉囊相交，常令王三遗之酒物。吉囊甚喜，以部族女赐王三为妻，于是王三时常引导虏军突袭大同。王三被处死那年，吉囊已经病故。[106]

* * *

吉囊的弟弟，即后来的俺答汗，成为鞑靼人的新领袖。他出生于明正德二年（1507年），嘉靖二十年（1541年）正式出现在明朝史官的视野中，并在未来主导了漠北与明朝的关系，直至其万历十年（1582年）去世。

俺答汗的统治时间很长，但在嘉靖二十年（1541年），他还是希冀于与明朝取得和解，而和解的方式无外乎接受明朝的印信封赠，并据此取得与明朝的边境贸易。于是，鞑靼人可以用马匹来换取贵族所需的奢侈品，也可以换取游牧民族百姓日常所需的生活物资。但是，基于"虏情叵测"的初衷，嘉靖皇帝拒绝了这一和解。的确，在嘉靖皇帝统治的中后期，无论是大草原的虏寇，抑或沿海的倭寇，其作耗程度均属空前。俺答汗与嘉靖皇帝同年出生，但比嘉靖皇帝多活了整整15年，或许，这一点他比嘉靖皇帝幸运得多。

因此，嘉靖二十年（1541年）成了明朝与大草原不可逾越的开局鸿沟。[107]是年，俺答汗遣使石天爵、肯切至大同、阳和求贡，原因是俺答的部落遭遇"大札"（瘟疫），"人畜死者什二三，（俺答）大惧，乃往问神官。神官，胡中善卜者。若欲得吉，必入贡南朝乎。先是，弘治朝答父谳阿郎入贡，父老皆相传以为盛事。俺答遂勃勃有通贡意矣。而会石天爵逐牧葫芦海，即以令箭二枝、马四匹付天爵与肯切，令两人款汉塞请贡，因好谓天爵曰：'而幸为我往告汉，汉与我，我即与小王子索降书，自是汉耕塞以内，我塞以外。即弗与我，我必以数十万骑横行塞上不休矣。'"

或许俺答汗有求贡的诚意，但其外交手段显得十分拙劣。在求贡之前，他刚刚掳掠了山西，俘虏、杀害计5万余人，而各路官军却多持隔岸观火的态度。[108]俺答汗的求贡并未为明廷事先知晓，而与石天爵等同行者，又多系亡命之徒，故当使团到达阳和时，入关颇费周折。巡抚大同都御史史道闻其事，言："虏自弘治后不入贡，且四十年。而我边岁苦侵暴，今果诚心归款，其为中国利，殆不可言。第虏势方炽，戎心叵测，防御机宜，臣等未敢少懈。乞亟下廷臣议所以待之者。"巡抚御史谭学谓："虏虽诡秘之情难顺，而恭顺之迹有征。准贡，则后虞当防；不准，则近害立至。且请多发兵粮，遣知兵大臣趣临调度，相机抚剿。"

对此，兵部议曰："虏方强肆，遽尔求息，恐其有谋。宜令镇巡官史道等悉心协议，果虏酋乞贡出自诚心，别无黠诈，宜羁留肯切，令石天爵回营省谕，须索小王子真正番文，保无后艰，星驰具奏。如其阳顺阴逆，著有迹显，亦当具实指陈，一意防守。"

嘉靖皇帝的反应非常谨慎。身为九五之尊，他的任何错误决定都可能给明朝的安全带来致命后果。嘉靖皇帝说道："虏侵扰各边，猖狂已甚，突来求贡，夫岂其情？兵部仍即日会官定计以闻，并会推忠诚有将略大臣一人，总督宣大军务，兼理粮饷。石天爵虽我边民，在虏日久，恐为虏间，趣令抚按官究明驰奏。"（据称，石天爵原系军户，数年前因进入草原为鞑靼所虏，深得俺答汗欢心。）[109]

于是兵部会五府、九卿集议讨论。其集议结论称：

> 虏多诈，其请贡不可信。或示和以缓我师，或乘隙以扰我疆，诡秘难凭，声击靡定。惟以大义拒绝之，则彼之奸谋自沮。今日之计，惟在内修选帅将，足兵足食，乃第一义。故臣等初议，拟添设总督大臣处置兵饷，盖为是也。今宜责令总督大臣趣行赴镇长顾，却虑大振天声，使之畏威远遁，方为得策。

嘉靖皇帝曰：

> 丑虏绎骚，迄无宁岁。各边总兵、巡抚官殊负委任，宣大、近畿重镇尤宜谨备。乃往往失事，大启戎心，今却假词求贡，虏情叵测，差去大臣不许循习常格，虚文塞责，务选

将练兵，出边追剿，数其侵犯大罪，绝彼通贡。果能擒斩俺答阿不孩者，总兵、总督官俱加异擢，部下获功，将士升五级，赏银五百两。"[110]

嘉靖二十一年（1542年）春，俺答汗再次尝试议和，他遣十余骑至边索要被明朝扣押的肯切，并愿以明朝俘虏李山作为交换条件。当然，明廷自然是反对的。[111]

都御史史道希冀能与俺答汗达成某种和平，但这与嘉靖皇帝存在分歧。嘉靖皇帝不愿意再听到不同政见。又因"虏索天爵等急"，史道决定令石天爵先返，并贻以布帛。临走前，石天爵对明廷详细地说明了虏情："虏酋小王子等九部咸住牧青山，艳中国纱段，计所以得之者，唯抢掠与贡市二端。抢虽获有人畜，而纱段绝少，且亦自有损失，计不如贡。"在史道看来，这是俺答汗的真实想法，他认为可以据此与鞑靼订立某种交易。

到了初夏时分，俺答汗又试图与明朝达成第三次和解。石天爵与另外二夷再次来贡，其中一人名为满客汉，是前使肯切的儿子。或许知道了明廷的倾向，边将不敢遽然接纳，只将情况报与巡抚都御史龙大有。龙大有贪功，遂令墩军引诱石天爵等前来并杀之，仅留一使满受秃回报俺答汗。兵部议以为："天爵本华民，而甘心为虏驱使。去岁，守臣失计放还，遂致涂炭山西，震惊畿辅。究其祸，本实天爵一人致之，兹者凭藉故智，敢复叩关，而边臣能应机擒斩之，真足以剪虏羽翼，寒旄裘之胆。厥功甚大，请优录之，以作诸镇之气。"嘉靖皇帝是其议，升龙大有兵部右侍郎兼右副都御史，诸将臣各有升赏。[112]

一个月后，俺答汗用军事行动回应了龙大有的行为。尽管谍者一再警告明军北虏入侵的可能性，但嘉靖皇帝及中外诸臣均对其军事行动轨迹作了错误判断。以此之故，俺答汗在山西全境自大同、太原而至平阳等处，几乎发动全面进攻，村庄城镇无一幸免，明军疲于应对，东奔西走，各地时常告急。等到八月，明军调整了战略，而虏军已全面退回草原。

对此，户科给事中刘绘奏曰：

> 顷者，北虏南侵，陛下特敕兵部侍郎翟鹏往督军务。臣惟虏遁而总督辄罢，虏至而总督增设，事出仓卒，机不素定，此非所以专责成而图茂功也。今虏酋所统部落息养精坚，及今不图，必为腹心患。臣尝考先朝若天顺间之于也先，成化间之于毛里孩、乩加思兰，弘治间之于脱罗干、火筛，其始皆为中国患，然未有不终致挫衄。窃见今之言边事者，谓我兵宜守不可与战，以故各边专假按伏以自全，或拾残骑以诈报。将士既无斗志，总督诸臣亦止于布列兵马，散守要害，名曰清野，实则避锋，名曰守险，实则自卫。臣又闻虏入寇必自将，且号称数十万，联队而行，结营而止。彼固以整入也，我军虽调集三关，然狼顾自守，即参、游所统，亦无逾二三千人。兵法曰："心疑者北，力分者弱。"虏志得逞，职此故也。臣请陛下自今专任翟鹏，凡军马、钱粮悉得便宜从事。内阁大臣推诚布公，协济于内，即驰檄宣大、山西，尽发官兵约十七八万，三路毕举。预选步兵，措置巨挺（梃）、长枪、火器，总戍雁门关外，相机决战，不计伤损。并令户部行各边管粮郎中，积贮军需，总督申示军法，随贼所向，勠力剿杀。并遣科道官各一员，随军纪功，仍敕京营预简精

兵一二万，禅将数员，以待接济。紫荆等关、保定、河间等处，各整所部，以候调发。王师四应，主客之势成，臣谓虏众可计日擒也。

经兵部覆议，嘉靖皇帝是之。[113]

嘉靖二十五年（1546年）五月，俺答汗再次试图与明朝联系。他遣堡儿塞等三人至大同左卫求贡。是年，明军玉林卫百户杨威为虏所掠，俺答汗对其提到"节年入抢，为中国害虽大，在虏亦鲜利，且又言欲求贡市而不可得"。杨威觉得自己能玉成此事，便许诺转达求贡之意。于是俺答汗将杨威及其余所掠数人一并放归明朝，令其先往传达此意。三使带番文前来，言："俺答选有白骆驼九头，白马九匹，白牛九只，及金银锅各一，求进贡讲和。自后民种田塞内，虏牧马塞外，各守信誓，不许出入行窃。"这一说辞，其实与五年前石天爵所言并无二致。墩卒最终放行，但总兵官周尚文的家丁董宝等，却效仿石天爵例，自作主张将三使杀害以邀功。

总督宣大、兵部右侍郎翁万达进言：

北虏在弘治前岁入贡，于时疆围稍宁，自宣府虞台岭之战，我师覆没，自是虏轻中国，贡道不通，侵犯日棘，盖已四十余年矣。嘉靖壬辰，小王子复自致书求献方物，竟疑沮中止。迩年，石天爵之事，彼以好来，所当善应，始既漫然答之，终复诈诱斩之，大失夷心，横挑巨衅。臣尝痛恨当时边臣之失计，乃今彼酋复遣使扣边，卑词求贡，虽夷情诡秘，反复叵测，在我当谨备之而已。王者之待夷狄，来则勿拒，至于权时施宜，察形行间，又兵家所以收全胜者，讵容脱误，致有后艰。而董宝等么么贱卒，乃敢玩法贪功，戕彼信使，臣心刺缪，曷知所云。夷狄虽犬羊其性，固能辨曲直，其喜怒亦犹人也。今归我汉人，遣彼族类执物示信，恳托墩军，为其通款，借曰不许，犹当善其词说遣之。乃既置夷使于墩台，纳归人于境内，又从诱而杀之，此何理也？曲既在我，必且愤怒恣睢，弯弓报怨，将来纵有畏慕威德诚心，亦必疑虑回皇，重以今日之事为戒矣。宝等滔天之恶，真不容诛，请亟正法典，榜之塞上，明告虏首，以朝廷之意以预解其蓄怒构兵之谋，即不可解，臣等相度机宜，按兵待战，尽所能为已耳。

巡按御史黄如桂亦参总兵周尚文防检失律之罪。但兵部却以"虏黠诈未可信"为由，让相关官员继续在边境领兵。嘉靖皇帝是兵部议。[114]

俺答汗方面的回应稍迟一阵。七月，翁万达奏：

虏酋俺答阿不孩递至有印番文一纸，且言欲自到边陈款。及据降人供报，虏中消息称，俺答知打卦看数，见把都、台吉、满官类等，龙年抢广昌，蛇年抢阳和不利。说羊马年乃彼旺相，进贡时候，又称进贡事若迟，恐把都出其东，吉能出其西，有坏大事。臣惟夷人所称，龙蛇马羊年即辰巳午未年也，所称出其西则陕西，出其东则蓟辽。言虽传闻，所当预备。但前项番文非边人所解，请令四夷馆译字官生速为辨验，如词意卑顺，似当亟为处分，不容少缓。盖此虏种类繁多，凶焰日炽，秋期已届，草茂马壮，正彼狂逞之时。乃遣使求通，虽已被杀，犹屡请不已。或谓虏性贪利，入寇则利在部落，通贡则利在首长，即其所请之急，意在利吾赏赐耳。使处之当，而不拂其情，虏众虽狂，或可抚定，不为之处，则旦夕之变，不无可虞。处之少迟，则机会毫发之间，恐又难待，万一词涉不逊，亦当姑示羁縻，以观其动而随机应之，不宜遽尔峻拒也。请下该部亟为议拟，行臣等参互酌处具奏施行。

那么，事情接下来如何进展？其事下兵部后，兵科给事中徐自得极言虏不可信，所请未可允，兵部亦是徐自得之议。兵部认为："译出番书文义既无酋长姓名，又无求贡年月，且其印文夷篆，非中国旧所颁给，情状难凭。宜以防备为实务，以议贡为权宜，令边臣选差通事就彼诘问，务求的确。如或挟诈，径自阻回，果出诚款，责令亲信头目赍执真正番文，誓不侵犯各边，方许重复核实具奏。"嘉靖皇帝是兵部议，并要求边臣十日内处理此事。

既而宣府、蓟镇相继告急。据奏："虏纠众屯威宁海子、长水海子等处，拟候新月上入掠口南。降人自大同入者，复言俺答与兀慎娘子会计入贡，禁所部抢掠。俺答又遣夷使李天爵持番文至，谓吉能欲犯河西渠，差人往谕，谓且入贡南朝，止令勿抢。"蓟辽巡抚郭宗皋又奏："谍传虏已祭旗，请急发京营人马策应。"兵部则议以为："虏大营不动，以牵我师，求贡不绝，以缓我备。宜行边臣悉心战守，毋堕虏计，而发东西官厅人马六枝，赴蓟防守。"嘉靖皇帝曰："虏氛甚恶，其令万达申饬所辖诸将，整兵严备，相机出塞剿杀。辽东、陕西俱令严兵待战，京营人马俟蓟镇再有警报启行。"[115]

翁万达的确在备战。据奏，其"修筑大同东路之天城、阳和、开山口一带边墙一百三十八里，为堡七，为墩台一百五十有四。宣府西路之西阳河、洗马林、张家口堡一带边墙六十四里，为敌台十，斩崖削坡五十里，用工止五十余日"。此外，翁万达还积极改进明军火器，据其奏称："臣尝仿古火器之制，造成三出连珠、百出先锋、铁棒雷飞、母子火兽、布地雷等炮，屡经试验，比之佛郎机、神机枪等器轻便利用。"[116]

生性稳健的俺答汗，仍寄希望于与明朝和解。而作为方面大臣、封疆大吏，翁万达亦不得不谨慎行事，小心安抚俺答汗，同时又要斡旋多疑的嘉靖皇帝——后者时常天威震怒，声言惩治轻堕敌计的边臣。

嘉靖二十六年（1547年）初，夷使李天爵再次赍番文至，译称："俺答言，其先祖父俱进贡，今虏中大神言，羊年利于取和。俺答会集保只王子、吉囊、台吉、把都台吉四大头目，商议求贡。若准，彼进黑头白马一匹、白骆驼七只、骟马三千匹，求朝廷白段一匹与大神挂袍、麒麟蟒段等件各头目穿用。边内种田，边外牧马，夷汉不相害，东起辽东，西至甘凉，俱不入犯。今与中国约，若达子入边墙作贼，中国执以付彼，尽夺其人所蓄马以偿中国，不服则杀之。若汉人出草地作贼，彼执以付中国治罪，不服亦杀之，永远为好，递年一二次入贡。若大师每许代奏，即传谕部落，禁其生事。"看起来，这是一份不错的议和条件。

总督翁万达及巡抚詹荣、总兵周尚文以其事闻，且言：

> 虏自冬春来，游骑信使款塞求贡不下数十余次，词颇恭

顺。臣等以夷情叵测,未敢轻议,已将原来夷使省谕回营,责取印信封诰,期以今秋西不犯延宁耳,固东不犯辽蓟,以取信中国,果守约有诚迹,方敢带为请赏,然我之所以则彼取信者。不难于印信番文之必来,而难于东西各边之不犯。设虏果如约而至,而犹复终绝之,则彼之构怨可待,而其鼓众也有词,其报我也必专而力,即我受彼之诈而中变焉,则虏负不义之名,而举无名之寇,其为患亦终弱且缓,此曲直老壮之所攸分也。况边臣职守之常贡亦备,不贡亦备,初不因是以为增损,如或虑其入贡为窥伺中国,为困扰我边,为反复窃发也,则当伏机而审待之,或限之以地,受方物于边城之外,或限之以人,质其亲族头目百十人于镇城,或限之以时,俟逾秋及冬然后须赏。如是,则虏诚也固在吾羁縻之中,诈也亦得免冲决之害矣。夫不揆理之曲直,事之利害,以虏求贡为决不可许者,非虞祸者也。以虏之纳贡为足恃而懈其防闲,一任所请者,非量敌者也。臣等夙夜兢兢,敢不熟思审处,幸惟庙谟速决,俾边臣得从事焉。

黄如桂亦言:

虏深衷固未可信,而貌则巽婉恳恻,今信使往还,帐牧散漫,恐家丁、通事、诸役或遮杀以邀功,或款结以市好,遮杀挑祸,款结招侮,请预行禁止。

嘉靖皇帝令兵部复议。兵部言:

虏节年侵犯九边，横被其毒。凡在臣工，义当殄歼丑类，以雪积愤。况自石天爵倡为进贡之时，节年踵行前诈，岂可轻信，以堕虏计？请行总镇诸臣，严兵饬备，无失事机。如虏使再至，省令传谕俺答，约会诸酋，禁辑部落毋侵犯各边。果九边晏然，著有恭顺实迹，另行具奏。其遮杀结款等弊，悉严禁如御史请。

嘉靖皇帝再次指斥翁万达及其他边臣：

黠虏节年寇边，罪逆深重，边臣未能除凶报国，乃敢听信求贡诡言，辄骋浮词，代为闻奏，殊为渎罔。其令总督官申饬镇巡诸臣，协心殚力，严兵防御，有执异沮挠者参治之，通事、人役违法启衅者，处以重典。[117]

毫无疑问，明朝白白错失了与俺答汗议和的机会。俺答汗，这位言必行、行必果的草原领袖，将在三年后，令明朝为自身傲慢自大的固执付出沉重代价。

翁万达执掌边务的同时，陕西方面的三边总制是曾铣。他步步为营，推行着他精心策划的收复河套计划，这引起嘉靖皇帝的注意。从嘉靖皇帝的反应看，他目前是支持这一计划的，因此首辅夏言也对此非常热心。任何反对的官员，都可能被上升到违制层面。如总兵官仇鸾，因反对曾铣，沮挠军机而被锦衣卫逮捕，押解至京。关于曾铣所提的复套计划，嘉靖皇帝让每位官员都写下自己的看法。大多数官员支持复套，但就在这时，仇鸾在狱中招供令人震惊的消息："铣交结大学士夏言，令其子曾淳先后持金数万，托言妻父苏纲致之，言所朋谋为奸，妄议复套，其前后掩覆失事，冒报功捷。"

嘉靖皇帝看起来相信仇鸾的党争论。他斥道："曾铣妄议开边，隐匿丧败，殃虐百姓，欺蔽朕躬，罪在不宥。法司会同九卿、锦衣卫、堂上官从重议拟。苏纲发烟瘴地面充军，夏言令锦衣卫差官校逮系，来京问已。"嘉靖二十七年（1548年），夏言与曾铣均被处死，仇鸾则得以出狱，而复套计划也随之搁浅。[118]

嘉靖二十七年至嘉靖四十一年（1548—1562年）：严嵩任内阁首辅期间

终明一朝，严嵩无疑是在位时间最长的内阁首辅，但他并非令人值得赞佩之辈。他极力讨好君上，私下却大搞腐败，在同僚之中专横独行。总之，严嵩出任首辅的岁月里，明朝官僚集团战战兢兢，如履薄冰。

显然，明廷对俺答汗的拒绝使之恼羞成怒，俺答汗决定利用明军复套失败及宣大方面防御漏洞的契机，发动新的袭击。嘉靖二十七年末至二十八年初（1549年前后），宣大方面受到俺答汗陆陆续续的袭击，但从翁万达的一系列奏议看，此时他尚有自信能够维持积极防御态势。在数次交锋中，明军甚至取得一系列小胜利。俺答汗仍希望与明朝和谈。嘉靖二十八年（1549年），俺答汗"拥众寇宣府，束书矢端射入军营中，及遣被掠人还，言其求贡不得，故屡抢劫。若能许贡，当约束部落不犯边，否则，秋且复入，过关抢京辅"。翁万达上疏以闻，嘉靖皇帝答复道："求贡诡言，屡诏阻格，边臣不能遵奉，辄为奏渎，姑不问。万达等务慎防守，毋致疏虞。其有家丁、通事人等私通启衅者，廉实以闻，重治之。"有关此事，《明实录》撰者以为："是时虏耻求贡不遂，又以前使者俱被杀，故但归掠射书如此。然以累入得利，知我兵积怯，所为言辞桀骜，有要挟意，与数年前遣使时情状异矣。迨秋虏果复来，明年遂犯京师，一如其言焉。"[119]

嘉靖二十八年（1549年）八月，"虏由桦林儿至松树墩，登暗门溃墙而东寇大同左、右卫及威远、平虏等处，攻毁堡寨村庄五十余所，戕杀官军、男女三千五百余人。"兵科给事中胡叔廉言："往者，边臣已报大同修筑墙垣甚固，乃今虏得毁垣冲入，何耶？请治其罪。"但虏军并没有进一步深入突袭，在明军完成合围前，他们已经撤退了。到了深秋时节，宣府等处巡抚都御史李良称："谍报虏酋俺答率众入边，结营东向，历左卫诸城二百里间，未行散掠势，将深入。"翁万达据此迅速部署明军防御。[120]

明军的防线四处开花，西海一带的鞑靼人盯上了甘凉，而"套虏"则将目光投向了延绥、固原。俺答汗兵锋直至宣大，兀良哈则在他的驱使下窥伺直隶、广宁、辽阳等处。明廷注意到了这些动向，并努力做好万全应对之策。[121]

嘉靖二十九年（1550年）八、九月间，噩梦般的"庚戌之变"如约而至。是时，俺答的军队所向披靡，直插北京，而明守军之间几乎不见协同作战之要领。雪片似的告急并未能使明廷从中捋清事情发生的真正原因，大部分明军畏缩在堡垒、城市中，不敢与敌人作战，而城墙外的村庄则难免被洗劫一空，怀柔、顺义吏民死伤无数。不过，从后世的上帝视角看，俺答汗此行显然并非纯粹为了掠夺。与之前一样，俺答汗试图迫使嘉靖皇帝同意朝贡贸易在双边展开，为此，他不惜兵戈所向，向明廷施加压力。惊惧的百姓开始拥入京城，俺答汗驻军潞河。京师百年无警，如今俺答汗突然兵临城下，一时极为震恐，手足无措。此时，俺答汗兵自白河渡潞水，向西北行进，十九日至东直门，二十一日至德胜门、安定门，民居皆被毁。俺答汗随后放回了在通州被俘的宦官杨增，令其手持俺答汗书信回复朝廷，要求"予我币，通我贡，即解围，不者，我岁一虔尔郭！"即使兵临城下，明朝君臣也不愿遽应城下之盟。礼部尚书徐阶议曰："虏酋如果悔罪求贡，则当敛兵出境，具表款塞，听朝廷处分。如驻兵境内，要求速赏，则惟有励将集兵，以大兵致讨，必使匹马不返，以泄神人之怒。"朝廷是此议，而俺答汗的士兵似乎也急于回草原分享战利品，双方不谋而合。九月二十八日，最后一批虏军撤离了明境。[122]

* * *

明朝不得不收拾残局——掩埋死者遗体，安置救济百姓并填堵明军的防御漏洞。当然，新的政策也得以提上日程。现在，主动权在俺答汗，明廷不得不接受其求贡要求。然而，嘉靖皇帝也重新允许明军主动向草原发起进攻，袭杀其后方营地，俘获马匹、牲畜及男女老幼，而这一切在"庚戌之变"前是被禁止的。

到了嘉靖三十年（1551年）三月，俺答汗累次遣使赴宣大求贡，宣大各边陈款之。随后，俺答汗子脱脱率十余骑到宣府宁远堡，请通事转达其求通贡市之意，并"赠通事马二匹，留真夷虎刺记等四人为质而去"。不久，脱脱又绑缚明军叛卒朱锦、李宝来，以示诚恳。

宣大督抚苏祐等以其事闻，曰：

去年丑虏逆天犯顺，震惊畿辅，今者复屡以贡市为请，虽虏情变诈，难以遽信，而据其踪迹，约有数说。盖闻我皇上赫整六师，将出北塞问罪，其畏威一也；虏昨岁犯顺归，人畜多死，闻多怨艾，其悔罪二也；虏甚嗜中国货，掳掠则利归部落，求贡则归酋长，其贪利三也；小王子者，俺答之侄也，俺答桀骜，久不听其约束，而耻为之下，兹求归顺，将假朝廷官爵与其侄争雄，其慕名四也。臣等多方译审，累次哨探，参伍虏情，有此四者。今虏屡递番文，动称故典援比，各夷留使为质，缚叛示信，揆情度势，有难直拒者。臣等窃以在虏之险诈难测，在我之制驭有道，求贡之初，其诚与诈似不必深究，既贡之后，其顺与逆亦难以逆睹。何其虏以求贡为名，其词顺；而朝廷许之，其体尊。若是，则可许矣。第当不忘戒备，使其诚也固在吾覆载之中……既贡之后，虏果肃共天命，保塞来王，始终不二，未可知也。或其部落不一，谲诡无常，肆彼无厌要象难从，未可知也。中国第当无问顺逆，时加谨备为善，而又安能逆睹哉！……为今之计，宜外示羁縻，内修战守，虏既称部落众多，食用不足，欲先许开市以济，目前令其将各部夷众于宣大、延宁分投开市，以我之布帛米粮易彼之牛羊骡马，既可以中彼所欲，因借以壮我边备，虽有所费，亦不为虚。且夏秋之间，分其兵马，纵有异心，亦难遽合。交易之际，量加犒赏，亦可以刺探虏情，预为经略。虏果奉约惟谨，终岁不内犯，俟至来春，然后议其通贡。如其蓄诈不诚，秋高复肆，则我之边备原未尝弛，曲直诚伪，胜负自分。虽有狡黠，再难借口。

兵部、内阁与嘉靖皇帝均是其议。[123]

还有极个别反对者，认为明朝应该暂时与俺答汗议和，以免再启衅端。他们激烈的措辞引起嘉靖皇帝强烈不满，嘉靖皇帝逮捕并拷讯了这些人。[124]

于是，大同五堡边外的马市开立了。到了五月，"俺答与其子脱脱等部落夷众共易马二千七百余匹"，明朝方面也遣返虎刺记等4人。由于明朝的缎布等商品告罄，马市亦提前关闭。据史道称："俺酋约束部落，终始无敢有一人喧哗者，南向黄帏香案，叩头极恭，迹颇驯顺。其番奏所云，皆为悔罪自惩之言。"嘉靖皇帝嘉其向化之心，答应于宣府增开马市，并加赐俺答彩币四表里。后来，短短一个月的时间，宣府马市就易马2000匹。[125]一切似乎好转，和平互市取代了掠夺，但也存在一些问题。

白莲教就是其中一个巨大问题。在当局看来，白莲教社员多有教育背景，而利用神秘的宗教仪式来蛊惑人心。长期以来，白莲教一直是朝廷镇压的目标。大同马市刚关闭，就有虏骑进犯大同左卫。史道遣人交涉，得知原系明朝白莲教徒萧芹、乔源等引诱至。其党百十人，"散处诸营帐，恐俺答汗与中国通，为己不利"，乃贿赂其左右，曰："芹等有术，咒人人死，喝城城颓。"俺答汗被其恐吓，这对双边关系非常不利。于是史道发兵剿捕白莲教徒张攀隆等5000余人，并将萧芹、乔源家小缉拿。与此同时，俺答汗子脱脱又请通事告知史道曰："某日，将自右卫以千骑随芹等入试喝城，毋敢掠也。"于是史道奏曰："俺酋前赴市甚恭，中怵于邪党。臣计料此虏虽未可要其所终，而调停曲处得宜，尚可挽之，以就我笼络。且虏酋惟俺答为雄，其分住宣府境外把都、辛爱等五部，皆其亲枝子弟，一有扇动，即为门庭燃眉之灾，视吉囊三子散处河西僻隔者，不可同语。故今之制驭诸夷，要在此一酋而已。臣多方操纵，已得要领，虏虽惑于畏死，未即执送芹等，然妖术罔验，端可计日而俟。"兵部和嘉靖皇帝是其议。[126]

很快，俺答汗就将施术失败的萧芹、吕明镇及芹子萧得玉绑献明朝，朝廷加其功。负责押送的脱脱借机要求扩大互市，他说："富虏能以马易段，贫者惟有牛羊，请易菽粟。"史道倾向于同意。[127]他奏言：

> 互市原非可以久恃，然目前羁虏之术，莫便于此。盖虏性贪而势强，抑又甚贫，凡所资于我者，众而非钞掠则无从得也。其入吾又莫能御之，故岁被其侵暴。兹虏求互市，与中国以有无相易，马匹牛羊彼之有也，菽粟布帛我之有也，各以所有余，贸所不足，使虏大小贫富皆沼我之有，而我边镇之人亦无不受其利焉。又于中量为恩礼，虏虽禽兽，亦必以所遇为荣，以通为便，顾恋留连，而不能舍矣。仇是以往，纵未可期以永驯，即三数年，有可必者。而我乘此闲暇，汲汲自治，简练武勇，缮修险塞，充裕军储，整敕兵械，迟以岁月，将使富强在我。

但明廷方面尚自疑虑。在某些官员看来，虏人向来不食菽粟，其易粟只是为了给明朝叛逃者准备。又有官员认为："虏欲无厌，既易段布，复请菽粟，恐将来益有难从之请。"对此，史道一一答复，他说："夫虏以牛羊来市，得粟几何？安能供遍逃之众？且又何爱此奸孽而舍牛羊为之需食也？其岁时侵犯，未尝欲入而不能，而又何借市以乘便耶？实以马段之易，虏之富者利之，贫虏畜唯牛羊已尔。虏富者十二，而贫者十八，今不一为通融，恐为饥寒所迫，衡决约束，有妨大计。"史道坚持认为，目前而言，虏众是遵守互市规则的，除了因白莲教所诱而致误，俺答汗并未发动其他任何袭扰。

但嘉靖皇帝始终对俺答汗所说的一切将信将疑。在他看来，开关互市并非明朝主动所愿，实际上也不是一种恩赐，而是俺答汗武力叩关的结果，这让嘉靖皇帝始终有城下之盟的刺痛感和屈辱感。后来，俺答汗对互市和赐爵的一切要求，嘉靖皇帝都不予答应。怀柔虏人的做法似乎随着时间流逝而消失，随后，史道以"不思处置边备，乃为渎奏其（俺答汗）令"为由，被嘉靖皇帝召回北京。[128]

自是，虏人认为明朝不足复信，开始时时剽掠边境。到了年末，虏军入边三次，抢掳人畜甚众。边臣遣人责问俺答汗，俺答汗谩应曰："诸贫虏无从得食，禁不能止。如中国虽严，民间岂尽无寇窃耶？我能自不入犯，不能禁部下之不盗也。"明廷群臣的政治态度立见分明，支持互市的官员指责边臣纵容虏军劫掠，以破坏双方关系。[129]

嘉靖三十年末至三十一年（1552年）初，虏军在大同的突袭频率愈炽。嘉靖皇帝复谕兵部曰："虏非时侵犯，必边臣平日恃和不戒，为虏所窥，其令督抚官严饬诸将，血战立功，有顾望不前者，重治之！"[130]

这是明朝边防政策极为混乱的时期。政策朝令夕改，极不连贯。嘉靖皇帝既不愿息事宁人，也不愿与俺答汗对话。他的平虏大将军是仇鸾，后者此前为了自保，使曾铣的复套计划夭折了。仇鸾其人，祖咸宁侯仇钺，居崇文门内苏州巷，世袭军职，却颇知读书，温文尔雅。因在"大礼议"事件中支持嘉靖皇帝，仇鸾受到嘉靖皇帝赏识，得以以方面大员的身份与皇帝秘密交流，而不必经内阁六部之手。可以说，仇鸾是位老练的政治家，但并非合格的将领。身为平虏大将军，仇鸾统领京畿防线诸兵，而其御敌策略却是避敌锋芒，畏首畏尾。他提出进攻草原的方略常不切实际，信息多有疏漏、夸张，乃至包含彻头彻尾的谎言。他支持与俺答汗议和，甚至想过放弃宣大重镇。不过，他从不轻易吐露所想，生怕失去嘉靖皇帝之恩宠。嘉靖三十一年（1552年），仇鸾因背上生疮去世，享年47岁。病逝后，他被陆炳检举种种不法罪证，最终被判谋反罪，开棺戮尸，其父母、妻子皆斩，妾女被流放。[131]

* * *

作为独裁者，嘉靖皇帝本人显然得以在明朝的边防问题上乾纲独断。他拒绝朝臣撤走孤立无援的塞外堡垒的建议，授权边将得以随时荡寇之权力。只有极端的"庚戌之变"，迫使他短暂地答应俺答汗的互市求贡之请，而对于朵颜三卫日益增长的请求，他果断严词拒绝。在权力的角逐场中，明防虏攻，虏军总体上占据主动，随意出没于宣大或其他边防线。而明军对此束手无策。

嘉靖三十二年（1553年）七月，宣府、蓟镇守臣各报虏将入寇。兵部据此会议："虏驻商都，地临宣、蓟，如果入犯，必由古北口，若冷口则僻在东隅，喜峰则路经朵颜，比之古北，似为稍次。若自宣府入犯，西必由横岭、镇边，东必由黄花镇、张家口。自大同入犯，东必由广昌，直趋紫荆，西必越宁、雁，直抵山西。今诸要害，俱有正奇兵拒险设伏以待，然蓟州密迩京师，备宜周悉。卢沟桥畿辅喉咽，尤须预防。"[132]很快，俺答、把都儿等便大举分道入寇，"由大同弘赐堡等边进境，合众下浑源州，东犯灵丘、广昌等处"。但他们的目的只是掠夺。虏军数量众多，掠夺范围广泛，明朝损失大量牲畜及人口。这次行动持续了数周，据各地回报，明军多少亦予以回击。嘉靖皇帝对有功者予以厚赏。[133]又后来，给事中王正国、御史吉澄勘察损失，奏谓："虏深入内地千里延住二十余日，攻毁窑窖五十三所，杀掳男妇五千余人，抢掠孳畜、衣粮以百万计。"巡按直隶御史毛鹏覆勘："三十二年七月至八月，虏寇宣大，凡屠戮墩堡二十五座，杀伤军民及阵亡者几三千人，被掳者一千七百余人，官军仅斩贼二百九十四级，生擒二人，驱还虏掠者五十一人。"兵部辩解称："二镇兵将积弱，兼值岁歉，刍粮不给，一时失事。"[134]以此观之，明朝北境边关军民不得不为嘉靖皇帝的固执付出巨大代价。

嘉靖三十三年（1554年），虏军再次集结进攻明边，以山西、宣大、蓟州为主要进攻目标。但这一次，明军有所准备，城墙得到加固，积极的防御策略也使明军战损降至最低。蓟辽总督杨博亲自"擐甲登陴，宿止古北口垣上，诸将士亦据墙御敌勘"。古北口是密云以北40公里的军事重镇，故蓟辽总督亲自坐镇指挥。虏军驻虎头山，是夜"火光漫野，连绵数十里"，杨博亲自招募死士执火器潜入其营，趁夜齐发，虏众惊溃。俺答汗以白莲教徒吕鹤等窃伏应州城内，欲与其党贺彦英为内应，最终事发就擒。宣大方面，总督宣大、兵部左侍郎许论奏：

> 前尚书翁万达议筑大墙于大同御房，此今日安边长策。但以兵少不便摆边，于是变而为守墙，不若守敌台之说，又变为改敌台为空心砖台之说，皆非久计也。臣复思之，万达所筑边墙六百余里，沿边有墩台六百余座，皆在墙内，每贼攻墙，既不得用其力，贼已入墙，率震骇逃去。今不若将各墩台改筑墙外，每三百步一座，俾矢石相及其离墙俱不越二三十步之间。每墩底阔四丈五尺，顶三丈二尺，高三丈，上加女墙营房，以便栖止。下筑月城穴门，以通出入。墩各置壮士十人守之，遇防秋量增其数，约工费可九万金，作治不过数月。

兵部是其议。[135]

嘉靖三十四年（1555年），各地纷纷揪出虏谍，似乎俺答汗已经在明朝建立起自己的情报体系，以为其掠夺做准备，其中，丘富、赵全、周元等白莲教徒是其军事行动策划的元凶，而白莲教徒卢山佛、吕鹤等阴谋夺取大同左卫、右卫及威远三城。马邑生员张蕙"自虏中归"，又言"虏酋俺答永郡二部兵可二万六千人，叛人丘富日夜导虏为钩梯攻城，造舟渡河"。兵部与嘉靖皇帝发布悬赏，若能斩获俺答、把都儿、辛爱等大酋首级来献者，封伯爵，赏银一万两，能斩获丘富、周元者，不问首从，授指挥佥事，赏银三百两。[136]

嘉靖三十五年（1556年）秋，山西、宣府、辽东均遭袭击。[137]

嘉靖三十六年（1557年）初，大同、蓟州遭遇敌袭。明朝君臣开始思考，尽管一再投入人力物力财力建设，边防长城为何仍不见奇效？[138] 如果蓟州为虏所破，那么大明的都城和帝后陵寝所在之地便会暴露于虏军的铁蹄之下。明朝君臣开始修补这些漏洞。[139]

* * *

嘉靖三十六年（1557年）秋末至嘉靖三十七年（1558年）五月，大同右卫（位于大同以西50—80公里）遇袭。俺答之子辛爱，"士马雄冠诸部，且凶狡无赖"。恰其小妾桃松寨与部目收令哥私通，由于担心受诛，二人决定私奔至大同新平堡求降。宣大总督杨顺自诩为奇功，殊不知另一方面，辛爱失其妇，恼羞成怒，杀守舍及其亲属百十人。辛爱一面发兵攻打大同左、右卫，毁其墩堡，一面遣人告诉明朝："若归吾妇，愿以银马骆驼相易，不则纠众内讧，使尔十年内奔命不休！"杨顺自然志不在此妇，他跟辛爱还价道："虏愿以我叛赵全、丘富等易其逃妇，本兵深以为便。"但事情最终并不如预期般如意。杨顺遣人将桃松寨送回草原，辛爱选骑追之，及于黄河岸，执至寨下，召集其他妻妾，当场将桃松寨磔裂，并刺其心血饮之。诸妇俱悚，辛爱道："异日若辈私奔，亦如此矣！"杨顺自然没有得到他想要的白莲教徒，且辛爱以此知其无能，攻右卫益急。

此次进攻中，暴露出明朝边防将帅官吏大量的谎言欺骗和腐败无能。他们在平日里经常吹嘘自己所肩负的边防是如何牢不可破，现实却不堪一击。据总督杨顺告急：

白莲教丘富、周原等投入虏地，传播妖术，纳叛招亡，渐为攻取城池，蚕食疆围之计。大同迤西左、右、威平卫分，周围屯堡荡然一空，田亩疆界鞠为草莽。荷蒙圣明悯鉴，发银三十余万，预备储蓄边城，岁侵籴粟，关内比及转运，虏已充斥兵马，护送如蹈虎穴，大城才得数千石，小堡数百石，不足防守官军。两月之内，各城老弱闲丁不廪于官者且数倍焉。城门昼闭，樵汲不通，握粟束刍，市无鬻籴。富者拥金帛置产镇城，贫者挟男女流窜宁、代，甚者夫妻相弃，阖室自经。[140]

直到三月，虏军才因各地明军的驰援而撤围。明朝君臣开始对这次军事失利进行讨论。严嵩实欲放弃大同右卫，但难于发言，于是撺掇许论代奏。许论道："右卫远在大同西北，深入虏地，异日所以得安，由东西堡寨联络策应之也。今墩堡悉毁于虏，遗一孤城于极塞外，故虏一围困，即声问隔绝，计非重兵驱之，虏不肯去。即虏去而兵无宿粮，计必速散，散则虏必复来。今图为永安，则必复该卫兵马原额，以今地方荒歉，刍粟踊贵计，其粮饷非五十万金不可。果能岁办五十万金，则此一弹丸之城，虽孤悬虏地，犹可保也。"许论说这些为难之词，本意是希望嘉靖皇帝主动放弃宣大，但没想到嘉靖皇帝闻之"顾益忧念，汲汲为措饷，为发兵，为更易文武大吏，圣意所向，百司懔懔趋事"。随即，虏军引遁，右卫得以保存。嘉靖皇帝令宣大总督杨博继续经略此地。[141]

杨博提出一系列整备方案。三月二十八日，他陈便宜十事，为嘉靖皇帝所接受。[142]杨博身兼宣大文武诸职，而明朝立国以来的历史中,诸如杨博这样的封疆大吏,有过多少无奈的悲凉记载。[143]因为各种现实条件,他们的抱负无法实现,但即使如此,明朝的存亡安危又在相当大程度上需归功于他们。前文所提到的于谦、杨一清、翁万达等,无不如是。如果没有他们,明朝的制度惰性是否还足赖以避免崩溃?我们永远不会知道。

嘉靖三十七年冬(1558年末至1559年初),虏军的进攻重点发生变化。俺答汗迁居到贺兰山后,似是向西海方向进发。他的儿子辛爱等则仍在宣大、蓟州一带,或许仍谋划着奇袭北京。[144]到了三月,俺答汗果然率军前往西海,这促使明朝的防御作了一些战略调整。[145]因为宣大乱局,杨博再次临危受命,前往镇抚。[146]

俺答汗的举动,可能使明朝面临两条战线的威胁。而此时,总督陕西三边、兵部右侍郎魏谦吉言:

> 虏酋俺答遣使乞贡求和,奸谋叵测。当今之势,更有可忧者。夫日恶剌等原系嘉峪关外属夷,后缘哈密失守,徙居于肃州之北城山,迩来部落渐蕃,移置西海。近愿投充夷军,食粮征操。今北虏夺据其地,回遁北城,万一畏威外向,如朵颜之反戈勾引,则肃州之势益孤,可忧一也。纵其不然,久牧南山,以外掠西蕃,内寇甘凉,以扰我耕获,则西陲之元气日索。况古浪之隘一阻,则庄浪之路不通,可忧二也。若待秋高掠西宁,以惊秦川,东渡洮、岷,而掠平、巩,由固、庆而还河套,可忧三也。宜先振威声,以伐其谋,置立木牌,传谕虏酋,示以必战固守之意。仍一面修筑墩堡,整饬器具,调集主、客官兵,使知中国之有备。其差来夷人觇我虚实,宜牢固羁候。俟俺答远遁,另行议处。或发属夷原

族收养，或照投降人口，收为家丁通事。[147]

投奔北虏往往是明朝边民走投无路时的选择，这些人不见得全为白莲教徒。如嘉靖三十八年（1559年）十一月二十九日，由于都御史葛缙抚驭失宜，太原新招募的士兵3000人发生暴乱。参将高鹏"以严虐威众，其魁李廷甫、赵鸾、牛汝清、王庆等遂夜聚众，执鹏杀之"。暴卒"又焚太原府、阳曲县公廨，释狱囚，劫系狱都指挥毕文，欲奉以作乱"。毕文不从，遂被杀，暴卒又大掠城中，至天明多为官军擒斩。据《明实录》载，逃亡的叛卒多前往俺答汗在草原上建立的板升城。

《明实录》详细介绍了板升城。其载：

> 当大同右卫大边之外，由玉林旧城而北，经黑河二、灰河一，历三百余里，有地曰丰州，崇山环合，水草甘美。中国叛人丘富、赵全、李自馨等居之，筑城建墩，构宫殿甚宏丽，开良田数千顷，接于东胜川，虏人号曰"板升"。板升者，华言城也。富等先年皆以白莲教妖术诱虏，导之入寇，教以制钩杆、攻城堡之法，中国甚被其害。是时，虏酋俺答引众西掠且二年，留部虏千余人于丰州守其老幼。虏不耐暑，每夏辄徙帐大青山口外避之，而富等居板升如故。

大同总兵官刘汉和巡抚李文进，及原任总兵俞大猷谋划，欲伺机剿除丘富等，为明朝铲除祸患。于是守备刘本经等53将率锐卒3000人驰进，刘汉与副总兵赵苛，参将孙吴、郑晓以重兵分三哨出边，于玉林隘扎营，以为后继。"孟夏等夤夜疾驰，昧爽抵达丰州，鼓噪奋击，斩首八十三级，生擒六十七人，余众奔匿。"明军纵火焚其宫殿居室。赵全、丘富等主犯虽已逃窜，但他们的部分家眷或被击杀，或被缉拿。虏军得知后迅速回兵驰援，明军亦退，前后耗时五日。[148]嘉靖皇帝为此喜出望外。这次袭击在战略上意义不大，但无疑鼓舞了明军的士气。

嘉靖三十九年（1560年）秋，虏军对蓟州和大同进行侦察后，大举入侵山西。嘉靖四十年（1561年）初，俺答汗从西海回到丰州，声言欲犯大同左、右卫。另一方面，把都儿、辛爱纠合东虏"土蛮"，欲犯古北口。杨博估计，局势将会进一步恶化。[149]

辛爱组织的进攻因其部落的内讧而推迟。宣府边外原有流夷史大、史二[①]等，为辛爱以兵威略属之，用为进攻永宁、龙门等地的向导。但辛爱本人生性好色，史家妻女及其他长相姣好的妇女，多为所淫污，由是激起史家人的怨恨。史大、史二决定叛降明朝。边臣疑其诈，令二人杀虏自效，以立征信。史大、史二兄弟乃斩辛爱所属头目忍克等十余人，尽戮其众，以其俘馘来献。嘉靖皇帝对他们予以大力嘉奖。[150]

虏军的攻势虽然因此迟滞，但威胁仍然存在。兵部尚书杨博奏曰："俺答、黄台吉[②]、把都儿及土蛮等潜形不露，窃恐其谋窥蓟镇。"随后，他又分析道："今岁虏谋异常，在西者分入宣云，以诱我蓟西之兵，在东者分屯辽右，以窥我蓟东之怠，大意垂涎畿甸，欲为深入之计。"[151]明朝君臣开始注意到，以前虏军的扰掠

[①] 二人或为兄弟。这类"流夷"似乎在文化上是"混血儿"，拥有汉文化色彩的"流夷"，在北虏突袭明朝中甚为见用。——原注

[②] 《明实录》时而称其为辛爱，时而称其为黄台吉。二称系指同一人。——译者注

一般只在秋高马肥之时,而现在冬季和春季也能看到他们四处劫掠的痕迹。[152]

嘉靖四十一年至嘉靖四十五年(1562—1567年):徐阶任内阁首辅期间

嘉靖四十一年(1562年),总督宣大尚书江东言:

> 北虏自二十九年深入之后,谋臣经略无虑,数家有为。修边之说者,宣府东自开平西至洗马林,大同东自新平西至了角山,山西则自偏头以至平刑,筑垣乘塞,延袤三千里,而一时中外翕然,谓可恃以无虞。及其虏之溃墙直下,曾无结草之固,又有为筑堡之说者,使人自为战家,自为守,棋布星罗,遍满川原。然虏一深入,望风瓦解,村落歼则掠及小堡,小堡空则祸延中堡,中堡尽而大堡,存者仅十之一二。又有谓守无足恃,倡为血战之说者,惟以战胜为功,不以败亡为罪,而不度彼己易于尝虏良将劲兵销灭殆尽。凡此之计,臣已目见其困矣,万不得已,惟有保全边堡一策,最为切要。而边堡之所以全,其说有十:积谷,一也;征还各营选调之卒,二也;选练本堡土兵共守,三也;增城浚池,四也;筑大墩以便耕牧,使商旅通行有警,易于收保,五也;造双轮车以备战守,六也;择任将帅,和睦行阵,七也;信赏必罚,八也;厚恤间谍,九也;严禁边军通虏,十也……然臣窃谓,言之而可行,行之而可以要其成,成之而可以

久，无出于此。臣又惟诸边大弊，在于文武不同心，上下不相信。速责效者，务为粉饰之计；惮明作者，多事因循之图；过疑惧者，又逡巡逊避，不得尽试其所长。夫亡羊补牢，固为已晚，方病蓄艾，尚犹可及。

兵部和嘉靖皇帝均是其议。[153]这些策略颇为合理，因为它总体上符合明朝构筑"中原堡垒"的战略意图。

嘉靖四十二年（1563年）十月，蓄谋已久的入侵开始了。嘉靖皇帝在皇宫里看到近在眼前的虏军在夜里的狂欢。嘉靖皇帝对阁臣说："朕东见火光，虞此虏去京不远，诸将何不截杀？"于是杨博作了军事部署，陵地以刘汉护守，马芳专卫京师，总兵官胡镇、孙膑及游击赵溱等领兵赴通州迎敌。但明军主要据守城池，郊外的村落依旧没有防御机制，因此被虏军洗劫一空。可以说，这次入侵，是又一次"庚戌之变"。但与俺答汗不同的是，辛爱并非带着求贡和议的目的来的。10天掳掠之后，虏军再次撤回大草原。[154]

前首辅严嵩的管理不善，及平虏大将军仇鸾的虚与委蛇，导致明朝出现了接二连三的边防危机。新任首辅徐阶上台后，表现出强有力的领导能力。嘉靖四十二年（1563年），首辅徐阶与兵部尚书杨博组成的新政治班子，在实践中证明要优于严仇组合。

十三年来，一切关于重建、加强防御工事，提高情报搜集能力，拣选部队，考核将领，奖惩功过等的计划，究竟发挥了什么作用？明军在人员、马匹、武器乃至战争武器上花费巨资，在后勤运输、军队换防部署等工作中消耗大量精力，又取得了怎样的成效？可以说，因为九五之尊对边防安全问题的极度重视，明军不遗余力。但从技术上讲，完全建立牢不可破、密不透风的边防线，以使明朝内地州郡完全不受虏军的袭击是不现实的。而只要嘉靖皇帝在位一天，唯一可采的和谈策略就无法得到实践。

嘉靖时代的明蒙博弈，草原一方占得先机。巡抚山西、兵部左侍郎万恭尝试解释其中的原因，他说："臣比者亲历三关，深入窑窨，崇陟墩台，深惟战守之策，盖有四难焉。夫总三关三万之兵，当虏酋十万之众，是众寡异形也；兵故不习而危，虏故射猎而骁，是强弱异势也。我以三万之兵散守八百里之外，贼以十万之众驰逐数十里之中，是萃散异用也。贼之数伍倍于我，我多步卒，止利于株守，贼之马二十倍于我，贼尽骑士，殊利飙驰，是攻守异施也。"[155]尽管如此，明军在嘉靖四十四年（1565年）秋，几乎将辛爱杀死。他自宣府洗马林杀入明军的埋伏，明军士兵将他砍翻落马，夺走其盔甲和佩刀。遗憾的是，虏兵护之死战，辛爱得脱。[156]

边防线时常潜藏着不稳定因素。军队叛乱、间谍渗透、走私以及白莲教等，都是不稳定因素的具象。嘉靖四十四年（1565年），"陕西甘泉县民李应乾自称唐之后裔，与河内民李元共为妖言符谶惑众"。他们与住在板升城的白莲教徒丘福等有秘密往来，并与各处群盗学习番语，准备图谋不轨。而明皇室中，有镇国中尉睦杻"私制号旗，刻伪印，封拜其党"，欲一起举兵造反。当然，此事很快因有人告密而为当局镇压。[157]问题是，这类叛变事件中，到底是谁在利用谁？从只言片语观之，北虏似乎在利用叛军从内部瓦解明朝，但虏军本身又没有因此作为进入中原的引子。叛军之构成，亦多为汉人，虏人在其中似乎未见显著作用。

* * *

嘉靖四十五年十二月十四日（1567年1月23日），嘉靖皇帝朱厚熜于乾清宫驾崩，在位45年，享年59岁。就在山崩之时，虏军正对明朝实行一系列新的掠夺行动。嘉靖皇帝统治明朝近半个世纪，他做过不少顺应时势潮流之事，如对大同兵变的处理，颇值得称道。尽管他的管理手段显得可怕，但取消复套计划又似乎是明智的选择。他不主战，但时而希望明军能对漠北草原深处的虏营进行袭击。与先朝列圣一样，嘉靖皇帝与太祖皇帝、永乐皇帝一样，体现出一种自信。这种自信根源在于彼时明朝是世界唯一之超级帝国，这种自信并不挂在口头，而是在皇帝的举手投足间展示。尽管此时明军受到四面八方的外部打击，明初常见的豪言壮语亦不再见于记载中，但嘉靖皇帝不惜一切直面每一挑战。他不屈服于和谈，"庚戌之变"是唯一的例外，且这一例外也很快消除了。除他本人外，无人能如此始终如一奉行一种政策。而继任的隆庆皇帝，则选择了放弃。

第十二章

隆庆时期——曙光!

(1567—1572年)

嘉靖皇帝驾崩后，其在世年龄最大的儿子——裕王朱载坖即位，是为隆庆皇帝。由于迷信"二龙不相见"的传说，又非长子，因此隆庆皇帝在即位前，甚少得到嘉靖皇帝的关爱。隆庆皇帝在位时间虽然短暂，但他在位期间，明朝与草原方面的关系发生了彻底变化。从"土木堡之变"开始，草原方面无休止的袭击和入侵已经持续百余年，至此因双方和议而结束。"隆庆和议"令人始料未及，但仅就本书所关注之焦点，它无疑构成隆庆短暂统治生涯的主旋律。

* * *

隆庆皇帝统治之初，明朝延续嘉靖时代的"堡垒"政策。隆庆元年（1567年）九月，鞑靼人在明军各处边防发动猛烈进攻。俺答率众数万入寇大同井坪边镇，至山西偏头关、老营、坠驴皮窖等处；土蛮则寇蓟镇，由界岭口、罗汉洞溃墙入，大掠昌黎县；辛爱则拥兵窥伺宣府。京师震惊，似乎"庚戌之变"即将重演。鞑靼人大举进攻后的一个月内，明朝边防地带一片废墟，尸横遍野。雨季和长期作战的疲劳迫使鞑靼人撤回草原，他们甚至因所掠过多，而不得不选择放弃其中一部分。[1]

明军也不甘示弱地反击。隆庆二年（1568年）十一月，"宣府总兵马芳率所属参将刘潭等千余人出独石边外二百里，袭击虏骑于长水海子，败之，还入边之时，虏骑再次追至，双方于鞍子山复战，明军又败之，前后擒斩共80余人，夺马40余匹。² 隆庆三年（1569年）四月，"套虏绰力兔、小黄台吉①等纠众沿河东岸住牧，声言欲渡河抄掠，宁夏总兵雷龙等督兵由兴武营暗门出边，至敖忽洞前袭破虏营，斩首一百二十二级，夺马七十六匹及夷器千余"。³

六月，兵部尚书霍冀奏御戎之道，称："去年各边防秋无警，迩者又闻俺答西抢回夷，其在中国，似可晏然无虞矣。乃臣犹有虑者。臣伏睹九边事势，辽镇虽常逐虏，而河西之寇频闻，蓟镇固称设险，而补练之兵未足。昌平则近山之后可虑，保定则三关之口宜防。宣府近有车夷之抢，不能无向导之忧，大同久失大边之险，难保无剥肤之害。山西士多脆弱，延绥久苦征调，宁夏三面受敌，无一可拒之塞，固原一望沙漠，尤多易犯之区。至于甘肃，僻在西陲，素称无备，即今虏酋或驻营庄凉山后，或聚牧西海水头，抢番夷者得志则乘胜而谋我，不得志则乘机而噬我，我之为谋少疏，则安枕未有日也。"⁴

隆庆四年（1570年）四月，俺答汗从西海掉头袭扰山西，但明守军成功击退他的数次侦查。⁵ 他与辛爱在大同城外逡巡许久，因未能达成下一步行动的共同意愿而返回西海。

正于此时，一个意想不到的事件引发蝴蝶效应，最终促成了"隆庆和议"。十月初九，虏酋俺答孙把汉那吉率其属阿力哥等10

---

① 原著称此处为"辛爱黄台吉"，但《明实录》称"小黄台吉"，疑非一人。——译者注

人来降。这是明朝意料之外的事,巡抚方逢时受之,并告诉总督王崇古。[6]他们商讨之后奏道:"今圣武布昭,黠虏效顺,殆天意,非人力也。顾其事系国体不细,臣熟计之,有三策焉。把汉脱身来归,非拥众内附之比,宜给宅授官,厚赐衣食,以悦其心;禁绝交通,以防其诈;多试之,以察其志。岁月既久,果无异心,徐为录用,使俺答勒兵临境,则当谕以恩信,许其生还,因与为市,令生缚板升。"

把汉那吉缘何叛变?据《明实录》称:"把汉那吉者,俺答第三子铁背台吉之子也。幼孤,育于俺答妻所。既长,娶妇比吉,久之,会我儿都司有女,那吉欲娶之,为俺答所夺,其女即俺答外孙女也。那吉怒,欲治兵相攻,俺答以他女畀之,终不悦,遂弃所部来归,独阿力哥等十人从。"[7]

兵部覆宣大总督王崇古等奏言:"把汉那吉以情激来归,心志未定,其后来降人情状难测,收牧塞上,则狼子野心,终非可驯之物。封疆近地,或生意外之虞,非完计也。且俺答兵已临境,合则屯驻索降,散则分攻肆掠,势所必至。宜饬崇古详加译审,别无诈谖,则给之冠服,以系其心。其余相机审处,宜悉如崇古议。"看来,兵部并不完全相信把汉那吉的投降举动,但隆庆皇帝却选择相信。其曰:"虏酋慕义来降,宜加优抚。其以把汉那吉为指挥使,阿力哥为正千户,各赏大红纻丝一袭,该镇官加意绥养,候旨别用。其制虏机宜,令崇古等悉如原奏,尽心处置,务求至当。"与此同时,俺答以夺回把汉那吉为名,命辛爱发兵,但王崇古判断其意实为掳掠,"志不在把汉也",于是明军"侦得其情,分道御之,虏颇不利"。[8]

借此机会,王崇古遣使与俺答汗会谈,俺答汗要求明朝归还把汉那吉。不过很快,俺答汗就对明朝的诚意感到满意,因为王崇古答应遣使一名将领之子以为质。[9]

十一月,辛爱准备袭击大同,恰逢俺答汗之使在副总兵田世威营中。于是田世威责怪道:"尔来求和,此兵何为者?"使者归告俺答汗,俺答汗即命辛爱罢兵,并遣人来谢罪。总督王崇古遣译者鲍崇德至俺答营,言道:"朝廷待把汉那吉不薄,若赵全等旦致,那吉夕返矣。"俺答大喜,屏人语曰:"我不为乱,乱由全等。吾孙降汉,此天遣合华夷之好也。若天子幸封我为王,借威灵长,北方诸酋,谁敢不听?誓永守北边,毋敢为患。即不幸死,吾孙当袭封,彼衣食中国,其忍背德乎!"随后,他又请求明朝为辛爱封官并"输马与中国铁锅布帛互市"。

对此,王崇古奏曰:

> 俺答雄据漠北,保我叛人,掠彼番部,有众十余万矣。东结朵颜三卫为乡导,西挟吉囊子孙为羽翼,常首祸谋。今把汉那吉激小忿而来降,黄台吉谋内乡而见挫,老酋悔祸投诚,纳疑此天时也。臣闻国初时,尝封虏为忠顺王,近事则西蕃诸国亦各有封请。得许俺答比诸国为外藩,定其岁贡之额,示以赏赉之等,长率众酋,以昭圣朝一统之盛,官黄台吉等,以结其父子祖孙之心,归我叛人,剪其羽翼,是中国之利也。今虏中布帛、锅釜皆仰中国,每入寇,则寸铁尺布,皆其所取。通贡之后,不可复得,将来不无鼠窃之忧。若许通市,则和好可久,而华夷兼利,他边如辽东、开原、建昌、肃州,西蕃诸夷皆有市,乞放其制,刻曰平价,申禁防奸,以和其交。

兵部回复曰："请俟虏众远遁，执献板升诸逆，则遣归那吉，以结其心。其封锡大典，俟彼称臣稽首，然后更议。"然而隆庆皇帝却道："虏酋既输诚哀恳，且愿执叛来献，具见恭顺。其赏把汉那吉彩段四表里，布百匹，遣之归。封贡事，今总督、镇巡官详议覆奏。"[10] 尽管隆庆皇帝的执政有种种局限，但彼时明朝君臣中，唯有其能决定与俺答汗和议之事。没有他的钦定，和议恐怕仍要束之高阁。

十二月初四，俺答汗兑现其诺言，命人执叛人赵全、李自馨、王廷辅、赵龙、张彦文、刘天麒、马西川、吕西川、吕小老等来献，周元则已经自杀。作为履诺践约的一部分，王崇古遣使送把汉那吉回草原。把汉那吉"犹恋恋不欲行"，王崇古"谕以朝廷恩意，许奉表通贡不绝，及宴赉甚厚"。把汉那吉感泣，誓不敢与明朝为敌，最终携其妻以归。阿力哥及俺答使者二人则留在明朝为质。虏患终于平息，隆庆皇帝决定祭告郊社、宗庙，以昭武功。

在描述事件时，《明实录》还对白莲教徒和板升城的情况作一概述。其载：

> 初，赵全与丘富从山西妖人吕明镇习白莲教。事觉，明镇伏诛，丘富叛降虏，全惧，乃及其弟龙、王廷辅、李自馨从富降俺答。驻边外古丰州地屋居田作，招集中国亡命，颇杂汉夷居之，众数万人，名曰"板升"。俺答授全等皆为酋长，丘富死，全等益用事，数引虏入犯，破城堡，杀吏卒，无岁不至，边境苦之。已而试百户张彦文、游击家丁刘天麒、明镇子吕西川，及边民马西川、吕小老等先后降虏，与全等

皆居板升，因尊俺答为帝，治城郭宫殿。期日升栋，会大风，栋落，压杀数人，俺答惧，不敢复居。而全等亦各建堡治第，制度拟于王者，署其门曰"开化府"。有蟾宫、凤阁之号，俺答益贵近之。

治史者谈迁在《国榷》里对这一涉及宗教的事件作了更全面的描述。据载：

> 俺答遣其党伍那住收捕赵全、李自馨、吕老祖等七人，梏以献。周元闻变，服毒死。初，自嘉靖辛亥，吕老祖以白莲教构乱，为三晋患，有司捕急，亡胡中，赵全以渫恶民千余人从之。俺答割板升地家焉。自是，板升为逃窟。全多略善谋，自馨谙文字，周元能医。初入寇，止盗村聚，不敢逼城堡。自全叛后，教房疏计谍，校人畜，益习兵事。诸镇疲于奔命。全有众万人，骑五万，牛羊称是，自馨及元差减，最下者亦千余骑。俺答每盗边，先置酒全家，计定乃行。全为俺答建殿九楹，方陷石隰时，全曰："自此塞雁门，掠居庸，据云中、上谷，效石晋故事，南北之势成矣。"伍那住哈台吉，故俺答纪纲仆。自全信任，反居下，心不平，多为我耳目。全等被执，皆分掠其有。[11]

赵全、张彦文等九人，于隆庆五年十二月二十二日（1572年1月7日），押至法司。据大学士高拱记载：

> 时予邀同官至射所面审之。七人者皆无言，惟赵全、李

自馨有言。而李自馨者，故生员也，乃数言不能明者，全一言即明之，果骁黠异常。予问全曰："我要奏皇上，宽汝死，令汝报效，能否？"曰："能。"予曰："汝为俺答腹心年久，安保无他？"全曰："小的在虏用事多年，也曾替他掠地攻城，使他大得志，又每以衣服、饮食、器用、珍奇之物常常供奉，我孝顺他可谓至矣。乃今为他一个孩子，将我绑缚而来，不如蒿草，无恩至此。我恨不得食其肉，尚可与见面乎？"予曰："汝能用多少人马？"全曰："兵贵精而不贵多，将在谋而不在勇，兵多累赘，不如用少轻健耳。"予曰："汝且去。"遂送刑部狱中。予因思曰："虏得吾人即用之，知吾虚实，而入犯每得利。吾得虏人，乃即杀之，反为彼灭口，非计。今诚宜奏于上，姑缓全等死，豢以美食好衣，而明告之曰：上欲用汝报效，然无便用之理，必是汝等尽说虏情，各献破虏计，待汝言果效，乃始用之也。于是，但有虏情即以问之，则吾可以得虏中虚实而即以制之，不有愈于夜不收侦探无实者乎！"因又思曰："中朝议尚汹汹，封贡事尚未行，今刑章未正，为此出奇事，恐又惹纷乱，有防后着，不如已之。而活口幸在，乃不得一尽虏情，亦可惜也。"于是，选伶俐晓事卫经历九人，使入狱中，人守一囚，隔别不得相通，日饮之酒，而谓之曰："高爷要上本饶汝死，令汝立功。汝须吐实献谋，言果有验，乃可用之。不然，汝负大罪，可便用耶？"因问以虏之所长者何，所短者何，其所幸中国者何，所畏中国者何，其将领几人，是何姓名，年纪各若干，所领人马各若干，某强某弱，某与某同心，某与某有隙，其所计欲如何，中国如何可以制伏，以及纤悉动静，皆问之。

日各书一纸来，于是九人者如令行之，囚甚悦，各尽其说。每日暮，九人者各送揭帖至，得房情甚悉，至今封存焉。暨法司以狱成奏，上遣官奏告郊庙，临朝受俘而磔诸市，枭其首传示九边。[12]

* * *

宣大总督王崇古是"隆庆和议"的居间人。隆庆五年（1571年）二月初八，王崇古提交了一篇关于北虏的长篇奏议。其曰：

> 虏酋乞封贡，便宜其略，言：今日之事，不当以马市例论。嘉靖中，俺酋拥众入犯蓟镇，执马房内臣杨淮等，胁以奏开马市。先帝不允，而命咸宁侯仇鸾将兵挞伐。鸾出塞无功，惧虏复至，潜以金币媚虏，仍许请开市，以逭己责。当是时，虏势方张，开市之请，非虏本心，由逆鸾私谋，故不旋踵而叛盟肆掠为患益甚。先帝震怒，始置于辟，严为之禁，明旨具在。臣等敢冒请以干大辟哉？顾今虏情，实与昔殊。虏连岁入犯，固多杀掠，乃虏所亡失亦略相当。又我兵出境捣巢赶马，虏亦苦之，是虏固非昔之强也。属者戴天朝归孙之恩，既献俘阙下，复约其弟侄并各部落誓永不犯边，又非如昔之拥兵压境，挟我边臣而坐索也。且闻虏欲图瓦剌，蚕食西蕃，虑我军议其后，故坚意内附以自固，其情可信。又虏使云：所请市非复请马市，但许贡后容令贸易，如辽东、

开原、广宁互市之规，此国制待诸夷之常典，非昔马市比。臣等以为，使先帝在，亦必俯从无拒也。且昨岁秋防报警，京城戒严，至倡为运砖聚灰塞门乘城之议，几为虏笑，今虏既纳款内附，乃必欲定久，要守尺寸，以幸百年之无事，异日有失，究首事之罪，是岂惟臣等所不能逆睹，即俺酋亦恐能保其身而不能保其弟侄，能要诸酋于目前而不能制诸酋于身后也。夫拒虏甚易，执先帝之禁旨，责虏诈之难信，可数言而决，虏必愤愤去。即以遣降之恩，不犯宣大，土蛮及三卫必岁纠俺酋父子为声援，以窥蓟辽，则吉能子弟宾兔诸酋，必为兰靖洮河之患。九边骚动，财力困竭，虽智者无以善其后矣。若允虏封贡各边，有数年之安，则可乘时修备。虏设背盟，而以蓄养数年之财力，从事战守，不犹愈于终岁驰鹜，自救不暇者哉？[13]

隆庆皇帝览其全奏，令兵部议奏。兵部又以其疏刊示朝廷，请群臣集议。若蒙得允，王崇古的建议将会彻底改变明朝此前的政策。事情进展很快，三月初三，集议结果出炉。府、部、科道诸臣集议后，定国公徐文璧、吏部左侍郎张四维等22人皆以为可许，英国公张溶、户部尚书张守直等17人以为不可许，工部尚书朱衡等5人以为封贡便，互市不便。"都察院佥都御史李棠极言宜许状，兵部尚书郭乾淆于群议不知所裁，姑条为数事，以塞崇古之请，大抵皆持两端。"又经过一段时间斟酌，兵部基本同意王崇古的建议，隆庆皇帝先以为未当，后来也接受了王崇古的建议，于是反对的声音顿息。三月二十八日，明廷正式加封俺答汗为顺义王。隆庆皇帝敕曰：

朕惟天地以好生为德，自古圣帝明王，代天理物，莫不上体天心，下从民欲，包含遍覆，视华夷为一家，怕欲其并生并育于宇内也。我太祖高皇帝膺天眷命，君主万方，成祖文皇帝顺天继统，镇抚九围，薄海内外，莫不臣服。迨朕缵承丕绪，于兹五年，钦天宪祖，爱养生灵，胡越一体，并包兼育。顷因尔孙来归，特命边臣护视，给其服食，厚加拊纳，以礼遣还。尔感朕恩，愿称臣内属，岁岁入贡，永为荒服，俘献叛贼，以表悃诚。边臣为奏，恳款再三，朕念北番朝贡，代固有之，在我国家，亦惟常典，尔能慕华内附，请命恭虔，可谓深识天道者矣。朕实嘉悦，特允所请，封尔为顺义王，尔弟尔子及诸部落头目，俱授以都督等官，俾尔世居本土，逐草射猎，各安生业，同乐太平。朕代天覆帱，万国无分，彼此照临，所及悉我黎元，仁恩惟均，无或尔遗尔尚。仰遵天道，坚守臣节，约束尔众，永笃恭顺，使老者得安，幼者得长，保境息民，世世安乐。朕国家膺万年之天运，尔子孙亦保万年之福泽，岂不永有美利哉！倘尔部众或背初心，扰我边境，是乃自乖大义，轻弃盟言，天地鬼神，实共鉴临，非尔之福。尔其体悉朕意，尚钦承之。[14]

兵部尚书王宪很偶然地留存下了一份史料，为《北狄顺义王俺答谢表》，让我们得以管窥俺答汗的反应。其书略曰：

北狄新封顺义王臣俺答等谨叩头百拜，奏谢大明仁圣皇帝陛下：方今普天率土，天朝皇明为尊，实上天之元子，为华夷之正主，九夷八蛮，各受封贡。臣等生长北番，不知臣礼，先年小王子原通进贡，受天朝赏赐。近岁各部被奸人诱引，坐失抚赏。臣等生齿日多，衣服缺少，臣侄吉能分驻黄河西套及河西大小松山，臣弟把都儿分驻察罕根脑，接连朵颜三卫。各边不许开市，衣用全无，毡裘不耐夏热，段布难得。每次因奸人赵全等诱引，入边作歹，虽尝抢掠些须，人马常被杀伤。近年，各边时常调兵出捣……情愿拜受封职，永为藩夷。节次臣差中军打儿汉首领赍持番文赴督抚各官呈递，先遣犯人张彦文，后拿奸恶赵全等八名。督抚为臣奏请，蒙恩许准，赐臣孙彩段表里、布匹，放孙生还。及蒙督抚颁给臣父子赏赐，臣同臣孙俱各南望叩谢天恩。且臣北番，不通文理，又无表纸，从实请封。又蒙督抚教臣，约会臣弟把都儿，臣侄吉能并臣男黄台吉，东西会同臣亲族永邵卜、多罗土蛮、兀慎、摆腰、委兀儿慎各部落同心发誓，不犯各边，方许为臣奏通……复使打儿汉等入赴督抚衙门，各译审明白，为臣奏请。既蒙圣旨怜悯，敕封臣顺义王，臣弟老把都儿及臣男黄台吉各都督同知，臣孙把汉那吉为指挥使。其余臣子孙侄男，各为指挥，千、百户，共五十七员。

……臣北番，不通文字，原无表式。臣向督抚衙门求得表式、表纸，照臣节次番文情词写成表文，实出臣各夷诚心，望乞皇帝陛下怜悯。臣老年悔祸，感恩诚心，宥臣以前听奸人扰边之罪。臣等进贡马匹，俯赐准留，溥给赏赐，将臣兄吉囊子孙吉能等原系臣长枝，臣已约会同心内附，彼亦输心归顺，今臣等各受封官，吉能等未蒙授职。臣等祖宗恐怪臣等，伏望圣恩，将吉能一体赐以官职，许其贡市，容臣等分守漠北、河套，每年进贡。乞敕各边守臣，各立市场，听番汉人等每年相互买卖一次,每年春,以臣等夷使进关为期,回日罢散,华夷各遂安生。使臣弟侄子孙世世感戴恩德,不敢背叛,如有违犯,必遭天杀。[15]

吉能未予授官一事,总督陕西三边右都御史王之诰认为:"俟吉能子侄二年不犯,方可听许。"巡抚延绥、右佥都御史何东序有一封冗长的奏议说明其中原因。其奏曰:

今北虏俺酋与套虏吉能一时乞哀请和,此所谓迹虽相因,而情实不相侔者也。请为皇上敬陈之。盖戎狄之类,各自称雄,原不相下。顷者,俺酋之孙束身来归,诚慕我中国有圣人在上耳。然俺酋自分频年侵扰,罪恶滔天,意谓朝廷不拘系之,必且赫然震怒,戮之塞上矣。已而蒙我皇上廓天地之仁,宽斧钺之诛,特降纶音,谕遣还巢,所以俺酋性虽冥顽,感皇上放麑之恩,出自望外,倾心向化,固其所也。彼吉能者果何为,而亦求内附哉!臣等窃尝询之边人,咸以为套虏枝数虽多,生齿寔寡,大小控弦,不满三万,故虽频年入犯,其势颇不甚张。非借兵俺酋,不敢大举深入。迩年,锐意西掠番、回,非止贪其货贿,利其生畜,实欲吞并其众,自增羽翼。包藏祸心,殆不可测。节据甘肃塘报:海上诸番多被收服,近日,通事王坚牢儿等来自虏中,亲见瓦剌头目数辈环侍吉能左右,则党类齐已渐盛,而彼中未服之众尚多,故其西掠之志未已,独以巢穴在此。时被我兵出捣,有所牵制,不得尽力于西耳。故一闻俺酋约和之语,因就其计,欣然乐从。且首以乞禁捣巢赶马为请,此其匪茹之情,大可见矣。近据宁夏总兵官牛秉忠报称:着力兔等驰至平虏城暗门答话,云既已讲和,老小在套中,切莫惊动。说毕,即往西去讫。又该甘肃巡抚王轮书称:南北两山火光相映,察其形势,似是套虏西来之状,即此则虏已恣意西方,不复内顾。一二年间,延宁诸镇,可保无虞。但收番既毕,合并而来,控弦之虏,必将数倍于往时,由是声势转强,猛鸷愈甚,不假外求,自有余力,然后联络大举,恣其狂逞,即恐全陕边腹诸郡,更无宁宇之所矣。此臣等所谓伏机隐祸,潜蓄其中者也,是可不为之寒心哉!臣等窃闻惕于忧患,而忽于小康,人之情也。如果一二年间,弓矢韬而不用,士马饱而莫试,岂惟将士骄惰,狃于晏安,即恐好事之人,倡为奇特之论,以为某兵宜罢,请于上以罢之;某防宜撤,请于上以撤之。务为樽节爱养之名,遂忘衣袽苞桑之戒,则鲜有不败乃公事者矣。至于通贡开市,自关国家大计,非封疆之臣所敢轻议,但此声已传,虏日环聚边外,乞讨示下,犬羊嗜利,干求无厌,最难驱遣,少失机宜,祸乱立见,况荒凉绝塞,百物不生,军士月粮,未足糊口。甘言虚遣,终非事体,剥军啖虏,犹剜肉饲虎,外患未弭,内变将作,其机甚危,不可不虑。伏乞敕下兵部,早为查议,一面行臣等严督各镇大小文武将吏,乘此闲暇,早图安攘。仍乞将原议进贡开市等件敕下廷臣,从长集议,早定大计,如宜俯顺夷情,或暂准进贡,以纳其归款之诚;禁绝开市,以杜其叩边之扰。如以虏情变诈,难于曲徇,仍行宣大督臣再遣的当人员,宣谕俺酋、吉能,若果效顺情真,坚守盟誓,约以三年之内,严束部落,一骑不敢犯边,自东徂西,内外宁谧,听各镇督抚等官据实会奏，特加恩赉，并准贡市，以酬其劳。如或不听约束，侵扰如故，前项干请，一切停罢。仍行各边捣巢赶马，照旧施行。[16]

但明廷最终没有接受王之诰、何东序的建议。在隆庆皇帝以及其他官员心中，似乎有一种和平久违的兴奋情绪。在经历一个多世纪的艰苦防守后，和平曙光终于到来。

王崇古又奏称：

> 臣以为吉能、俺答亲为叔侄，势若长蛇，首尾相应。今许俺答封贡而不许吉能，在俺答必将呼吉能之众就市于河东、宣大之商贩，必不能给；在吉能必将纠俺答窥犯陕边，而陕西四镇之忧方大矣。且夷虏性急而耻卑，今吉能在俺答子孙中班行年齿既尊，而独不预封职之荣，入贡之赏，必发愤而为寇，今日封贡，必不能保其不废也。故封贡之议，在吉能不可独拒，一也；陕西三边互市，臣原议听彼中督抚举行。今督臣之议，谓三尺童子亦知不可，且谓昔开马市致套虏转弱为强，是听诸将狡饰之说，而未究套虏先后之势也。嘉靖初，吉囊盛强，为九边患。自吉囊死且二十年，部落既分，生齿日众，且各镇又多蓄丁壮，时捣其巢穴，终岁不能宁居。虽未甚弱，固非益强也。其所需于中国者段布、锅斧之类，视东虏皆同，而不容互市，诸酋岂甘心伏首听命，不掠不市已耶？是教之叛盟而勒其必犯也。

兵部与隆庆皇帝均是其议，而在这一战略风向转变的过程中，高拱起到了举足轻重的作用。[17]其于《与王鉴川书论封贡》信中记道："仆抱病，神思慵惫，然于处降一节，未尝不伏枕而虑也……虏自三十年前遣使求贡，则求封之心已久，但彼时当事者无人，处之不善，致有三十余年之患。今其初心固在，又有事机，而又得公在，威信既孚，处置又善，当必可成，使国家享无穷之利，而边民免无穷之害。"高拱还在各种场合表达了弥缝诸异议，支持王崇古的想法。在他看来，和议实际对明朝亦为利好，明朝不再遭受叩关的压力，而几年的和平又可为明军重建防御体系争取时间。

杨博对高拱、张居正及王崇古在促成"隆庆和议"事件上极尽盛赞。[18]事情进展亦极为顺利，明廷向北虏诸部首领乃至头目所赏赐的礼物，以及沿边开放的互市点，都顺利得到推进，没有发生任何意外。

* * *

俺答汗并非只知掳掠的野蛮首领，他总是设法提高自己的政治地位。始初，他甚至野心勃勃地考虑建立都城——一个有城墙、宫殿及谋士，以及能广纳明朝降者的城市。但他这种"准帝国"的建设战略，与其所能拥有的资源水平不甚匹配，因此，当他发现称臣纳贡可以获取更为丰厚的回报，又能使其孙子把汉那吉回归草原时，他就毫不犹豫地抛弃了前述的战略构思。俺答汗的另一战略构思来自其聪慧机敏的夫人三娘子（也儿钟金哈屯），即笼络藏传佛教势力，通过其神庙、喇嘛及教义控制西海地区。其中,又尤以新兴的格鲁派(黄教)最见优待。

明朝亦乐见俺答汗对藏传佛教的接受。隆庆六年(1572年),顺义王俺答请明廷赐予金字番经,并派遣喇嘛蕃僧传习经况。王崇古言:"虏欲事佛戒杀,是即悔过好善之萌,我因明通蔽,亦用夏变夷之策。宜顺夷情,以维贡市。"礼部及隆庆皇帝是其议,隆庆皇帝于是派遣诸蕃僧持经文前往俺答处传习佛理。

明朝与草原的关系得到改善后不久,隆庆六年(1572年)五月二十六日,隆庆皇帝驾崩,年仅35岁。8岁的朱翊钧即位,是为万历皇帝。万历皇帝的统治长达48年,直到1620年。在其登极的头10年,张居正成为帝师。隆庆时期的臣僚多居其旧位,政策得以延续。这一最为和平、稳定、繁荣的发展期,一直持续到张居正去世。[19]

第十三章

万历时代——先礼后兵

（1572—1620年）

"隆庆和议"下的互市，大大减少了明朝与草原之间的战争摩擦。实际上，无论是虏军南下，抑或明军捣巢，所过除了山河破碎、一片萧然之外，百无一利。在明朝看来，天朝物产丰盈，无所不有，能够通过封爵授官、赏赐互市来主导双边关系，并未有屈服于游牧骑兵之屈辱。而务实的俺答汗也不再寻求建立帝国的梦想，转而通过接受明朝的册封及互市，在名与实的双重作用下主导草原格局，并以此迫使那些尾大不掉的草原势力臣服于自己。

尽管一切欣欣向好，但明廷始终没有结束对和议的争议，边防问题也并不能因此一劳永逸地得到解决。万历元年（1573年）十月，兵科给事中刘铉劾："原任总督王崇古甘心媚虏，欺诳朝廷，躐取爵赏，及将败露，复仗钱神，偃然内补。"王崇古辩道："俺答封贡，皆先皇独断之明，辅弼折冲之略，臣不过奉扬休命，勉事规画。"弹劾最终自然没有奏效，[1]但从中也可看出，确有一股冀望边衅之起的异议在朝中悄然兴起。这一异议或许是这些臣僚的真心实意，又或许只是对首辅张居正高压大权的仇恨。

此时，明廷仍认为俺答汗对藏传佛教的兴趣值得继续鼓励。隆庆六年（1572年）十月，王崇古奏：

> 顺义王俺答纳款之初，即求印信。互市之后，累求经僧。节蒙朝廷允给，既足夸示诸夷，尤可大破夷习。虏王既知得

印为荣,必将传示各部落,珍重守盟,永修职贡。虏众既知奉佛敬僧,后将痛戒杀戮,自求福果,不敢复事凶残。是朝廷给印赐经之典,真可感孚虏情。诸转移化导之机,尤足永保贡市。议者乃谓,印器不可轻假佛教,原非正道,岂知通变制夷之宜。查祖宗朝敕建弘化阐教寺于洮河,写给金字藏经,封以法王佛子,差发阐教等王分制西域,无非因俗立教,用夏变夷之典。今虏王乞请鞑靼字番经,以便诵习,似应查给,昭天朝一统之化。其剌麻西蕃等僧开导虏众,易暴为良,功不在斩获下。宜各授僧录司官,仍给禅衣、僧帽、坐具等物,以欣虏众。庶诸虏感恩遵教,贡盟愈坚,边圉永宁。

礼部是其议,但称无番文经典可给。[2]

高拱一封书信中赞成王崇古的这一建议。他说:"蕃僧必须得人而厚遣之,令其讲说劝化,必当顺天道,尊中国,戒杀为善。即往西天,做我佛如来,岂不快哉!盖顺义此举乃其悔祸之机,惟公成就之也。僧须用二人,若止一人,恐任其所言,别无见证,中有弊端耳。"[3]

首辅张居正在给宣大巡抚吴兑的信中,也表达了同样的观点。其言:

> 虏王求经求僧,此悔恶归善之一机也。南北数百万生灵之命,皆系于此。天佑中华,故使虎狼枭獍,皆知净修善业,皈依三宝,我圣祖谓佛氏之教,阴翊全度,不虚哉!礼曹准公咨,即可题请,不必另疏。但今在京蕃僧,皆溷浊淫秽之流,不通释典,遣去恐为虏人所轻耳。所求佛经,须有我圣

祖御制序文者乃可与之，公可特作一书谕虏王，嘉其善念，曲为开导，示之以三涂六道之善，诱之以人天福果之说。及念珠、坐具之类，亦可稍稍裁与，俾益其向化之心，则亦调伏凶人一大机括也。圣人之道，苟可以利济生民，随俗因其教可也，何必先王之礼乐法度而后为哉！[4]

明人的史料实际上还不足以描绘发生的一切。格鲁派由宗喀巴（1357—1419年）创立，他是一位勇气可嘉的佛学家。永乐皇帝曾试图延请其至中原，但未能成行。万历前后，格鲁派由三世达赖索南嘉措（1543—1588年，明代文献称其为锁南坚错）掌教，但此时索南嘉措尚未称达赖。在藏地孜孜不倦地传播佛教的同时，他在万历元年（1573年）受到征服青海的俺答汗的注意，并于万历六年（1578年）在察布齐雅勒庙会见俺答汗，后者因此改信藏传佛教，并尊索南嘉措为"圣识一切瓦齐尔达赖喇嘛"，达赖之号始传而至今。此后，在万历十年（1582年），他应邀从昌都往蒙古本土参加俺答汗的葬礼，并于万历十四年（1586年）抵达归化城。归化城，即前文所述之板升城，蒙古语称为"库库和屯"，汉语意"青城"，即今天之呼和浩特。索南嘉措还在那里建立了锡热图召寺（即现在汉名"大召寺"）。总之，在俺答汗的极力推崇下，草原社会开始出现了迥然不同的变化。华夷之分在模糊，藏地文化在传播，文明的种子在大草原上播撒。不过，尽管如此，鞑靼人始终没有在汉藏文化中彻底迷失自我。[5]

首辅张居正亦倾向让俺答汗与格鲁派相结合，这对明朝的边防安全来说具有十分重要的意义。在《番夷求贡疏》时，张居正写道：

看得乌思藏僧人锁南坚错,虏酋俺答所称活佛者也。去年虏酋西行,以迎见活佛为名,实欲西抢瓦剌。比时臣窃料虏酋此行必致败衄,待其既败而后抚之,则彼之感德愈深,而款贡可以坚久。乃授策边臣使之随宜操纵,因机劝诱,阴修内治以待其变。今闻套虏连遭丧败,俺答部下番夷悉皆离叛,势甚窘蹙,遂托言活佛,教以作善戒杀,阻其西掠,劝之回巢。又因而连合西僧,向风慕义,交臂请贡,献琛来王。自此虏款必当益坚,边患可以永息。此皆天地祖宗洪庇皇上威德所及,而臣以浅薄,谬当枢轴,躬逢太平有道之盛,诚不胜欣庆,不胜仰戴。除求贡一事,已奉旨下礼、兵二部议处,惟本僧所馈臣礼物,虽远人向化之诚,难以峻拒。但臣系辅弼近臣,参预密勿,义不得与外夷相通。查得国初翰林学士宋濂因朝鲜国王馈礼求文,却而不受,曰天朝之臣,岂可受小夷之礼。高皇帝闻而深喜之,其能守义自重如此。况臣列职帷幄,与词臣不同,而通贡大事,又非求文之比,缘是不敢私受。谨略具其事本末,仰乞圣明俯赐裁夺,敕下臣愚遵行,庶不孤远夷归向之诚,亦以见人臣不敢自专之义。[6]

万历元年(1573年)十月,传经蕃僧二人带着佛像、禅衣、坐具、纻丝、蕃僧衣服靴袜等物品从北京前往俺答处传经,又授在虏蕃僧9人以官职,以及禅衣、坐具、僧帽等物品。另有番官4名,授彩缎2表里,木绵布4匹。[7]万历三年(1575年)十月,顺义王俺答遣夷使乞佛像、经文、蟒缎等物,并请求朝廷为板升城及新盖寺庙命名。礼部称:"俺答恪守盟约,禁戢部落,迄今五载,劳委可嘉,所请勿拒也。"万历皇帝是其议,赐城名"归化",佛经佛像等亦量加拨给。此后,归化城一跃由原先北虏进军明朝的桥头堡,变成蒙古地区繁荣的宗教交流中心。[8]

但这一新秩序亦存在问题。西海,即藏语所称之"安多",是格鲁派的重要中心。彼处喇嘛寺庙众多,藏民亦常至此,其中许多人是养马蓄羊的游牧民族。在明初,太祖皇帝和永乐皇帝通过不懈努力,终于成功地将该地区的统治者纳入明朝边防安全体系的"藩篱"中。但自从正德七年(1512年)亦不剌进据西海后,西海就成了西北边防冲突的前沿阵地。明军无法驱逐亦不剌势力,使西海回归到明初的"藩篱"态势。而住在西海地区的藏人,除了寺庙,没有更为强大的政治、军事力量能够依赖,因此,他们大多选择加入亦不剌,而各个教派之间,有时也会发生战争。

西海地区对草原和河套的北虏都产生了巨大的吸引力,但问题在于,前后二者之间横亘着明朝的陕西和甘肃,卫所从甘肃走廊一直绵延到嘉峪关外,而明朝似乎从未打算允许北虏穿行其间。隆庆六年(1572年)七月,兵部左侍郎石茂华题防秋事宜。其言:

> 宣、大、山西三镇虏虽纳款贡市,但俺酋大同之市愆期未至,老把都之妻及永邵卜诸虏黠悍要求,情状叵测,黄酋虽因子侄之变,苟且完市,凶狠骄横,终难驯服。至板升之逆党尚存,恐勾引之祸端未息,此诚厝火积薪,养虎贻患之时。蓟、昌二镇环卫陵、京,实为根本重地。目今台垣联络,兵马云集,似为可恃。但近朵颜三卫虽称藩篱,史车二夷,虽受抚赏,然皆阳顺阴逆,日谋勾引土蛮,招诱老把、永、黄诸酋。或二虏纠合分道内侵,不免顾此失彼,辽东孤悬一

隅，两河千里，朵颜夷人、建州海西诸虏，虽通贡市，每肆鼠窃。土蛮诸部窥伺垂涎，岁无宁日。陕西、延宁、固原三镇切近套虏，各酋效顺纳款，边境晏然，似无他患。但陕西地方延袤，动辄千里，防范易至疏阔。今酋首吉能物故，其子把都儿、黄台吉西掠未回，尚有打儿汉台吉诸酋分据套中，名分未定，统属无人，恐各酋自相雄长，易生反侧。狼奔豕突，贵防未然。甘肃远在河外，三面临边，番虏交杂，所称斗绝孤悬者。虏酋止宾兔等数枝，及黄台吉下部落零，寇在边外住牧。近因套虏切尽，黄台吉西掠，银锭台吉等诸虏俱相继西行，率多经由内地，环牧于西海及镇番等边外。又甘州南山西蕃少罕一枝，最称强众，倘番虏合谋，一时窃发，本地方既已不支，各处援兵复难猝至，其不偾事者几希。各虏之情形既殊，在我之措注贵豫，一切防御机宜，应亟行申饬，早为讲究，毋狃因循，致妨国家大计。[9]

兵部奏曰：

甘肃抚臣廖逢节言，套酋切尽，黄台吉等欲从甘州往西海住牧，宾兔、歹成妻男盘据昌、宁、湖，坚执欲从黄台吉去路行走。总督戴才亦言套内诸虏陆续俱到镇番、凉、永境外住牧，及抢掠番夷欲繇内地经行，各乞行，顺义王俺答禁谕，为照前项虏情，大率有二。其一则虽无骚扰，不宜经繇内地；其一则虽未侵轶，不当屯住近边。且诸酋络绎西来，虏势甚重，虏情难测，必须严内外之防，以寝彼窥伺之谋，预战守之略，以严我自治之策。宜行才等，督率各官，严加堤处。未过者谕令径繇边外，毋中假道之奸；已过者谕令远离边境，以免启衅之渐。备行宣大总督王崇古传谕俺答，严令各酋遵守法度西行，往来俱由边外川底及嘉峪关外行走。若果去海上，止繇镇羌、永昌、三条沟过路，不得经繇黑、松、凉、永、甘、山等处。内地各总督抚镇官亦务协心区处，以靖边陲，毋得自分彼此，因循误事。[10]

十一月，陕西三边总督戴才又奏："套虏并俺答部落住嘉峪关西及海上者不下数万，情态莫测。"[11]

万历元年（1573年）正月，兵部奏：

> 九边丑虏，宣大、山西有俺答诸部，陕西三边有吉能诸部，蓟辽有土蛮诸部及黄台吉支党。今西虏虽称款塞，而犬羊变诈，实不可测。况今边冲口，每月望后俱有小市，虽以抚安穷夷，尤当严加防范。套虏尚住西海，恐乘春东归，经繇内地，假道之谋，机当先识。东虏屡窥边境，久未得利，豕突之患，更宜早防。请备行各边，于通贼要路分兵戍守，遇有声息，并力堵截，并传报邻境，发兵策应。务使声势联络，共保无虞。如因循玩愒，致误军机，国典俱存，自难轻贷。

万历皇帝是其议。[12]

重建和增补边防工事的工作仍在持续进行。山西、宣大段的城墙，是翁万达30年前主持建造的，如今时过境迁，未免荒废，王崇古又提请修缮，并设置瞭哨营垒。当然，所需费用必然不赀。[13]万历二年（1574年），工部覆总督蓟辽都御史刘应节题讨火器等项：

> 查得京库厂局收贮火器，专备防护都城，听京营官军关领，例不发边。独该镇密迩京师，自隆庆元年以后，破格量发数次，今仍于盔甲厂动支见贮铁佛郎机二千架，鸟铳四百副，夹把枪二千杆，并各随用子铳、铅弹、火药、药线等项，听差官领回。其兵仗局题欲添造合成造中样铜佛郎机铳三千副、大将军十位、二将军七十九位、三将军二十位、神炮六百六十九个、神铳一千五百五十八把，补造中样铜佛郎机铳一千二百副、小铜佛郎机铳五十副，并各随用子铳、铅弹、火药等项，定限三年之内，尽数报完。[14]

在各互市点长期保证充足的布匹、物用以确保交易畅通似乎因成本攀升和北虏的需求上升而变得愈发困难。而确保任意时间、地点下，所有北虏都严格遵循和议的要求，也确实超出了俺答汗的管束能力，尽管他也尽职尽责地将犯顺的亲信逮捕并移送明朝。但是，西海或蓟辽方面，恐非其遥制所能及。

西海方面令人不安，"套虏"开始渗透势力。为此，万历三年（1575年）正月，总督陕西三边军务、右都御史石茂华上言：

> 套虏盘聚西海、嘉峪关等处，声势甚重。纳马番族与之并处，强弱不敌，万一为所胁，构去我藩篱，贻害匪细。乞将番族收抚得所，以维系其心，仍照国初授以官职、敕印之旧，准其世袭，授田置庐，借为羽翼。[15]

由于御史发现管理一片混乱，如堡垒年久失修，部队粮草难以为继，军屯赋税亦累累拖欠，"番贼"和"套房"出没其中，于是石茂华等俱被罚俸3个月。[16]

万历三年（1575年）四月，"俺答子宾兔住牧西海，役属作儿革、白利等诸番，随令寄信松潘"，欲迎佛盖寺，并以此为名屡向明廷挑衅。四川抚臣等谓："宜速行陕西总督，谕令顺义王俺答严戢宾兔，无得垂涎边境，自败盟好。"兵科都给事中蔡汝贤奏言：

> 宾兔蚕食诸番，撤我藩篱，逆志固已萌矣。议者不察，犹欲传谕俺答，钤制宾兔。夫奄奄病酋，墓木已拱，安能系诸酋之手足耶？且宾兔前抢西宁，已行戒谕，曾莫之忌，可见于前事矣。乞敕该部亟咨该镇勘破虏情，整搠边备，或先事以伐其谋，或遣谍以携其党，或增兵以扼其隘，或相机以挫其锋，令犯顺者创胁，从者解狂，虏闻之少知敛戢耳。且虏自称贡以来，所要我者屡变，索锅而与之锅，求市而与之市，增马而与之增，将来边计，安知底止？乃若巴蜀之衅，又自焚修之说启也，盖许之建寺，则西藏一路往来自繇，听之奉佛，则南北诸番交通无禁，彼黠虏岂真有从善之念哉！其挟诈用术，远交近攻，不独宾兔为然明矣！[17]

蔡汝贤所推演的，是事态发展的一种颇具威胁的可能性。对明朝来说，俺答汗崇奉格鲁派藏传佛教也并非纯粹好事。在明朝君臣的推测中，俺答汗借以建立一个依托藏传佛教，兼容蒙、藏族人并同时控制其生存之地的大帝国的可能性是存在的（事实上到了清朝，准噶尔建立的政权就带有这样的民族交融色彩）。万历皇帝等是其议，叮嘱边臣"毋蹈往辙，克励新图"，"设险练兵，积饷储器，更置将领，抚谕熟番"，时刻做好应对冲突准备。[18]

面对明廷的追责，俺答汗遣通事来言："宾兔非敢故违，只因甘肃不许开市，宁夏途远，往还艰难无利，虽有顺义禁约，不能尽制。"兵部覆议上奏，奉旨曰：

> 贡市羁縻，乘暇修备，乃中国御夷长计。各边诸臣俱宜同心勠力，计安边境，斯不负朝廷委托。近来，陕西三镇督抚官每遇虏情小变通，坐视不处，只责之宣大，其意似谓这件事原是宣大种下的祸本，将来有事，罪有所归，不思他每各有封疆专责，若的见得此事为失策，其力又足以制虏，便当明言谢绝，整兵待战，如何只依违观望，无事则阴享其利，有事则诿罪于人，岂人臣受职任事之忠？且操纵之权，当在中国，今一遇有警，即令俺答禁令，是倒持太阿，反使虏首得挟以自重，亦岂当时许贡初意？今后着石茂华等，着实整饬边务，相机抚御，如再因循推诿，致误边事，国法不宥。[19]

于是，石茂华奏谓："甘镇河西之虏远赴宁夏，诚不胜奔命之苦，宜即于甘镇边外择离内地远处置立夷厂，令西海丙兔部落每年赴彼互市一次，松山宾兔一枝亦许岁在庄浪小市一次，凡开市期，务要与延宁同时并开。"宾兔势力的一个分支前往松山，意味着他将在兰州以北100公里、宁夏西南300公里的草原上建立新的部落。是处有两座林木葱茏的小山，是为大、小松山，而大松山被番人称为"米哈山",即藏语"肉山"之意。石茂华后来奏报,两处的互市非常成功,官方共易马2100匹,牛羊58只,民间则易过马、骡、牛、羊共2.2万余只。后来,"宾兔至五王城修寺,盘桓睥睨,意颇垂涎",兵部得知后,要求明军必须做好练兵设险的防御之策。[20]

到了万历四年(1576年)四月,石茂华再次警告"套虏"与西海虏贼之间将利用甘肃进行连通的情形:"河西一线,北有边墙,宜设墩台哨望。然北边乃甘镇之背,原为套虏与松山虏而设也。今套虏多取径镇永腹里,横渡入洪水扁都口通西海。是虏巢反在甘肃之前,则北边又不可恃。嘉峪以至西宁黄河岸,俱有大山,其间断续不一,俗呼为通海隘口,虏贼所由以出入者,筑圈墙以御之,庶克有济。"为了截断其通路,石茂华与巡抚延绥右佥都御史宋守约请求朝廷拨款15.25万两,用以兴建神木、榆林、靖边、定边四道敌台800座。朝廷议命兵部先发银1.2万两以资筑建。[21]

七月,阅视蓟辽保定左副都御史郜光先绘《各边形胜图》进献朝廷。万历五年(1577年)闰八月,总督宣大山西等处兵部尚书方逢时上《北虏款贡图》。[22]事实上,在明朝中后期,一个值得注意的现象是边境州县开始编纂并出版方志。这一活动几乎覆盖九边,有的方志不仅有州县建置背景描述,还附有粗略的地图。这类重要资料在明中期前几难见到,部分甚至流传至今。[23]除了方志,明人还大量出版描写域外社会的作品,如嘉靖二十九年(1550年)前后苏志皋所撰的《译语》,万历二十二年(1594年)萧大亨所撰的《北虏风俗》。万历四十年(1612年)瞿九思所撰的《万历武功录》则提及鞑靼、瓦剌等北方各民族及其名人活动事迹。显然，这与隆庆和议密不可分，和议大大增加了明朝人对草原世界及其谱系、领袖更迭等问题的了解。在太祖和永乐时代，明朝对这一世界群体的认知很多，但到了嘉靖时期则物极必反，懵懂无知的阴影笼罩在明廷上下。

* * *

万历五年（1577年）三月，俺答汗开始试探明廷。他告诉明廷，他将要赴西宁青海寺会番僧设醮，"请开大马市、茶市，又求都督金印，以便出入"。边臣邢玠等反对这一要求，但兵部持相反意见。兵部回复道："前岁俺答、丙兔乞建寺西海，朝廷不惜假以美名，助之物料，正思化其悍暴，鼓其恭顺耳。今度其出边设醮，原无他意，如果以建醮求请食物，须随宜给发，以慰其情。"后来，俺答汗又于青海建寺，并取名"仰华寺"，以为追慕明朝之意。[24]

事实上，与鞑靼人的战和政策很大程度上取决于内阁、兵部以及宣大方面的督抚大臣——后者最为接近俺答汗的主营地。为此，宣大总督方逢时力陈与北虏通和的奏议。其言：

> 然也先首祸于土木，哈密构乱于西陲，小王子、火筛、花当之属相继为害。及今俺答益称雄桀，纠其弟兄，率其子侄，攻克诸部，雄据朔庭，东连察罕，西胁番回，虎视三关，蚕食九镇，五十余年，致我中土之民困于征输，边鄙之民死于锋镝。嘉靖之季，骚扰益甚，世宗皇帝宵旰四十余

年,思欲讨其凶暴,诛其狂肆,而事有未逮。遇我穆宗皇帝即位之初,天眷明德,厌彼凶顽,孽孙构衅,慕义来降。盖天将启太平之机,而再造边人之命也。臣时巡抚大同,适当其事,窃料胡运首谋受降,为国弭祸。先遣鲍崇德赍咫尺之书谕俺答,以纾平虏之急。继遣龚喜等持一箭之令诒黄台吉,以解大同之围。晓以祸福,申以信义。盟约既定,二酋既从,乃咨会督臣王审计协谋,倾心竭力,以共图弘济。列疏上请,伏荷先帝圣哲,洞烛机宜,抚市之成,二三元臣,协心一德,襄赞庙谟,折衷群议,授以成算,使臣等得效犬马之力,以驯豺虎之心。叛人斯得,贡市用成。既臣以忧归,王(崇古)独任其事,请封议贡,约会定期,劳心苦志,克有成绩。而孔昆的禄父子疑贰,未即就约,巡抚都御史吴(兑)训谕有机,招徕无倦,遂致东西联属,反侧渐消,封疆遂宁,比及三年。蒙陛下特恩,起臣草土之中,来代崇古之任。臣才智庸浅,力孱气懦,而区区为国,一念之诚,不敢自负,宣布仁威,恢张国体,申明约信,通行晓告。群酋素皆知臣,莫不倾心听服。赖陛下神武,元臣忠良,克终愚志,不坠前人之美。八年以来,九边之外,以生齿则日繁,以修守则日固,以兵马则日练,以刍饷则日积,以田野则日辟,以商贾则日通。穷边僻堡,贴危残喘之民,始知有生生之乐,此今日之边事可知而可言者也。

虏自顺义而下,有黄台吉,有兀慎,有摆腰,有永邵卜,有河西袄儿都司,有青把都、白洪大、满五素、满五大、哈不慎、打喇明安兔,有扯力艮、五路青把都、鸦黄多罗、巴林松木儿等部,实繁有徒,小大远迩,错杂不一。然其向化怀惠，心倾志靡，输诚效贡，久而益笃，莫敢有渝盟叛约。显然，悖逆生乱者，岁时请求，随宜与之，即欣然知感，闻有讲事卖马之使经过城堡，投见守操官员，求讨食物，苟得一饼一果之与，即稽首而谢，欢笑而去。盖犬羊之性，不顾廉耻，不识法度，不知礼义，乃其恒态，非敢有所侵侮。而豕交兽畜，驭之得宜，益足以坚彼归向之心，于国体何伤，于贡市何玷？即有无状捉人索赏，如打喇明安兔者，告之俺答，严加罚治，即委首听命，服罪知悔，此今日之虏情可知而可言者也。

夫今日之边事如此，虏情如此，臣等之处置如此。中外之不然者，或曰夷使成群，充斥城市，为害将不可制也。或曰财货日益费耗，虏欲终不可足也。或曰与虏益狎，隐忧叵测，将不知所终也。为此言者，心则忠矣，而事机或有未达，一时风闻，疑之太甚，计之太深者也。夫夷使之入，三镇皆有之，多者八九人，少者二三人，朝至而夕去，夕至而朝发，守贡之使，赏至即归。有舍馆以安之，有卒徒以防之，有饩廪以养之，何有于充斥财货之费？有市本，有抚赏，画有定规，给有定数，通三镇而计之，每岁约费银二十六七万两，出户部者一十三万有奇，出兵部者四万有奇，三镇所自措办者十余万两，较之先年征战，岁费户部客饷银至七十余万两而不足，兵部太仆之马价，亦且十数万两者，才十之二三，而虏心餍矣。至于民间耕获之入，市贾之利不与焉，所省不亦多乎？以为有隐忧者，臣以为所忧则有之而不隐也。方虏之未款贡也，庚午以前每岁大举，九边之地，必有被其毒者，而雕抢鼠窃，无处无之，致我三军战斗，暴骨满野，万姓流离，横尸载道，城郭丘墟，刍粮耗竭，外罹惨祸，内虞他变。边臣首领不保，朝廷为之旰食，忧孰大焉？款贡以来，七八年间，无此事矣，设使臣等处置乖方，羁縻失策，吝小费而亏大信，贡不至而市不通，虏一旦狞然，肆行侵掠，则前日之忧即见，何隐之有哉！……盖夷狄之人，虽非我族类，此心之良，未始不同。25①

随后，俺答又投书至甘肃军门，乞开茶市。巡按陕西御史李时成言："番以茶为命，若虏得借以制番，番必转而从虏，贻患匪细。"兵部答复道："茶市岂容轻许？但虏王既称迎佛，僧寺必须用茶，难以终拒。宜行该镇，如虏王请以马易茶，直以官茶无多，原以招番纳马正支，天朝自有法制，谁敢与市？惟量给百数十笼，以示朝廷赏赉之恩。"后来在万历六年（1578年）四月，明廷又一次拒绝了俺答汗加入茶马贸易中。26

尽管和议给明朝带来种种好处，但官僚群体内部的相互倾轧也使之难以避免受到抨击。兵部尚书王崇古便是被弹劾的对象之一。万历五年②（1577年）九月，他对这些抨击声音作了强硬的回应。他说：

> 臣逆知套虏连年被各边捣巢，赶马之害，久思息兵。在俺答力能制彼弟侄，同事款贡，即令邀彼亲枝，务期秦晋，

---

① 作者原注称该段出自《明实录》，实见于《万历疏抄》。——译者注
② 本处原著误作"万历六年"，核《明实录》原文，实为万历五年，据改。——译者注

七边永不侵犯。方为奏请时,诸酋方会俺答帐中,一闻臣谕,各遣使纳款,誓同修贡。臣未敢信,即日分遣官通同诣各酋营帐,勒取真正番文,面扣诸酋诚伪。套虏吉能即求臣分遣官通沿边戒谕,无容侵犯,臣使至甘、肃、庄、凉,并谕松山驻酋宾兔,往返数月,取获番文,条上贡市八事末。议审经权,以策战守,明言以贡市为权宜,以修防为经久也。及敕下兵部,廷议至再,辅臣又于讲筵面奏,亲奉谕旨,许其封贡,是当日边臣措注,皆先皇独断之明,辅弼折冲之略,臣不过奉扬而规画耳。既承辅臣八事之议,定三年阅视之规,示九边崇实之图,臣即随事条覆,严督奉行,今经七载,节省国饷奚啻百万,保全军民不可数纪,开垦屯田远至边外,修砌城堡各用砖包,筑建边垣各数百里,柴砖木料,咸取虏中。昔也各边斗米值银二三钱,今则仅值钱许,屯粮尽完,盐粮估减,视嘉靖末年、隆庆初岁,安危迥异。而铉①辈乃谓虏贡不足恃,虏情不可测,以安为危,以功为罪,臣去留何足恤,将使以后边臣转相顾忌,不至坐失虏心,大坏边图,贻君父宵旰之忧不止。乞敕廷臣查核,以明国是,臣死无憾。

内阁诸臣显然是支持王崇古的,他们以万历皇帝的名义降旨:"连年虏酋款贡弥恭,边圉宁谧,卿之劳绩,朕已悉知。浮言不足介意。"27

---

① 指南京礼科给事中彭应时、工科都给事中刘铉。此二人联衔弹劾王崇古,本段奏议即为王崇古针对其弹劾的驳辩之言。——译者注

不过，实事求是地讲，部分官僚对王崇古的弹劾亦不无道理。局势总存在或多或少令人担忧的隐患。万历六年（1578年）正月，兵科都给事中裴应章以春防在即，乞令通行申饬各边，称："虏王西行，辽左多警。在甘宁诸镇，当于所经道路设伏，抚处尤要禁绝茶市，堤防番族。在宣大诸镇，当虑主酋既行，部落恐无约束，更宜经略备御，倍常加谨。在辽左，当防土蛮窥犯，督率待战，不得轻率贡市，其勾虏属夷长。"兵部是其议。[28]

鞑靼人尊奉佛教，对明朝而言是个令人欢喜的转变。乌思藏阐化王的儿子札释藏卜差蕃僧前往西海，见其师索南嘉措（三世达赖）劝化俺答汗及其子孙行善向化，于是托顺义王俺答代贡方物，并请求明廷敕封。礼部议曰："帝王之驭夷狄，每因其有求而制其操纵之术，乘其向化而施以爵赏之恩。今札释藏卜等乃以毡裘之类，知慕天朝封号之荣，化桀骜之群俾，尊中国贡布之约，顺义王俺答能使相率归化，复代贡请，以效款诚，即有苗之格舞干，越裳之至重译，不是过矣。合无依拟授职赏赉。"万历皇帝认为"蕃僧向化，抚虏恭顺可嘉"，于是"各授大觉禅师及都纲等职，赐僧帽、袈裟及表里、食茶、彩段有差"。[29]局势一片大好，令人不禁想起永乐时代的明朝。乌思藏的册封，似乎再一次让朝贡体系焕发了生机。

但并不见得所有的消息至此向好。刑部主事管志道[①]上言：

[①] 管志道是明代非常有名的思辨学者，同时也是张居正的反对者。详可参魏家伦的《晚明地方社会中的礼法与骚动——管志道〈从先维俗议〉研究》。——原注

迩者，俺酋款塞，则从请封，土蛮邀求，则议力拒，诚制虏大机。乃闻三镇马市年例之外，诸酋逾限请乞，督抚虞于挑衅，辄克军士之粮，以易垂毙之马。我军既困于追赔，又疲于工役，心日离而气日索。万一马市之时，乘虚而动，何以制之？议者谓及今衅尚未萌，一面储材蓄锐，以备不虞，外亦复以计约束俺酋，不令违时，挟众以扰我疲卒可乎？土蛮数犯辽东，往往得志，近斩获四百余级，可谓差强人意。乘此军威稍振之日，聚粮训卒，预为捣巢可乎？夫东虏气折，西虏亦寒心矣。[30]

此外，如当丙兔袭击的不是明朝，而是明朝的羁縻卫所时，明朝的边防安全又会在多大程度上受到影响？又如北虏青把都拥众2万，逼近边塞，欲与其他部落仇杀，却又乃先期向明廷报告，"誓称无他，秋毫不犯"，明军又该如何应对？而随后，却又有边报称朵颜三卫加入了土蛮和青把都的军队，截断贡路，声言要威胁密云及山海关，这时明军又该如何面对？[31]

是年九月，巡按直隶御史黄应坤对令人不安的北方形势作了长篇分析，明廷要求朝中大臣广泛讨论此事。其题道：

自虏款以来，八年于兹，朝廷无北顾之忧，戎马无南牧之儆，边氓无杀虏之惨，师旅无调遣之劳，钱粮无浩繁之费。两镇边垣，屹有成绩；官民城堡，次第兴修。客饷日积于仓廒，禾稼岁登于田野，凡此孰非款贡之利哉！然而虏款已久，羁縻无失，彼方系恋于吾市赏之利，何肯背叛？以故青酋东收讨孙，而不敢犯蓟镇之外疆，俺酋西历西番，而不敢扰甘肃之内境。又如近日，张家口虏哗被创，竟隐忍以毕市而去，此其不欲渝盟，以自失其厚利，有明征矣。臣故知虏之无异志也。但犬羊之性，惟事贪求，市马岁增，无所厌足，此虽二镇之所同，而宣府为甚。盖在大同，以一镇而当俺酋之一大枝，虽黄扯父子素称桀骜，然市马之所增，岁犹不过数百匹，故尚可以勉强支吾。在宣府，以一镇而当青、永之二大枝，而又有独腊台吉、打剌明安二小枝及夷妇太松等诸酋，部落既多，而青酋诸兄弟又皆强悍难驯之虏，七八年来，市赏之增亦极矣。以宣镇之大，数言之方，互市之初，虏马不及二千匹，今岁已市者三万五六千矣。迨及岁终，当不下四万，每岁辄增数千匹。夫马以数千计，则银以数万计，非小小增益也。且今岁增矣，明岁又增，明岁增矣，又明岁又增，其在于今，视始市不啻二十倍，而犹未可以为限也，后将何所底极哉！盖缘青酋与土蛮，及属夷朵颜诸虏，皆为亲姻，又相和好，故每来必带东虏之马入市，而抽分其官货，又以其马所卖之官货转贩他虏之马来市，可得利一二倍，是以其利愈厚，其马愈多。若少加阻拒，则忿然欲去以要我。边臣思以保全市事，惧激其变，而开边隙，率迁就以从其欲。然市本有限，而虏马无穷，或多方措处，或委曲那移以应之，迨今则措处已极，而那移者无所施矣。即使诸虏来岁之马不加于今岁，然且不给，况贪而无厌者，虏性之常，将岁岁增矣，而又何以应之哉！窃谓为今之计，惟无惜乎变盟为其所挟，庶可以止其马之岁增，又必止之于未来之先，而后拒之于已来之际，庶可免其猝然之变。盖彼率其马而来，聚于我之边外，向未有拒之者，而今骤拒之，以大拂其愿，其愤深矣，势必不能，故欲止之，必及其未市之先，厚其礼，善其辞，坚其约，明示以朝廷之市原有定额，而不敢请，边臣之曲处，今已殚力，而不能加，曰如是则市，不如是则否，毋为他人求利而自坏汝事，毋他日马至塞下，而谓吾阻回也。至于再，至于三，彼见吾言之谆切如此，独不虑吾之绝其市乎？果能如约而至，则与之市，而厚遇之，彼复不听而求多焉，则吾为有辞，惟闭关以谢之而已。若挟以去，则听其去而不留，若遣人来言，仍守其初约而不变。即使虏有变动，亦惟谨备之而不迁就以徇其欲。臣知虏之必从吾约也，盖自通贡以来，虏有所欲焉则求，有所缺焉则求，求未有不得者。至于市马之利，即今岁青酋兄弟所得几十万金矣，使一日闭关而绝其市，可复得耶？即使入抢，岂据有此耶？又安得锦绣、金银、布帛如市赏者耶？以虏之贪而狡，必能办此矣。纵一虏欲叛，而他虏之利吾市者，未必肯与之俱叛，则其势孤而不能以大逞，故臣知其必从也。虏能从吾之约定，其议而能坚守之，则吾之财力可继，虏之盟信可久，伸缩操纵之权吾得以执之，不至为虏所挟，而又力修战守之务，以伐虏谋，则彼之款益坚，而无一旦不可收拾之患。即使虏不吾从，变盟而内犯，纵不能遏其不入，犹可深沟高垒，清野坚壁以待之。彼亦未必得志，即稍有所获，亦安得如市赏之利哉！虏必悔而复求，以竟从吾约，如是，则边境数十年之安可复冀矣。若曰虏款已久，何为开此衅端，宁姑顺之，以幸目前之无事，则非岁增四五万金不可，岂惟吾力不继，而彼之骄悍且日炽矣。至于数穷理极，又安保其不变乎？伏乞敕下该部从长计处，使虏免无厌之求，而我有经久之策。[32]

东北边防的互市，大致与黄应坤所描述的情形一致。但西北边防所面临的情况则有所不同，这里的局势更像无政府状态。据巡按陕西御史赵楷题：

> 虏之盘踞西海，日与蕃僧溺志梵诵，并无回巢消息，部落八万有奇，逐水草而乘机刁抢，往往有之。臣再三侦探，此虏久驻不回，其不便地方有四：此中百姓全赖农桑，今诸虏往来，不得佃作，秋事业已失望，此时又无回巢消息，则明年蕉袭之期又未可卜，不便一；凉、庄僻在一隅，所通往来者，一线之路耳。今虏王部落往回，各套群丑之送迎，道出凉、庄、永昌诸处，固非垂橐而行也。况中超胡儿一枝，最号狡黠，时剽掠粮畜，当事者传谕虏王罚治，则彼以年老不能钤束为辞，以故不但居民有妨农桑，抑且行旅受害，道路萧然矣，不便二；虏王与宾兔、丙兔、超胡儿诸首扣关乞赏，无日无之，而抚赏之费不过取给于商税，而修城羡金自理赎锾，悉搜括无遗焉。臣与各道论及，俱云此虏不去，将来抚赏之费必议及军士月粮，不能神运鬼输也。夫边军方枵腹待哺，何以堪之，如往年庄浪之变可鉴也，不便三；虏王久驻海上，沿边套虏风闻云集，彼即遵盟守约，而在我不得不分布要害，以防叵测。然既力分势弱，倘番贼乘虚入寇，出我不意，未免顾此失彼，如往年石峡堡之事，乃其明鉴。而疮痍未复之民，又何以当也，不便四；然此就目前论也，虏王年老，有如一旦填壑，则部落散涣，其谁统之？况诸虏

久住甘凉，庄西虚实，尽为所伺，万一犬羊生心，则陕以西无复安枕之日矣。顺义盘驻西海，而沿边各套诸虏假以迎送约会，倾巢飙拥，悉移驻近边之外，韦鞴毳幕，蜂屯蚁集，彼此已成首尾之势，我之背腹皆虏，何异痈疽结于肋下，豺狼伏于门庭？兼之虏王老耋，各枝部落又不受其钤束，万一點虏匪茹，则变当在旦夕间。伏乞敕下从长计议，无滋后患。

看来，明朝的政策出现了转变，虏众的袭击已经从边防军事问题降级到治安问题，甚至可以通过与虏王的交涉得到解决。以故，万历九年（1581年）六月，陕西督抚郜光先等题称："万历八年（1580年）七月内，西海住牧贡夷丙兔纠众越河掠番，混掳汉人头畜，伤死男妇六名，该镇宣布朝廷恩威，而顺义王俺答等驰书切责，丙兔悔罪，送还原掳汉人并熟番男妇四十九名，愿罚服马牛羊七百匹，只执献作歹夷人火力赤等六名，似应准其照旧市赏，以彰信义。仍行顺义王传谕河套、松山诸酋，恪守贡市，如有生事作歹者，一体处治。"兵部与万历皇帝是其议。[33]类似的处理方式也发生在独石、马营地区。是年，明军只在蓟辽一带烧荒，其他地方则不再实施。[34]

* * *

但是，一系列与死亡相关的重大事件，标志着一个时代即将结束。首先是万历十年（1582年）俺答汗的去世，几个月后，内阁首辅张居正也随后去世。万历皇帝终于摆脱了张居正的束缚，是年年仅19岁。俺答汗孙子中最可能成为新汗、最受爱戴的把汉那吉,也于万历十一年(1583年)去世,而正是他搭建了"隆庆和议"。[35]

袭封顺义王的,是辛爱黄台吉。万历十一年(1583年),他请求明朝允许他更名为"乞庆哈",即所谓"彻辰汗"。(最早他被称为黄台吉,后来被称为僧格都古楞,现在则为彻辰汗。)辛爱能否袭封顺义王,不但需要其母亲的支持,还需要俺答汗的另一名妻子,也是辛爱的庶母三娘子的支持。为了确保草原政权的交接,明朝不得不出面干预,最终劝说三娘子接受黄台吉收继为妻,黄台吉也于是年袭封顺义王,他的长子扯力克袭封龙虎将军,是下一任顺义王的继承人选。[36]

尽管辛爱黄台吉骁勇善战,但他似乎无力控制东西两翼潜在的军事冲突。万历十二年(1584年)九月,宣大督臣郑洛称:"探得宣府边外,青把都及其母老酋妇带领部落往长昂营内祭神。"而蓟镇报称:"长昂于哈不慎处借兵,要行入犯。"明军不得不加紧备战。[37]但到了万历十三年(1585年)九月,"夷酋"长昂却遣其姨母土阿等叩关服罪,求复抚赏。明廷接受其歉意,但对于其请求佛经、佛像并准备兴盖寺庙的请求,明廷拒绝了。在明朝看来,此类请求惟忠顺、顺义二王得之,其他人无故事先例可遵循,因此不许。[38]

西海地区虽然因藏传佛教格鲁派的发展崛起而闻名,但这里也时常成为各方势力角逐的战场。万历十一年十二月(1584年1月),"西蕃拥兵七千余骑,从八盘岭透黄羊川行走",前往庄浪、凉永,虎酋阿赤兔等亦带领精兵相随,并在这一带杀戮残毁。次月,"虏酋着力兔纠西海诸虏,领八千余骑抢西宁番族",并突入明境杀伤番、汉、土人并掳走头畜甚众。遭此掳掠,"庄浪迤西一带住牧蕃人写尔等八族因房酋寻抢仇杀,归附求免",陕西巡按御史王世扬决定招抚他们并赐茶,各番感恩,愿与明朝维持茶马贸易。明朝的洮、岷二州居住着不少蕃人,由土官杨臻约束,但自从俺答迎佛西海,随从诸酋恋牧河西,不肯离去。他们渐渐聚集在莽剌河附近,逼近洮河,巡抚李汶以为不日将为内患。万历皇帝命明军集兵防备。[39]

万历十三年(1585年)十一月,兵科都给事中王致祥言:"河西五郡,本汉建之,以断匈奴右臂。昔年有番无房,自俺答抢番,留孳子丙兔等七枝盘据海西,而套内部落亦以大小松山为巢穴,又初款之时,止丙兔七枝,今威正等共二十九枝,环甘皆房矣。将所统士马仅以千计,责之守御,譬以羸羊搏猛虎也。请增饷数万,以俟召募。"皇帝令督抚集议,最终抚臣李汶上《洮河守御十事》,作为应对方案。[40]

次月,顺义王乞庆哈及西蕃答赖等奉表文、鞍马、弓矢、方物至边。其使团人员数量十分庞大:顺义并妻一枝116人,兀慎一枝17人,摆腰一枝16人,扯力克一枝64人,青把都一枝116人,永邵卜、合罗气兄弟一枝56人,明朝俱给赏如例。[41]

* * *

万历十三年(1585年)十二月,顺义王乞庆哈病故,北房之中一时"钤束无人,名位未定,诸夷散乱"。万历皇帝要求以王侯之礼葬乞庆哈,但与此同时,为防不虞,万历皇帝也要求明军做好防御准备，静观事态变化。[42]

问题在，明朝是如何看待北虏这一势力群体的？似乎在明朝看来，鞑靼人在承平时期是一股游牧势力，但在战乱时期则是劫掠者（"虏"）。明人从不将北虏势力视为"国"，而是待之以番邦，将之纳入应像朝鲜、吐鲁番一样受朝贡秩序规则约束的势力。北虏的首领是世袭的，其下有部落、有支系（"枝"），这在明人的记载中有充分显现。值得注意的是，隆庆和议后，明廷竟能通过操纵其上层贵族，确认其汗位的过渡和继承，并通过羁縻卫所制度，将管理触角伸向其势力内部。要而言之，隆庆和议后的边境互市，是明朝控制北虏的杠杆工具。他们利用这一工具，鼓励草原势力对明朝的顺从行为。

明朝再一次干预了汗位的继承。此前，在俺答汗死后，明朝已经通过促成辛爱黄台吉与三娘子的联姻，成功使黄台吉继承汗位。现在，诸部势力之间的角逐竞争再一次阻碍新汗的顺利产生。其中，争夺焦点是对归化城的控制。万历十五年（1587年）三月，在宣大督臣郑洛的奏请下，明廷准扯力克（那木岱彻辰汗）袭封顺义王。[43]

但草原上的统治秩序，早已不如俺答汗时期那样稳定。实际上，无论是俺答汗还是吉囊，皆非达延汗一系之嫡传世系。就名义上而言，达延汗而下的嫡传汗系应为土蛮汗一系。土蛮汗占据草原东北侧，一直与明朝为敌，甚至没有参加过隆庆和议。而占据蒙古西部的顺义王一系，却在扯力克的带领下走向衰落。扯力克比俺答汗和彻辰汗（乞庆哈）软弱，逐渐失去对西部草原的控制能力。草原社会的统治重心逐渐在东西两端重新寻找平衡点。

西北边防局势开始重新充满威胁。兵科都给事中顾九思等奏：

> 今之河西镇孤悬天末，实番虏之要冲……住虏数十种窃据其中，东虏数十万环扰其外，饷薄兵疲，虏穷力促，虏日骄，我日挫，是以和自愚也。臣谓各镇自抚，河西自战，昔日河西宜抚，今日河西宜战。无论住虏、流虏，但入内地侵掠，即便剿杀，追逐出境，无以开衅为嫌，有逗遛不追，违误大计者，自罹军法……河西北则虏，南则番，吾以一线之路横亘其中，使番人无交通北虏之忧，中国坐受茶马之利，所以不令番与虏合也。夫番众受虏患深，怨恨入骨，往往有猛图一逞者，我因而用之，则皆成劲卒。庇则为我用而获安，唇齿弃则为虏用而有害，腹背利害之间，自当深结于番矣。[44]

兵部是其议，但郑洛仍坚持对此类激进的举动保持谨慎态度。他说："在宣大，则当谕虏王禁戢，申明信义，勿以西虏勾引为解；在陕西，则当慎御备机，宜敕谨封疆，勿以东虏侵轶为辞，共成安攘长策。"[45]

万历十五年（1587年）四月，巡按陕西御史杨有仁上言："臣奉命巡历西陲，已周一载，于凡边关要害，地势缓急，虏众出没，番情向背，兵之强弱，饷之虚实，自到地方，日与诸司道悉心讲求。窃见去岁六月以来，东虏流聚，边报交驰，新春连月风霾，灾异屡见，民生边计，日夕关心，剥肤然眉，拯救无术，臣私心凛凛焉。"总督陕西兵部尚书郜光先也强调："甘肃一镇，乃洮河藩篱，自东虏丙兔遗流窃住西海，每渡河而南，住牧莽剌川一带，逼近洮河强境，垂涎番族，睥睨内地，是以洮河昔年止于防番，今则又防虏矣。"

此外，巡按直隶御史孙愈贤亦题称：

> 北房款市已十六年，取既款后十五年，与未款前十五年较之，通计二镇所省，几一千一百二十八万有零。又城堡赖以修，边地赖以垦，盐法疏通，蓄积称富，而生齿亦号蕃庶，款市之利，不既彰彰哉！……盖今大酋如顺义，如青永，遵我约束如初；惟细枝小丑，不遂所欲，乘间窃发，或捉我墩军，或扒墙突入，杀我牛马。[46]

《明实录》中有另一份巡抚甘肃、右佥都御史曹子登细陈"诸虏"情形的记载。其曰：

> 除松山宾兔妻男等酋，其在海上者，又除威正恰因抢生番被箭射死，各部落烧化尸骨，久携回套外，如市虏克具，近来互市，方以我僧大人命相讲。夫我僧大，既夜间为盗，而又先杀我军姚二，我官军亦追射杀之，此歹言黄台吉义子克臭亲子也，后来执我，杀死台吉；我中亦执曰：尔先杀我提塘千户，求以相抵，原非一官，彼亦语塞。火落赤主持前来，将尸烧化去讫，此正麦力艮犯肃州求市赏时也。道里日期，原不相及，而扯酋、三娘子书执此为言，此明是诸酋诳词，以给扯酋、三娘子，存而不论可也。歹、火二酋投番文，要我中为筑城修寺，永不作歹，我已严拒之，而彼亦俪指退矣。三酋与市虏丙兔、阿拜台吉、把都儿台吉、把尔谷台吉、且且台吉，瓦剌他卜囊撒温等联络西海，此虏在海上也，抄胡儿、青把都儿……等枝与各部落近在嘉峪关七百里以外，声抢瓦剌西去，臣恐其胜则乘锐，败则乘愤，俱不利于我。

为了缓解西海局势，明朝决定更多地诱使诸虏从西海搬回河套。[47]

从这些奏疏看，明朝实际上面对的不是单一的整体的北虏，而是一个像多头蛇一样的松散群体。这就给明朝造成一种极不稳定且不断变化的威胁组合。可以说，从不存在北虏整体对明朝的威胁，但来自北虏的碎片化威胁，也时刻令明朝感到头疼。

明朝试图利用"蕃人"对虏的恐惧和厌恶。河南司署郎中事主事陈于阶题称："番族恨虏日深，心切报复。今欲乘机孳养，以备缓急。先该甘肃督府屡陈操练夷兵，钦依通行相应，再行申饬。然非我族类，其心必异，必统驭得人，操演有法，土番各有攸归，庶免争端。粮饷各有正额，庶免脱伍，斯可收以夷攻夷之效也。"[48]

但到了万历十六年（1588年）的夏秋之际，形势似乎有些恶化。辽东一带的安全形势急转直下，一度繁荣的地区变成废墟饥馑之地。而在甘肃，苦不堪言的明军差点又发动一场大型兵变。鞑靼与瓦剌的战争仍时断时续，而他们的争斗深深影响着明军的边防建设，因为北虏仍继续在西海住牧，且时常穿越甘肃。[49]

万历十七年（1589年）正月，巡抚甘肃右副都御史曹子登奏称明军将面临更大的威胁。其言：

> 套虏西抢谋非一日。吉囊为套虏之主，名位与顺义比，其所率部落甚多，亦不减先年顺义之来西也。令部落先繇川底而西，只本酋与头目内走。今吉酋不远数千里，携帐而来，岂直报仇瓦剌？其抢番不待言矣。且吉酋先行，庄酋尾后，庄酋不肯繇水泉暗门，坚求水塘之去，两酋特角，无非报我

十五年中剿虏之仇耳。水泉暗门原系通海大路,顺义王于本门进边,节年以来,通行无阻。今吉囊遣部落行繇川底,而自提大众拥逼水泉,若不容其暗门祸速而大,放其暗门,祸缓而小。如吉酋出边,庄酋亦繇边外而往,照旧行犒,以慰远来。若必不从,在吉囊尚未可加兵,庄酋必乞边而入,又不得不以兵马堵之。一牧于南,一伺于北,水塘百余里,原无藩篱,其成败利钝,皆不可逆睹也。[50]

事情发展至此,理脉已颇为明晰。这是明朝与鞑靼势力之间对西海地区和当地"番族"的争夺,后者是否自愿在所不问。但是,同为明朝和鞑靼势力所支持的藏传佛教格鲁派势力,其立场如何则尚未可知。

* * *

明朝的边防安全,不唯有将士驻守拼杀,亦有赖于督抚、御史的适当参与,他们中的一些甚至还具备开阔、睿智、聪慧、果敢和正诚等令人称羡的品质(特别是当与某些愚蠢、虚伪、轻浮、睚眦必报或腐败不堪的高官相比时),如于谦、杨一清、杨博、王崇古等。现在,这份名单上我们可以再加上一个人——郑洛。

郑洛,嘉靖三十五年(1556年)进士,"隆庆和议"中是王崇古的坚定支持者。万历十八年(1590年),郑洛加兼右都御史,经略陕西、延宁、甘肃及宣大、山西边务。在他经略的4个月里,他出色地化解了许多重大危机。万历皇帝给予他极大权力去处置一切，而他也忠实地通过奏议汇报朝廷。

在经略期间，郑洛面临最棘手的问题是鞑靼人向西海大规模移民，而这种移民，又与鞑靼人转信格鲁派藏传佛教有关。正如前述，始初明朝非常乐意看到这种信仰变化，为了支持这一变化，明朝甚至选择容忍其移民。在明廷的最初规划中，虏的迁徙路线乃出套渡河，并绕开嘉峪关而到西海，但实际上，他们选择直接穿过甘肃，走最短的路线。一开始，他们的迁徙速度很快，并没有在明朝境内引起任何麻烦，但到了万历十八年（1590年）九月，郑洛抵达兰州时，北虏已经开发了六条能够穿越明境的迁徙路线，且沿途不再恪守规则，而是不时掳掠番汉人民。其中，虏酋火落赤（俺答侄）开始占据捏工川，而丙兔的儿子真相也开始进据莽剌川，进一步蚕食河湟"番族"。这里水草丰茂，如世外桃源，但火落赤和真相选择盘踞在此，突袭番汉人民。紧随其后而来的是顺义王扯力克，郑洛让他从塞外前去，绕开明境，因为这是万历皇帝的旨意。

郑洛与北虏诸酋联系之紧密前所未有。万历十五年（1587年）夏，宣大总督郑洛促使三娘子遵从蒙古习俗，嫁给新顺义王扯力克，并被封为"忠顺夫人"。此前，三娘子先后嫁给俺答汗及其儿子辛爱黄台吉，现在，她又嫁给了黄台吉的儿子扯力克。郑洛收到了三娘子和扯力克的信，其言：

> 二十余年，各守先王之约。今仇邦瓦剌犯我疆界，欲往讨之，已与各部头目期会于地名多罗土蛮。先有永舍布、矮力汉、傥不浪生事于西宁，又有祆儿都司威静招秃赖台吉作难于甘肃，我心不安。自先祖款贡，竭尽心力，不想败于今

日。今我星驰调永舍布、黑剌慎两家头目随我前往，定此二事。又调取西海驻牧夷人并送佛僧骸骨，乞从里边行，并照先王旧例给赐抚赏，留下法度一纸，与管理贡事头目。但有大小事情，照例罚处，夷使外边往行不便，乞念旧规，同通官从里口伴送西海毋阻。

郑洛对此却持怀疑态度，他奏称：

> 顺义王及忠顺夫人于五月初一日自多罗土蛮移帐西行，各部落亦随而西。洛言西行之事，既屡谕不听，宜循边外，何得取道甘肃？虏王、夫人素号相信，今何骚扰内地？夷使言复仇瓦剌，则从边外便。今西海夷酋兵（丙）兔物故，顺义王欲收其部落，且闻诸虏有起衅甘肃者，欲往镇定耳。洛因谕之曰：既假道，必疾行，毋因逗遛，别增事端。彼中抚赏不能多，毋厌薄也。万一构难，连兵于西，尔妻孥部落之在此者，无内顾忧乎？我与若相处十年，今且还朝，汝恪守前规，萧督府来仍善遇汝，毋为人诱，自诒伊戚也。夷使又援例求通官二人同西往，以便传达。洛恐其借二人为邀求，然不忍竟拒，问何时抵甘肃？当在八月，乃许以七月遣通官至陕西从彼受译焉。

《明实录》对此评价是："人谓洛在西陲善于羁縻，其所以控驭骄虏，结欢年久者，方略多类此。"[51]

在郑洛赴任前，明朝与鞑靼人之间的关系已经破裂了一段时间。万历十七年（1589年），距离"隆庆和议"已经近20年，许多当初参与的大臣都已经致仕或去世了。新顺义王扯力克在北虏中亦威望不足,难以制驭"诸虏",出格行为越来越多。通过互市和朝贡以换取鞑靼人臣服的政策似乎越来越难以奏效。

十月二十四日,总督陕西兵部左侍郎梅友松言:

> 甘肃孤悬河东,积衰未振,多故相仍。去岁,海虏瓦剌他卜囊以款夷犯顺,至于覆军杀将,虽报缚虏送畜,未足明正其罪。酋首火落赤承领讲处,却又未见结局。宣大督臣报虏王两行,有要来平此大事之语,寓书臣等,亦略相同。兹已过宁夏边外,咫尺甘境矣。甘镇边塞,何处非虏,而肃州为甚。春间,庄秃赖等犯肃,罚处之后,不大跳梁,而鼠窃狗偷,间亦有之。若西宁,殆又甚焉。六月间,宰僧阿赤兔等以抢番混掠内地,安知非为瓦酋窥我强弱。近者,宾兔妻男等互市已完,临行向参将鲁元祖言:'我母子看守朝廷地方,未敢作歹,讨添些市赏。不准。比那边达子西宁生事,抚赏未革,还与他厚赏,这样的那分得出好歹来?'此其言难尽信,亦未必无因。虏王领忠顺夫人及各部落过宁夏,虽不免于饶舌,然不过卖马计赏耳。

从这段叙述就可以理解,这大概就是真相等人决定发动突袭的原因。事态略微有点儿糟糕,梅友松则认为应加强防御,并晓谕虏人若自行妄为,将取消互市。[52]

数日后,陕西巡按崔景荣言:"火落赤等酋要在揑工川建寺,而真相台吉又欲移驻揑工川,盖垂涎洮、河之意,渐入门庭之内矣。"[53]万历十八年(1590年)正月,巡抚甘肃李廷仪奏:"套虏吉囊纠合火落赤等指抢生番，两路并进侵犯，射死居民，抢掠牲畜。乞敕兵部查议虏酋吉囊等，容臣等差通官诘责，如果认罪罚服，免革市赏，如或不悛，重则问罪兴师，轻则闭关谢绝，以为款虏犯顺者之戒。"[54]

四月，梅友松提到了一些不祥之兆。他说火落赤逼近河、洮，住牧归德，似乎隐隐有内犯之举。对此，兵部议曰："固镇归德所虽属内地，而远处番丛，势甚单弱。捏工川虽属番穴，而密迩河洮，实我藩篱。宜令该文武官倍常戡饬，仍责火落赤等，谕以大义，令其回巢。如或执迷不悟，内振兵威，外鼓番族，严行驱逐。"万历皇帝是其议。[55]归德在今天的地图上仍有标记，约于西宁以南65公里处。

六月，虏酋火落赤等入境攻围旧洮州古尔占堡，四散抢番。洮岷副总兵李联芳分兵追逐，陷伏阵亡。[56]毫无疑问，火落赤撕毁和议了。但兵部称：

> 本年六月内，虏骑入境攻围旧洮州古尔占堡，我兵渐集，遂四散抢番，洮岷副总兵李继（联）芳分兵追逐，陷伏阵亡。夫虏虽入境，城堡无恙，犹为失事之小者。第将官兵寡力分，遂致丧败，损威伤重，殊骇听闻。盖先年俺答款贡，套虏吉能及松山、西海诸部并听约束，驯至于今，西镇之不用兵殆二十年矣。及吉能父子皆死，其孙卜失兔（亦作"卜石兔"）幼弱，不能制驭诸部，而用事夷酋如切尽黄台吉者又相继死，以故各酋涣散，不相统一。或以转堡受赏于延绥，或以借路生事于甘肃，或受赏于东而窃掠于西，或罚服于此而狂逞于彼，或驻牧近边，驱之则曰吾不犯内地也，或抢掠

番族，问之则曰吾不扰汉人也。欲绝之则彼以款贡为词，难于峻拒，欲抚之则彼实要索无厌，难以曲从。先因西宁将官一时偾事，身既不保，虏益见轻，边衅遂开，兵端不息，此西镇虏情之大略也。顾边疆事势，军旅机宜，譬之随病制方，不能执一。今虏既桀黠状，掠我属番，杀我裨将，公背盟约，蔑视天朝，此其势不得不战。然一二小酋，虽已猖獗，而大酋全部尚在羁縻，顺义在西酋犹称平事，卜酋回套犹听调还，初未尝聚众连兵，合谋犯顺，此其势不得不抚。然或阳顺而阴逆，已去而复来，虽尝卤掠，而或送还人畜，认罚无词，虽有杀伤，而或缚献罪夷，誓不再犯，此其势又不得不酌。于战抚之间，而应之务得其情，施之务当其可，顾今久安之后，荐灾之余，卒伍之缺者，未能召补，则无可用之兵。粮饷之逋者，不能完解，则无可恃之饷。当事者未及整顿，而虏患遽已剥肤，方欲经营，而人言更多掣肘，必须宽其文法，假以便宜，惟务责成，不为中制。然后可以尽心展布，毕力安攘，此今日边计之大略也。[57]

万历皇帝也想知道边衅再起的原因。他诏谕兵部：

虏酋款贡多年，各边修守防抚，自应安静无虞。近来，陕西甘肃、洮岷等处如何屡报虏寇，屡有损失？是否虏众狂逞，渝盟犯顺？及边备久弛，制御乖方，你部里便行与该镇督抚官，查问虏中作歹是何部落？近日失事是何信地？务要分别顺逆，详核功罪，明白具奏。

朝廷的意见越来越集中于战争。兵科都给事中张希皋奏言：

> 莽、捏二川逼近河、洮，先年丙菟移住莽剌川，不早驱除，已为失策。今火落赤又移住捏工矣，丙菟虽故，孽子真（相）台吉在焉，一旦狂逞，合谋入犯，殒将覆师，计非剪灭此不可。

兵部是其议。[58]

在明廷看来，如果不对西海方面采取措施，则西部边防可能会崩溃。阁臣申时行等奏：

> 近日虏情与嘉靖年间不同。今虏方款贡，自宣大至于甘肃，不用兵者，已二十年。洮州失事，系火落赤作歹，虏王过河抢番，亦系火落赤邀请。今日之计，当晓谕虏王，使无助逆，并革绝火落赤市赏，密图剿处。若一有疏失，边官尽更，使丑虏反得挟以为重矣。[59]

到了七月二十六日，万历皇帝与申时行在皇极门暖阁进一步讨论西海危机问题。万历皇帝拿出陕西巡抚赵可怀奏报虏情的奏本，问申时行："朕近览陕西总督抚梅友松等所奏，说虏王引兵过河，侵犯内地，这事情如何？"申时行等对曰："近日洮州失事，杀将损军，臣等正切忧虑，伏蒙圣问，臣等敢以略节具陈。洮河边外，都是番族，番族有两样，中茶纳马的是熟番，其余的是生番。先年虏骑不到，只是防备番贼，所以武备单虚，仓卒不能堵遏。如今虏王过河，是被火落赤勾引，多为抢番，又恐中国救护，故声言内犯，然虏情狡诈，不可不防。"

万历皇帝道："蕃人也是朕之赤子。蕃人地方，都是祖宗开拓的。封疆督抚官奉有敕书，受朝廷委托，平日所干何事？既不能预先防范，到虏酋过河，才来奏报，可见边备废弛。皇祖时各边失事，督抚官都拿来重处，朝廷自有法度。"

申时行等复对："皇上责备督抚不能修举边务，仰见圣明英断，边臣亦当心服。如今正要责成他选将练兵，及时整理。"万历皇帝又道："款贡亦不可久恃，宋事可鉴。"申时行等再对："我朝与宋事不同。宋时中国弱，夷狄强，原是敌国。今北虏称臣纳款，中国之体自尊，但不可因而忘备耳。"据《明实录》载，时万历皇帝身体抱恙，头眩臂痛，步履不便，听闻边事更为生气，但跟申时行等谈论之后，"天颜愈和，神采焕发"。[60]

兵科给事中薛三才的奏言，使朝中主战声音愈炽。他奏道：

> 昨见三边总督梅友松、陕西巡抚赵可怀各具奏，虏众越境抢番，谓丑虏本意抢番，因而掠汉，原非欲攻城杀将。其议处叛酋，欲致书虏王，责令瓦、火二酋献逆伏辜。臣窃惑焉，自火酋拥众渡河，住牧归德，复谋建寺捏工川，以内固其窟穴。又日夜教虏王西行，以外树其党羽，于此邀赏，于彼肆掠，虽命为抢番，实为掠汉，可谓意原不在汉乎？如以即日遁去为解，彼已得志于我，夫复何待而久驻？既戕杀主将，能无虞大军之蹑其后哉？设令二酋献逆伏辜，臣窃料其必来听命，略示恭顺，缚献一二驽虏以谢前过。既罚服，势不得不复与市赏。各酋观望，益启戎心。诸羌破已，尽为虏穴。是虏以虚名受罚而邀实利，我以虚名服虏而遣实害也！

> 方今草盛马肥，诸酋蚁屯塞外，悉兵远去，诚非完计。但当饬厉兵马，以预战备，联络番族，以接声援。

在明朝看来，蕃人实际上无力应付北虏的入侵。蕃人与虏人有着相似的游牧方式、饮食和生活习惯。他们散居各处，各番之间常自龃龉。明朝希望，与他们关系熟络的"熟番"能坚持抵抗北虏的入侵，而不仅仅坐等明军的驰援。[61]

又据陕西督抚奏言，虏王"自仰华寺以至绰逊口，渡河直趋捏工川"。在那里，火落赤已经开始兴建寺庙。但陕西督抚认为，虏众"皆在番域，非我兵可到，臣等难以苛责"。万历皇帝很生气，斥责道："虏酋合谋抢掠，非一日所酿，如何不早奏闻？犹以未犯内地为辞！令督抚官相机战守，务保无虞。"朝廷开始讨论是否取消互市及赏赐，万历皇帝又谕兵部："洮河虏贼曾否出境？近日失事后作何整理防御？兵部便马上差人，传与督抚官，着三日一报来，不许违误。"[62]

朝廷上的火药味愈浓。山西道御史万国钦弹劾辅臣申时行：

> 时行于前月召对时，上问虏酋侵犯，则委之为抢番，无意内犯。上切责督抚，则委之为武臣之信地，文臣无与。上意选谋勇将材，曾经战阵者，则委之为少有。上称款贡乃皇考圣断，则乘机逢迎。欲入和说，则对贡二十年，保全生灵何止百万。及为皇上所屡折其奸，因以难掩，是皇上之意在战，公论亦在战，而时行之意独不在于战。皇上之意在绝和，公论亦在绝和，而时行之意独不在于绝和。又言时行受辽将王国勋等数千万金，无事则为之援引，有事则为之庇护，而

兵部侍郎许从谦以三千金贿时行，又为吴时来转托，乃有是转。兵部尚书王一鹗、总督梅友松、抚臣李廷仪俱时行私人，互相党援，欺君误国。

但万历皇帝不信其言，道：

> 元辅忠诚清慎，朕所素知。近时召议边事，参酌机宜，甚合朕意。万国钦如何辄来淆乱国是，且事无影响，任意污蔑。念系言官，姑降一级，调外任。⁶³

实际上，这只是万历皇帝一派托词。万历皇帝本人实际上热衷于战争。就在朝中议论战和之时，虏酋火落赤等纠众再犯洮河，明军与战，杀伤略相当。总兵刘承嗣兵败，亡伤士马甚多。此役前后持续20日，据巡按御史崔景荣称，刘承嗣"已经屡战，气已不扬"，各镇又调兵不及，致有此败。虏兵因为连续下雨而撤退，但万历皇帝还是对失职将官予以惩戒："令刘承嗣住俸戴罪立功，梅友松、赵可怀住俸戴罪管事，俱侯事宁定夺。"⁶⁴

十月，巡按陕西御史崔景荣①，因西宁"土人纠集蕃人抢掠，不听抚谕议，练乡兵保番族二事"上奏道："西宁旧有土官李世显，管束土人。自本官阵没，统约乏人，遂至酿乱。宜另选才力土官一员，责令约束。其西宁边外多系熟番，西纳陇卜等大者一十三族附庸，不可胜计。二百年来，虏不能越天山而窥五郡者，以番众为之屏蔽也。自和款以来，猾虏专为谲谋，肆行抢掠中国，

---

① 原著作"Cai Jingrong"，有误。——译者注

复即以偷马遗患为名，不行保护，遂使支党离心，门庭生寇，土民随而内扰。宜择宿将假以抚夷职衔，令抚安番族，绝其交通，仍约以有事互相应援，如御虏有功，一体升赏。"万历皇帝是其议。与此同时，四川方面的松潘以及西海的番、回诸人，也都不同程度地遭到虏军的袭击。[65]

* * *

从万历十八年（1590年）八月开始，郑洛踏上巡按宣大至兰州诸边之行。九月初一，郑洛抵达兰州。他发现，北虏借道前往西海的道路不止一条，"在庄浪则镇羌堡，在黑松则铁柜儿，在凉州则泗水堡，在永昌则水泉与宁远，在甘州则碛口"，共计六路。北虏在通行借道过程中，又常借机掳掠。近来，火落赤、真相"二酋纠聚群夷，敢为犯顺，以莽、捏二川为巢穴，视洮、河二州为番地，大肆虏掠，戕杀将官"，在明朝看来，这实际上已经视同战争了。

郑洛的目标是"清西海"，但这并非易事。尽管顺义王是北虏名义上的集体领袖，但正如前述，北虏实际上由许多松散的部落组成。郑洛一一派通事使者告知诸部落："如前往西海，只好经由边外，其边境以内，难以容尔行走，倘若谕之执迷不从，管将领即便督率官兵相机堵截。"但甘肃方面的将领仍难以拒阻其过境通道，担心和议因此而罢。而郑洛特别希望万历皇帝能赞同他的新提议，并确保提议能得到遵守。[66]

接着，郑洛又称，他之所以"日夜营营，不遑寝食"，是因为"虏报纷纠已如乱麻",故其认为,应当稍放宽一路给"各虏借路回巢者"。但火落赤越发敢于犯顺,而扯力克既为虏王,却昏庸至极,"任人播弄"。于是火落赤试图诱哄扯力克渡河,导之作逆。而三娘子则与其子不他失礼受恩日久,忠顺颇深。

扯力克的孙子卜失兔又欲借道甘肃,郑洛要求明军多方谕阻,并声称若阻之不从,则"犬羊狂噪,不得不击之以杖也"。而另一方面,火落赤在牵制明军,忽往忽来,踪迹诡秘。对此,郑洛认为,"自河洮失事之后,哨探人役虽日报虚声,细侦虏情未敢有侵疆实事。且甘、固去京师数千里之远,若有警不报,则坐失事机,若无警妄报,则惑人闻听。"于是,间谍活动问题也摆到了郑洛面前。[67]

除此之外,郑洛还认为,应当重新收复蕃人。他认为:"二百年来,诸番恃我为庇护,我恃诸番为藩篱。虏有抢番声息,我即传谕收敛;我有沿边警报,番亦侦探架梁。是以番有先事之备,我无剥肤之虞。"但近来甘肃方面失策,"因番附虏,置之度外",最终使蕃人彻底投靠了北虏。但在郑洛看来,明朝在争取蕃人重新归附的问题上颇占优势,因为"其向依中国者,以中国能生之;其不得已而降虏者,亦以虏能死之"。在郑洛的努力下,到万历十八年底(1591年1月),郑洛总计收复番族"三千二百有奇,随带马畜二万二千有奇"。郑洛令主事梁云龙与之犒赏,并将其中部分编为士兵,共有20余队。[68]

但更多地,郑洛认为,边防的核心关键还在于明军本身。自从北虏之后,明军将领就已苟安无事,消极怠工,斥堠不修,墙台未峻,边防事业岌岌可危。虏王虽有东归之信,犹复迟迟,究其所由,即明军将领消极懈怠所致。哨探环节也问题重重。郑洛奏道："惟是地方将领哨探一节，大有关系。而边将积习，牢不可破。其意若以为虏马果至，则谓我已哨报，无奈众寡不支。虏若无踪，则谓虏本入犯，因我有备远去。殊不知将官可漫然而传，督抚则未敢恝然不信也。盖闻听一乱，调度必错，臣实虑之。"在郑洛到任后的几天，边将又漫报扯力克、吉囊、永邵卜等"达贼"犯顺，但经其核查，"自西宁以至洮河一带境外，并无虏贼情形"，情形可见一斑。

不过，局部的情形似乎有些好转。"松虏着力兔与宾兔妻安居巢穴，且将先年收抢番族相继送回，益见恭顺。"而卜失兔亦遣使赴郑洛处代为恳求，"宽容认罪"。而在西宁方面，大量"生番背虏"，投明朝为属番。据报，已"收获生番四十余族，所统番众已二三万余计"。[69]

郑洛无疑是睿智的。他拉拢番羌，利用佛教信仰重构太祖、永乐时代与番羌之间的关系。据郑洛奏称："虏纵蹂躏，番失凭藉。子女牛羊，皆虏所有，生死予夺，惟虏所制。"后来，在与北虏争取诸番支持的行动中，郑洛又全力招番，力促其归顺朝廷，为明朝之藩篱。据其所称："凡番首投见者，皆进之台阶，抚以善语，慰其苦楚，赏以口食。各番无不感激泣下，愿归故巢，奋勇杀虏者，臣益加鼓舞。"最终，郑洛招得诸蕃人数万，其中西宁道所招74710余名，分守道自虏中送回100余名，分巡道招3850余名，庄浪道招1600余名，肃州道招12名，以上共招蕃人80270余名。郑洛得意洋洋地向朝廷宣称："千里之藩篱，既撤而复树，数万之戎羌，既叛而复归，从此土宇如常，边疆无改，戎羌按堵，胡虏不侵，张天朝之灵宠，擅国家之盛事。"而诸利亦随之而来，"筋角皮革，可供军需"，"牛羊毡酪，绎络来市"。"间阁无匮，连年残坏，可以苏息。山林通道，樵牧来往，番汉无猜，小而薪爨，大而材木，源源资给。"[70]

遗憾的是，暂时还未能在现存的藏文史料中发现郑洛的努力及成效，但我们仍愿意相信，郑洛所宣称的做法的确为明廷与蕃人关系作出重大改善，而这一改善，成为明朝西北边防安全的基石。

而蕃人有生、熟之分，明朝一般只与熟番发生贸易往来，与生番则绝少交流。郑洛认为，尽管番有生熟，但"均我藩篱"，当以招抚。郑洛称"诸番怨虏入髓，无不欲飧其肉而枕其皮"，于是他遍历二十四关，深入蕃人领地，视其"毡幕、僧番、妇女罗列满前，稍加抚循"，众番即"无有不感泣思奋者"。郑洛感慨道："附境保关，屏蔽内地者，此番也；哨虏虚实，为我向导者，此番也；致虏惊疑，草木皆兵者，此番也；徂秋入捏川，烧火酋建寺木料者，此番也；今春入莽川剿火酋遗孽者，此番也；扑路赶马，声东击西，火、真夜弃帐渡河，而两川顿空者，此番也；达子州等诸番，今愿于归德，西走水田地筑堡耕种，则控河脑而捍止归德者，又此番也。"[71]

住牧西海的北虏迟迟不肯迁徙回北方草原，于此迁延日久，因西海处水草丰美，山川辽阔，自匈奴以来，无不为游牧部落视为乐土。其中，"东虏"顺义王本支，及"套虏"卜失兔、"松山虏"着力兔等已经陆续撤出西海，其余如火落赤等不肯撤走的北虏，郑洛决定采取某些军事手段驱离。[72]

接着，郑洛又通过《经略西陲解散群虏疏》，向万历皇帝介绍了西海地区的发展简史，并描述当前事态的千变万化，以及接下来，郑洛将如何根据这些信息采取行动。[73]

万历十九年（1591年）正月，郑洛奏道：

> 卜失兔屡次住牧甘肃，大肆抢掠，仍率众西行，应援火酋，当被捕剿。共斩获虏首九十五颗，头目首级三颗，夺其坐纛及原授敕书。卜酋被伤奔窜，所获骆驼、马驼、牛羊则一万八百有奇，戎器、达衣、帐房、行李则三千六百有奇……此酋既被大创，应行捣穴，但念伊母太虎罕同素称恭顺，且在套住牧，与群酋保塞如常。臣先将本酋市贡停革，以示杜绝。[74]

三月，郑洛称扯力克遣使认罪，归还所掠并与三娘子"俱各回巢"。郑洛请求明廷允许他大建旗鼓，剿捕火落赤，并将其所建寺庙尽行烧毁，"以绝二房西牧之念"。此前，火落赤等借俺答所建寺为屏障，借口礼拜迎佛，却肆行抢掠，故有是请。万历皇帝是其议。[75]这一政策等同于明朝不再鼓励鞑靼人信奉藏传佛教。始初，明朝认为鞑靼人信教可以抑制冲突和杀戮，但显然事与愿违。

二月十八日，总兵尤继先遣将领与诸番往莽剌南山清剿火落赤，斩获首级143颗，生擒12名，缴获马、牛、羊3000余匹；又续报获首级11颗，生擒2名，火落赤率500骑远遁。朝议有认为当借此与虏决裂战争的，也有认为应该取消对虏的赏赐及关廷互市，一劳永逸地结束和议。但郑洛认为二者皆不可取，万历皇帝是其说。[76]但事情远未结束，郑洛在此后受到朝臣的交章弹劾。[77]

到了万历十九年底，郑洛选锋锐兵马直至西海，将仰华寺及房舍一并焚烧。"各虏望见火光驰至"，与官军对敌，不敌后逃奔山后。次月,郑洛又奏:"西宁起行,节次塘报虏情,在甘肃称,境南境北并无往来达虏。在宁夏则称市规已定,群夷安妥,即卜酋亦已回套。在延绥则庄酋近虽作歹,而余虏且已就市,四镇夷情似无别虞。"一场可能到来的硝烟,消弭于无形。[78]

郑洛的巡历大体如此。总的来说,他追求的战略目标是将鞑靼人从西海赶走,并重新建立明朝与蕃人之间的朝贡关系,同时以此为基础,讨伐犯顺的火落赤。郑洛的理论构思极好,行动上亦取得成功。不过,郑洛谨慎地认为,火落赤还会卷土重来(事实上他的评估是对的,火落赤后来再返西海),因此,他提出了十二条详细建议,以应对可能出现的危机。其中有两个问题,值得关注。其原文节略如下:

> 二祖①取汉武所开武威、张掖、酒泉故地,东起金城,西抵嘉峪,置道建卫,隔绝羌胡。又自凉州岐而北二百余里,取古姑藏地为镇番卫,以扼虏冲。自庄浪岐而南三百余里,取古湟中地为西宁卫,以控海口。则甘肃一镇,屹然虎豹在山北,虏不敢肆然入海者,有由然矣。而虏之余落别部,流牧海上,如撒里畏兀儿,如卜烟帖木儿,如散西思,如锁南吉剌思者,感畏威德,愿求内附,则设为安定、阿端、曲先、罕东四卫,以分统部落。
>
> ············
>
> 正德初,套虏亦卜剌以获罪酋长,叩关乞降,彼时守臣仓卒无应,遂致阑入,破安定四卫,掳其金印,窃据其地,

---

① 指太祖皇帝朱元璋和永乐皇帝朱棣。——译者注

青海之陬,始为房穴。

....

夫环河湟皆番,而其最有气力者则海上番也。海上之番,其族有七,曰刺卜,曰亦郎古,曰罕东,曰沙麻,曰武宗塔,曰纳部,曰石刺韦物,此皆安定四卫之遗种。而为我祖宗之所拊辑者,总名之曰红帽番子。而谓之红帽者,以其衣装类房也,谓之番子者,以其服属为番也。又大海西南有阿尔列番一族焉,其部落最众,布满于河脑之南北。先年曾杀火酋兄歹言黄台吉,其强悍与房埒也。西宁收番虽八万余,而海上之番犹未尽入牢笼。刺卜、罕东虽皆内附,而亦郎古诸族犹依海房杂居,骑墙观望。臣尝责成鲁光祖、祁德招之,而此辈向因助房为恶,故首鼠两端,是则尚可忧也。

....

臣又博访,招番易,鼓番难,鼓番易,抚番难。西宁境内连络各川,何处非番,与土汉人等桑梓连阴,名虽为番,实子民也。访得地方官视番可利,小者需求,大者横索。轻则加以刑责,重则诬以贼盗,或收之禁狱,或攻其番堡,而无告之番不迫之叛去几希也。不特武弁,即文职官员,亦利贿索,番有难言者。人皆以西宁番汉杂居,难于控制,不知贪官污吏,为番之苦,未可尽言,故当选廉吏以抚番也。

各番赴藏受戒,如汉人之赴京求官,禁之不能也。而海上之途,则入藏捷径,番利房途,房利番货,故群房之恋恋海上者。房视番为可劫之人,番畏房为截路之盗,此而不议,则番必入藏。入藏必由青海,由青海则必借路海房。若无法以防闲,则受戒之番何以禁其通房……有去乌思藏受戒者……经由四川内地入藏，回从原路归巢。

　　………

　　盖古所称断匈奴右臂者，以资四郡。今惟收武威、张掖、酒泉三郡，而燉煌一郡弃之于嘉峪关外，是在我已非全臂矣，又何以断匈奴右臂哉！是乌可不思所以扼之也。然燉煌之郡虽弃，而我祖宗时犹取其地，以为赤斤蒙古、哈密诸卫，是其地虽弃而未弃，虏犹不敢西也。今则残破于土鲁番，而嘉峪以外皆荒漠矣，又何以能扼虏哉！亦曰橄回夷及瓦虏而已。盖瓦剌达子与套虏世仇，回回入贡，屡被流虏劫掠。今回夷与瓦剌结亲，则皆欲甘心于虏者。臣驻扎河西，曾有回回头目来见，愿聚兵报效，而诸将中亦有愿往瓦剌调兵者。虏王初欲取道川底，继而畏瓦剌截杀，则川底之难可知矣。兹北来之虏，既不许借道内地，万一虏由川底行走，得其情形，则召号回夷，使回夷勾引瓦剌会兵于嘉峪关西北，而我亦张兵于关外，为其声援，虏必畏而不敢来也。[79]

从上述长篇大论中，我们似可感受到郑洛在某种程度上重构了明朝的边防安全格局。显然，除了河套方面，对于其他边防地段而言，隆庆和议已经失效。万历皇帝没有像正德皇帝一样御驾亲征，但端坐紫禁城中的他，展示出极为好战的一面。他时刻在与大臣确认孰为友，孰为敌，并为此做好战争准备。嘉靖时代那种持续不断的袭扰已经极少再出现，而"西海之虏"亦主要将精力集中在袭击关外的蕃人及其他，鲜及明朝。但明廷逐渐认为，这类袭扰并非偶然行为，而是虏酋们的试探，这对其而言，不啻一种威胁手段。

＊　＊　＊

兵变也是这一时期的安全威胁，如万历二十年（1592年）轰动一时的宁夏兵变。时人或将这一兵变与前述两次大同兵变相提并论，因为这些兵变均多少与草原方面有关。但较之于大同，宁夏兵变更难以平息，甚至需要动员全国范围内的力量。以是，万历皇帝对宁夏兵变更为揪心。[80]

宁夏兵变何以发生？我们必须明确，它当然不会仅仅由一两个矛盾引起的，就像烈性炸药爆炸一般，宁夏兵变是诸多"化合物"合力的结果。首先，作为九边之一，宁夏是一座大型的军事卫所，试图直接从外部攻破它，难上加难。宁夏之方志亦多称其设施完善，固若金汤，但在早期，宁夏就曾出现过叛乱，即前文所提到的安化王叛乱。其次，诱发兵变的主要原因，还在于宁夏守军心中的积怨。万历十七年末（1590年初），右佥都御史党馨巡抚宁夏。党馨"性严刻，好榷人"，久拖应配发部队的冬衣、布花银及月粮等，号"党八十"。

万历二十年（1592年）二月十八日，军士包围了党馨的公署，"拔抚署前鹿角，作忿状"。为首者系悍卒刘东旸等，"素枭桀有异志"。而总兵张维忠"素鲜威望，为众所轻，见众惊慑，不能弹压"。于是众人执兵刃杀党馨及副使石继芳等，收其符印，火焚公署，随后他们又打开监狱，释放囚犯，情形与大同兵变如出一辙。

复次，兵变之起与哱拜家族不无关系。哱拜的故事引人入胜，充分展示了汉鞑文化的融合。"哱"既非汉姓,又非蒙古姓氏,因"P"这个声母不存在于蒙古语中①,但哱拜一家以此为姓代代相传。哱拜本为鞑靼人,因得罪其酋长,父兄皆见杀,唯其本人伏水草中得免,而转降明军守备郑印麾下。后因骁勇屡立战功,升都指挥,取施氏为妻,生子哱承恩。[81]

关于哱拜的记载,最为详尽的是诸葛元声所著的《两朝平攘录》。诸葛元声,号味水,浙江会稽人,生卒年月均不详,私家撰述学者,著有《滇史》。由于其为当时代人,其所述则大致足以凭信。当然,对此我们亦无法全部求证。

据其载:

> 哱拜者,故黄毛鞑子也。嘉靖中住牧山后,屡盗边民头畜得利。因投黄台吉部,吉恶其狡悍,颇忌之。拜遂与土谷赤、阿术、尚虎不亥及华人被虏者郑阳等,前后三百人扣塞降。夏镇开府王崇古受之,更选土著健儿丰其资廪,号为家丁。建牙则列侍卫,出征则为选锋。此辈善骑射,习虏地,敢死。拜尤勇,艺绝伦,每遣捣巢,持两日糗精,控马驰出塞,日可三四百里,乘虏不备,尽歼其老幼,驱畜牧而入,计级受赏,故虏惮之为远徙。虏妇诳呼"拜来",胡雏不敢夜啼。宁镇三百里外,无虏马迹。拜与谷赤各累功受职,拜至本镇副总兵,谷赤为游击,金帛累巨万,署养真虏家丁至二千余人。相继抚镇,以为得以夷攻夷之法,皆倚重优畜之。

---

① 原著中称"哱拜"为"Pu bai",但"哱"的发音应为"bā";其次,在蒙古中存在"P"这个声母,但不常见,因此此处作者理解有误。——译者注

此后,"自马市开,官军不复出塞捣巢,拜等勇无所施,边上游闲者艳资廪,贪缘亦籍为家丁,实孱弱不能开弓。拜等耻与罢士为伍,我既以重贿啗虏,边饷渐有减损,开府者遂视此辈为虚縻。若不能一日舍去,拜众觖望无聊,日幸边镇有事。无何赤死,拜告老。赤子文秀,拜子承恩,皆袭父职,为都指挥使。"于是,到了万历十九年(1591年),巡抚党馨对哱氏进行打击,以削弱其势力,这一举动彻底激怒了哱拜及其子孙。

其经过,据诸葛元声载:"是年秋,火力赤大入靖海,经略尚书郑洛檄调夏镇兵,馨遣文秀率千骑西援。拜惊曰:'文秀虽经战阵,岂堪独将?'乃见洛,愿以所部三千人与子承恩从征。洛壮而许之,馨恶其自荐,故于其行马之赢者不与易。拜怏怏去,至金城西,见诸镇兵皆不能如其兵精。贼平,取径虏地驰归,虏辟易不敢逼,遂有轻夷夏心。恣睢凌下,多纵其曹掾冒粮。"接下来,对哱拜的怨恨和指责接踵而至,诸葛元声对此有极为详尽的描述。[82]

可以说,哱拜像一条文化变色龙,深谙双语,不仅在鞑靼首领中有权势之交,更作为明军将领与鞑靼人作战,战斗力堪称英勇楷模。

哱拜还可以作为一名爱国将领。有人认为,哱拜虽告老,但他仍保留着大量家丁侍从,而这支由下层人等组成的私兵,显然有不少是鞑靼人。洮河之战时,哱拜自告奋勇,愿将3000兵与其子哱承恩及养子哱云,同党馨所遣土文秀将兵千人一起前来协助郑洛。

而在回程中,哱拜见明军战斗力远不如他的私兵,火落赤又忌惮他,于是骄兵悍将,始得意洋洋。党馨不允许其易赢马之事,是他看不起哱拜的具体表现之一，更深层次，还在于党馨认为哱拜终究只是"降虏"。随后，为曹橡冒粮之事，党馨决定清查并向明廷奏报此事，哱拜多次试图以贿求免，均未果。后来，其子哱承恩又因强娶民女为妾，被党馨棰杖二十，哱云、土文秀又未能如期晋职，故哱拜等愈加惧怕党馨。兵变之出现，事势使然。

哱拜极为狡猾，他并不直接出面，而是怂恿悍卒刘东旸前往党馨府署抗议。茅瑞征评价此举曰：

> 甚矣！哱氏父子之猾也！初发难，诡刘（东旸）、许（朝）以为名，事成而居之，事不成则二千夷丁亦足以制刘、许死命，不失仇钺之功。此实其本谋。方贼恣时久，称哱帝刘王，迨刘、许已就诛，哱氏乃扬扬诩上赏。我将士误信，欢饮其家，抑已疏矣。[83]

从上述记载看，兵变似乎根本不存在发生的硬性条件。但它最终还是爆发了，其原因为何？党馨之严苛固为可恨，但他需要面对两个不同的军事利益集团，每个集团都对利益受损颇为怨念。老谋深算的哱拜，是其中一个利益集团的主要人物，他故意煽动刘东旸等悍卒戕杀党馨。但没有充分的理由可以认为，诸利益集团的不满和怨恨最终无法通过调和方式解决。

兵变的形势迅速蔓延。刘东旸四处出兵，先后攻陷营、堡47处。哱拜则令义子哱云联络"套虏"着力兔犯边，攻平房堡。如此，明军则一时无法集结专攻宁夏，而不得不分兵以抗"诸虏"。

而对于万历皇帝而言，宁夏兵变发生的时间极为巧合。当时，明朝正以大规模的军事力量介入朝鲜半岛的壬辰倭乱，赶走以丰臣秀吉为代表的日本大名。而三月初八，宁夏兵变同时传到明廷，但此时距离最初的兵变已经过去了整整20天。

兵变中的叛乱者也要求明廷听取他们的诉求。正如彼时在军中亲闻事变的姚士麟所述："哱意乐此变，竟无所言。须臾，锋刃交下，党、石齑粉矣。于是尽烧公署，悉掳党、石家口，勒使张维忠奏党过二十余条，用印遣发。"条列内容为姚士麟著述所保存，其大致所涉为：掊克军粮，分摊高额税赋，拖欠俸禄，马匹照管不善，等等。这些内容无不指向边防士卒之生活压力。而叛乱者承认对方面大臣的谋杀，他们请求万历皇帝能赦免他们。[84]

张维忠最后自缢而死，刘东旸夺其印绶，自称总兵，从而控制了宁夏。随后，刘东旸又授哱承恩、许朝为左右副总兵，土文秀、哱云为左右参将，听哱拜主谋，刑牲而盟。如此，哱拜的私兵就与明朝正规军的反叛分子合二为一了。

长话短说，镇压此次宁夏兵变并非易事，即使最后明军已经夺回各处要塞堡垒，但宁夏仍牢牢为叛军据守。明军不得不从遥远的中原、辽东、江浙、云贵调集重兵围攻宁夏。到了六月，事态仍未平息。万历皇帝切责道："讨贼数月未平，致虏助逆，威令不肃，诸将生玩其间，复有希功、忌能、观望之念。"[85]之所以数月未平，是因为在收复宁夏的同时，明军还需抵御"套虏"的袭击，且边臣们在抚、剿问题上意见不一，未能形成合力。故几次进攻都被守军击退，谈判亦收效甚微。

八月，大学士张位奏：

> 宁夏讨叛，初招安而计画多误，继攻城而士卒受伤，师久无功，未得攻取良法故也。臣前遗督抚诸边臣书，亟言冒

暑攻坚，兵法所忌，惟分兵退虏围城，护粮巡堡，不当攻城，只当困城，定时而迭扰之，部署而专责之，我兵常得休息，彼贼应接不遑，不出十日，必将内乱，乘其倦怠，鼓勇先登，未有久而不破者。[86]

张位的策略，事实上已经被证明是有效的。早在六月，由于诸路明军的合围，哱拜早已被困城中，入城不得出，"套虏"亦未能知哱拜消息，不敢复渡河深入。[87]七月初三，明军定议水攻。宁夏城之西北地势低下，且与金波、三塔诸湖之水相近，东南逼近观音湖、新渠、红花渠，形如釜底，明军决定绕城筑堤，用了17日筑成，长1700丈，之后决水灌城。各地调集而来的明军亦在抵挡虏军的进攻中发挥重要作用。彼时，"套虏"庄秃赖和卜失兔合部落人马3万，欲进攻花马池、定边营，随后为明将董一元、龚子敬等击退。八月，着力兔为分散宁夏围城士兵而进行的袭击也被挫败。

到了八月底，宁夏城墙开始坍塌，城东西崩百余丈。而城内，情形越发令叛军绝望。"城中乏谷，士尽食马，马仅余五百匹，民食树皮，死亡相属。"叛军开始出现内讧，对哱拜一党的疑虑正在加深，而哱拜也离其最初"诡刘、许以为名，事成而居之，事不成则二千夷丁亦足以制刘、许死命"的计划越来越远了。

兵变最终于九月十六日平息。哱承恩及其他党羽械送京师，万历皇帝"诏磔哱承恩、哱承宠、哱洪大、土文德等，俱斩长安市，颁示天下及四裔君长"。哱拜则早已在破城时仓皇自缢，阖室自焚。接下来几个月，明廷开始处理战后遗留的问题。[88]

后世记述者如何评论这一事件？谷应泰称：

哱拜以嘉靖中亡抵朔方，屡立战功。万历中，备位副将，其子承恩袭爵。乃拜虽请老，而多蓄苍头军，声言报国，盖不无异志焉。方其矍铄请缨，挟其子，从三千人而西也，毋亦观诸镇之虚实，结套部为腹心，潜伏阴谋，待时而动，岂真有廉颇之壮志，文渊之据鞍哉！乃以不给壮马，侵克月粮，为党馨罪。此特哱氏之权谲，借为兵端者耳。以故刘东旸之变，则拜嗾之；哱云、文秀之怨，则拜阴中之。揣拜之意，不过恃套为长城，缓则倚之为外援，急则引之为内助。夫是以立于有胜而无败，敢于倡乱而轻于为叛逆也。若然，则善剿者不当剿拜而当剿套，不在挫套、拜之锋锐而在隔套、拜之声援。套绝，则拜者孤雏腐鼠，取之如寄者耳。

想其初，拜、套声言，联为一家，即可验其情状，而东阳之恐喝，则曰："与套驰潼关。"着力兔之入寇，则曰："畀以花马池。"克力盖之求援，则能远致庄克赖。如是即拜之恃套相倚为命者也。善乎叶梦熊为帅，而五路分兵，扼守宁夏，拜不得出城，套不敢渡河，而哱氏之计穷蹙极矣。迨至打正惊奔，贺兰远遁，拜虽游魂，可坐而缚也。

尤有幸者，文秀见杀于东阳，东阳蒙诛于国柱，许朝殒命于承恩。始则虎狼之残，物以类聚，继而昆虫之啮，还相为攻，倘所谓天道，是耶？非耶？比神宗受贺，承恩俘馘，虽师武诸臣协谋有力，而叶梦熊声请讨贼，自办糗粮，梅国桢仗剑从军，力保李氏，萧如熏之妻杨氏，簪珥犒军，群妇固守，则尤荦荦者也。[89]

谈迁则引宁夏方志所述以为论，其立意更为深远：

《宁夏志》曰:"国家之患,莫大乎聚夷于内,而滥名器縻赏以奉之。不一效横草之功,拂怒兽之性,则反戈内噬,职为乱阶,远无论于五胡,固原满俊,非我明之鉴欤?粤自壬辰,故称减饷,哱倡土翼,僇辱重臣,逞于巨镇之中,应于瓯脱之外,由族类卒难驯服,野性向拂不常,以至荼毒氓黎,祸延宗社,乃平房负秦之逆,僇主将又不崇朝,要皆亡虏之首难也。其酿患可胜言哉!议者谓逆节甫形,众犹左袒,若得中才之将,及其锋而奋臂一呼,渠魁立歼,何至流毒滋蔓,胎祸无极?乃懦帅蓄缩,莫适敢发。《语》曰:'当断不断,反受其乱。'岂谓是乎!奈何诬天以逭诛也。"[90]

通过《宁夏志》,我们至少可以得出两点结论:其一,《宁夏志》认为来自草原方面的"夷虏"太多,难以信任;其二,边将最初对兵变的反应过于怯懦。

谈迁还援引瞿九思对事态的评价:

韩琦、范仲淹功至高。西宁之事,岂不累年乎?今朔方即西宁矣。哱酋之变,乃不数月而旋捷,猗与盛哉!《语》曰:"一人守险,千人莫过。"臣观守灵州事,则未尝不壮其识。及闻决大坝水,哱酋遂至几无类,此又与攻智伯事何异?《传》不云乎:"非我族类,其心必异。"然则金日䃅之事,何可幸言也!

明朝的边防多年来总是遭遇严重的兵变,包括此前的辽东兵变和大同兵变。镇压宁夏兵变付出了极为惨重的代价和流血牺牲,故仅就兵变所耗费的人力、物力、财力看,这无疑是最大的一次兵变。如果放任不管,则哱氏很可能在宁夏地区建立起自己的政权,割据一方。

* * *

在镇压宁夏兵变的同时,郑洛也成功地将北虏赶出西海。从特定的角度看,此举是明朝与草原关系的转折点,这意味着明军已经对虏军形成全方位的压倒优势。但这并非最终结局,正如郑洛所预料的,当明廷从洮岷抽调大量守军前往宁夏镇压叛乱时,火落赤和真相又回到了西海。[91]

另一方面,哱拜的前盟友,酋妇切尽妣吉带领酋首着力兔、宰僧、庄秃赖、铁雷合落赤、打尔汉把都儿等至花马池长城关下悔罪,乞求开市。着力兔等"再四哀恳",表示"愿立奇功"。督抚宁夏、兵部右侍郎叶梦熊奏曰:"惟是著、宰诸酋助逆入犯,欲准其市,似于前耻未雪,欲拒之不许,在我事尚未备。故为迁就调停之计,事关款战机宜,乞要酌议。"

兵科都给事中许弘纲等言:"着力兔、宰僧二酋,哱贼一勾,终始助逆。贼在则招之不来,贼亡则不招自至。今日求款,明日称兵,为今之计,莫若姑许明卜诸酋,以离其党,严拒宰僧、着力兔,以折其心,熟察其情,而徐为之计。"万历皇帝说:"以叶梦熊前后所议款战自相矛盾,朝廷既假以便宜,不复尽拘初议。但逆酋虽称悔罪求款,未见立有奇功,不可轻许堕其奸计,而务要振扬威武,勒令诸酋尽献隐匿叛人,立功自赎,方许开贡。"[92]

顺义王扯力克和三娘子却与此无涉。他们不但交出一些与事者，还拒绝帮助哱拜和卜失兔。[93]

然而紧接着，西海和河套波澜再起。巡抚甘肃、都御史田乐题奏："诸虏合谋抢犯，情势已露。吉囊有复仇之愤，永邵卜、火落赤耻市赏之革，扯酋有助逆之形，乃着力兔、宰僧欲勾吉囊而南，永、火欲率诸酋而北。或欲共攻，或欲分掠，使甘、凉、庄、肃、西宁一带首尾不应，故制胜之策，不可不豫。"而随后，明军也发布了防御计划，在各类小规模冲突中，明军陆续有所斩获，这导致卜失兔等虏酋恼羞成怒。[94]

万历二十二年（1594年）八月二十二日，叶梦熊以"虏众顺逆不同"，于是备举四镇所面对的不同情形，以为明廷战款的长久之策。他说："在延绥，卜酋桀骜要挟，负固不已；在甘肃，永、瓦虽屡乞款，而军民率欲拒款，故抚臣皆主于战；在宁夏，着、宰诸酋献叛之后，似无逞志，而该抚臣方随机抚剿；在同、原，火酋近被绐诱，颇不见疑，虽灭绝未期，而机可徐图，亟当申饬，使将吏便于遵守。"兵部覆议："驭虏难拘一定，在审察情形，随机防御，听彼斟酌举行，不相遥制，务期地方宁谧，勿致疏虞。"万历皇帝是其议。[95]

更为全面的战争很快爆发了，且其影响颇为深远。明军在西海和宁夏之捷影响有限，多数贸易互市的市场关闭了，而越来越多的鞑靼部落也不愿意再因为冲突行为向明朝道歉款贡。到了万历二十三年（1595年）一月至三月间，虏军沿西海、松山、河套等地大举进犯明边。尽管明军取得若干胜利，但由于兵力不足，明军在更多冲突中为虏所乘而败北。[96]从万历二十二年（1594年）秋开始，卜失兔就纠合虏众，屡犯定边张春井诸处。次年（1595

年）秋，甘凉明军勠力同心，深入不毛，大奋犁扫，直捣青台吉虏巢，"追奔二百余里，斩首六百有奇"。这足以让万历皇帝荐告郊庙，宣示中外。[97]然而八月，虏军奔袭兰州；十月，卜失兔突破延绥防线，八日内劫掠牛羊马无数。[98]

西海方面也问题重重。万历二十四年（1596年）二月，兵部题称：

> 国初曾于山海置设安定、罕冬四卫，抚插归附戎羌，壮我藩篱，故称无虏。自正德四年，套酋亦卜剌窜入海堧，残破四卫，而嘉靖末年，虏王俺答拥众南牧，党与渐繁。至万历六年，又复挟视篆款，迎佛假道，往来无禁，遂于海南建寺，题额仰华，而永邵卜遂统领部落主守寺刹，掠番聚丑，负海称雄。而火、真等酋遂渡河南牧，营成三窟，以故，两河东西无处无虏，无地无市，要挟不遂，无日无抢，甚则犯西宁而杀副将李魁，继犯洮州而杀副使李联芳，三犯洮河而杀游击李芳。致厪廷议，遣大臣经略，断其假道，革其市赏，焚其寺刹，而永、火穷酋尚尔远窜，西脑遁逃天诛，迄今神人愤恨，靡不欲缚其首，歼其类而甘心焉。乃永酋怙迷负固，仍逞故态，要挟市赏，纠众内窥幸督抚道，将屡遵庙谟鼓作番汉，严行侦探。虏方横行直闯，它榨越关，而不知已堕伏中。我攻其内，番攻其外，夹击摧残，首尾不救，几致只蹄不返。头目把都儿恰即系亲杀李魁之人，地名朵尔峡口即系李魁殒命之地，且前后两时皆于九月，则又若天道好还之报，前后共计斩首六百八十三颗，而久积不雪之愤，庶少快其一二。[99]

但在稍早时候，似乎又有边报称明军击溃了卜失兔。兵科左给事中徐成楚题：

> 延镇捷音：在二月中，兵分三路，各出边五六十里，直抵达贼巢穴。中、东、西三路通共擒斩四百九名颗，内有二名头目，夺获驼、马、牛一千五百四十九匹，盔甲、夷器三千六百八十二项等因。夫黠虏卜失兔因先年我兵夺彼行李，杀彼明安，酸鼻痛心，必求报复。兹幸镇抚运筹，将士勤力，俘斩溢于四百，捆载业已五千，谋出万全，功收一举，而臣犹不能无言者。边镇岁苦，虏患内地，黔黎掠在彼中者不少。今该镇俘获未知的数，然岂无被掠居民诖误其中者乎？夫讨虏而获我民，诚不殊于获级，即赦民而诛丑虏，均不失为首功，故审验不可不亟，此按臣之任也。明安特一酋首耳，彼且衔之数年，牢不可解，刿遭此大创乎？我有奏凯献俘之盛，则其气易骄；彼怀卧薪尝胆之心，则其谋愈密，故防御不可不严，此将领之任也。[100]

三月初六，徐成楚再题：

> 长昂盘据三卫，距陵寝仅数舍许，自革赏之后，东纠西结，志在必逞。虽顺义抵牾未应而赶兔猖獗，可凭乌合衡连，势所必至。近闻督抚与枢臣会议裁其贡而与之款，亦羁縻一策，然未可常恃也，可忧者一。云中、上谷为神京锁钥，往者青把都未死，顺义故壮，久称恭顺，今渐非初矣。戎足易猖，兽心叵测，积薪厝火，未可谓安。况青酋遗有五孽，控

弦不下万指，少者渐壮，壮者渐黠，可忧者二。甘镇久为永邵卜所苦，该镇不胜愤郁，诱其款而屠之，雪耻除凶，功诚不细。然或者谓杀降不武，诱款不信，启衅不祥。夫边臣任事最难，兵法致人有训，阃外便宜，岂堪苛责？然亦该镇之一隙也，可忧者三。辽左北逼虏，南逼倭，最称要害。自高平大创，虏谋小寝，所难御者独倭耳。夫釜山故非土著，传者误以为土著，乃今筑墉构室，屯粮增兵，俨然一土居意矣。朝鲜能无恙乎？朝鲜危则辽左危，可忧者四。西夏自犟哱之后，摧残略尽，火落赤、着力兔诸虏又从而蹂践之，迄今贫者逃，富者徙，丁壮死于征戍，老弱疲于转输，所为国家有者，独区区版图耳。肩事者不以此时力为培植，安保无如元昊者出为宋患乎？可忧者五。封疆之臣，守土为职，我国家自河套一失，虏患遂棘。先臣曾铣慨然倡议，谋所以复之者，而功竟未就，乃有识之士未尝不扼腕。今边秦将吏，不谙大略，将近边隙地辄弃以予虏，土地日促，则虏日近，异日欲驱而远之，可复能乎？可忧者六。[101]

卜失兔的事情还没结束，他无日不思报复，令明廷深感不安。兵部题覆道："各镇疏陕西三边，东起榆林，西尽嘉峪，南抵洮河，北至贺兰，延袤四千余里。套酋卜失兔等无日不思报复，无岁不图劫掠，盖忿水泉之败，明安之诛，观衅乘暇，已非一日。宜分布官军于定边砖井，旧安边柳树涧，宁塞镇静等处，以遏虏之大举。"而火落赤则向甘肃巡抚田乐请求放行其回河套。兵部认为，应确保无论火落赤从何道经过，明军都能守住。而到了六月二十四日，火落赤的同盟真相由洮河谷口入犯明境，袭击洮、岷二州。[102]

因此，西北边防的动荡局势，并非明军所能有效控制。鞑靼诸酋四散在诸番部落，而明军又不断根据诸酋的游徙而不停地调整自身的防御，实际上形成了看似风平浪静却又无处不在的挑战和威胁。明廷同意边臣的建议，认为即使代价高昂，也要坚持维系与蕃人之间的茶马贸易，这对边防安全至关重要。[103]

似乎是为了与前述设想相印证，火落赤在与顺义王聚会之后，便回到西海发起了一场战争。是秋，他向南奔袭500公里，以3000骑兵穿越群山，突入松潘。四川抚按谭希思、王明奏言："松潘一镇，在蜀为极边，从来未有虏患者，以临洮足以饱溪壑，吐番足以备捍蔽也。今关中之兵势振矣，势不得不舍彼而趋此，各番之弱者抢掠尽矣，势不得不逾番而内向。蜀之堤防有不可一日弛者。"[104]河套的情况则有所好转，据兵部称，北虏似乎又有议和的意向。兵部题："套虏畏威悔祸，乞恩纳款，急宜议处，以安重镇。事谓卜酋既已叩阙，庄、明缘何不至？着、宰二酋先经议款，缘何复犯宁镇，乞从长计议。"万历皇帝道："套虏乞款事，贡马既经收入，依拟准动本镇银量给犒赏。其应否许款，还行与该督抚官再加详察，虏情顺逆，明立约束，务要从长议处定夺。"随后，他又谕兵部："朕见套虏乞款事，在边臣则请在廷会议，在该部又请在边详计，虽意贵从长，实互相推诿，何时而决？朕思战守正理，款事羁縻，均不可废。果以诚乞款，宜明定约束，必须一年无犯，方准一次款市。恭顺在先，给赏在后，验其背向，以为行止。听边臣所请，不必遥制。前此革赏，毋得轻补，后此背约，毋得掩饰。明白正大，威信两全，你该部便着酌为定议，行与九边遵守。"[105]

战争的天平又向明朝倾斜。由于明军直捣虏巢，虏军多败，士气低迷，不少蕃人陆续投归明朝，西宁、甘州陆续降附者万余人。[106]明军的主动出击，给北虏带来了巨大的伤亡。[107]

如此，越来越多的北虏离开西海，住牧甘州。据陕西督抚李汶回忆："正德初年，套虏亦不剌获罪于主，降附中国，栖迟于甘凉，问引领望救。当时地方官畏虏如虎，不救不纳，虏见我之歉志于招纳，又窥我有归还悉怛谋之意，且深知我无如彼何，遂乞我边垣，经我内地，占处青海，残破五卫，实由处置失策，以致虏之右臂复联，尽河湟两川，混为虏巢。驱两河诸番，靡所寄命，甘心为虏之耳目响导，以戕虐于我。"到了万历二十七年（1599年），明朝的政策则完全与前述相左。甘肃巡抚徐可畏奏："降夷日众，乞查给房屋、月粮、地亩、牛种，以安其心。有侵扰生事者，治以汉法。"兵部议曰："夷非我族类，其心必异。养鹰饩虎之虑，尤为可鉴。除前降者如议处置外，以后须察具真心归顺，方许收录。务收一夷，即得一夷之用。"万历皇帝是其议。[108]这是惊人的转变。我们知道，在宁夏兵变、哱拜谋反时，明廷尚且认为虏之附边是一个会带来潜在灾难的行为。而汉人与鞑靼人之间是否在文化上难以相容，或者单方面接受另一方的熏陶，则至今仍是一悬而未决的问题。

但明军的"捣虏"行动真的能达到其效果吗？吏科给事中刘道亨认为："款贡之始，边官畏虏，甚于畏法。久之习虏，若不尽畏。又每年抚赏成而官不加进，喜事者又多敢战之说，故边官往往务以捣巢见奇。捣巢获首功，一则报十，十则报百，秋高马肥，虏来报怨，抢一月，走二千里，不报也；堕三四十墩台，不报也；杀一堡人民，不报也。朝廷之上，宣捷布恩，焉知边民之若屠耶！"刘道亨的建议是"禁捣巢"，但万历皇帝并不表态，奏疏留中不发。[109]

万历二十七年（1599年）政策风向的变化，凸显了万历皇帝对边防事务过于任性专断的干预。在接下来两个月内，卜失兔、庄秃赖等酋进马互市，华夷一家。总兵赵梦麟见边外虏人的帐篷星罗棋布，心生奇货可居的歹意，于是密说总督李汶①以邀功之念，为掩取之谋，暗地里以堵截为名，发兵攻袭虏巢。但赵梦麟自知"名义不正，耳目难欺，因而大行科敛行赂，以图掩饰"。随后，"虏怀必报之忿，于七月大举入寇"。赵梦麟魂摇胆落，率兵困守城中，不敢以一矢相加虏军，致使虏军在两旬之间攻城略地，葭州、神木一带堡塞悉被残破，俘虏男妇以千计，屠戮老幼以万计，少壮群驱而去者更加不可胜数。数月之后，万历皇帝将赵、李二人解职。[110]

但明军并非事事无成，他们甚至第一次从北虏手中夺取了一大片草原。这片草原位于西海和河套之间，也就是松山。万历二十六年（1598年）十一月，兵部言："陕西之松山，界在甘宁，实两镇往来通路，靖、固藩篱。自流虏窃据而镇番、中卫因之断隔，贼遂得以窥我两河矣。今督抚诸臣借累胜之威，大行搜剿。著、宰既已归套，宾、阿移遁贺兰，举三十年经营，兔窟一旦扫除，五百里沦没故疆尽行恢复，功岂不伟哉！第恢复不易，保守尤难，及今筑墙筑堡，移将移兵，亟举而力图之。虽经数年，费巨万，不惜断匈奴之右臂，联甘宁之辅车，作靖固之屏障，此一劳永逸之计，事机之会，何可失也！"万历皇帝然其言。[111]后来，

---

① 原著作"Liu Wen"，为"李汶"之误。——译者注

又有四百多名"逃虏"自松山来归附,万历皇帝决定予以其赏赐封赠。[112]万历三十一年(1603年),卜失兔等虏酋试图夺回松山,但以失败告终。[113]

尽管"套虏"诸酋已经通过一系列交涉,重新回到朝贡互市的轨道,但直到万历三十年(1602年),西海方面的虏酋仍与明军为敌,明军不得不经常设防警惕。[114]

紧接着,麻烦再次出现。边防地带的和平无法得到长久保证,在万历三十一年(1603年),西宁出现了骚乱。[115]此后,又有西僧琐判行至罕哈地方,遭人抢劫行李财物,随后被杀。顺义王扯力克认为是明军杀害的,但甘肃巡抚认为"虏使往来川底道,出肃州之西,距甘州千里而遥,而谓甘州地界杀琐判,不可解也",显属诬赖。在他看来,虏王此举是因其"迷于酒色,事无主持,自佛僧西行后,听信奸人拨置,希图赴边挟赏",所以捏造此类衅端而已。[116]

北虏对明朝的索取无厌,明朝开放的互市压力越来越大。兵科给事中孙善继奏言:

> 虏以款要我,我以款羁虏,款自有额,昔如额而今不如额。虏求盈于额之内,犹可从也,倘昔不如额,而今复其额,虏更求于额之外,今日增市,明日增赏,岁增则岁以为额,岁岁增则岁岁以为额。明请不得,阴设饵以媚之,公储不敷,私科削以继之,久之额不能供而款穷,款穷而祸乃滋大,以是而保款,臣愚不知其可也。故保款莫若决战,忘战必难保款。今报虏住牧清水河,不过四五万,而三镇主客官军实在二十二万有奇,诚及此时整搠预备,誓师陈旅,决意战守,

以作三军之气，然后大宣皇上恩威，责以渝盟。倘豺狼无厌，分外横索，则声言革其市赏，坚壁清野，以伺其变。如果有内犯情形，则三镇相为犄角，互为声援，以挫其锋，然后乘机遘会，与之议款则款坚，与之保款则款久，故款足恃也。

给事中田大益亦主此意，但万历皇帝俱留中不发。[117]

接下来的军事冲突证实了孙善继等的判断是正确的。北虏开始对边防明军施压，并陆续爆发小规模冲突，随后则是一系列和谈、议款、赔礼道歉，周而复始。到了万历三十三年（1605年），这种"战争—议和"节奏已经在明朝诸边此起彼伏地出现，尽管史料的记载仅仅只言片语，未能勾勒出一完整清晰的画面。所以，明军的应对方略是否连贯奏效则不得而知，毕竟北虏内部又有大大小小诸部，彼此各自为政，难以一统。而明军边将对北虏袭击的奏报又往往带有水分，真假难辨，这进一步恶化了局势的发展。永久和平的希望未能显迹。

*　*　*

万历皇帝统治的最后10年里，关于边防有两个值得注意的发展动向。其一是万历三十五年（1607年）顺义王扯力克去世后的王位继承问题。另一个则是辽东边防与日俱增的冲突，而这里几乎已经享受了长时间的和平静谧，以至于时人未能准确预判到，崇祯十七年（1644年）女真人会从这里入主中原。

顺义王位的继承似乎遵循着长子继承制，但与中原王朝不同的是，这种继承并非当然。鞑靼贵族必须达成共识，而后才能确定王选。这一过程需要时间，如接下来卜失兔的继位，前后竟花6年。直到万历四十一年（1613年），他才正式被封为顺义王。卜失兔继位时间何以如此之长？这对后来明朝处理与草原方面的关系又有何重要启示？

对王位继承的干涉，无疑与俺答汗时代的"隆庆和议"有关。明朝绵延数千里的边防地带上，有不少指定的贸易互市点，鞑靼人以马易明朝之百货。鞑靼诸酋往往就近选择若干互市点进行贸易，贸易时间、规模一般由明朝决定，并遣人通知其酋首。互市时，其酋首需携明廷所授印册前来，有时候，交换逃亡者及对掳掠行为的赔偿道歉也在互市时进行。一旦鞑靼不守信约，明廷则以绝贡停市相要挟。[118]

若从鞑靼人的角度看，不断增长的鞑靼人口，势必要求明朝方面配给更多可供互市的商品。迫于此等压力，诸酋不得不尽可能确保和议得到贯彻延续。其中，最为迫切需要这一和议的，是嫁给三代顺义王的三娘子。根据蒙古收继婚俗，她在俺答汗死后嫁给了辛爱黄台吉，又在辛爱黄台吉之后嫁给扯力克。

万历三十五年（1607年），顺义王扯力克死于迁徙西海途中。彼时，他正试图与格鲁派的喇嘛们一起重建这片大草原。[119]他未来的继承者，长孙卜失兔则还在鄂尔多斯河套住牧。[120]明廷在等待诸酋达成新汗继承者的一致意见，且命依顺义王祖父事例给予扯力克抚恤。闰六月，忠顺夫人三娘子差使赍书至宣大，乞依先王俺答事例为请谕祭。总督马鸣銮、巡抚霍鹏疏言：

　　臣观扯力克自袭封以来，约束部夷，市贡维谨。忠顺夫人当未葬之前，恭报讣音，乞求谕祭，盖其向化诚深，而荷荣诚切矣。臣等窃以扯力克嗣封二十余年，纳款恭顺，视乞庆哈殆为过之。况值夷事更革之会，正群情观望之时，恤已殁之虏王，劝将来之酋首。宜命翰林院撰祭文，有司备仪物，仍请敕书一道，抚谕各夷。

万历皇帝是其议。[121]

没有顺义王期间，诸酋之间的关系又应如何处理？明廷虽让忠顺夫人暂摄王事，但实际上诸矛盾并不容易解决。万历三十七年（1609年）夏，诸酋之间出现纷争。明暗台吉领兵马与卜失兔争抢人畜，忠顺夫人率五路台吉驰马前往解之。宣大御史吴亮认为应革去明暗台吉之赏，以惩其恶。明廷又进一步考虑是否暂停互市。[122]

到了是年秋，明朝方面对继承者难产的局面越发失去耐心。宣大巡按吴亮奏辩："顺义停赏，原非挑衅。不过阴阳而操纵之素囊，与卜酋非欲争王也，徒欲借娘子之名，攘虏王之赏耳。夫无顺义王而有顺义之赏，赏之无名，彼若失王之赏，必且利王之封。"素囊与卜失兔之争，主要在贪图顺义王之赏，而边臣敏锐地捕捉到这一点，并希望万历皇帝能够阻止其求赏。时三娘子已将进白头表贡，而万历皇帝已经答应其依去年时赏行赐。[123]万历三十八年（1610年）三月，兵部尚书李化龙上言："扯力克之故，于今三年，伊妻三娘子因嗣王未立，代进表文鞍马，恭顺无改。但王封未定，白头贡表一时权宜，终非远计，相应请命将应升虏官仍照三十六年例，一切停止，候嗣封之后，另行酌处。"[124]到了十一月，兵部尚书李化龙再次奏称："北虏受封一节，迁延将及四年,盖缘房中家事未定,离合不一。固不可坐待以失事机,亦不容督迫以生他变……臣恐北房四十年之盟好,骤至决裂。而吉囊、俺答未受款以前之景象,复见于今日也。伏乞敕下宣大山西抚镇衙门,严行各路道将,厉兵秣马,时时谨备。如房势蠢动,相机战守,联络应援,毋误封疆。其宣大总督员缺,惟涂宗濬、黄克缵二臣即赐点用,责令星驰赴镇任事,庶可以维款事于未坏,锁祸患于将萌。"随后,李化龙又坚持应由忠顺夫人三娘子暂受顺义之封赏,而互市则对诸酋开放,同时向其传达明廷对卜失兔继承王位一事有所青睐的意图。[125]

万历三十九年(1611年)七月,总督宣大涂宗濬题称:

> 丙午四月间,房王扯力克物故,后房情反覆,王封六年不成。今春,五路台吉纠合七十三台吉,与素酋为难,忠顺亦大修战具,以与五路为敌,此诚封疆危急之秋也。臣蒙圣恩,旬日间三奉明纶,促臣到任。臣闻命兼程前进,行至镇河,素酋差夷使入边百里迎诉,来意颇诚,面谕以销兵之法,于是忠顺、把汉、素酋俯首听命。臣又传令五路,禁其聚兵,第循夷俗,先与成婚,后议封事。五路亦听行,半减兵马。五月十一日,卜酋、忠顺已成婚讫,坐待乞封,与之题请,无复大虑矣。但五路要挟得志,复生枝节,挟忠顺移扯酋骨椟于归化城,又挟素酋分其板升大半与卜石兔。忠顺不从,声言复聚大兵为难。忠顺惧祸,贿以名马、银币,方始暂止。夫忠顺群房之主也,五路跋扈自恣,忠顺不能束约。众酋惟五路之言为听,则忠顺势孤,而五路之党益强,将以挟忠顺之势,挟中国矣。本月初九日,故差夷使一百二十余

人持票投臣,先讲宣府借伊之力,擒回史、车二酋,先年所许金币、蟒獭,十年未与,今当补给;次则欲增额外之马;次则欲邀非常之恩。盖欲借为兵端,姑羁夷使,不与速见,授意中军及抚夷官,与之反覆讲誉,销其雄心,久之,夷使不敢复言。除随机应变,臣不敢言。[126]

对此,兵部题覆道:

督臣涂宗濬陈御虏机宜,谓自扯力克故后,六载之中,我无日不言封事也。卜酋未婚,虏妇犹以未婚辞,既婚矣,而不投结,不请封,若无意就封,以待我之急者。我急而彼将愈缓,恣意求索,而彼之计已行矣。夫我自封事以来,士马渐耗,于豢养之余,四十年不谈自强之策。虏习我玩,愒以至今日。而卜酋遂持封事以难我,我所恃之虏妇亦不可知。宜一如督臣议,以自强为主,练士马,简精锐,实行伍,严考成,而又勿挑衅纳侮,未应先求。即虏来求我,亦必实觇其虚实情伪,勿堕其要挟之谋。

万历皇帝有旨:"着督抚、总兵官严修内备,以固封疆,不得轻听要挟,苟且完事,致启戎心。"[127]

但随后事态又有变化。次年,诸酋正议顺义王位时,三娘子忽然病殁。宣大总督涂宗濬奏:

龙虎将军卜石兔、黄台吉并五路、摆腰、兀慎、把汉比妓、素囊黄台吉、多罗土蛮、青把都、小佛僧等各台吉,差夷使禀称：调到东西三枝、十二部落各台吉，倘不浪头目等俱会议求封。六月二十五日出行，投递保结，忠顺夫人于次日病故。臣谨议忠顺夫人自纳款以来，约束部夷，贡市惟谨，今兹物故，委宜褒恤。况时值嗣封更革之会，正群情观望之时，恤已殁之虏妇，实以劝将来之酋首。请准照顺义王扯力克等事例，以示天朝旷荡之恩。

礼部覆议："请祭恤宜如督臣言，仍请下玺书，抚谕各夷。兵部差武官一员，赍赴督抚衙门，转行致祭。"万历皇帝是其议。[128]

谈迁于《国榷》中评曰："忠顺虽一胡妇，最机警，善驭其众，所部奉约束惟谨。款贡以来，借之縻虏四十年。彼感汉德，终身毋有二。惜其年高死，不能少待，吾岂忧辽左哉！"瞿九思则评曰："三娘子以一婢妾贱人而得专三王宠，夫岂独以色胜哉！观大板升之事，且知兵，奈诸酋不从何。始黄台吉所夺诸酋妇至多，及一朝得三娘子而尽弃之。此不可谓能乎？每读书至三娘子者，多委婉，则未尝不怪柔媚之倾意。信有之也。"[129]

尽管出现波折，但到了万历四十年（1612年）十月，会议仍然达成了一致协议。涂宗濬奏称："东西各部酋长吉能白、洪大哈、素囊黄台吉等三枝、十二部落各台吉援俺答、黄台吉、扯力克袭封事例"，一致尊卜失兔为新主，求封顺义王。为此，礼部奏曰："臣谨议，北虏自俺答以来，世修款贡，四十余年，无用兵之患。沿边旷土，皆得耕牧，此已事之明效。已今扯力克病故，其长孙卜石兔素称桀骜，亦凛天威，俯首听命，且群酋拥戴，俱无异词。宜允其请，俾统夷类，守边如故。臣等以为仍封之便。"万历皇帝同意卜失兔袭封顺义王，并以把汉比妓素效恭顺，准封忠义夫人。把汉比妓为素囊之母，同时也曾是俺答汗最宠爱的孙子把汉那吉之妻，此时因收继而与卜失兔联姻。素囊等亦各有升迁。[130]

涂宗濬对虏情还作过一些分析，兵部对此亦有答复。其曰：

> 惟初封俺答之时，与之约曰：东自宣府，西至河套，责令俺答约束。今宣府白洪大自为一枝，河套吉能自为一枝，虏王所制者，山大二镇十二部而已。十二部之中，智力足以雄长诸酋者，五路台吉也。兵马足以抗拒卜酋者，素囊台吉也。公正足以摄服诸酋者，兀慎台吉也。恭顺足以调和素囊者，把汉比妓也。臣借素囊之兵力，树两匈奴之形，借比妓之恭顺，调素囊之悍，借兀慎之公正，破诸酋之奸，三大酋归心于我，十二部无不归心，臣皆得以联束之，此所以阴制卜酋而不至于骄也……督臣欲使虏王足以制诸部，中国足以制虏王，而其道在分合操纵，施不测之恩威，使为我用，而不为我难，诚今日之大计也。至于封市之后，则无如科臣所虑两大衅：一在割军实以啖虏，一在狃款以弛备，二者皆我己事之失也。盖扯酋之封，除三镇额赏马价外，所费金二万计，我悬一王爵，而乃贿求递结贿，求请封以媚虏，则当日诸将领之为此，非夺征戍之食，剥赤子之膏，孰从得乎？当俺酋拥数万之众，横行塞外几五十载，而我犹能遏其氛，今即卒有如俺酋者，还能应之否？而我徒以战守之说，内自虚以愚敌人，假令豪势之雄窥我之虚，则羁縻之术无所用矣。谓宜修战守，储金钱，利器械，缮障亭，察情实，坚约束，勿事滥予，以滋其欲，勿狎甘言，以厚之毒。群夷请求者，

或详译以折其心，叛夷寇盗者，或责问以致其罚。戒吾边吏，勿私交，勿挑衅，勿以小事而张皇为大，则我边臣今日之事已。[131]

兵部的警告并非无涉。草原方面的情形完全可能出现变化，如俺答一般的强力首领是否会再次出现，明朝能否再以外交手段羁縻之？一切难有定数，强化战备是明军唯一能采取的行动。

兵科给事中赵兴邦则认为册封顺义王一事为时尚早。据其上言：

> 虏封未妥，成命久悬，谨陈操纵之权，以存国家大体。卜酋之封，为时已久……以臣所闻，有可虑者二：一，卜石兔与素囊讲争八事，如归化城、银佛殿、八板升及市马之类。卜酋且挟争以要我，曰："家事一日未了，则封事一日未成。"今各部落回巢矣，敕书已到边矣，彼来愈缓，我来愈急，犬羊之性何常，溪壑之欲难厌。与则溢额，不与则败盟。且悬王爵于塞上，委君命于草莽，轻中国之体，亵朝廷之尊，亦失策甚矣。臣愚以为，卜酋既往，成命当收，以此示绝，未为不可。如谓卜酋之去，既云天寒无依，情有可原，约以春尽到边，违则弗予，庶操纵之权握之自我，于国家大体犹无失耳。

赵兴邦所言并非无理。顺义王位的继承确缺乏应有的坚实基础。卜失兔序当袭王，而素囊却一再从中阻挠，这导致从一系列事件看，明朝似乎比卜失兔更急于完成顺义王继承者的安排。为

此,涂宗濬解释道:

> 卜酋与众酋四月间近边会议,六月间议齐。忽忠顺物故,群房几于动摇。至九月中旬投结时已寒冬,欲回巢取衣,听候传调,然后赴边。但卜酋驻牧西海,去边千有余里,各酋驻牧,各居一方,即传调矣,不能旬日便齐。即齐矣,未必便到。心虽无他,迹近延缓,朝使已到,受封无期,似有可疑之形,恐所属罢闲武弁与京中山人私相结约,传播流言,则浮议横生,而房之要挟必甚。又或阴差亡命,唆拨房酋,则房酋中变,而我之收拾益难。惟勿听无根之言,申严通房之禁,则国体倍尊,而封局可结。

万历皇帝命兵部覆议,赵兴邦奏言:"督臣既知卜酋去边甚远,传调不能遽集,何不申奏,使天使且勿亟往。奈何封敕到边,诸酋四散,辱君命于草莽耶!宜收回成命,待其叩关恳款,然后与之。庶中国之体统犹存,而房酋要挟之谋少寝。"[132]

万历四十一年(1613年)初,宣大巡按御史吴允中亦对此表达自己的观点:

> 酋妇三娘子感朝廷浩荡之恩,输诚纳款,三经易封始终不肯寒盟,本妇调护之力居多也。今本妇物故,而卜素二酋互争家事,说者疑房不肯受封臣,以理势度之,酋之受封也,非徒享荣名也,实欲贪厚利也。房不受封,衣毳、食腥萧萧然,一寨酋耳;自一受封,而享用霄壤矣……抚赏无所用,边事大可虑矣,此固筹边者不可不知。而以今观二酋尚

恋刍豆之牛马也，其心未常不欲封也。夫虏既欲封，而耽延至今者，何也？盖以往年讲封，虏中兵权在三娘子掌握，讲说一定，便无异词。而扯酋一故则不然，素酋系三娘子爱孙，而卜酋以枝派为群酋所附，中间情形大费区处，迨卜石兔四月到边，而六月忠顺物故，在素囊倚嫡孙之亲，以既不得王子之号，须据忠顺之有而舍荣名以享厚实；在卜石兔凭名分之正，以既受王子之封，应擅忠顺之利而贪荣名，又图厚实。

兼以五路狡点、明暗阴狠，而中国亡命如计龙计虎等又从而簸弄其中，欲增于旧例之外。故僁喜僁嗔，犬羊常态，原不必急。一时中外所共虑者，独以朝使久稽君命，委诸草莽，重辱国体。而臣一腔赤衷，更有食不下咽者。第闻夷狄之性，譬则禽兽，投其欲则摇尾乞怜，拂其意则狂獗反噬，为中国诘者。惟当因所欲而节制之固，非可以礼义驯服、纪法绳束者也。嘉靖中，北虏求贡，仅仅贪赏赉互市之利耳。边吏仓皇无策，主计者为谋不远，斩其使以彰国威，于是黠虏愤恨，蜂拥大举，二十余年迄无宁日，则往岁失计之明验也。今日封事操纵机宜，实边疆数拾年安危所关，而未可以易言之也。臣窃念以龙章紫诰下及腥膻，其朝颁夕领也，奚足为国荣；其耽时延日也，奚足为国辱。惟以国家有大体，边臣荷戈，既不能制夷人之命，待皇仁委曲而尚不能约束就命，则平日修备谓何故？待汉法欲严，此所宜责将吏者也。皇恩如天地，狂犬张口待哺，而偶相吠相，啮投之以骨，不顾亦直，任其自定而已。故待夷法欲宽，此所以处二酋者也，严则宁谧边疆。而今日之封且勿急事之，成与不成惟问边之安与不安而已。

虏封未定而果，统驭无人也，零夷鼠偷也，大众蚕食也。我之牲畜被其掳抢也，我之城堡被其残破也，我之兵马人民被其戮杀也。此政剥肤之患，缓之恐为心腹之忧，势不得不急。今日虏人自争家事，自相戕伤，实中国之利也。一听其自处自分，而我总不任德任怨。说者欲收两虎之利，而臣窃以为兵家知彼知己，无奈我之非卞庄也；说者欲择强而附，而不知堂堂正正自有中国之大体。况汉过不先，而各边诸夷闻之，且生心耳。故今日之封在我，原不必急，而惟念及封使，则口虽不言急，而心未常不欲急。赫赫皇命，久稽辱国体，收回亦以伤国体，千万筹度，访之中外，愚臣无所知识，惟仰借皇上宠灵，就其嗜利之心以折之，则局不难结矣。往例封事一成并节年市赏金得补给，故虏人惯为得计；今年封事不成，今年市赏自在，明年封事不成，明年市赏自在。夷心无厌，肆为要挟，得寸则寸且以寸为例，得尺则尺且以尺为例，明知寸尺不可得，而姑为耽延，以侥幸于不可，知此夷人之敢于谩中国，亦中国之自失其把柄也。故臣愿皇上严敕诸酋，旦夕就封，姑照往例补给市赏，以示王者无外之仁；再或延迟敢负国恩，则闭关谢绝，即或坚意乞哀，亦止给当年恩典，而节年旧例尽为革绝，则不惟酋首悍失厚利，即诸头目亦且夺魄，相与悫恳蚤定矣；脱夷欲不饱而犹然耽延，则亦惟有就市赏之利，以夷攻夷而已。闻虏自款贡以来，所得中朝金帛，有名头目照例给分，而一切群丑不得丝粟之恩，且慕且恨久矣。虏果抗旨要挟，我明白令通官传谕十二部落，各照界许自开市，而部落中有输心内附者入边先厚加犒赏，仍计口给以双粮，一切斩获首级悉照中国旧例总之。以一岁之市赏，结彼部落之心，将芳饵一悬，万尾毕集，虏酋纵狡纵悍，而目击众叛亲离，未有不为之胆落者。胆落而哀请，则与之始可久也。

汉一中行说，足以酿乱；而世庙时以赵全为边疆大患二十余年，今用事虏中有名姓可指如中行说、赵全类者，固难以屈指计也。每念远托异国，昔人所悲，兼以胡地玄冰，边土惨裂，而我华人抛乡井、离坟墓、背却骨肉，生礼义之乡入侏㒖之俗，甘仰夷人鼻息者，或迫于饥寒，或由于亡命，或以跅弛不羁之才困于奴隶无由以见奇，不得已至此。今诚开归化自新之门，穷迫者安插以生产，诖误者湔洗其往愆，而有长驾远驭之略者授以把总名色，使得展布，果革面革心而捐躯报国，渐次优擢，总无所限，既动之以良心，又抚之以厚恩，将中行、赵全等复归版图而可以塞其耳目，可以绝其向导，且簸弄无人，而枭性纵日难驯，未有不幡然悟者矣。

……

夫我有四策，既折其心，又落其胆，既剪其翼，又绝其用，而庙堂之上又不以延迟罪当事，则彼知要挟无所用，亦不得不急。彼不得不急，而我从中从容裁酌，理谕势屈，既以结目前之局，且以纾异日之患，则国体以尊，国本以固，而可以保数十年无事矣。

总之，吴允中认为必须向诸酋传达，明廷不会因急于册封顺义王而强迫他们接受对某位虏酋的封赏。这样，诸酋之计遑遑，情伪可揭，羽翼亦遭削弱。而后诸酋知明廷不接受其施压。万历皇帝是其议。[133]①

吴允中之议奏效了。万历四十一年（1613年）五月二十五日，虏酋卜失兔、五路、素囊、把汉比妓、兀慎、摆腰等至得胜市恭领敕赏。六月初八，明廷正式册封卜失兔为新顺义王。总督宣大都御史涂宗濬、巡按御史吴允中以事闻，兵部曰："卜酋新为王，诸部拥众自强，群心未协。宜饬沿边将吏，严加备御，庶在我有可恃之实，而塞下安堵无虞。"万历皇帝是之。[134]而吴允中则继续提到，卜失兔之统辖能力实有限，忠顺夫人三娘子又已物故，因此明军应该随时做好战斗准备。为此，明廷准许涂宗濬所请，加强张家口一带互市关隘之城防。看来，明朝君臣时刻担心诸酋失控而觊觎边市物货。[135]

万历四十二年（1614年）十一月，已经升任太子太保、兵部尚书兼都察院右副都御史的涂宗濬题曰：

> 北虏自俺答至今，受封已四世矣。然俺答之受封也，以孽孙之在中国也。黄台吉扯力克之受封也，以虏妇之中主也。虏妇兵权在手，上佐虏王，下抚诸部，令行禁止，当时所难者，只在虏妇之不肯许婚。虏妇许婚，则封事指顾定矣。若卜酋之封，自丁未至辛亥，虏妇不肯许婚，素囊阻梗无已，所以然者，素囊欲篡虏王之位，因以擅市赏之利，虏妇不能制也。卜酋欲袭虏王之位，又欲专虏王之利，素囊不肯分也。辛亥，卜酋虽与忠顺成婚，而兵马尚在素囊之手，即虏妇未

---

① 原注此出为《明实录》，经核，应为《万历疏抄》卷41《论虏王受封书》。——译者注

故,卜酋徒拥虚名,不能有所主张。房妇即故,卜酋虽受王封,而与素囊争分家财,久不相让,主事无人,兀慎老矣,五路故矣,五路之弟打赖、宰生台吉者虽颇知理,恭顺堪使,然夷狄之俗,父母故后,所遗家产,原归幼子,素囊执此之例,宰生台吉亦无如之何。卜酋以袭封之故,定欲尽得房王之赏,素囊必不肯让。卜酋去岁受封之后,十二月曾遣二弟班儿慢台吉、他儿泥台吉前来进贡,又为素囊遮留,曰家事未妥,如何进贡,卜酋二弟又复回巢,则迟迟其来,盖为争家事,非敢侮中国也。臣但令临边将吏姑停大市,必待贡到而后开。素囊欲开大市,必当与卜酋分家,素囊与卜酋分家,则卜酋之贡自入,机之在我,止于如此。至于止大市而房不敢争,只有简将练兵,谨守封疆,使房不敢狎。贡之迟早,皆所不论,臣奉旨处置贡事,谨悉心料理,以求上副。

随后,涂宗濬再次请辞兵部尚书一职,准备告老,"伏乞别简名德大臣,以允兹选,使臣一意边事,庶罪过可逭,而分义亦安矣"。但万历皇帝拒绝其辞呈:"贡事未完,卿宜遵旨,相机经画,无失中国驭夷之体。本兵重任,原以上望特简,不必又辞。"[136]

万历四十四年(1616年),礼科给事中余懋孳言:"房卜石兔力不能钤束青把,故封事成而岁费益增。当事既不克武,预却其贡,则赏宜如期以示信。今补贡四十二年表笺、弓矢、鞍马等物,既已收进,赏赐物临期不发,问之工部,委内库;问之内库,云抵张湾未输。得毋铺垫之需索而经收之留难乎!房候半载,倘生戎心,此曹何以谢罪?"但万历皇帝不予理会。[137]此后,直到泰昌皇帝即位后,卜失兔与素囊尚处在相互角逐的状态中,而出于某种未知原因，卜失兔尚来朝贡，而素囊已不再前来朝贡。[138]

* * *

在万历皇帝统治的漫长岁月里，与战争有关的国家事务很多，但大多数甚至与北境边防无关。麓川、缅甸、播州等，均先后发生过战争，而朝鲜则有壬辰倭乱。这些战役，明军无一例外大获全胜。可以说，到了万历四十八年（1620年），万历皇帝已经在东亚定于一尊，无可置喙。从史料中看，万历皇帝处理这些战争、冲突颇具智慧，丝毫不逊于乃祖。当然，辽东是个例外。

数个世纪的史料显示，明朝北境防线的一系列冲突，似乎至此归于沉寂，不再出现于史料中。但仍有若干未解之谜，如明朝与吐鲁番争夺哈密一事之后续，或与"套虏"之间的最终结局。明军相继撤出这些地区，但其原因未能得知。万历四十八年（1620年）后，顺义王权之继授也同样不再出现在史料记载中。明朝的灭顶之灾，正在辽东防线一带星火燎原，明朝君臣的注意力自然也转向至此。辽东的记载越来越多，其他防线的记载越来越少，这似乎暗示了，辽东是大明王朝最后的防线。

第十四章

大明余晖——最后的辽东防线

（1573—1627年）

第十四章 大明余晖——最后的辽东防线（1573—1627年）

隆庆和议的约束力似乎未及辽东——北京以东160公里的蓟镇，由此地可直通东北辽河流域腹地一带的沈阳、辽阳。俺答汗虽为草原共主，但实际上控制着这片草原的是土蛮。与俺答汗不同的是，土蛮仍对明朝充满敌意。首鼠两端的朵颜三卫位于土蛮所辖草原之东北侧，而辽阳东北则是女真诸部。与朵颜三卫的兀良哈人一样，女真人接受明朝卫所之册封长达两个世纪之久，并与明朝之间存在朝贡贸易，同时接受明军之调遣。大体而言，辽东防线小乱偶见，大体无碍。[1]

但究其区位，辽东防线毕竟与他处不同。在这里，其总督由李氏家族世袭。李氏由其高祖李英从朝鲜半岛迁居到铁岭，数代人长期充任铁岭卫的低级军官。该卫紧邻泰宁卫，位于沈阳东北处约60公里。传至李成梁（1526—1615年），则因其战功卓著，一跃而为辽东总兵，封宁远伯。其子李如松、李如柏、李如桢、李如樟、李如梅俱身居高位，在明朝后期为朝廷作出极大贡献。[2]

从隆庆元年（1567年）开始到万历十九年（1591年），先后作为辽东副总兵官、总兵官，李成梁承担着击退北虏、镇守辽东、防备女真等诸多征伐军务。这些战争极为残酷，远甚其他防线。万历十九年（1591年），李成梁因决策失误，为言官所劾而罢职。

万历元年至四年（1573—1576年）间，李成梁西与土蛮、泰宁卫相抗，东则击溃建州女真都指挥王杲之进犯。李成梁督兵进剿王杲所在的古勒寨，斩首1000余级。冲突的结果再次熟悉地映照在辽东防线上。

但女真终究与鞑靼不同。女真并非草原势力，其居所水草丰茂，树木丛生，适于农耕。女真人过着相对定居的生活，修筑房屋，而不是逐水草而居。尽管女真人并非严格意义上的游牧民族，但他们也并非世守故土。在一定条件下，女真人也会随处迁徙。白山黑水之间物产丰盈，远胜草原，女真人过着舒适的农耕渔猎生活，甚至已经开始造另冶铁，步入文明社会。当然，人参等稀见产品也为其生活之处特有。政治上，女真诸部中，接受明朝册封的被编入建州三卫，其外又有海西、野人女真等。自元以降，300多年间，女真人由于涣散分裂，诸部间战争此起彼伏，诸部间常年仇杀，积怨深厚。后来的历史书写过多地将注意力放在建州女真上，而这仅仅因为这里是清朝的龙兴之地。在这片土地上，发生的事情远不止有建州女真参与。与鞑靼人、蕃人相比，女真人的政治组织和社会形态更容易为我们所理解，但与前者共同的是，女真人也时刻在为维系与明朝的朝贡贸易绞尽脑汁。接受羁縻卫所是其采取的主要策略。

早在万历三年（1575年），形势对明朝而言一片大好，建州女真方面则处于劣势。王杲之乱后，女真之朝贡贸易受到制裁。王杲败亡后，"不敢直走北虏，度生平唯王台相得甚欢"，于是前往投靠。王台是海西女真哈达部酋长，素来忠顺，自始至终为明之藩篱，闻王杲至，将其及家人27口一并押送北京，悉伏法。瞿九思对海西女真哈达人还有更详细的介绍，称其"颇有室屋，耕田之业，绝不与匈奴逐水草相类"。[3]

王杲何如人也？尽管他是建州女真都指挥，但王台是"万汗",其地位大概还要高于王杲。或正因此,王杲的叛乱之举,需要王台负责到底。史称王杲生来聪明机智,通晓多种语言文字,尤其精于占卜之术,声若洪钟,但性情急躁。王杲的剽悍鼓动了建州诸夷,于是"建州诸夷悉听杲调度。杲乃视杀汉官如艾草菅"。[4]不过,当王杲正要和土蛮等进一步勾结时,王台及时地将他诱捕并扭送北京,终究授首。[5]瞿九思评曰:"建州置卫,盖自永乐时,旧矣。然未尝有倔强如杲者……以杲而杀戮我汉将军,殆如乱麻,呜呼悲夫……此正天之所以速杲死也。"[6]

* * *

万历四年(1576年),巡按辽东御史刘台在条陈三事中勾勒出辽东一带的地理特征。其曰:

> 辽东一镇,自宁前抵喜峰口,曰朵颜;自锦义历广宁至辽河,曰泰宁;由黄泥洼逾沈阳、铁岭至开原迤西,曰福余。开原迤北曰山寨、曰江夷,迤东曰海西、曰毛怜、曰建州。祖宗以来,嘉其慕义,许以互市,广宁设一关一市,以待朵颜、泰宁等夷;开原设三关三市,以待福余西北等夷;开原迤东至抚顺,设一关市,待建州等夷,事属羁縻,势成藩屏。数十年来积套成毙,先年进循其期,今则纠同各部,传箭频至。先年酋首犒赏盐布,余止酒肉,今则通索盐布,增至引匹。先年酋首间讨衣段锅牛,视为异赏,今则指称常例,互为告讨。先年自称藩篱,今则假借大房,倚托声

势，给我厚赂。先年马驼运载，利归中国，抽分抚赏，积有余羡，今则故用敝物，强求厚值，甚者徒手讨赏，至不可继，比比皆然。惟广宁关市附近，抚镇重兵坐制，稍听约束，抚顺一关，王杲就擒，各种衰弱，事属王台，暂无足虑。开原三面邻夷，势极孤悬，最为寒心。查该镇三关三市，王台由广顺关入市东果园，离镇城十五里，逞家奴（女真叶赫部酋长）等由镇北关入马市堡，离镇城二十里，[7]福余等夷由新安关入市庆云堡，离镇城四十里。近年，王台、逞家奴等皆得径至开原南城墙混列杂处，安肆贸易，略无界限。西北一带住收夷人互市在庆云堡内，一遇传箭，突赴市场，弯弓垂橐，务满所欲。所欲既得，捧乳进酪，强饮各官，以示婴侮。稍不如意，或鼓噪而起，或跃马而射，或顺抢而出，大小将官，痛若被围。推原本末，盖由广宁边有墙，墙有关，关内有堡，堡内有兵，由关而入，由关而出，体统稍正，衅端犹少。若开原，则边关既荡然无守，兵势又单弱不振，以故有求即与，莫敢谁何。诚能添设兵马，增补御备，驻扎庆云堡内，联络该镇参将，兵马约誓，沿边备御，官员申以不易之期，示以一定之额，如期而至，查额而赏，序名而领，其听我约束，则循例敷恩。[8]

而李成梁的大部分军事行动则集中在辽西土门河一带。

万历十年（1582年），王台病逝，引发一系列惨烈的内斗。王台的儿子虎儿罕赤、康古陆、猛骨孛罗相互争夺汗位，明朝本应袖手旁观，任女真族内部自行解决这一问题，但急于恢复地区稳定的李成梁介入了这一内斗。这一介入对明朝而言，是致命的先声，但当时无人能预知这一点。万历十一年末（1584年初），李成梁与部分哈达部人击杀了支持另外部分哈达部人的叶赫部酋长逞家奴等，点燃了战火。[9]此外，早在万历十年（1582年）王台死后不久，王杲之子阿台向明军及海西哈达部发起进攻。李成梁便率军袭击了阿台，进攻阿台所在的古勒寨，大获全胜，斩首千余，获马500余匹。[10]

值得注意的是与李成梁结盟的女真人，其中最重要的是苏克苏浒河部酋长尼堪外兰。古勒寨深沟险壑，三面环山，阿台及其同党——毛怜卫阿海据守此城。李成梁和尼堪外兰猛攻两天两夜，最终拿下古勒寨，阿台被杀，阿海授首。但命运总是如此充满戏剧性。阿台之妻是建州左卫都指挥使觉昌安长子礼敦的女儿。觉昌安知孙女婿阿台据古勒寨而叛时，与其子塔克世前往劝降。不幸的是，觉昌安此行巧遇李成梁纵兵屠城，为尼堪外兰误杀。

觉昌安，是努尔哈赤的祖父，礼敦是其大伯，阿台之妻是其堂姐，而其父亲正是被一同误杀的塔克世。[①]在明朝看来，觉昌安和塔克世向来拥护朝廷调度，寨中身亡实属意外。但努尔哈赤并不这么认为。尽管明朝对努尔哈赤进行了补偿，但他仍坚称明军和尼堪外兰在古勒寨的暴行是故意为之——起码清朝的统治者接受了这一说辞，而复仇是唯一的补救手段。以复仇为名，努尔哈赤能够将反明势力集合起来，并借机清除尼堪外兰的势力。这一动机及其产生的一切后果，可以说始于明朝对女真诸部政治问题的干涉。[11]

此时的努尔哈赤才24岁，只有为数不多的追随者。他辉煌的

---

① 原著称礼敦是努尔哈赤的外祖父，误。——译者注

一生自不待言，已经有无数学者进行过详细介绍和研究，故本书的侧重点不在他身上，而主要从明军辽东防线的发展角度来叙述辽东局势，并从史料中梳理其应对边防安全挑战之策略。

* * *

事实上，努尔哈赤的祖父觉昌安、父亲塔克世死在古勒寨一事，在当时并非要闻。李成梁与二人关系并不差，且因其死亡，李成梁又给予努尔哈赤相当丰厚之补偿。早期的记载中，甚至还没有提到二人的意外身亡。他们的名字是在数年后努尔哈赤的"七大恨"中出现的。有的历史学家认为这是努尔哈赤编造的借口之一，以控诉明朝的罪恶。但不管真相与否，努尔哈赤的指控，都足以使其站在反明的道义面上。

与此同时，女真诸部内部正相互倾轧，彼此之间合纵连横，明朝也积极在他们中间寻找新的维护地区和平的代理人。万历十一年（1583年），万历皇帝青睐于"海西属夷"猛骨孛罗，而叶赫部的逞家奴和仰家奴却反对猛骨孛罗，贿赂交通建州女真，欲夹攻仇杀猛骨孛罗。猛骨孛罗则意欲收括海西、建州，与福余卫结盟。[12]

战争一触即发，但至少在目前，李成梁仍是最大赢家。万历十一年十二月（1584年1月），李成梁以赐敕书为由，诱逞家奴、仰家奴至关王庙，将其二人并所带311名随从、所捕虏兵1251名尽数斩首。《清实录》和《清史稿》不约而同地指斥李成梁此举背信弃义，是收受海西哈达部贿赂的结果。[13]

而早在万历六年（1578年）春，速把亥纠合土蛮军大举入寇，劫掠沈阳，李成梁将其击溃。随后，速把亥等在辽河宿营，李成梁又大破之。但这一系列胜利未能阻止北虏继续袭扰边防。[14]直到万历十三年到十四年（1585—1586年），类似的袭击依然持续发生。沈阳是北虏的主要袭击目标，但仅此一年，李成梁已经斩获"虏首"数百。土蛮希望开放互市，但李成梁并不同意。[15]在这种角逐中，努尔哈赤巧妙地利用明军与"虏军"之间的斗争保全自我。当然，此时的努尔哈赤尚不入明廷法眼，他压根儿连威胁也谈不上。

女真诸部的代理人本该在海西哈达部中产生，但内讧削弱了哈达部的地位。猛骨孛罗显然未能有效约束诸部。[16]明廷非常担心局势进一步恶化，兵部题称："王台世居海西，统管夷众，明我耳目，受我要束，自收二奴，制建州，岐东夷北虏而二之，则海西为开原藩卫，而开原倚海西为安，已非一朝夕矣。比王台既殁，遗孤仅存，大势未振，二奴孽子欲乘隙以并吞，而康古陆等复纠谋以内应，是海西诚有累卵之忧，而歹商不免覆巢之恐。"但明廷的介入并没有取得预想的效果，猛骨孛罗并非最佳人选。于是万历皇帝赋予辽东大臣临机措事之权，令抚镇协心行事，督臣从宜调度，毋得疑虑推诿，以致误事。[17]

战争愈演愈烈。万历十六年（1588年）四月，李成梁攻叶赫部，"以大炮击其中坚，凡在发炮，内有铅弹，弹所经城坏板穿，楼大木断"，明军破其寨栏，斩首五百余级。在这里，《明实录》首次提到努尔哈赤，提到"建州奴儿哈赤及北虏恍惚太结连助逆"，与叶赫部是盟友。[18]

九月，蓟镇总督张国彦、辽东巡抚顾养谦会题：

海西挹娄夷种，自永乐初来师，置塔山、塔鲁诸卫，俾藩篱我，至王台而益效忠顺，北收二奴，南制建州，相率内向。时王台近广顺关，称南关酋二奴近镇，北关称北关酋，而北关实听命于南关。王台死，长子虎儿罕亦死，二奴以侵南关，诛其子那卜，二酋修父怨，攻南关急，不复奉我要约。臣等是以有兴师之请。温姐者，王台后妻，二奴妹也，有子猛骨孛罗，少。而台他子康古陆、长古陆，妻后母温姐，故亲北关，又仇其兄虎儿罕，欲甘心其子歹商，故南关惟歹商孤立守王台之业，而余皆贼也。臣等是以有并处康酋、温姐之议。温姐子猛骨既以母族北关攻歹商，建州酋奴儿哈赤亦因结北关亲，以歹商为事，歹商敌益多，故大帅有东征之师，欲诛二酋以安歹商，报王台之忠顺，竦四夷之观望耳。暨誓师而二酋负固，乃纵兵破其重城，发大炮坏其墙屋，贼有洞胸死者，二酋始惧，愿和歹商。臣等是以班师而身留开原、铁岭间，以图善后之完计。先是，康古陆以参将李宗召至囚之，至二酋破，愿入马奉贡。猛酋子母亦请归命，而皆若怀疑不前，则以古陆囚未释也。臣等是以决策，释康古陆，曰：'汝能收温姐来，不尔杀也。'酋果偕温姐骈首谢。臣等赍而遣之，又虑歹商弱不能立，久之或为诸酋并，则名为后王台，实亡之耳。乃复令奴儿弃北关，婚歹商。二酋闻之，亦争与歹商和，而开原高枕矣。但两关终以敕书不平为争，盖自永乐来，给海西诸夷自都督而下至百户，凡九百九十九道，以强弱分多寡。今两关之强弱可睹也。臣等是以酌南北平分之，而北少其一，以存右南关之意。诸酋皆服，然两关以争故，皆失田业告饥，而南关之歹商为甚，因出粟赈之，次第给牛种。歹商等各感泣而去,无何,康酋死,遗言戴中国恩,毋反。未几,温姐亦死。于是卜寨、那林猛骨、卜罗、歹商四酋重约婚姻,争先向顺,而建酋贡已先入矣。此东夷向背曲折之略也。

万历十七年（1589年）九月,明朝始命建州女真都指挥努尔哈赤为都督佥事。据《万历武功录》称,此命乃因努尔哈赤克强盗要塞五十余座,斩其酋首,释放被掳人民而得。到了万历十八年（1590年）四月,努尔哈赤率108名夷人赴京进贡,明廷依例宴赏之。[19]

从这些史料看,直到此时,辽东女真的局势大体是稳定的。但我们知道这只是暂时的。万历十八年到十九年（1590—1591年）间,土蛮及朵颜三卫诸酋之继承人相继袭扰辽东,总兵官李成梁四处征战,前后伤亡近2000人。河南道御史林祖述题参:"蓟辽总督蹇达节报虏情张皇,轻率哨探非真,而急遽求援,摇惑京师,致烦圣虑。"而支持李成梁的大臣也一时失了声音。御史张鹤鸣又题称:"辽东总兵李成梁,血气既衰,罪恶贯盈,乞亟去以全始终。"万历皇帝竟是其议。在辽东诸战将中,无人像他一般,担任辽东总兵官长达22年,始终如一日地坚守着辽东。[20]

* * *

自万历二十年至二十五年（1592—1598年初）,壬辰倭乱爆发,朝鲜军队节节败退,朝鲜宣祖李昖仓皇出奔平壤,随后逃至中朝边境的义州,并遣使向宗主国明朝求援。明廷在进行一系列评估后，决定增援朝鲜，击退日本。于是，大批明军先后从全国各地调往辽东，越过鸭绿江，进入朝鲜，与丰臣秀吉所率领的日本军队展开战争。[21]

战争中，包括努尔哈赤在内的女真人总体上没有外生枝，一定程度上支持了明军在朝鲜半岛的军事行动。但鞑靼人仍继续寇掠辽东。其中，朵颜三卫滋扰最甚。泰宁卫速把亥为李成梁击杀后，其子把兔儿、弟弟炒花继续据旧辽阳以北两河之地，与土蛮等为患。万历二十二年（1594年），把兔儿、炒花伙同朵颜卫小歹青、福余卫伯言儿等分犯锦、义州等处，大肆掠夺。[22]该年底至次年初，明朝几乎同时在面临三场战争：哱拜宁夏兵变之余波，朝鲜壬辰倭乱及朵颜三卫对辽东的袭击。明军最后以某种方式一一解决上述战争，显示出其在东亚无可匹敌的主导力量。但明军经此诸役亦元气大伤，四五十年后，明军再也无力应对内忧外患，明朝最终崩溃。

明军的胜利激起了朵颜三卫复仇之心。巡抚辽东李化龙认为，尽管明军打了胜仗，但劫掠所导致的破坏致使人民无法生存，野多暴骨，民无宁宇。李化龙称，只有开放马、木互市，才能使敌势渐分，患亦渐减，尽管零星之劫掠可能仍会存在。万历皇帝是其议。[23]

与此同时，努尔哈赤却致力于统一女真诸部，在明廷看来，此举使辽东局部得以宁靖。因此，万历十七年（1589年），明廷加封其为都督佥事、龙虎将军。[24]

事与愿违的是，互市并未能有效减少各类冲突，明军的防御体系遭到严重破坏，李成梁儿子们的表现难以令人满意。万历二十六年（1598年），鞑靼土蛮犯辽东，李如松率轻骑追击捣巢，与数万鞑靼骑兵遭遇,力战不敌被杀。在壬辰倭乱战争中屡立战功的李如梅继任辽东总兵官,随后又有朝中大臣劾其畏敌不前,李如梅被劾罢官。互市再次取消。到了年底和次年初,辽东的局势已经略显惨淡,这迫使明朝在两年后重新开放互市,但终究未能挽回颓势。[25]

对于生活在辽东地区的普通人和士兵而言,生活时而如同炼狱。他们不但要受到鞑靼人的袭击,而且由于辽东地区汉人、女真人、朝鲜人之间存在真空地带,因此也要为争夺生存土地、相互斗争。这突出表现在鸭绿江以北的土地,这里华夷杂居,明朝官员对此有详细的调查。御史胡文举奏疏,请求此后"辽属军民不许在此住种,朝鲜住民不得越江采取",以防努尔哈赤之掳掠。事实上,明朝君臣对努尔哈赤的担忧越来越大。万历二十九年(1601年)初,努尔哈赤重新立猛骨孛罗之子吾儿忽答于南关,年底,明廷即遣使诘问努尔哈赤"既杀猛酋而室其子,已又执而囚之南关,不绝如线",所欲何为。明廷显然非常担忧努尔哈赤日益增长的势力,于是下令横江一带军民撤离其住种地方,但撤离时出现烧毁人房屋,剽掠人财物、牲畜,驱逼人民渡江等残酷行为,致使溺死者千余人,饥冻死者万余人。其余流离殍死,不知处所者更是无算,以致大量强壮之人逃入建州,归附努尔哈赤。这与迁徙之初衷适得其反,最后仅有老幼孤贫六七万人随迁往辽东内地。

此事在朝堂和辽东均引起极大反响,胡文举称:"先年,李成梁自险山展出一百八十里,当时并无一夷居住,即今长、永、大三奠迤北新地二百余里,当初亦无一夷居住,而我民始居之。由是观之,不论朝鲜余地与否,顺江以北,总是华夷共弃之地,不可谓其尽建夷地。今则尽弃与夷，而三百里之边又失矣。"[26]

辽东巡按熊廷弼以勘明抚镇弃地啖虏事向朝廷奏报，其略曰：

> 抚臣赵楫、镇臣李成梁弃与夷界者，宽奠等六城堡，延袤八百里，其概作逃民为韩宗功驱逐者六万四千余众，自清河之鸦鹘关以至一堵墙之盘岭，各墩弃而七十里之边失矣；自张其哈喇佃子弃而八十里之边失矣；自瑷阳界起，赛儿疟疸迤东至横江一带尽弃，而三百里之边又失矣。此弃地之大略也。居民告垦，自万历十三年间，已有之二十八年，间复委官传调夷人公同踏勘，以居民现住为界。楫与成梁欲以此数万人援招回之例，冒邀封荫，遂假通事董国云之口，以奴酋索地为名，驱迫人民渡江潜避，此驱回人口之大略也。奴酋既安坐，而得数百里之疆，而知我之所急在贡也，曰必为我立碑，则许之立碑，必依我夷文，则许之刻夷文，必副将盟誓，则又许之必立碑，开原则又许之。今其碑文有所谓'你中国，我外国，两家一家者'，种种悖谩。此界碑之大略也。岁犒赏银五百两，派凑于东西新地垦种人户，为存吾地耳。地既归夷，则前赏宜革。今奴酋已三不贡，而所许赏额则俱借库银，逐年支给，不敢迟缺，此抚赏之大略也。是四略者，谓之献地，不止弃地，谓之通虏，不止啖虏。楫与成梁之罪，可胜诛耶！……若所立石碑应行毁碎，以存中国之体，而奴酋畏威怀德，退还旧土，此则该部督抚、镇臣之事。[27]

万历二十九年（1601年）被再度起用的李成梁，重陷弹劾风波。不过，在万历三十六年（1608年）春，努尔哈赤还是同意与辽阳将领会面，重新设立界标，未经许可越境者将予严肃处理。[28]

*　*　*

明廷对努尔哈赤的担忧并非无涉，满蒙之间正在形成更为紧密的联盟。万历三十四年十二月（1607年1月），蒙古喀尔喀部在恩格得力率领下，以五卫之使向努尔哈赤进贡驼马，并尊其为昆都仑汗（恭敬之意）。[29]

此后两年，努尔哈赤俱未出现在明廷的朝贡名单中。礼部侍郎杨道宾为此惴惴不安。其奏曰：

> 臣惟我皇上德合天地，兼覆华夷，凡滋肘行鼻饮之裔，咸遵世王岁享之常，何物奴酋乃敢自外。今据辽东镇抚诸臣会题前事，则情属叵测，谋怀不轨，兵机属在司马，非臣所与，而朝贡属在礼曹，有不容听其不来而置之不问者。臣伏读太祖高皇帝祖训，首章有曰："四方诸夷皆限山隔海，僻在一隅，恐后世子孙倚中国富强，贪一时战功，无故兴师，致伤人命，切记不可。但胡戎与西北边境互相密迩，累世战争，必选将练兵，时谨备之。"圣谟洋洋，明见万里。所谓胡戎，北则鞑靼瓦剌，东则兀良哈，西则哈密也。自兀良哈内附于洪武，收为三卫属夷，哈密纳款于永乐，借为西域贡道，而瓦剌即俺答一部亦即归诚于皇上，称顺义矣。惟是迤北鞑靼，东邻女直，雄据塞外，自永乐九年女直内附，我文

皇帝即设奴儿干都司以羁縻之，事同三卫，均资扞蔽者，盖以金元世仇，欲其蛮夷自攻也。然必分女直为三，又析卫所地站为二百六十二，各有雄长，不使归一者，盖以犬羊异类，欲其犬牙相制也。

祖宗立法，良有深意。今建州夷酋奴儿哈赤既并毛怜等卫，而取其印敕，又举海西南关一带卫所酋目若卜占吉，若猛骨孛罗等而有之，虽婚姻有所不恤，惟北关一带若那林孛罗与弟金台等竭力死守，以苟延旦夕。又闻其饰名姝，捐重妆，以交欢北虏，夫国家本借女直以制北虏，而今已与北虏交通，本设海西以抗建州，而今已被建州吞并，且开原止许市马，并无市参之令，而强市枯参，倍勒高价，将官偿之则难堪，争之则启衅，吞声胶血，忍辱养乱，非一朝夕之故矣。

更闻奴儿哈赤与弟速儿哈赤，皆多智习兵，信赏必罚，兼并族类，妄自尊大，即有叩关入贡，皆非真正海、建之酋。所索参价车银，尽入建酋兄弟之橐，犹且厌薄赏赐，明欲抢夺。若复苟且结局，隐忍偷安，不将益轻中国，勾连北虏耶？此其志不小而忧方大耳。臣阅金、辽二史，辽人尝言女直兵若满万则不可敌，当其始事，甲士七千，鸭河之役仅三千七百，至者才三之一，而辽师遇之，遂不复振。今奴酋精兵业已三万有奇，况其老弱更多有之，而臣按隆庆间辽镇图籍马步官军，实在八万，粒米豆草而外，主客岁饷二十万金，今称堪战精兵不满八千，思之可为寒心，毋论众寡不敌，而士气固已索然矣。说者曰："司农见今告匮，正饷且缺四月，增兵加饷，谈何容易。王者不治夷狄，来不拒去不追而可矣。"此汉儒何休之言，似之而非也。夫使其一去而不来也，吾何必于追之，有如不以好来而以恶来乎？则安得不追而又安得不拒乎？故宋臣苏辙著论非之曰："王者岂有不治夷狄者乎？吾欲来之则来之，虽有欲去者不可得而去也。吾欲去之则去之，虽有欲来者亦不可得而来也。而休欲其自来而自去耶？"此于制御蛮夷之道，可谓深切着明矣。今据奴酋言动，已是自来自去景象。安得日挨一日，托言治以不治？臣愚以为陛下仁同天覆，量并海涵，即未遽兴问罪之师，亦宜申以文告之词，诘责所以违贡者何故。若其悔罪归诚，特许自新；若其桀骜负固，亦宜暴其罪状，革其爵赏，仍敕户兵二部从长计议，整顿兵饷，以耀威武，以防侵暴，则制人而非制于人，中国之体统尊，而外夷之观听肃矣！[30]

杨道宾的判断很准确，事实上，明朝的地位正在逐渐下降。女真诸部未合时，明朝就能稳定地控制辽东，但努尔哈赤陆续兼并了女真诸部，且为喀尔喀蒙古尊为可汗。朵颜三卫久为藩篱，但后来时常与鞑靼人一起侵扰辽东。而明朝的财政收入确实出现入不敷出的窘境。万历皇帝手下那些令人厌恶的矿监税使正在全国疯狂搜刮钱财，而辽东税监高淮也因在当地搜刮骚扰，激起民变。[31]

此外，前述强行放弃鸭绿江以北与建州接壤的土地，同样是明军武力投射能力降低的标志之一。李成梁不仅采取如此行动，甚至还厚颜无耻地宣称其完全有能力重新兼并此处。随着弹劾发生，李成梁被罢官，不久去世。[32]不过，此次放弃土地在明朝并非没有先例。早在永乐时代，朝廷便决定放弃对朵颜三卫的直接控制；嘉靖时代则将河套拱手让给北虏。但这一次，情况有所不同。财政难以为继是明朝放弃土地的前提,而土地继受者,是能够给明朝政权带来挑战威胁的女真人。

万历三十七年(1609年),辽东防线面临双重压力。三月,北虏陷大胜堡,戕杀明军1000名。随后,建州方面,努尔哈赤又遣精兵五千驻扎抚顺,挟索人参价格。熊廷弼言:"奴酋不出月余,连以重兵压我,目中岂复有辽?……河西之虏贪汉财物,尚听款抚,而奴酋则不以此物为意,宁前一面临虏,又去大营近,易为救援,而开原则三面临虏,孤插虎穴。"兵科都给事中宋一韩亦言:"辽左战款机宜,大略言辽中恃款忘战久矣,战则祸小而速,款则祸迟而大。杜松事非而心是也,马拯事是而心非也,独是插汉,虽崛疆河西,然亦不过贪汉财物,终无大志。惟奴酋难制,甚于宰赛。窃以诸虏之合,兵力相轧,其交易离。王台终身忠顺,其孙复无怨于我,而归计建酋,屈于力也。苟借为内应,遂因而乖乱之,则凡儿虎笞可购也,北关果不能自保,合听之西归宰赛,使两酋相攻,以成相持之势,则金台矢可用也。奴酋之交,既携西虏,因乘其后,而两收之,则虎墩兔憨可说也。义州迤北咸镜一路,适直建州巢穴,若造舰置守,暗为应援,以成犄角之助,则朝鲜可檄也。凡此皆制御奴酋之权奇也,乃若庆云之败,河流之败,大胜之败,此皆关系战款,诸虏所视为趋避,惟蚤发勘地之。"于是,在辽东修屯田之事被提上日程。辽东巡按熊廷弼上其议,大略言:"辽地可耕,辽兵八万简十之三,岁屯种可得一百二十万石,省年例银不下二三十万……广给薄科,以鼓之民耕,则弛税置堡以便之。官垦则议擢议参以励之。"[33]

此后,一直到万历四十六年(1618年),女真的敌对行为愈加炽热。我们可以用若干细节简单描述论证:如万历四十四年

(天命元年，1616年），朝鲜咨报明廷，努尔哈赤称汗，国号金，建元天命，史称后金。努尔哈赤本人黄衣称朕，并指明朝为南朝。[34] 天命，无疑代表着天之所向，对明朝而言，这不啻一种侮辱。历来起事者无不自称天命，却多以失败告终。那么，努尔哈赤的挑战又当如何？

明朝的某些越界行为进一步激化了与努尔哈赤的矛盾。万历四十四年底（1617年初），清河游击冯有功接受审讯，万历皇帝指责其启边衅之罪。其事因明朝与努尔哈赤约定在辽东地区以金石台为界，不许汉人越界樵采，但冯有功"私纵军民出金石台采运木值"，为努尔哈赤所知，军民50余人被杀。努尔哈赤同时遣11人前往辽东见新任巡抚李维翰，后者将其使者以铁索绑缚，要求努尔哈赤将为首杀害明人的答儿汉虾献出抵罪。努尔哈赤不得已以所俘11人向李维翰换回使臣。[35] 此一事件充分彰显努尔哈赤权力地位的提升，以及其作为新政权的统治者与明朝的斡旋能力。

的确，努尔哈赤不可能再以友好平等的姿态对待明朝了。除了与明朝结盟的叶赫部，他统一了女真诸部，并将目光转向了明朝。

* * *

努尔哈赤的目标是抚顺。据《清太祖实录》载，万历四十六年（天命三年，1618年）四月十三日，努尔哈赤将步骑2万征讨明朝。临行时，书"七大恨"告天，又到玉皇庙祷告。次日，兵分两路包围抚顺，游击将军李永芳请降。随后，李永芳有所反复，努尔哈赤决定竖云梯攻城，李永芳慌乱，穿戴好衣冠乘马出降。

此役几乎兵不血刃。[36]

明人的记载却不同。据《国榷》载：

> 甲辰，建州卫都督奴儿哈赤陷抚顺城。先期，来市貂、参，云明日三千人来为大市。诘朝果至，伏兵车中，诱军民出市，突入城杀掠。中军千总王命印，把总王学道、唐钥死之。游击李永芳、中军赵一鹤降，得我兵五百九十八人……奴儿哈赤始据城，引西房暖兔、宰赛等各屯辽河挟我赏。购虎墩兔憨入犯，购东房炒化屯镇静堡外，传汉字檄云："南朝发兵，设在遵化，故到抚顺会议，须捐北关予我，仍市清河。"于是巡抚李维翰，总督汪可受告急。[37]

直到崇祯七年（天聪八年，1634年）李永芳去世，他一直追随后金东征西讨，他是明朝第一位投降后金的边将。[38]

此役战果，《清太祖实录》称："所得人畜三十万，散给众军，其降民编为一千户。"[39]

明军的抚顺收复战同样以惨败告终。征虏将军、总兵官张承胤奉命会各将军，分五路至抚顺城南。努尔哈赤命建州兵分三路佯装撤退，诱使明军追击中计，随后以万骑夹击，一举歼灭明军。张承胤战败身殁，副总兵颇廷相，游击将军梁汝贵亦先后阵亡。据《清太祖实录》载，此役"杀总兵、副将、参、游及千、把总等官共五十余员，追杀四十里，死尸络绎不绝，敌兵十损七八，获马九千匹，甲七千副，器械无算"。颇为讽刺的是，在早些年，努尔哈赤的儿子红把兔曾经与张承胤饮酒，曰："父志不小，屡谏不入，万一南向，大将军计安出？"张承胤只盛赞汉家威德而已，红把兔大笑而去。⁴⁰不管此事真伪如何，事件之叙述实际上已经表明，权力天平已逐渐向努尔哈赤倾斜了。

不过，万历四十六年（天命三年，1618年），努尔哈赤"告天"誓师，宣读了"七大恨"讨明檄文之事的记载，却淹没在辽东摇摇欲坠的防御建设文献中。明史史料甚少提及此事，但清史史料对此大书特书。《明实录》载道："建酋差部夷章台等执夷前印文，送进掳去汉人张儒绅、张栋、杨希舜、卢国仕四名进关，声言求和，传来申奏一纸，自称为建国，内有七宗恼恨等语言：朝廷无故杀其祖父，背盟发兵，出关以护北关，瑷阳、清河汉人出边打矿打猎，杀其夷人，又助北关将二十年前定的女儿改嫁西虏，三岔柴河抚安诸夷邻边住牧，不容收禾，过听北关之言，道他不是，又西关被他得了，反助南关，逼说退还后被北关抢去。及求南朝官一员，通官一员住他地，好信实赴贡罢兵等言。"四名前来送信的汉人最终被送往东厂勘问，其为建州所威胁，并无别情。万历皇帝决定对他们姑置不问。⁴¹

事实上，"七大恨"不啻努尔哈赤的宣战，因为努尔哈赤将"七大恨"告天誓师，又将"七大恨"直接送达明廷。现在，明朝知道努尔哈赤的怨火从何而来了。努尔哈赤指责明朝蓄意杀害其祖父觉昌安和父亲塔克世，而其祖其父始终忠心耿耿于明朝，明朝方面的这一行为对努尔哈赤而言近乎羞辱。另外六恨则与明朝不断蚕食其生存空间有关，尤其是明朝支持的叶赫部，处处与努尔哈赤为敌，努尔哈赤不愿受其束缚，故而兴兵，"七大恨"最后总结道："我始兴兵，因合天意，天遂厌糊笼而佑我也。大明助天罪之夜黑，如逆天然，以是为非，以非为是，妄为剖断……凌辱至极，实难容忍，故以此七恨兴兵。"⁴²

＊　＊　＊

努尔哈赤起兵反明了。他迅速占领了辽东的一些堡垒，但明廷很快也警觉起来，意识到辽东正面临前所未有的挑战。于是万历皇帝不遗余力地动员全国力量捍卫辽东。他命兵部左侍郎杨镐经略辽东，并从川、甘、浙、闽等省抽调兵力，增援辽东，又通知朝鲜、叶赫出兵策应。辽东一隅之小势力，与如此庞大之世界强国相抗衡，犹如蚍蜉撼大树。双方之结果如何？很遗憾，明军在朝鲜半岛成功平定倭乱，在辽东却节节败退。其原因又如何？

明朝高层解释了努尔哈赤之乱的缘由。万历四十六年（天命三年，1618年）五月二十五日，明廷以杨镐经略兼巡抚辽东事。杨镐，河南商丘人，万历八年（1580年）进士。他的仕宦生涯有若干污点。万历二十六年（1598年），明军在朝鲜蔚山大败，杨镐隐瞒败讯不报，谎报军功，被罢职。但此事记载似乎有朝堂上诽谤者添油加醋的成分，因为从朝鲜和日本的史料看，杨镐在朝鲜的表现似乎可圈可点。同时，他也指挥过其他成功的军事行动。[43]御史们将杨镐弹劾罢职，但万历皇帝又重新起用他，以应对辽东危机。巡抚辽东一事，杨镐似乎当仁不让。杨镐提出了如何"经略"辽东的计划，看起来颇为可行，而此时努尔哈赤于抚顺以东约75公里的一个小山顶上筑赫图阿拉城，并定都于此（至今这里仍是一处旅游景点）。

万历四十七年（天命四年，1619年）二月二十一日，杨镐在奏议里论述了诸多细节。这份奏议写得有些匆忙，因为努尔哈赤亲率大军攻城拔寨，明军节节败退，身为经略巡抚的杨镐疲于应付。杨镐召集总督汪可受、巡抚周永春、巡按陈王庭，决定集结明军与努尔哈赤决战，同时令朝鲜、叶赫部出兵随从。明军号称47万，兵分四路，其主将分别是：

东南面，以刘綎为主将出兵宽奠，此处距赫图阿拉约105公里，经凉马佃出边捣其后，以朝鲜部队作为辅助。刘綎是明朝名将，都督刘显之子，有"晚明第一猛将"之称，先后参加过平定罗雄之乱，平定壬辰倭乱及播州之役。

北面，以开原、铁岭为一路，从靖安堡出边，直抵赫图阿拉北，以原任总兵马林为主将。马林为左都督、宣府总兵官马芳之子，雅好文学，能诗工书，交游多名士。

南面，以清河为一路，从鸦鹘关出边，直抵赫图阿拉南，以辽东总兵李如柏为主将。李如柏是李成梁之子，颇有战功。

最后，西面，以沈阳为一路，从抚顺关出边，以山海总兵官杜松为主将。杜松，历镇延绥、蓟州、辽东、山海关，威名远扬。其勇猛悍战，却有时冒进，致使对其评价毁誉参半。接替李成梁镇守辽东时，因作战不力，一气之下焚烧粮草，被下狱处置。杜松感到很惭愧，数次自毁甲胄，声称欲削发为僧。或许因其过于任性，杨镐的四路大军中，杜松仅处于从属序列。

以此观之，辽东明军的将帅配置均为久经沙场的老将。杨镐向他们强调："兵马虽分四路，出边之时，须合探合哨，声息相闻，脉络相通。各道名为监军，而催攒粮草，纪籍功罪，招收降人，皆其职掌。"在辽阳和广宁，杨镐还安排了后援部队。随后，大军浩浩汤汤，出边"讨贼"。[44]

然而，一切并不顺利。李如柏与刘綎、杜松之间矛盾重重。[45] 御史张铨又奏曰："敌山川险易，我未能悉知，悬军深入，保无抄绝？且突骑野战，敌所长，我所短。以短击长，以劳赴逸，以客当主，非计也。昔胪朐河之战，五将不还，奈何轻出塞。为今计，不必征兵四方，但当就近调募，屯集要害以固吾圉，厚抚北关以树其敌，多行间谍以携其党，然后伺隙而动。若加赋选丁，骚扰天下，恐识者之忧不在辽东。"又言："李如柏、杜松、刘綎以宿将并起，宜责镐约束，以一事权。唐九节度相州之溃，可为明鉴。"又言："廷议将恤承荫，夫承荫不知敌诱，轻进取败，是谓无谋。猝与敌遇，行列错乱，是谓无法。率万余之众，不能死战，是谓无勇。臣以为不宜恤。"张铨还认为杨镐"非大帅才，而力荐熊廷弼"。但万历皇帝置之不问，一切如常举行。[46]

从杜松开始，一连串败绩最终导致了灾难性的溃兵。三月初一，杜松私自率明军出抚顺，与努尔哈赤大战于萨尔浒，兵败被杀，全军覆没。杨镐称，杜松不听调遣，要占首功，一昼夜急行100余里至浑河。明军渡河始过半，努尔哈赤于上游决水，致士卒没者千人，战车500辆尽数搁浅。尽管如此，杜松仍率军血战，连拔二寨，最终为建州兵合围，奋战数小时，夜幕来临，终独力难支而战死。萨尔浒的战斗彻底结束，建州兵大胜。

听闻杜松败绩，马林变得踌躇不前。兵备道佥事潘宗颜、游击将军窦永澄、守备江万春等执意断后冲杀敌营，终于战死。死前，潘宗颜等已遗书杨镐曰："林庸懦，不堪一面之寄，乞易别帅当此重任。"马林撤军后，又退至三岔堡布阵自保，凿壕沟三道，壕外布列大炮，大炮之外又密布骑兵，最前列为枪炮兵。如此严密阵法，却在建州骑兵的冲击下被摧毁。个中细节自不能解释，马林最终仓皇逃回。数月后，建州兵攻开原，马林战死。[47]

刘𬘩军一路势如破竹，建州兵有所畏惧。于是，努尔哈赤等使杜松兵中降者，持令箭诈称杜松急需援兵，曰："杜将军已抵建州，深入敌境，虞后之不继，敬请将军会师夹攻之。"尽管有偏将认为此言有诈，但刘𬘩权衡再三，恐杜松独有其功，于是令全军拔营东行，自带精锐急行突进，终遭建州兵埋伏，力战而亡。[48]

杨镐闻杜松、马林两军已覆，刘𬘩被杀，急令李如柏撤军。建州哨兵见之，"登山鸣螺，作大军追击状"，明军大惊，奔走相踏，死者千余。此役给李如柏蒙上了极重的战争心理阴影，而言者纷纷，最终李如柏选择自缢身亡。[49]

那么问题来了，是什么原因导致明军辙乱旗靡、败如山倒？我们知道，太祖、永乐时代，明军所向披靡，所有进攻几乎都以成功告终。而现在，形势急转直下。明军已经溃不成军，士气低落，而努尔哈赤的建州兵正蒸蒸日上。此外，杨镐过于低估在不熟悉的地理环境中同时指挥四路明军的技术难度，而浑河惨败率先打开了潘多拉魔盒。黄仁宇还指出明军装备的质量问题。他认为，明军的火器质量很差，其他装备更无法与建州兵相比。而明军同样缺乏训练，其战斗力反不如督抚将帅的家丁。[50]

是役，明军损失极为惨重。如果统计数据无误，明军出塞官军共8.8万余员，阵亡各级将官310余员，阵亡军丁共4.5万余名，马、骡、驼等牲畜共计损失2.8万余头匹。战后，收拢残兵计4.2万余名。[51]

＊　＊　＊

　　溃局已定，其直接后果便是朝野震惊及大量败逃明军充斥着辽东。这一挫折也令明廷非常不安，不过好在事情发生在建州，而非明境内，所以事态很快就被平息。征伐失败，存者也无法偷生。李如柏自缢身亡。户部给事中李奇珍奏称："如柏曾纳奴弟素儿哈赤女为妾，见生第三子，至今彼中有'奴酋女婿作镇守，未知辽东落谁手'之谣，速当械系，以快公愤。"杨镐则在战后被捕入狱，并于崇祯二年（天聪三年，1629年）被处死。[52]

　　辽东明军全面溃败后，努尔哈赤转守为攻。万历四十七年（天命四年，1619年）六月十六日，努尔哈赤占领开原，马林及副将于化龙、参将高贞、游击将军于守志、守备何懋官等明将尽数被杀。建州兵开始屠城，幸存者惊窜逃亡，城中士卒尽被杀，城郭被毁，公廨民舍焚毁者无数。明廷得知此事后，不胜惊惧。[53]

　　开原并非一个小墩堡，就在努尔哈赤攻占之前，开原兵备道守备冯瑷于万历末年修辑的《开原图说》详细地介绍了这个地方。开原是军事重镇，下辖本城、中固城、铁岭城等及大小堡垒20余座，诸堡置军若干，又设墩台100多座，屯戍村落遍布周边。海西、福余卫及"西虏"、建州等均在《图说》中有载。此外，冯瑷还将明军的行军布阵、战备情况进行了详细记载。[54]如此牢不可破的堡垒群，为何在努尔哈赤的攻击面前如此不堪一击？结果令人感到不解。

　　六月二十二日，开原防线被毁后，明廷决定以熊廷弼为兵部右侍郎,经略辽东。熊廷弼可有制敌良策?他是万历二十六年(1598年)进士,此前曾巡按辽东,曾提出保卫辽东之计策。他还十分反对杨镐等采取的冒进军事行动。[55]

熊廷弼责任非小。六月二十八日,其奏曰:

> 辽左为京师肩背,欲保京师,而辽镇必不可弃。河东为辽镇腹心,欲保辽镇,而河东必不可弃。开原为河东根底,欲保河东,而开原必不可弃。今开原破矣,清阳弃矣,庆云抢矣,镇西围矣,中固、铁岭、懿路、泛河数城妇女老幼空国而逃矣!自鸭绿江东南起止,西北一带城堡除抚顺、清河失陷已报外,如永奠、新奠、长奠、大奠、靉阳、孤山、碱场、一堵墙、晒马店、散羊峪、马根、单东州、会安、白家冲、三岔、抚安、柴河、松山、靖安、威远、镇北数十堡已弃去,而边内之村屯城寨已抢毁无遗矣。独辽阳、沈阳为河东孤注,而昨据经臣揭报,沈阳之民又逃,军亦逃矣。而辽沈何可守也!贼未破开原时,北关相倚,犹有后背之忧,朝鲜未败,犹有左腋之患。今开原破而北关不敢不顺,使币往来,而朝鲜不敢不从,既无背腋之虞,又合东西之势以交攻,而辽沈何可守也!虽有败残新集士卒四五万人,皆有名无实。而此番开原损折,又奚啻万计!……今开原一带尽失,而外交合矣。朝鲜、北关皆阴顺贼,而内患除矣。则亦何所顾忌爱我辽阳而不攻哉!夫开原,古之黄龙府,而元之所谓上都也,城大而民众,物力额饶,贼住城中,用我牛马车辆运金钱财货,数日未尽,何止数百万!但分我开原余财十数万以饵宰卜二十四营、炒巴二十营,使之东攻辽沈,西

攻广宁，彼诸营所得春秋两赏于我者几何，又何爱于我而不听贼以攻我？试观日来塘报，东贼攻开原，而西虏五营即率三千骑抢庆云，又报三万骑围镇西，炒巴等酋又率五万骑广宁挟赏，是西虏明明已皆为奴用命，而辽沈可保乎？辽镇可保乎？不惟辽镇难保也，如贼全有辽镇，所获金钱财货何止数千万，但分数十万金饵虎墩诸酋入犯昌蓟，如也先之薄京城，又分数万金饵卜、素诸酋入犯宣大，如俺答之趋两关，以牵缀我不敢出京城一步，而贼然后长驱入山海关，或繇海道取天津及登莱一带，此皆国家必受之患，理势必至之事，而该臣十年前不幸而屡中之言也！"万历皇帝同意其议，并颁诏曰："恢复开原乃御虏安边急务，应用兵马、器械、钱粮、刍豆等项，着各该衙门火速处办，刻期齐备，毋得借口缺乏，致误军机。熊廷弼仍赐剑一口，将帅以下不用命者，先斩后奏，着星速前去，用心经理，以副朝廷委任至意。"[56]

全国各地的部队正陆续紧急抽调往辽东，但熊廷弼意识到，辽东的局势根本不容大军集结。辽东方面必须先就近征集军队，直到各地友军到达。

但八月以来，噩耗越来越多。铁岭卫也为努尔哈赤所破，总兵李如桢、贺世贤等领兵救援不及。熊廷弼自中原门户山海关而到辽阳后，斩逃将刘遇节、王捷等，以正军法，同时抚谕百姓，设坛躬祭阵亡将士。他开始着手夺回失陷地土，因在他看来，这有助于振奋军民士气，缓解朝野焦虑。

熊廷弼向朝廷陈奏其所面临的可怕局面，并请求增援。他题称：

自逆贼降抚顺,克清河,败三路,已骄锐不可言。时犹恐关西大发援兵,未敢轻自出巢。及开原、铁岭不战自下,懿蒲、辽沈不攻自逃,而谋夺辽沈之计决矣。虽有总兵李如桢等专守沈阳,帮以河西李光荣之兵,共有万计,而堪战者不过一二千人。总兵贺世贤专守虎皮驿,应援辽沈兵,虽数千而堪战者不过二千四五百人。总兵柴国柱专守辽阳,虽有川兵及残兵零杂之众二三万人,然皆无甲、无马、无器械,既不能战,而守城又无火器。将领,中军,千、把总等官俱贼杀尽,各兵无人统领,辽至今日,直可谓之无兵。

相比之下,努尔哈赤则颇为春风得意。经过东征西讨,努尔哈赤所建立的政权初步在辽东站稳脚跟。明军的抵抗基本都结束了,海西、叶赫等部亦不再党附明朝。《清太祖实录》不无得意地记载:"满洲国自东海至辽边,北自蒙古嫩江,南至朝鲜鸭绿江,同一音语者俱征服,是年诸部始合为一。"[57]

熊廷弼的诸多私人信件中,也不止一次谈到了明朝与鞑靼结盟的设想,并对这一设想进行过充分论证。在《与官掌科》疏中,其曰:

项用夷攻夷之说,章满公车。若调将百十员,征兵十余万,皆属无益。而今靠此为灭奴第一妙着者。诚如是,则经略拱手受成事,而亦可免于征调之苦矣。然而拨诸事实,有不尽然者。虎憨为人无远略,虽族姓诸部,控弦约十万,然皆自为政,徒以名位相系属。宰赛与暖兔、炒花诸酋为泰宁、福余种类,非虎憨元孽也,虽附憨而亦不甚听调度。宰赛与诸父弟侄多仇怨，今被擒，莫有怜者。虽不无狐兔之悲，而诸营与贼俱有亲戚往还，心既不齐而力又薄，不能制贼，又不敢借兵于虎憨，引狼入室，致滋践轹。虎墩于宰赛既痛痒无关，又距贼千有余里，风马牛不相及，终料贼不能侵害己，谁肯无端替人兴兵构怨？且西虏专用骑，利于平原广野，而以施于山林险阻之地，与马步兼用者角，恐亦不能猝得志于贼也……挟赂以求不愿出兵之虏，而为四夷所侮笑，此诚不可不虑也。非谓用夷攻夷之说为非是，而以西虏不必挑激也，阴间之而借以疑阻东虏则可，明挑之而仗以讨灭东虏则不可；缓致之而出以有意无意则可，急寻之而使其日骄日挟则不可。薄尝之而视为不紧要之余着则可，厚望之而靠为第一件之胜算则不可。要使张弛操纵，令虏入吾彀中而不觉吾，所以用之之意，方为得策。至于此虏未必可用，我今日未必能用此虏，做去自验，而今且不欲尽言也。[58]

事实上，熊廷弼所提及的虎憨，即虎墩兔憨（林丹汗），对努尔哈赤并无兴趣。他的目标是成为另一个俺答汗，统治整个蒙古，并通过袭扰威胁明朝开放互市。崇祯七年（天聪八年，1634年），虎墩兔憨败亡。他的统一之路彻底断绝，女真人开始吞并蒙古之旅。[59]

九月十一日，熊廷弼奏曰："自奴陷北关以来，人心逾溃，沈阳空垒，独力难支。据道臣韩原善、阎鸣泰及该城官生人等，咸欲归并辽阳，还兵自保，揆之人情事势，实不得不然。退缩自固，羞愤何言，倘邀皇上之灵，守得辽阳，俟明春二三月间，大兵厚集，再图恢复。"不过，努尔哈赤的计划确是绕开辽、沈，直取辽东港口门户锦州、盖州，以切断山东至辽东的海上粮道。[60]

熊廷弼认为，辽东的局势尚非不可挽回。其长策上奏，万历皇帝是其议。其略曰：

> 臣亲至各边临口相度地形，算贼之出路，即可为我之入路者有四：在东南路为瑷阳，南路为清河，西路为抚顺，北路为柴河、三岔儿间，俱当设置重兵，为今日防守、他日进剿之备。而镇江南障四卫，东顾朝鲜，亦其不可少者。此分布险要之大略也。
>
> 每路设兵三万人，禆将十五六员，主帅一员，布为前后左右中各营，如遇贼对垒，则前锋迎之，中军继之，左右横击之，后军殿之，使各路自为一分，合奇正以当一面。如建州与一路相持，在西路则南路、北路出奇以击之，东南路悉力以捣之；在南路则东南路、西路出奇以击之，北路悉力以邀之，其在镇江，当设兵二万人，禆将七八员，副总兵一员，半扎义州，半扎镇江，夹鸭绿而守，如贼犯朝鲜，合力拒堵，而四路则分道捣巢，以牵之贼；与四路相持，则镇江、朝鲜合兵而西以捣之，使各路总为一分，合奇正以成全局，此各路联络之大略也。
>
> 清河、抚顺、三岔儿三路，山多漫坡，可骑步并进，当用西北兵，以西北大将统之；宽、瑷林箐险阻，可专用川土兵，以西南大将统之；镇江水路之冲，当兼用南北兵，以南北将兼领之。此酌用南北兵将之大略也。
>
> 各路领兵到边，画地而守，无警就彼操练，小警自为堵御，大敌互相应援。时各挑其尤精悍者为游、徼，以捉其哨

夷，扑其零贼，使贼不敢轻出边，且以防其耕牧，又时以一路率所部直入贼境，而分其三之一设三伏以待贼，且战且却，遇伏则又战，然后从容进边，而东路未已，西路复然，北路未已，南路又然，更番迭扰，以疲贼于奔命，然后相机进剿，或四路并进，或三路牵制，而阴并一路，此坐困而转蘼之大略也。

善行师者，行必结阵，止必立营，见可而进，知难而止，每行一次，必立一营，贮放粮草，兼作退步。各路兵虽三万，如深入百数十里，必须留营数所，拨兵防守，而前路迎敌兵马必渐单薄，所定前数断难减少，且兵马既随各帅往边，辽城空虚，再设兵二万，平时驻扎辽阳，以壮中坚，有事策应四路，以作外援。又于海州三岔河设兵一万，联络东西，以备后劲。金、复设兵一万，防护海运，以杜南侵，此征行居守之大略也。

臣考征播之役，用兵二十余万，及围酋于囤上，犹用十五万众。今贼改元僭号，已并有两关、灰扒、鱼皮、乌喇、恶古里、弓知介、何伊难一带海东诸国兵众，又令降将李永芳等收集三路开、铁降兵万人，计兵已近十万，强播数倍。今议用兵十八万，马九万匹，而见在主、客残兵，续到援兵及召募新兵虽近八万，尚在沙汰，难作实数。其余惟有召募、征调二法，辽人以辽守辽之说，自李如桢、李登等建议，屡试不效，势不得不取诸征调。臣请以此责成兵部。

每兵一名，岁计饷银一十八两，兵十八万，该饷银三百二十四万。内每军月给本色五斗，该粮一百八万石，又每马日给豆三升，九万匹该豆九十七万二千石，草重十五斤者，日给一束，岁除四个月青草不给外，计八个月该二千一百六十万束，小束倍之。通共岁计船费几何？车、牛、人工各费几何？此皆一毫裁削不得者，臣请以此责成户部。

往者，清、抚、开、铁、汛、懿、蒲、沈俱无恙，则河东以辽阳为家当，广宁为转输。今辽阳为冲边矣，又当以广宁为家当，山海关为转输。凡兵马、粮饷、战车、火器、盔甲、弓箭、匠作、马牛，一应军中必不可少之物，势自不能不仰资协同干办。臣请以此责成督抚。

《东夷考略》记载，是役，调兵18万，每岁增饷324万两，陆运车3.7万辆，用牛7.4万头，费颇不赀。《三朝辽事实录》则称，前线用粮108万石，马9万匹，豆9200石，草2160万束。人粮、牛料等耗费共136.5799万两。[61]以此观之，即使辽东用兵尚有可为，但其背后所需之财政支持，无疑会使国家经济走向破产崩溃。

万历四十八年（天命五年，1620年）正月二十一日，明廷从朝鲜方面收到了关于辽东局势的奏疏。努尔哈赤曾令朝鲜加入反明大军，但被朝鲜拒绝。现在，形势却有不同。朝鲜国王李晖奏：

据自虏逃回人供称，奴酋八月中攻破北关，金台石自焚，白羊古出降。先是铁岭之战，有蒙古酋胡宰赛助兵天朝，亦被奴酋灭虏。十月中，奴令其婿好好里于斗等问鲜国降，将俺欲通两家和好，恨朝鲜不肯听从，又其部下胡人传说，奴酋父子共议曰："朝鲜、北关、宰赛皆助兵南朝，今北关及宰赛皆已破灭，惟朝鲜尚在，不可置朝鲜于后而先犯辽东。"又闻密议于迤东牛毛寨、万遮岭多遣兵马防守，仍造作攻城长梯。各胡仍说今冬不抢辽东,先向宽奠、镇江等处。臣惟奴贼敢仇天朝,藐视小邦,先通书肆其骄喝,小邦既不能斩使焚书,姑令边臣答谕。厥后,伊贼又送凶书,悖逆狂戾,有不忍言。兹者,恶稔滋张,哄胁愈甚,既陷开、铁,旋吞金、白,专觊辽阳,而或虑小邦之掣其后,必欲先事蹂躏。今据牛、毛两路之造梯,部下诸胡之传说,无非专意小邦。小邦甚败之,余剪焉不振,藩篱将拨,门庭莫保。况天朝之宽奠、镇江等处,与小邦之昌城、义州诸堡隔水相望,而邈处边头,孤危特甚,所在要害险易,守御坚瑕,贼必调知,贼若从叆阳境上鸦鹘关取路,绕出凤凰城里面,其间既无关岭之扼,一日长驱,或犯宽奠一带,或抢小邦昌城等处,则各该地方无眼婴垒,殆莫自保。内而辽左八站,外而江东一城,彼此隔断,声援阻绝,无复唇齿之势,尽为豺豕之场。言念及此,小邦之所以不遑爨恤,而惟以汉边牧围为忧者也。伏愿圣慈察臣疏内情节,亟询部议,确定庙算,急调大兵来驻宽、镇等地方,仍与小邦迭成犄角,以重关防之钤辖,以绝狡虏之窥觑。如或伊贼径侵小邦,便添辽镇诸兵,趁期来援,克终庇保之隆恩,俾因屏翰之旧业。

万历皇帝曰:"据奏夷情甚急,应援时不可缓。该调兵将,兵部便作速议覆。"62

两天后,熊廷弼题称:"奴酋将犯辽阳及宽奠、镇江等处,又欲分兵先攻朝鲜,以绝我声援。"接着,他又感慨曰:"(朝鲜)所以为我中国虑者,甚于中国之自为虑,而我可以无兵之故支吾应之,未误朝鲜而先自误乎?往拨新兵往防清河、叆阳等处,纵使不逃，亦属无用，而今逃且尽矣。此外更无兵可拨矣！……镇江添设之兵将何在？四路各设之重兵何在？则前议亦纸上之空谈耳！"万历皇帝急命兵部采取行动。

一天后，逃兵问题出现了。据熊廷弼奏：

> 赞画刘国缙所募新兵共一万七千四百余名，分发镇江、宽奠、叆阳、清河诸处防守。忽报清河新兵于昨冬十二月二十二、二十三等日陆续尽逃讫。据赶回逃军供称，俱是各给免票，暂借一时，今闻家中差役繁苦赶回，复去镇江、宽奠、叆阳亦有尽队而逃者，存留辽城之兵，合杨于渭、卞为鹏所统领原兵五千余名，除沙汰及逃回外，止存一千余名。此外，尚有杨武烈所领一千五百余名，曲韶所领一千七百余名，旋移檄赞画，往召逃兵，正身皆匿不出，但家属口称愿朋偿安家银两，及欲另金精壮补伍，皆怨詈不绝口。议将南卫兵逃者责成海盖道康应乾，设法调停，河西兵逃者责成分巡道张凤翼多方拿解，以赞画之法难行于乡里，而两道之法可行于地方也。至臣驭军无律之罪，乞行罢斥。又言悍征调者倡以辽守辽之说，以为远征不如近募，图存不必远求，贵精而不贵多。今其说屡试不验矣。独贵精之说尚牢固不破，辽阳、沈阳、抚顺、清河、叆阳、宽奠、镇江皆当贼一面，来路不置兵，无以阻其阑入，不多置兵，无以当其聚攻。而主贵精之说，势自不能，分散布置，必屯聚辽城一处，然后可以。应沈阳则百二十里，应抚顺、清河则二百余里，应宽奠、叆阳则三百余里，应镇江则四百余里，鞭长不及，马腹如何能济？况海州、三岔河、金、复等处尚议添设，以护海

运,以防门户,则贵精不贵多之说,作何铺摆?

万历皇帝是其议,认为应当征调更多军队戍守辽东,以保障调遣布防需要。

兵部愈加忙碌,万历皇帝要求从宁夏、甘州、固原等处征调边军赴辽东协防,期限6个月,不至太久。

万历四十八年(天命五年,1620年)夏,熊廷弼巡按诸边后,奏曰:

> 自城守沈奉以来,臣恐贼转掠东南,因檄发兵将防守威宁、瑷阳、宽奠,犹恐各堡孤悬,未经亲历,乃于六月初四日往奉集,会监军、总兵商战守事宜,随繇奉集至威宁,历瑷阳、宽奠,缘鸭绿江岸抵镇江城。复迂道看险山旧边,转渡夹河,登凤凰山,寻莫利支屯兵处,遂从镇夷、镇东、甜水站而还,计地千有余里,往返十有三日,此经行大概也。自奉集至威宁以东,路皆山险,威宁背山面河,瑷阳、宽奠四面逼山,及孤山、洒马吉、碱场、永奠、长奠、大奠各堡,皆如处复壁中。旧边自瑷阳东南,至险山、宁东,江沿各废堡离边八九十里,皆陡岭密箐,可据守战。自展宽、永各堡,挂出东北角外,离边仅三十里,或十五六里,甚薄且逼,而险反在内。其谷民皆依山居住,窃山耕种,村舍寥寥,无人民蓄积,以故年来贼弃不取。臣初以贼窥南卫为虑,今山势险远如此,马难遽到,又以贼抢村屯为虑,今人民零落如此,入无所获,臣何敢聚一二万人马粮草,以启戎心。随将前发川将周世禄等俱复调回,驻虎皮驿,为沈奉策应。俟初到土、

浙各兵休息月余，衣甲制备，然后发守镇江、凤凰城里路各堡，作南卫声援。惟是贼倾巢移住新塞，添筑山城，札屯关口，专心并力以图辽沈。辽沈得而宽奠、镇江可无更举，此贼扼要之计，臣心恶之。昨六月十二日之举，虽被堵截，怏怏而去，然大众尚全屯抚顺城下，图为再计。总兵柴国柱、贺世贤日索请兵将，各镇续到募兵，皆云乌合。浙兵未全到，酉阳、石柱兵虽到，介未完，械未备，且非沈奉间平原旷野之长技也。官军荷戈甲于赤日炎蒸下，颇多病，又不速得奖赏，以慰安鼓舞之，其志气无不灰者，仅仅两道臣。而邢慎言又以病不能出，今索兵，徒发无用之兵；索将，皆留可用之将；索道，臣杳无莅事之期；索犒赏，复吝已票之旨。即求一圣谕慰劳官军，亦未慨发，岂欲弃辽以授贼耶！

万历皇帝同意筹集30万两军饷专供辽东将士。[63]

与叶盛、于谦、杨一清、郑洛等一样，熊廷弼同样具有足够的能力来管理边防地区，保境安民。但到了九月二十一日，熊廷弼被弹劾罢职，其故为何？

据载，熊廷弼性刚负气，好谩骂，不为人下，故经常得罪同僚，少有人与之交往。故户科给事中姚宗文丁忧完毕回朝，请熊廷弼为自己奏讨新职，但熊廷弼不从，姚宗文由是怨之。后来他到吏科任职，受命阅视辽东军马，与熊廷弼颇不和。刘国缙为辽东人，原为御史，因失职罢免，后来朝廷采取辽人守辽之法，重新起用刘国缙为兵部主事，赞画辽东军务。此人募兵7万，逃者过半，为熊廷弼所奏，亦憎恨之。姚、刘二人同为言官，也因此意气相投，以攻击东林党，攻击道学者，同时也攻击熊廷弼为己任。[64]

姚、刘不过是党争的缩影。彼时朝野上下,以道学为己任的东林党人正掀起一场新的党争。辽东的危机和军事失利,不幸地卷入到了党争之中,成为党争的导火索。党争严重干扰了君臣对边情局势的分析和归责,同样影响了他们对辽东形势所采取的行动。至此,辽东能否收拾残局一事,恐怕希望已然渺茫。

广东道御史冯三元弹劾列举了熊廷弼无谋者八款,欺君者三款,直呼不罢熊廷弼,辽东必不能保。其曰:

> 开、铁被陷,遗禾满野,窖积场积,皆为外储。廷弼不急收保,而弃以资敌,无谋一也;中国之长,惟在火器,乃八万之资,一朝而烬,曾无防闲,无谋二也;金、白告急,廷弼不救,坐使奴去心腹之蠹,我失肩背之助,无谋三也;健儿不以御侮而以渡壕,行伍不以习击而以执土,无谋四也;沈阳之犯,与王大人屯之役,贼来而听其蹂践,贼去而谬曰堵回,无谋五也;又所云守者据要害走集也,乃数十一屯,数百一聚,如以蛇啖蛙,相次俱尽,何益之有,无谋六也;辽人可用而不欲用,矿兵可用而不能用,乃以噎恶食,无谋七也;自古善用多者,莫如王翦,翦之六十万,以楚千里而遥也,今之请数,有翦三分之一矣,而奴之地,有楚三分之一乎?据其取足者,似乎善用多而无用多之才,无谋八也;请兵请饷,分固应然,而动为要挟之词曰:"要辽不要?"有如我皇上试问之曰:"锡尔尚方,假借八百万金钱,四方召募,此何为者?"而曰要辽不要,欺君一也。辽左道将,亦极一时之选,而不能用也,乃动曰:"辽阳止两监军也。"岂两监军之外,皆土木偶人乎?欺君二也。兵未足而言纸上之兵,

兵已足而言无兵之用，则岂欲得神兵而用之乎？欺君三也。

冯三元所称欺君的"君"，很可能是在位短暂的泰昌皇帝，天启皇帝下令覆实其事。[65]

冯三元的言外之意，是对熊廷弼的防御性战略的反对。但是在当时具体的局势下，交战双方都不知道应该选择进攻路线还是防御路线，以此指责未免苛求。就在此时，有"东林六君子"之称的兵科给事中杨涟，加入了辽东问题的讨论中。他先是支持熊廷弼，后又转而弹劾，最终熊廷弼被罢。[66]

熊廷弼才在任几个月就遭罢职，谁将取而代之？1620年，明朝经历了三帝更迭，先是反东林党的万历皇帝于七月二十一日去世，接着是亲东林党的太子朱常洛即位，改元泰昌，但仅仅一个月后的九月初一，泰昌皇帝就驾崩了，皇位转而由万历皇帝的孙子，年仅14岁的天启皇帝朱由校继任，而宫中实权则为阉党魏忠贤所垄断。十月初五，东林党人袁应泰奉命经略辽东，当时宫廷内部一片混乱，而东林党人则牢牢把持朝廷。

袁应泰是实干型地方官员，曾修城浚河，救济灾民，历任工部都水司主事、兵部武选司郎中，广受好评。然而，他因越权擅自动用官库银粮而遭户部弹劾。多年后，袁应泰被起用为河南右参政，以按察使身份到永平治兵。为了应对辽东局势，袁应泰加紧练兵并修备武器，关外所需粮草、火药之类都能及时供应，深受经略熊廷弼信赖。

与熊廷弼的谨慎态度（建设防御，计划防御）不同，袁应泰的策略更显咄咄逼人。他希望尽快恢复明朝在辽东的主导统治地位，曾杀白马祈神盟誓。他上疏道："臣愿与辽相始终，更愿文武诸臣无怀二心,与臣相始终。"明熹宗赐予其尚方剑,袁应泰斩杀贪将何光先,罢免大将李光荣及以下10余人。为了收复抚顺,袁应泰议用兵18万,大将10人,并上陈行军方略。

那么,袁应泰是对付努尔哈赤的合适人选吗?据《明史》载:

> 应泰历官精敏强毅,用兵非所长,规画颇疏。廷弼在边,持法严,部伍整肃,应泰以宽矫之,多所更易。而是时蒙古诸部大饥,多入塞乞食。应泰言:"我不急救,则彼必归敌,是益之兵也。"乃下令招降。于是归者日众,处之辽、沈二城,优其月廪,与民杂居,潜行淫掠,居民苦之。议者言收降过多,或阴为敌用,或敌杂间谍其中为内应,祸且叵测。应泰方自诩得计,将借以抗大清兵①。会三岔儿之战,降人为前锋,阵死者二十余人,应泰遂用以释群议。

尽管有降人英勇作战之例,但更多归附的鞑靼人还是墙头草。天启元年(天命六年,1621年)三月十二日,努尔哈赤进攻沈阳,未能拿下。但第二天,努尔哈赤再攻沈阳东门时,降人数千开城应之,城遂陷,朝野震惊。

接着,战事就转移到了辽阳。据《明史》载:

> 应泰乃撤奉集、威宁诸军,并力守辽阳,引水注濠,沿濠列火器,兵环四面守。十有九日,大清兵临城。应泰身督总兵官侯世禄、李秉诚、梁仲善、姜弼、朱万良出城五

---

① 很明显,这里已经经过清人润色,故称"大清兵"。后文同。——译者注

里迎战，军败多死。其夕，应泰宿营中，不入城。明日，大清兵掘城西闸以泄濠水，分兵塞城东水口，击败诸将兵，遂渡濠，大呼而进。鏖战良久，骑来者益众，诸将兵俱败，望城奔，杀溺死者无算。应泰乃入城，与巡按御史张铨等分陴固守。诸监司高出、牛维曜、胡嘉栋及督饷郎中傅国并逾城遁，人心离沮。又明日，攻城急，应泰督诸军列楯大战，又败。薄暮，谯楼火，大清兵从小西门入，城中大乱，民家多启扉张炬以待，妇女示盛饰迎门，或言降人导之也。应泰居城楼，知事不济，太息谓铨曰："公无守城责，宜急去，吾死于此。"遂佩剑印自缢死。妇弟姚居秀从之。仆唐世明凭尸大恸，纵火焚楼死。

袁应泰虽死，朝廷仍嘉其忠节，赠兵部尚书。辽阳失陷，是日天启元年（天命六年，1621年）三月二十一日。[67]

袁应泰之死，与沈阳、辽阳的沦陷，是辽东防线的第二次毁灭性打击。第一次是杨镐四路明军之败，而此次则是辽沈。努尔哈赤的后金政权看起来锐不可当，明廷似乎还不知如何应对这一阴霾密布的战局。天启小皇帝独自执掌朝政，官僚集团却党争不断，党同伐异。明朝，究竟该何去何从？

* * *

万历四十八年（天命五年，1620年）十月初五，辽东经略熊廷弼对被罢职一事耿耿于怀，于是上疏自理曰：

自去年开、铁连陷，辽城非尝破碎。士民知不可守而谋欲先去贼，亦知不可守而谋欲速来。今内外巩固，壮哉一金城汤池也！去年无车牛、脚夫，运粮臣与各道处办本地牛至三万余头，车至三万辆，昼夜趱运而军中始有粮草。三路覆没之后，军无片甲，手无寸铁，臣调宣大各匠役改造，又增造大炮数千，枪炮一二万，而军中始渐有器械，采桑削箨，买角易筋，各镇弓箭匠昼夜制造，而军中始有弓矢。又调各镇木匠旋造双轮战车五千辆，每车安灭虏炮二位或三位，以至火箭、火轮之类，无所不备，而军士始有攻守具。自斩贪懦三将而将之畏斩，逃叛数卒而卒知惧不时，捆责不喂马、不操军者，而营伍知收拾。寒夜有赏，久戍有赏，时节有赏，而军士知鼓舞。去年，西虏住我汛怡弃地，日肆劫夺，自丁字泊斩捕以来，再从阵擒活虏送抚莫二十四营酋长，而始各就戎索。自沈奉各戍重兵，贼遂为所缀，悉众与我对垒，不敢西窥辽阳，南窥南卫，东窥宽叆。至于近边零落村屯，势自不能无抢掠，我固无如贼何，时而形格势禁，贼亦无如我何也。如谓臣听胡马骄嘶，肝胆堕地，而冒陷往抚顺、宽、叆，擐甲冲贼围援沈阳者，独何人乎？辽已转危而致安，臣且之生而致死，天地鬼神，实共怜鉴！[68]

十月二十五日，熊廷弼再次奏疏辞辩，称：

　　辽自三路覆没，再陷开原，臣始驱羸卒数百人踉跄出关。行至杏山，而铁岭又报陷。当是时，中外汹汹，皆谓辽必亡，若不能以旦夕待，而今何以转亡为存地？方安堵举朝，帖席而卧也，此非不操练、不部署、不拊戢、专事工作而尚威刑者所能致也。惟是臣之操法，与向来异。向来地方操练，但合营装塘冲打，以完故事，即将官教演，亦但每军面试一回不过三百人，而日已云暮。臣则不然，每将令于城外各择一区地为教场，如管兵千人者，该四十队，每队二十五人，设一燕儿窝，而立于其下，就本队中择善射者五人以一教四。自卯至午，如法教演，日每百回，七八十回乃已。骑射、枪炮俱然，仍令彼此主客互逐，队与队逐，熟而合之于总，总与总逐，熟而合之于哨，哨与哨逐，熟而合之于营。臣尝谓以督抚操军，不若以将官操军，以将官操军，不若使军自操。人但见臣不恒亲下操，又尝外巡，不暇时时亲下操，遂谓臣不操练。如臣不操练，闲住兵将何用？是必不图灭贼，不图性命，归家然后可。而臣复何心？

盖此议起自去秋，臣初任时，见赞画新兵无用，拨供采草、斫棍、挑壕等役，赞画见其军多逃，遂倡言军士做工不得操练以自文，而阅臣因为之广其传，以至于今，此兵马不训练之说也。至谓臣拥兵十万余，不能大入大创，小入小创，斩贼擒王，而殄民蹙地，为狡虏所笑者，第斩贼擒王之事，于此日之兵之将，且勿易言也。凡用兵，须总兵、将官、兵马得力，才能济事。今总兵中惟贺世贤略短取长，敢于阵战，侯世禄精悍而初临大敌，刘孔胤善收拾城守行伍，而战阵非长。将官惟尤世功、朱万良等为军中白眉。求大将如前日刘继辈，诸将如梁汝贵、徐九思辈，已不可得。而各镇兵马又皆四五屡迁之余，无一而非敝赋下驷者，发与总兵、将官，皆力辞不受。川兵、土兵、毛兵心虽齐，法虽整，亦强弱参半，而平原旷野不能与战骑相驰逐。昨通查各兵，虽有十二万之数，而实在堪战者，内除土、川、毛兵三项不挑外，其余挑选精壮十不得其二三，余无奈何，只得令充守城、采草、放马以及火兵之役。至于马匹瘦损短少，更不可言。今言者第见辽中今日被臣收拾后之人情光景，遂谓援兵陆续出关，必一一可战，而不能战，以为经略罪，而抑知夫兵马之不能战，一至此极也。令箭催而张帅殒命，马上催而三路偾，帅臣于今日何敢轻率？如欲大入大创，小入小创，为斩贼擒王之事，且将各边精兵再调三四万，成一西北兵势；水、蔺各土兵调一二万，成一川土兵势，然后进取，亦未为晚，而非今日病臣罪臣所能及也。于是科臣魏应嘉，台臣冯三元、张修德复极论之谓，其硬口饰辩，有欲罪以靡耗失事者，有欲罪以托病脱卸者，有欲罪以捏造逆榜者，廷弼请即以三臣行勘。[69]

熊廷弼的奏议，显示出了某种私心。我们尽可能去接近事实地了解当时的辽东局势。熊廷弼坚称自己没有撒谎，而有大量台臣言官试图诽谤他，并竭尽所能地寻找其经略过程中的瑕疵。

对于双方的争议，天启皇帝降旨道："科道魏应嘉、冯三元、张修德与经略熊廷弼屡相奏扰，若不速勘，无以明功罪。即着魏应嘉等前往辽镇，会同彼处抚、按勘明，从实具奏。"但浙江道御史吴应奇坚称另选他官前往核勘："辽事自宜行勘，勘官必当另遣。"天启皇帝怒其忤旨，但兵科都给事中杨涟亦力言不可，于是辅臣方从哲等谓："从来勘事必身在事外，乃得公平。若以言事之人即勘所言之事，即一一得实，讵肯降心俯首？彼此争执,归结无期。"最终天启皇帝同意折中,改派兵科给事中朱童蒙前往辽东会勘经略熊廷弼功罪。[70]

就在此时,熊廷弼再次上疏曰:

> 臣蒙恩回籍听勘,行矣。但台省责臣以破坏之辽遗他人,臣不得不一一陈之于上。今朝堂议论,全不知兵。冬春之际,敌以冰雪稍缓,哄然言师老财匮,马上促战。及军败,始愀然不敢复言,比臣收拾甫定,而愀然者又复哄然责战矣。自有辽难以来,用武将,用文吏,何非台省所建白,何尝有一效。疆场事,当听疆场吏自为之,何用拾帖括语,徒乱人意,一不从,辄怫然怒哉![71]

朱童蒙核勘还奏,极力陈赞熊廷弼之功。其曰:"臣入辽时,士民垂泣而道,谓数十万生灵皆廷弼一人所留,其罪何可轻议?独是廷弼受知最深,蒲河之役,敌攻沈阳,策马趋救,何其壮也!及见官兵弩弱,遽尔乞骸以归,将置君恩何地?廷弼功在存辽,微劳虽有可纪;罪在负君,大义实无所逃。此则罪浮于功者矣。"不过,天启皇帝显然选择忽略熊廷弼的"负君"罪,以其力保危城,仍决定起用之。

* * *

此时的东林党,在朝野中占尽优势。在他们的交相弹奏下,天启皇帝决定重新启用熊廷弼。于是,天启皇帝命治前劾廷弼者,贬冯三元、张修德、魏应嘉等三秩俸禄，又将姚宗文除名。随后，熊廷弼将以经略身份前往山海关。天启元年（天命六年，1621年）七月十二日，天启皇帝敕赐熊廷弼尚方剑，麒麟服一件，币四，金四十，于京师外饮宴饯别。[72]

重新启用经略辽东的熊廷弼献三方布置之策：其一，"广宁用马步军列垒河上，以形势格之，缀敌全力"；其二，天津、登州、莱州"各置舟师，乘虚入南卫，动摇其人心，敌必内顾，而辽阳可复"；其三，山海关特设经略，熊廷弼以兵部尚书领之，节制各方，总辽东防务。

吏科都给事中薛凤翔却对此持有异议。他奏言："经略既以另设，则王化贞难以再加驻扎，既在山海，则广宁势难遥制。欲特重化贞事权，给以专敕，赐之尚方，令其相机便宜行事，而罢经略之设。"此议未能被内阁采纳。[73]

王化贞何许人也？他是万历四十一年（1613年）进士出身，天启元年巡抚广宁。王化贞为政勤恳，有救世宏愿。他极力推崇与虎墩兔憨结盟，为此不惜请求朝廷发放百万帑金款待蒙古人，方能使女真人有所顾忌，不敢深入。广宁城在山隈，城防脆弱，登山可俯瞰城内，恃三岔河为阻，而三岔之黄泥洼又水浅可涉，且守卒只有孱弱者千人，朝廷上下早已认为此地难保。但王化贞坚持寸土不让，提弱卒，守孤城，招集散亡，复得万余人。为了取得内阁的支持，王化贞提议"登莱、天津兵可不设，诸镇入卫兵可止"，因此内阁更加认为其有化险为夷之才。金、复诸州失守后，大量军民及矿徒结寨自固，逃入朝鲜者亦不下两万。王化贞一一鼓舞人心，招其回归，又以忠义告谕朝鲜，使之坚定地与明朝站在一起，同仇敌忾。这一切受到天启皇帝和内阁的褒扬。

但当熊廷弼到来之后，二人立刻产生剧烈的矛盾。一开始，二人之间的矛盾仅仅在战略布防的观点上，与朝廷党争无涉。王化贞希望能借虎墩兔憨之力制约女真人，但熊廷弼则认为此为下计，大损天朝威严。王化贞不建议从全国调兵来援，认为以辽东一隅之力即可与女真抗衡，但熊廷弼认为这种看法完全错误，认为应当从天津、登州、莱州等处以水路运兵援辽。辽东都司将领毛文龙成为二人争执的中心。在形式隶属上，毛文龙当受熊廷弼节制，但事实上，他时时绕开熊廷弼，而与王化贞来往甚密。王、毛均乃主战派，而主守派的熊廷弼则对他们的主张感到惴惴不安。经抚之间裂痕重重，而后来的历史也进一步证明，经抚不和彻底粉碎了明军光复辽东的希望。

在广宁的战守问题上，王化贞也与熊廷弼发生了争议。王化贞部署诸将，沿三岔河设六营，营置参将一人，守备二人，画地分守西平、镇武、柳河、盘山诸要害，各置戍设防。熊廷弼却坚决反对。他说："河窄难恃，堡小难容，今日但宜固守广宁。若驻兵河上，兵分则力弱，敌轻骑潜渡，直攻一营，力必不支。一营溃，则诸营俱溃，西平诸戍亦不能守。河上止宜置游徼兵，更番出入，示敌不测，不宜屯聚一处，为敌所乘。自河抵广宁，止宜多置烽堠；西平诸处止宜稍置戍兵，为传烽哨探之用。而大兵悉聚广宁，相度城外形势，掎角立营，深垒高栅以俟。盖辽阳去广宁三百六十里，非敌骑一日能到，有声息，我必预知。断不宜分兵防河，先为自弱之计也。"朝廷最终支持熊廷弼的建议，王化贞以计不行，十分恼怒。[74]

熊廷弼还认为，对付努尔哈赤须与朝鲜联盟。其言："三方建置，须联络朝鲜。请亟发敕使往劳彼国君臣，俾尽发八道之师，连营江上，助我声势。又发诏书悯恤辽人之避难彼国者，招集团练，别为一军，与朝鲜军合势。而我使臣即权驻义州，控制联络，俾与登、莱声息相通，于事有济。更宜发银六万两，分犒朝鲜及辽人，而臣给与空名札付百道，俾承制拜除。其东山矿徒能结聚千人者，即署都司；五百人者，署守备。将一呼立应，而一二万劲兵可立致也。"熊廷弼认为，监军副使梁之垣生长海滨，习朝鲜事，可充命使前往朝鲜。天启皇帝悉从之。

王化贞却另有计划。当梁之垣与所司讨论兵饷问题时，七月二十一日，毛文龙已率领明军袭取鸭绿江南部的镇江并奏捷。随后，王化贞向朝廷详细奏报了毛文龙的进军过程。[75]

八月初七，明廷获得了镇江捷报。天启皇帝命梁之垣向朝鲜宣谕镇江大捷，同时升毛文龙为副总兵，赏金两百两。[76]毛文龙的镇江大捷，是近年来明军在辽东唯一的喜报，朝议恢复有机，于是命登、莱、天津发水师2万接应毛文龙，王化贞督广宁兵4万进据河上，合鞑靼军乘机进取，而令熊廷弼居中节制。

王化贞又向朝廷奏道："敌弃辽阳不守，河东失陷将士日夜望官军至，即执敌将以降。而西部虎墩兔、炒花咸愿助兵。敌兵守海州不过二千，河上止辽卒三千，若潜师夜袭，势在必克。敌南防者闻而北归，我据险以击其惰，可尽也。"

兵部尚书张鹤鸣深以为然，奏言时不可失。很明显，主导辽东局势的是王化贞，而非熊廷弼。御史徐卿伯复请令熊廷弼进驻广宁，蓟辽总督王象乾移镇山海关。但就在此时，王化贞复奏："敌因官军收复镇江，遂驱掠四卫屯民。屯民据铁山死守，伤敌三四千人，敌围之益急。急宜赴救。"于是兵部促令各部火速进师解围。王化贞渡河，熊廷弼亦不得已出山海关，驻军右屯。但熊廷弼同时又称海州取易守难，不宜轻举妄动，王化贞最终无功而返。

但王化贞也有他的性格缺陷。史称王化贞"为人骁而愎，素不习兵，轻视大敌，好谩语。文武将吏进谏悉不入，与廷弼尤抵牾。妄意降敌者李永芳为内应，信西部言，谓虎墩兔助兵四十万，遂欲以不战取全胜。一切士马、甲仗、糗粮、营垒俱置不问，务为大言罔中朝。尚书鹤鸣深信之，所请无不允，以故廷弼不得行其志"。[77]

熊廷弼与兵部尚书张鹤鸣之间也矛盾重重。熊廷弼"褊浅刚愎，有触必发"，盛气相加的性格，使他与不少朝臣结怨，其中就包括兵部尚书张鹤鸣。张鹤鸣甚至鼓励王化贞独立行动，熊、张二人遂相怨，事事龃龉。广宁有兵14万，而熊廷弼关上无一卒，徒拥经略虚号而已。延绥入卫之兵不堪用，熊廷弼请罪其帅杜文焕，张鹤鸣则议宽之；熊廷弼请用卜年，张鹤鸣则驳议；熊廷弼奏遣梁之垣，张鹤鸣则"故稽其饷"。如此种种，非止一端。

熊廷弼严厉抨击了毛文龙的镇江大捷，导致严重后果。其奏曰："三方兵力未集，文龙发之太早，致敌恨辽人，屠戮四卫军民殆尽，灰东山之心，寒朝鲜之胆，夺河西之气，乱三方并进之谋，误属国联络之算，目为奇功，乃奇祸耳！"于是贻书京师，极力贬低王化贞。[78]

经抚不和之事终于引起朝廷重视，天启元年十二月十二日（1622年1月23日），天启皇帝命诸臣廷议。议者有称："化贞欲战，廷弼欲守。夫廷弼非专言守，谓守定而后可进战也。化贞锐意进战，岂战胜而可无事守也？万一不胜，而又将何以守也？"大学士叶向高曰："经抚会议，汉史赵充国平西羌，虽主屯田，而辛武贤亦竟以力战取胜。今廷弼能为充国，且留化贞以为武贤，亦何不可？惟是廷弼之于化贞，作用既殊，而欲化贞受其节制，则举朝之人皆以为难行。同官皆争之，岂臣一人所敢独任？本兵张鹤鸣与廷弼素不协，谓化贞胆略可任；职方郎中耿如杞，主事鹿善继皆祖化贞，凡廷弼所言，一切阻格。廷弼度力不能胜，以标下兵尽付化贞，疏曰：'化贞有功，臣不敢与分；若化贞有失，臣愿不与同罪。'云化贞志大而虑浅，见朝堂右之，益自诩。"熊廷弼在这特殊时期意气用事，稍显自私。[79]

然而，朝廷之上仍然党同伐异，党争迹象愈发浓重，经抚不和事件最终也不可避免地被卷入。东林党人越来越支持熊廷弼，其对立士人则越来越支持王化贞。没有顶梁之柱，皇帝与内阁摇摆不定。显然，事件发展到这一步，已经与所谓战略抉择无关了，辽东经抚之间继续各自为政。软弱的天启皇帝也无法力挽狂澜。

礼部主事刘宗周，东林党人，道学家。他对辽东局势一步步走到今天的所有参与者都抱持谴责的态度。其上言谈论"讨贼之法"，曰："陷抚顺、清河，纵敌得志，巡抚李维翰也。弃开原而逃，推官郑之范也。通虏速祸，经略杨镐、总兵李如桢也。航海逋逃，监军高出、胡嘉栋、康应乾，赞画刘国缙也。逃而待罪境上，理饷传国，监军牛维曜也。身坐虏族，不自归里，反以知县升佥事者，佟卜年也。亡功受上赏，遥制山海，不能辑和抚臣，必丧全辽，今经略熊廷弼也。通夷启衅，奸珰卢受也。受之党弑君漏网，奸珰崔文升也。凡此诸臣，异名同罪，异罪同情，丽以五刑而轻重布之，又何遁焉。"[80]其言，是超然于党争的一种评价。

天启元年（天命六年，1621年）十月十三日，同样希望超脱于党争的大学士叶向高奏曰：

毛文龙收复镇江，人情踊跃，而或恐其寡弱难支，轻举取败，此亦老成长虑。但用兵之道，贵在出奇，班超以三十六人定西域，耿恭以百人守疏勒，皆奇功也。辽阳之失，似亦在知正不知奇，故糜烂决裂，一至于此……今幸有毛文龙此举，稍得兵家用奇用寡之法，虽不知其能成功与否，然今日计，惟当广为救援之策，以固人心，而毋过为危惧之谈，以张虏势。即使镇江难守，亦不必尤其失策，使将来无复敢出一奇破贼也。若枢经督抚诸臣皆极一时之选，必能同心勠力，毋忌成、毋旁掣，共灭奴酋，雪此大耻，消中外隐忧。

十二月十二日，叶向高又奏称：

惟毛文龙镇江之役，抚臣以为功，经臣以为罪，意见大异。臣窃谓国家费数千万金钱，招十余万士卒，未尝损奴酋分毫，而文龙以二百人擒斩数人，功虽难言，罪于何有？以为乱三方布置之局，则此局何时而定？以为贻辽人杀戮之祸，则前此辽人杀戮已不胜其惨，岂尽缘文龙？故文龙功罪可勿谈也。[81]

以此观之，经抚不和一日未解，辽东安危一日岌岌。熊廷弼的牢骚和谩骂于事无补，这一点，王化贞则起码给朝野上下带来了自信和鼓舞。他坚信明军一定能恢复辽东局势，尽管朝臣多有疑惑，但由于兹事体大，没人敢对此发出质疑。

十月，三岔河结冰，广宁人认为建州兵必渡河，纷然思窜。王化贞乃与方震孺合计，分兵守镇武、西平、闾阳、镇宁诸城堡，以大军守广宁。有意思的是，方震孺系东林党人，其热心于辽东局势，关心军民生计，颇受爱戴。方震孺称："河广不七十步，一苇可航，非有惊涛怒浪之险，不足恃者一。兵来，斩木为排，浮以土，多人推之，如履平地，不足恃者二。河去代子河不远，兵从代子径渡，守河之卒不满二万，能望其半渡而遏之乎？不足恃者三。沿河百六十里，筑城则不能，列栅则无用，不足恃者四。黄泥洼、张叉站冲浅之处，可修守，今地非我有，不足恃者五。转眼冰合，遂成平地，间次置防，犹得五十万人，兵从何来？不足恃者六。"据此，他建议以进为守，使守有余。天启皇帝是其议，命方震孺巡按辽东，监纪军事。于是方震孺遍历辽东，居不至庐舍，食不生烟火，如是者七个月。[82]

张鹤鸣认为广宁的计划可以考虑，请敕熊廷弼出关协防。于是熊廷弼上言："枢臣第知经略一出，足镇人心；不知徒手之经略一出，其动摇人心更甚。且臣驻广宁，化贞驻何地？鹤鸣责经、抚协心同力，而枢臣与经臣独不当协心同力乎？为今日计，惟枢部俯同于臣，臣始得为陛下任东方事也。"熊廷弼之言辞过于激切，张鹤鸣更加不悦。

话虽如此，但熊廷弼仍出关前往广宁。他驻军右屯，商议以重兵内护广宁，外扼镇武、闾阳。于是熊廷弼令刘渠以两万人守镇武，祁秉忠以万人守闾阳，又令罗一贯以3000人守西平，严申军令曰："敌来，越镇武一步者，文武将吏诛无赦。敌至广宁而镇武、闾阳不夹攻，掠右屯饷道而三路不救援者，亦如之。"王化贞方面，却因轻信间谍言论而仓促出兵海州，见势不妙又旋即收兵。为此，熊廷弼又上言：

抚臣之进，及今而五矣。八、九月间屡进屡止，犹未有疏请也。若十月二十五日之役，则拜疏辄行者也，臣疾趋出关，而抚臣归矣。西平之会，相与协心议守，犄角设营，而进兵之书又以晦日至矣。抚臣以十一月二日赴镇武，臣即以次日赴杜家屯，比至中途，而军马又遣还矣。初五日，抚臣又欲以轻兵袭牛庄，夺马圈守之，为明年进兵门户。时马圈无一敌兵，即得牛庄，我不能守，敌何损，我何益？会将吏力持不可，抚臣亦怏怏回矣。兵屡进屡退，敌已窥尽伎俩，而臣之虚名亦以轻出而损。愿陛下明谕抚臣，慎重举止，毋为敌人所笑。

王化贞得疏怒甚，驰奏辩曰："愿请兵六万，一举荡平。臣不敢贪天功，但厚赉从征将士，辽民赐复十年，海内得免加派，臣愿足矣。即有不称，亦必杀伤相当，敌不复振，保不为河西忧。"

朝论再次陷入分裂。而由于王化贞参加科举时，叶向高为其座主，故叶向高最终还是偏心于王化贞。熊廷弼同样愤怒地回应："臣以东西南北所欲杀之人，而适遘事机难处之会。诸臣能为封疆容则容之，不能为门户容则去之，何必内借阁部，外借抚道以相困？"又言："经、抚不和，恃有言官；言官交攻，恃有枢部；枢部佐斗，恃有阁臣。臣今无望矣。"

熊廷弼与东林党人同处一条阵线，并非接受道学或其处世哲学，而仅仅因为王化贞的支持者多为反东林党者。而天启皇帝唯一能做的，是遣兵部堂官及给事中各一人往谕，抗违不遵者治罪。

据史料记载，在熊廷弼刚出关时，王化贞担心其夺取自己的兵权，于是假意听从经略之指挥。不料熊廷弼却上言："臣奉命控扼山海，非广宁所得私。抚臣不宜卸责于臣。"恰于此时，方震孺奏称经抚不和，又称王化贞心慵意懒，熊廷弼又以前言刺之，于是王化贞心颇不悦。后来，王化贞称欲举兵荡平努尔哈赤，熊廷弼又揶揄道："宜如抚臣约，亟罢臣以鼓士气。"到了天启二年（天命七年，1622年）春，员外郎徐大化希指劾熊廷弼"大言罩世，嫉能妒功，不去必坏辽事"。张鹤鸣抓住时机，集廷臣大议。但廷臣之中仅有数人认为熊廷弼当撤职，其余多数坚持认为熊、王二人当分任责成。而张鹤鸣则指出，若王化贞去职，则毛文龙必不用命，辽人为兵者必溃，西部蒙古之盟必解体。张鹤鸣的建议是赐尚方剑与王化贞，专委以广宁，而撤熊廷弼他用。但天启皇帝不同意，责成吏、兵二部再议。就在此时，努尔哈赤兵逼西平，议遂罢，而熊、王二人继续留任，共同应对努尔哈赤，功罪一体。[83]

* * *

天启二年（天命七年，1622年）正月十八日，努尔哈赤开始进攻广宁。叛将李永芳首先率兵过三岔河，守御明军寡不敌众，落荒而逃。

这一次，熊、王二人达成了一致。王化贞选择主动出击，在高墙后坚壁连营无法解决问题，于是王化贞尽发广宁3万兵往援西平堡。李永芳兵至西平堡，参政高邦佐自觉无望，着冠带南望叩阙，而后自缢。次日，李永芳以战车云梯攻堡，守堡副将罗一贯以炮击建州兵，杀伤无数。但坚守一日后，城堡终于被攻破，罗一贯、参将黑云鹤身亡。此役明军损失大约1万人。镇武、闾阳等地，明军亦大溃，祖大寿溃逃觉华岛，与毛文龙会合。一向被王化贞视为心腹的孙得功，则早已与参将鲍承先等阴降努尔哈赤，并设计以捉拿王化贞，以为投名状。

熊廷弼见兵事溃败，当即收拾残部退回山海关。在大凌河，他与王化贞"会师"了。王化贞大哭，熊廷弼微笑曰："六万众一举荡平，竟何如？"王化贞羞惭万分，议守宁远及前屯。熊廷弼又曰："嘻，已晚，惟护溃民入关可耳。"

与此同时，努尔哈赤已经攻陷了广宁城，但是王化贞已经于两天前潜逃。建州兵又追击了200里，终因粮草不继而放弃。或许建州兵真的因粮草不继而放弃追击明军，或者他们另有计划。[84]

广宁及其他城破后，满目疮痍，屯堡俱空。明军撤退后留下大量废弃装备和物资，而熊、王在撤离过程中，已经尽可能将所有物资积聚焚毁了。正月二十九日，数十万流民与逃兵奔窜入山海关，蓟辽督师王在晋移镇山海关，担心其中混杂奸宄，闭关不纳。但熊廷弼极言应当放入，最终王在晋同意这一做法。[85]

这是明军在辽东的第三次大溃败。第一次是杨镐之败，第二次是袁应泰之失辽阳，第三次则是熊廷弼与王化贞之失广宁。努尔哈赤愈发有天下雄主之姿，而非劫掠草寇。明军元气大伤，收复辽东的希望破灭了。事实上，就这一恶果而言，明廷与熊廷弼、王化贞有着同样的过失，当负同等之责任。何则？天启皇帝孱弱不堪，难以指挥如此剧变之事，而阉党魏忠贤，与东林党人彼此倾轧党争，导致辽东政策朝三暮四，无一人而得全面统筹之。那么，接下来，事态又会如何发展？

* * *

在这个关键时刻，努尔哈赤并未向西采取进一步行动，明朝得以喘息片刻。广宁及周遭已经一片焦土，李永芳率部东归，旧城废址，荒草萋萋。方圆500里，几无人烟。

努尔哈赤的短暂休整是有原因的。首先，他建立的后金政权根基尚不稳固。他大量调动了后金的人力、物力、财力用以征伐，但面临食物供应的问题。满汉之间必须分开管理，汉军与女真兵必须进行一定的协调。许多追随努尔哈赤的汉人开始不满这种处境，后方有暴动之虞。此外，努尔哈赤的南翼并不安全，毛文龙能从岛上袭击后金占领的故明堡垒。讽刺的是，在此前，明军曾驻防在这里抵御侵扰的倭寇，而现在，明军成了"侵扰"的一方。[86]

明廷开始利用这一喘息之机来应对广宁惨败及其后遗症，并重新调整辽东仅存的军队部署。

朝野震动，反响剧烈。流民逃兵大量拥入山海关，使当地不堪重负。户部尚书汪应蛟奏：

> 避难辽民入关蜂拥，不可无拊循之实，不必有发赈之名。奉旨动支银两，就彼给之，恐此声一倡，斗大之城不能容，一金之惠不能厌。合无随地安插，或间田可辟，与为受廛之氓，薄技随身，勿失资生之策。八府平粜仓谷，今宜免粜，以供饘粥，起解春夏赎银，今暂停解，以给牛种。大都

宁散毋聚，散则不生邪心，宁远毋近，远则无忧意外。[87]

事实上，局面正在失控，官府根本无力管理所有难民。在这种情况下，一个规模庞大，组织严密的宗教组织——白莲教正在悄然兴起。白莲教又称"闻香教"，教众在山东一带建立宗教中心，王森为教主，其得力弟子徐鸿儒正在策划一场反叛。徐鸿儒号称有神力，许多辽东难民加入了反叛。反叛持续了近半年，徐鸿儒攻占一些村寨后，自称"中兴福烈帝"，建号"大乘兴胜"，设立官职，建立政权。明军从各地调军前来镇压，最终，于年底彻底平叛。徐鸿儒被械送京师伏法。[88]另外，又有辽东溃兵计约万名已达通州，游食当地，无法再行招募。[89]

广宁之败的另一后果是再度激化了朝中阉党与东林党的斗争。两派之间围绕其责任问题展开激烈争执。派系之间从未如此泾渭分明地呈现。阉党拥护王化贞，指责熊廷弼；东林党反过来则力保熊廷弼，痛斥王化贞。熊、王二人初回朝时，王化贞下狱，而熊廷弼仅罢职听勘。随后，刑部尚书王纪、左都御史邹元标、大理寺卿周应秋等奏上狱词，认为熊廷弼、王化贞并论死。后当行刑，熊廷弼令汪文言贿内廷4万金，希望能缓刑，随后却食言。此事让魏忠贤极为愤怒，发誓要速斩熊廷弼。两年后，党争达到极点，东林党人杨涟等下狱，魏忠贤诬其受熊廷弼贿，随后又获市人蒋应旸，称与熊廷弼子出入禁狱，阴谋叵测。魏忠贤愈加想要速杀熊廷弼，其党人门克新、郭兴治、石三畏、卓迈等遂对熊廷弼大加挞伐。而阉党经筵讲官冯铨、顾秉谦与熊廷弼有仇隙，便利用侍讲筵的机会，出市刊《辽东传》谮于帝曰："此廷弼所作，希脱罪耳。"天启皇帝大怒，遂于天启五年（天命十年，

1625年)八月处死熊廷弼,弃市、传首九边。熊廷弼既死,御史更是对其口诛笔伐。御史梁梦环谓熊廷弼侵盗军资17万,御史刘徽谓熊廷弼家资百万,宜籍以佐军。魏忠贤借机矫旨严追,家财罄资不足充抵,则令其姻族家俱出钱补齐。江夏知县王尔玉也落井下石,责熊廷弼子藏貂裘珍玩,搜之不获,又将鞭挞之。其长子兆珪自刎死,兆珪母又称冤。王尔玉不闻不问,还去其两婢衣,挞之40下。远近莫不嗟愤。不过,这些不公平的待遇,很快就被推翻。崇祯皇帝即位后为熊廷弼平反,并于崇祯五年(天聪六年,1632年)处死了王化贞。[90]

纯粹的军事战略问题一旦被政治化,战争之走向便不再由简单的军力对比所左右。明廷内部的党争将辽东问题卷涉其中,以至于辽东之败局已经成为党派之间攻击对手的借口托词。从这个角度看,王化贞也好,熊廷弼也罢,无非是党争的受害者,他们都为大明王朝保全辽东尽忠尽职。

* * *

明廷的混乱,无疑削弱了其客观、理性地研判辽东形势的能力。当然,百足之虫死而不僵,此时明廷虽已自乱阵脚,但尚未到灭亡的时候。即便在党争如此激烈的时期,其辽东防线仍存在一定的战斗韧性,得以应对棘手之问题。

广宁之败后,礼部右侍郎孙承宗承朝廷上下之所望,以兵部尚书兼东阁大学士,掌管军务。熊廷弼之后,王在晋经略辽东,但与朝廷意见相左,于是孙承宗自告奋勇,亲自前往辽东。天启二年（天命七年，1622年）六月十五日，天启皇帝允其议，加封孙承宗为太子太保，并赏赐蟒袍、玉带、银币等，命其经略辽东。事实上，天启皇帝一直非常喜欢孙承宗，其即位时，孙承宗以左庶子充当日讲官。

孙承宗是又一位杰出的边防指挥。他自幼生活在边镇，常与诸官员论御房之策。万历三十二年（1604年），孙承宗中进士第二名，授翰林院编修。他同情东林党人，也时刻关注辽东局势。

据载，孙承宗相貌奇伟，"须髯戟张，与人言，声殷墙壁"。他出任兵部尚书后，上疏奏曰："迩年兵多不练，饷多不核。以将用兵，而以文官招练；以将临阵，而以文官指发；以武略备边，而日增置文官于幕；以边任经、抚，而日问战守于朝；此极弊也。今天下当重将权，择一沉雄有气略者，授之节钺，得自辟置偏裨以下，勿使文吏用小见沾沾陵其上。边疆小胜小败，皆不足问，要使守关无阑入，而徐为恢复计。"随后，他又上抚西部、恤辽民、简京军、增永平大帅、修蓟镇亭障、开京东屯田数策，天启皇帝皆嘉纳之。[91]

这些建议看起来颇为允中。在面对熊、王问题上，孙承宗也力图做到不偏袒任何一方，认为当将熊廷弼与王化贞并谳，又请诘责辽东巡按方震孺、登莱监军梁之垣、蓟州兵备邵可立等，以警尸位素餐之官员。孙承宗试图超越党争，但反而招致怨恨，侧目怨咨者亦众矣。

只要党争仍在，明廷就无法统一辽东策略。王在晋继熊廷弼后经略辽东，前后在职5个月。[92] 王在晋与蓟辽总督王象乾深相倚结，而王象乾久在蓟门，习知"西虏"种类情性，"西虏"对之亦颇为爱戴。不过，王象乾与"西虏"之间维系情谊的方式亦无非以财物相羁縻而已，实无他才，他本人也只希望能安稳致仕而已。王在晋希望王象乾能出面说动"西虏"袭取广宁，但王象乾警告说："得广宁，不能守也，获罪滋大。不如重关设险，卫山海以卫京师。"

王在晋被说服了。他请求于山海关外八里铺筑重关，从芝麻湾或八里铺起约长30余里，北绕山，南至海，用4万人守之。王在晋称："关外繇八里铺绕角山而东傍三道关起脚逶迤至海，计长三十七里，画地筑墙，建台结寨，造营房，设公厅，共估九十三万。"天启皇帝最终答应发帑金20万以资。但其僚佐袁崇焕、沈棨、孙元化等力争不能。这些人无不精通军务知识，如孙元化，其本人不但热心天主教，受洗入教，且精通枪炮火器知识。

事实上，没有卷入党争的官员们，有一些别出心裁的关注，如耶稣会、红夷大炮及西方术数等。几如红夷大炮，在明军的列装中主要作为防御性武器，而孙承宗（并非孙元化之亲属）极力支持在明军中装备更多红夷大炮，希望这种防御性武器能够进一步阻止努尔哈赤的进攻。[93]

但孙承宗的防御计划并不在八里铺实施，他认为八里铺过于接近山海关，毫无设防作用，位置不如沿海之宁远。尽管孙承宗的计划最终得到支持，但王在晋仍有其他计划。他希望能将虎墩兔憨拉入战局。其奏曰：

虎墩兔憨牵制诸部，即建虏亦属之。往年，憨祖父尝欲我贡市、王爵如俺答故事而不得，抱恨终身，岂肯坐视？如踞辽阳，甘自断其衣食之路乎？且以广宁至山海论之，其市有高台堡、兴水堡、镇远关、大福堡、太康堡，其长六十，惟利是求。部落既众，市有分地，我之布帛诸物，彼日用所需。而彼之马牛，非我市不售。即一部思逞，各部亦不相从。我力不能守广宁，敌未至先溃，彼完而归我，则数十万金亦何足惜？令长为我护边，即加爵许贡，养我兵力，亦转败为功之策。何闭关绝约，他日遭肩背之剥肤哉！

天启皇帝是其议。[94]

天启二年（天命七年，1622年）八月，孙承宗在讲筵时面奏王在晋不能胜任经略一职，于是王在晋改任南京兵部尚书，孙承宗自请身任经略，并奏计策曰："西虏决非守关之人，逃将决无守关之计。臣愿以本官赴山海督师，如辽人可用，决不敢以众疑而概弃辽人。西虏可抚，决不以众信而遂凭西虏。"朝廷嘉其议，命赴关督师。孙承宗开始着手自己的防御计划，撤换了被劾的总兵官江应诏，以马世龙佩平辽将军印替之。马世龙是宁夏人，颇受孙承宗赏识。[95]

如前述，孙承宗督师辽东一事，起自其于经筵间向天启皇帝的自荐，而天启皇帝喜而从之，故在本月，有任命其为经略一事。[96]天启皇帝赐予孙承宗极高的出行规格。天启皇帝诏给关防敕书，令孙承宗以原官督山海关及蓟、辽、天津、登、莱诸处军务，便宜行事，不从中制。启行日，天启皇帝又特御门临遣，赐尚方剑、坐蟒，命阁臣送之崇文门外。[97]此举无疑意义重大，因彼时朝中派系斗争胶着，而明廷又不得不在这种政治氛围中设法扭转此前三次败局。孙承宗之行，对明朝军民而言是一次巨大的士气鼓舞，其乐观的态度似乎在宣示，辽东尚有可为！

初至山海关时，孙承宗开始了人事部署。其令"总兵江应诏定军制,佥事袁崇焕建营舍,废将李秉诚练火器,赞画鹿善继、王则古治军储,沈棨、杜应芳缮甲仗,司务孙元化筑炮台,中书舍人宋献、羽林经历程仑主市马,广宁道佥事万有孚主采木,而令游击祖大寿佐金冠于觉华,副将陈谏助赵率教于前屯,游击鲁之甲拯难民,副将李承先练骑卒,参将杨应乾募辽人为军"。从这一系列人事任命看,孙承宗几乎已经对辽东诸务都做了部署,我们有理由认为,在其治下辽东防线可以得到充分保障。起码,在孙承宗时期,指挥权是统一的,而非如熊、王时期一样各自为政。原山东按察司副使阎鸣泰充辽东巡抚,因难与孙承宗协调处理政务,乃罢,以张凤翼替代。[98]

随后,孙承宗按照计划重点布防宁远,并亲自率军守御。在孙承宗看来,守御宁远的积极因素有二:其一,宁远可以借海上交通,由朝鲜、辽东、山东等地运输粮草物资;其二,宁远旷土,可以安顿辽人定居,以为战守之备。孙承宗与诸将仔细讨论了实施细节,并参照戚继光修蓟门之法筑台垣。孙承宗还注意到宁远产煤,这就意味着当地可以铸造金属,也可以就地煮盐。经过统计,宁远等总计有5城30堡,兵民不下10余万,而可田之地当有5000余顷。[99]

天启三年(天命八年,1623年)闰十月,孙承宗开始巡边,并将所见所闻上奏朝廷。其略曰:

> 若失辽左,必不能守榆关,失觉华、宁远,必不能守辽左。臣敢再阅三百里情形,以悉守之略。臣九月八日自关东发,过八里铺,抵中前所,兵共千五百有奇。士殊锐,马殊壮,居人可三千。又一日抵前屯,其协将赵率教,远望其获

田表畷，若鹅鸭之群，百千欲来。登其陴，城且岿然，力能使其人劳而不怨，兵民可六万。更勇于公战，夺胡骑四十二，折其酋首者三，使建房踆踆不敢逾，固将材也。又一日，抵中后所。又一日，抵中右所。中后城工不加前屯，而炮火器具精坚，且地饶多资，兵民不下万余。中右地饶于中后，城内筑可三面。

又一日，抵宁远。臣初以宁远去关愈远，去虏愈近，且城大而瑕，地广而荒，姑以祖天寿（即祖大寿）司版筑，汪霨司窑造。后先接河东之人万余，合兵民不下数万。登城四望，生气郁然，因思为国家远计，则此城为必据必争之地。又次日，向觉华岛。岛去岸十八里，而近地濒海而肥，可屯登岸之兵。次日，遍历洲屿，则西南望榆关在襟佩间，独金花之水兵与运艘在。土人附夹山之沟而居，盖水陆要津也。其旧城遗址可屯兵二万。臣先令龙武两营分哨觉华，而特于山巅为台，时眺于数百里外。次日，还宁远。又次日，阅汤泉，亦可屯兵。然不若望海台。北望首山旁之黄毛山，南望觉华之靺鞨口、刘家山，相对如门。其南麓入海，可为堡，屯万余人。而北之孤起者曰望海圉，固台也。南接觉岛，各驻一军，则水道可绝。又次日，出宁远二十里至双树堡，又十里至连山堡，又十里至罩笠山。其巅可立为炮台，望大红螺可百里，杏山则三十里。其近则西去瓦窑冲九百步，东南去镇倭堡三千六百二十七步，而海环其三面。

以上是其长篇奏议中之一段，在此之后，孙承宗还大量描述了宁远的其他地形，测量防御设施之建置点、屯田点及武器工具之铸造点。他回到前屯后，计划以前屯和宁远为掎角之势。孙承宗最后向天启皇帝承诺，所有防御布置将在来年开春完备。天启皇帝对此龙颜大悦。的确，孙承宗所描绘的，是一个乐观的前景，辽东局势似乎由霾转晴了。[100]

天启四年（天命九年，1624年）九月，天启皇帝命内库发各类武器赴边，计有虎蹲、神炮各140门，佛郎机90门，内提炮80门，三眼枪及盔甲千余，弓万张，火箭30万支，腰刀1万把，长枪4万支，开山斧400把，斩马刀120把，勾连枪30支，又赐孙承宗大红坐蟒、膝襕各1件，银200两，又赏将士功银10万两，蟒衣、膝襕150件。[101]不过，事情很快出现令人始料未及的转折。

* * *

孙承宗在宁远城布防的同时，毛文龙也在鸭绿江入海口以南的皮岛建立前哨。自山东登州、莱州而至此，海路绵延80里。若从旅顺直穿渤海到山东，则还能节省一半路程。如前述，毛文龙曾经与王化贞站在同一战线，但王化贞失势并未波及毛文龙，反而在天启二年（天命七年，1622年）①六月，朝廷加封毛文龙为都督佥事、平辽总兵官，登莱监军通判王一宁协助赞画军务。[102]流民很快蜂拥至皮岛，毛文龙悉数纳为兵将，并从山东索要更多运粮船，同时加强了辽东沿岸之巡防。朝廷令毛文龙便宜行事，不

---

① 此处原著年份为1621年，当为天启二年，即1622年。原著有误。——译者注

受中外节制,事实上,朝廷已经无力控制毛文龙了。

毛文龙继承了王化贞的政策,以进攻性策略为主。明军与建州兵之间的冲突转移到南部沿海一带,毛文龙不时率军袭扰努尔哈赤。天启三年(天命八年,1623年)夏,因为担心金州遭到袭击,努尔哈赤令李永芳将金州军民迁往复州。但复州总兵刘爱塔、副使金应奎等欲以复州为内应,重新降明。不过,由于机事不密,努尔哈赤率3万大军围复州,执刘爱塔,随后又纵兵屠城,驱永宁、盖州等处人民北去,尽弃南卫膏腴地400里。毛文龙乘机遣将收复金州,但很快又被建州兵击退。清朝史料中屡屡提及此事,但明朝史料中只字未提。显然,毛文龙隐瞒了他的这次失败。[103]

* * *

要维持辽东防线殊为不易,很快,负面消息便传到朝廷。孙承宗的威信和计划受到辽东诸臣的质疑。有的将领甚至执着于其中的琐碎细节,在判断决策时掺入了情绪化的主观意志。事情最开始起源于"西虏"虎墩兔憨的一次袭击。虎墩兔憨部众窃出盗掠,为副将赵率教捕斩四人。王象乾欲斩赵率教以向虎墩兔憨谢罪,但孙承宗坚称不可。后来,戍守中右千户所的明将王楹,在护其兵出塞采木时,为"西虏"朗素所杀。孙承宗大怒,遣马世龙进兵剿之。王象乾却恐此举会大坏自王化贞以来已经安抚好的局面,令朗素缚逃人,假替为杀王楹者以献,同时增加互市时的赏赐千金。孙承宗大怒,上疏抗争,而王象乾则因丁忧去职。因为上述事件，孙承宗越发担心主和派阻挠自己，于是上言督师、总督可勿兼设，请罢己职。天启皇帝不批准，最终决定不再设立总督一职。孙承宗又请辽东巡抚张凤翼驻扎广宁，张凤翼以为此举是将自己置于死地，因而大恨孙承宗，于是与其乡人潘云翼、万有孚等极力诋毁马世龙，以撼孙承宗。但随后，万有孚即为蓟门巡抚岳和声所弹劾。张凤翼认为这是马世龙和袁崇焕构陷所致，于是进一步散布流言，阻挠孙承宗的出关计策。

随后，给事中解学龙极论马世龙罪，孙承宗大怒，抗疏陈守御策，曰：

> 拒敌门庭之中，与拒诸门庭外，势既辨。我促敌二百里外，敌促我二百里中，势又辨。盖广宁，我远而敌近；宁远，我近而敌远。我不进逼敌，敌将进而逼我。今日即不能恢辽左，而宁远、觉华终不可弃。请敕廷臣杂议主、客之兵可否久戍，本折之饷可否久输，关外之土地人民可否捐弃，屯筑战守可否兴举，再察敌人情形果否坐待可以消灭。臣不敢为百年久计，只计及五年间究竟何如。倘臣言不当，立斥臣以定大计，无纡回不决，使全躯保妻子之臣附合众喙，以杀臣一身而误天下也。[104]

孙承宗此言极重。此时，党争再次渗透到辽东边防安全问题上。以孙承宗为首的东林党，致力于以宁远为根基，逐步向辽东腹地推进，步步为营。而反东林党者则主张应与虎墩兔憨建立友好关系，明军只需将军驻防山海关即可，从而放弃了此前王化贞的激进策略。在孙承宗看来，反东林党者不仅策略错误，且毫无道义可言。

张凤翼、王象乾等陆续去职。孙承宗恶兵部尚书赵彦多从中制约，亦请辞，举赵彦自代以困之。尽管赵彦同情东林党，但他和孙承宗之间存在分歧，而孙承宗很聪明，知道如何利用官场内部的钩心斗角来达到自己的目的。很快，赵彦为反东林党者所指斥，最终未能赴任。

随后，宁远城工竣，关外守具毕备，孙承宗奏曰："前哨已置连山、大凌河，速畀臣饷二十四万，则功可立奏。"天启皇帝命所司给之，但兵、工二部相与谋曰："饷足，渠即妄为，不如许而不与，文移往复稽缓之。"[105]对孙承宗的弹劾越来越多，而魏忠贤窃取国柄，以孙承宗功高，欲亲附之，令刘应坤等申其意。然而孙承宗始终不与其交一言，魏忠贤由是大恨。面对这种情况，天启皇帝难有作为。一边是其最信任的太监，一边是其最尊敬的官员，但彼此处在不同派系，皇帝则过于弱势，难以居中调和。魏忠贤开始对东林党人下手，并以收受熊廷弼贿赂之名，将杨涟、赵南星、高攀龙等放逐。

天启四年（天命九年，1624年）底，孙承宗开始西巡蓟门、昌平，过程中念及其疏未必能得皇帝御览，乃请以贺圣寿为名入朝面奏机宜，欲借此论魏忠贤罪。但僚属们力谏不可。[106]孙承宗没有理会，但宫中已经传闻此事。阉党魏广微闻之，奔告魏忠贤："承宗拥兵数万将清君侧，兵部侍郎李邦华为内主，公立齑粉矣！"魏忠贤心里大慌，绕御床哭。天启皇帝亦为心动，令内阁拟旨阻止孙承宗。次辅顾秉谦奋笔曰："无旨离信地，非祖宗法，违者不宥。"京城九门亦锁闭。孙承宗至通州，闻命如此，无奈折返。魏忠贤使人探察，发现除了鹿善继外，孙承宗没有任何随从，方知其并无清君侧之心，意稍解。[107]

值得注意的是，即使东林党内部，也不可避免出现分裂。孙承宗的计略受到部分东林党人的抨击。天启三年十一月（1624年1月），兵部尚书赵彦奏曰：

> 据山海关总兵马如龙报，回乡人云："敌造西虏啰啰车三千余辆，传众牛鹿头目，每家作西虏衣帽，欲借西路往喜峰。"臣等以敌既得志，何尝一日忘西窥之心？今西虏罢守口夷人，称兵挟赏，而东报适至，始知西虏之款不可恃也。今关门有南北官兵十三四万，不为不多矣。宜及时选锐，某营某将为前锋，某营某将为奇兵，某营某将为援兵，皆责之冲锋破敌。又择善守者，某营某将为正兵守辎重，某营某将守关门，某营某将守隘口，皆责之画地固守。此分布兵马之当豫者一也。
>
> 昔辽广之失守，繇人心不固。今关门三大将，蓟镇二大将，皆一时人杰。宜以忠义感动大小将领，上下固结，俾人人知忠君报国之义。此固结人心之当豫者二也。
>
> 自有辽事以来，人谓敌强我弱，不知彼之必胜者，胆壮而力强；我之不及者，胆怯而力弱也。五大将宜宣谕各官军，奋勇力战，共建奇功，进而杀虏，升赏立至，齐心勠力，何敌之不可破！此鼓舞胆力之当豫者三也。
>
> 山海线路，固天设之险，而三协各边，皆层峦叠嶂，亦天之所限华夷者。其水口空缺，某最冲，某次冲，令处处有备，至喜峰口为入贡大路，敌所垂涎，兵不满千，何恃以御敌？宜通州、天津各调骑步两营，各用南将领赴喜峰口防

御，听王威调遣。又须三协大将躬行调度，中协则总兵王威移喜峰口，西协则总兵孙祖寿移古北口，东协则副将移桃林界河口尝川。至明年二月终而止，此固守险隘之当豫者四也。

我欲知彼情形，全在哨探。哨探尖夜，不可寻常泛差，须择智勇之士，厚于身家十倍于营军，仍给衣物财货，令结敌之左右。敌之聚兵尝在一月前，某目统领某枝入犯，先期探报，我得扼险堵截，哨探得实，准首功升赏，以励其后。至蓟镇台兵，始于戚继光，皆义乌壮丁，敌所慑服而不敢动。今改募北人，成法尽废。当仍募南兵哨守，庶有备而窥伺不生。此哨探守台之当豫者五也。

敌兵正锐，难以力争，我兵未练，当以计胜。五大将各派兵分地，坚壁固垒，勿遽与交锋。设疑以扰之，多方以乱之，使进不得战，退无所掠。顿困数日，锐气渐衰，必潜师东渡，五大将各分兵进，击其惰归，勿轻视于一掷。关外之辽民，兵众马多矣。战守不可知，倘有溃散情景，严关不免动摇。宜核宁前各屯堡，有城堡粮足及觉华岛可以保守者，量收敛其中，固守勿战，以待大兵堵截。或屯堡不能尽容者，可徐徐收入关内，毋得惊惶以误人心。此坚壁清野之当豫者六也。

三表五饵，自古不绝，惟在我之兵力强盛，抚赏得法，旧赏不减，新赏不增，彼此相信，内外谧宁。此抚夷伐谋之当豫者七也。

毛文龙提孤军于海岛，牵制三年矣。出奇设伏，屡获大捷。亦敌之所畏。朝鲜权国事李倧，以李珲通敌为名，攘夺其位。今请命天朝，力愿报效。宜降敕发登莱抚臣差捧至朝鲜，令发兵数万，同毛文龙列营于附近海岛间。不时出疑兵、奇兵以扰之，密加哨探，伺彼动静。如有过河，即捣老巢，以攻其必救。此海外牵制之当豫者八也。[108]

最终，天启皇帝是其议。但谈迁对此另有看法。他认为赵彦之论多华而不实，乃曰："枢部豫计，非不犁然可行，竟实效安在哉！一条列，一题覆，谓其职已尽。此外任事者自为之，不必问亦不能问也。余人皆然。习纸上之绩，仇局中之规。天下事不酿至极溃，曷所抵哉！"事实上，赵彦奉行的积极防御政策，与孙承宗所规划的进攻相抵触。

二月，孙承宗亦上奏曰：

今边方大计，不过曰守，曰款，曰恢复。皇上敕臣曰："宁远、广宁及河东土宇，渐图恢复。"乃观天下大议，似专守关以内，而近且曰："国家失河套、大宁，不失为全盛，何必复辽东？"然而辽东不复，关不可守，欲复辽以守关，则关以外必不可不屯兵。屯必不可不修筑，而宁远、觉华之议，必不可轻罢。请以守言之。凡客兵利速战，主兵利久守。今关城聚秦、晋、川、湖、齐、梁、燕、赵之众，尽号客兵，亡论粮料不继，即其继也，不遒不哗而坐食，使自坐困。盖以速战之备，为久守之谋，欲进则不足，久守则必变，故议兵必在土著。然蓟鲜土兵，而守辽以内，则辽兵亦客也。故随辽人之便，安插于两卫三所二十七堡间。以兵以屯，曰以辽人守辽土，养辽人。使关外之备稍足，则关内之防稍减。

第十四章 大明余晖——最后的辽东防线（1573—1627年）

况守在关以内，则内备浅薄，守在宁远，则山海已为重关，神京遂在千里之外。今天下亦尝计及此乎？

再以款言之。臣之初抵关，毳幕旃车，杂聚冈阜。一登陴而腥膻之气扑人，日报劫杀，议远抚场而通官难之，得广宁道议合。初移之中后为百里，又再移之宁远为二百里，以两协提路将分之信地。即抚即防，劫掠希少。今议撤关外之防，为守关内，则虏仍入关为抚，而八部三十六家仍环听于关门。且宁远有道，宁前有道，镇曰辽镇，抚曰辽抚，而安插辽人于宁前，则曰胎祸。亡论十余万生灵何地安插。而既无宁、广之土地人民，何独存宁、广之房赏？今天下亦尝计及此乎？

再以战言之。贼薄宁远，则以置亡置死之兵合与亡与死之众。心坚敢死，气励亡生，而外无可掠，中无可希。炮矢既倍，兵民既济，兼以海出其后，山峙其前。奇伏间出，贼必歼焉。即或越一城而前，宁城已缀其后。即或合一城而守之，各城已扼其吭。即或直抵关门不顾，而前有坚城，后有勍兵，自可立见扫荡。又或妄意及海，则觉华岛之驻师，与望海台之泊船相控，而长鲸必授首于波臣。又或下关臣之精甲，进图恢复，则水师合东，陆师合北。水陆之间，奇奇正正，出没无端。故拒贼门庭之中，与拒贼门厅之外，其势既辨，而促贼于二百里之外，与贼促我于二百里之中，其势又辨。今天下亦尝计及此乎？

有心在天下，而边塞之情形未悉，间凭道路之口以为忧疑。亦有心不再天下而边塞之安危不顾，只念身家之计以为侥幸。伏望皇上立断，无摇众议。庶臣之肝胆有藉，而土宇可复。[109]

朝廷对孙承宗的建议含糊其词,因为朝议纷纷,未能拿定主意。孙承宗抱怨道:"臣议合款防为一督,以两抚臣分任蓟辽。缘皇上不听臣去,特借此以各分其任。待臣去之日,仍推总督,盖真见边事不宜纷纭,非谓总督妨臣,抑亦臣妨总督。私念臣与总督不必两设,非谓臣可久留而额员可裁也。自今粮料不继,而料且绝矣。去年,采青几二百万,遂可省金十二万有奇,而今且绝。部价不发,皇上所发帑金为军需者,户部借三十余万而关城如洗。"是弃是战,孙承宗请求廷议,天启皇帝却道:"兵饷战守,卿前后条奏,听便宜行。不必廷议。巡抚官意见不同,恐不便行事,该部议奏。"[110]

如前述,在天启四年(天命九年,1624年)九月,朝廷拨发大批军器前往宁远。到了年底,孙承宗试图推翻大权在握的魏忠贤,因未能成功而请求去职。但天启皇帝拒绝其辞,下诏让孙承宗继续督师辽东,同时,魏忠贤仍旧执掌大权。皇帝的优柔寡断,最终将会产生何种后果?

努尔哈赤开始进军南翼。天启五年(天命十年,1625年),建州兵攻陷旅顺。旅顺位于辽东半岛最南端,其城防尚未完备,努尔哈赤即领6000兵攻陷其城并屠城。[111]八月,马世龙等遣副总兵鲁之甲等袭击耀州,但鲁之甲因轻信内应,最终渡河败没,损失兵员2000余人。[112]

这种结局,恐怕正是阉党所喜闻乐见的。马世龙攻耀州失败,受到严厉谴责,孙承宗亦为所累。马世龙罢职,孙承宗亦罢,由兵部尚书高第经略辽东。

第十四章　大明余晖——最后的辽东防线（1573—1627年）

*　*　*

高第之策，与孙承宗大相径庭。阉党之徒，往往腐败或卑躬屈膝，抑或兼而有之。高第即为此辈。初到山海关，高第即檄撤锦右、宁前之兵，将关外四百里地尽数放弃。宁远与山海关之间不复设防，这招致宁前道副使袁崇焕的极力反对。[113]高第的策略，普遍得到朝臣认可，暂且按下不表。再看后金方面，努尔哈赤已经迁都沈阳，其理由是："沈阳四通八达之处，西征大明，从都儿鼻渡河，路直且近。北征蒙古，二三日可至。南征朝鲜，自清河路可进。沈阳浑河通苏苏河，于苏苏河源头处伐木，顺流而下，材木不可胜用。出游打猎，山近兽多，且河中之利，亦可兼收矣。"[114]

不过，在天启六年（天命十一年，1626年）初，努尔哈赤在宁远城下遭遇重挫。这是他毕生第一次大败，也是最后一次。宁远城是按袁崇焕所定规格修筑的，其制"高三丈二尺，雉高六尺，址广三丈，上二丈四尺"，城上又装备了新近由葡萄牙引进的红夷大炮，坚不可摧，很快便成为关外重镇。由是"商旅辐辏，流移骈集，远近望为乐土"。在完成修筑后，袁崇焕曾与大将马世龙、王世钦率水陆马步军万两千，东巡广宁，准备收复失地。天启五年（天命十年，1625年）夏，孙承宗与袁崇焕谋划，"遣将分据锦州、松山、杏山、右屯及大、小凌河，缮城郭居之"。自此，宁远成为内地，袁崇焕复疆200里。高第来任后，谓关外必不可守，令尽撤锦、右诸城守具，移其将士于关内。袁崇焕力争不可，曰："兵法有进无退。三城已复，安可轻撤？锦、右动摇，则宁、前震惊，关门亦失保障。今但择良将守之，必无他虑。"但高第去意已决，"尽驱屯兵入关，委弃米粟十余万，死亡载途，哭声震野，民怨而军益不振"。[115]

努尔哈赤闻知高第撤退，明廷改变战略，遂决定攻打宁远。建州兵与其蒙古盟友开始陆续驻扎宁远附近。正月二十三日，努尔哈赤遣捉获汉人入宁远告诉袁崇焕："吾以二十万兵攻此城，破之必矣！尔众官若降，即封以高爵。"这似非空头支票，此前，李永芳等投降，俱得重用。袁崇焕反驳道："汗何故遽加兵耶？宁、锦二城，乃汗所弃之地，吾恢复之，义当死守，岂有降理？乃谓来兵二十万，虚也！吾已知十三万，岂其以尔为寡乎？"见袁崇焕拒绝投降，努尔哈赤下令攻城。

次日寅时，建州兵备攻城器具，攻打西南城角。从清代的史料可以看到建州兵的进攻细节，其中努尔哈赤先令战车覆于城下，置盾牌保护弓手及向前爬行、准备以斧凿墙的工兵。袁崇焕"缚柴浇油，并掺火药，用铁绳系下城墙烧之"。[116]彼时天寒地冻，建州兵凿墙无果，虽奋勇攻打，终究不克，至二更退兵。随后数日，袁崇焕又以红夷大炮轰击建州兵，死伤计五六百。建州兵不得不放弃云梯攻城，随后，又于正月二十六日退兵。努尔哈赤于此役中身负重伤。[117]

八月十一日，努尔哈赤因病薨（笔者猜测或为癌症），享年67岁，四贝勒皇太极继位。闻努尔哈赤死，袁崇焕遣喇嘛锁南木座等34人前往吊唁。至十一月十六日，使臣返回，同来者有建州使者方吉纳、温塔石等7人，递交其书曰："大满洲国皇帝致书于大明国袁巡抚：尔停息干戈，遣李喇嘛等来吊丧，并贺新君即位。尔循聘问之常，我亦岂有他意。既以礼来，当以礼往。故遣官致谢，至两国和好之事，前皇考往宁远时曾致玺书与尔，令汝转达。至今尚未回答。汝主如答前书，欲两国和好，我当觅书词以复之。两国通好，诚信为先。尔须实吐衷情，无事文饰也。"[118] 袁崇焕随即口传回复："大明国、大满洲国字样，并写不便奏闻，故不遣使，亦无回书。"明廷方面则要求后金首先归还侵占之土地，并遣归所有叛逃者，然后可以议和。当然，这样的条件是无法被后金接受的。

次年（1627年）正月初八，后金再次向袁崇焕送来议和书信，其款附条件难以为明廷所接受。其书曰：

满洲国皇帝致书袁巡抚：吾两国所以构兵者，为尔言之，约有七恨。至于小忿，何可悉数。陵逼已甚，用是兴师。今尔若以我为是，欲修两国之好，当以黄金十万两、白金百万两、缎百万匹、布千万匹为和好之礼。既和之后，两国往来通使，每岁我国以东珠十颗、貂皮千张、人参千斤馈尔。尔国以黄金一万两、白金十万两、缎十万匹、布三十万匹报我。两国诚如约修好，则当誓诸天地，永矢勿渝。尔即以此言转达尔主，不然，是尔仍愿兵戈之事也。[119]

* * *

本书所述之内容，至此即接近尾声。努尔哈赤死了，后来，天启皇帝和魏忠贤也死了。北境防线的所有叙事，因改朝换代而变得五花八门。可以肯定的是，大明王朝的边防正在逐渐崩溃，取而代之的，是后金在1636年改国号的大清王朝。1636年，即明崇祯九年，后金天聪十年，以及清崇德元年。大明王朝在200多年的光辉岁月中难逢敌手，无论是瓦剌的也先，抑或鞑靼的达延汗、俺答汗，都不敢长期与其争锋，并进而挑战其天下秩序，遑论新王朝的诞生。鞑靼人似乎对故去的元朝少有怜意，但努尔哈赤不同，他对更古老的金朝充满向往，金朝在1115年至1234年间统治着中原北方汉地。在接受其他民族文化，尤其是汉文化影响方面，鞑靼人远远不及女真人，努尔哈赤及其继任者均坚定不移地走上满汉合璧之路。

1644年，大明王朝最终轰然倒塌。但我们惊奇地发现，它并非全部亡于边防体系的崩溃，而是其内生的、根源性的系统结构内部发生了灾难性崩溃。不难想象，如非祸起萧墙，大明王朝很可能会在更加不可预期的时间内将清朝困于东北一隅。如果时间足够长，它甚至能将过程中产生的财政危机、兵源危机及军备危机消弭于无形。但历史不容假设。年轻无能的天启皇帝和刚愎自用的崇祯皇帝，未能在顶层设计时给予有效训示，致使朝野上下党争不断，而彼时之官僚体系又无力从根本上消除党争带来的影响。明廷一旦失去中央集权之威望，整个大明王朝便将陷入不可言喻的停滞状态。农民起义开始四处席卷，大量边防力量被抽调往地方平叛，劳师远征，奔波良苦，最终竭力难支。明朝将开始逐渐为清朝所收编，于是讽刺的一幕出现了：崇祯十七年（顺治元年，1644年）三月，李自成攻陷京师，崇祯皇帝吊死煤山，明亡。亡明的，终究不是清王朝。

注 释

序 言

1. Deng Qiu, *Huang Ming yonghua leibian*（邓球，《皇明泳化类编》）(repr., Taipei: Guofeng chubanshe, 1965), 7.347–348.

第一章

1. Liu Ji, *Beixun siji*（刘佶，《北巡私记》），附于 Erich Haenisch and Peter Ulbricht, *Zum Untergang zweier Reiche: Berichte aus den Jahren 1232—1233 und 1368—1370*（Wiesbaden: Kommissionsverlag Franz Steiner, 1965）；也见于 *Shiliao sibian*（《史料四编》）(Taibei: Guangwen shuju, 1972)；又见 Anon., *Beiping lu*, *Jilu huibian*（《纪录汇编·北平录》）ed., 27.1ab. 也见于 L. Carrington Goodric and Chaoying Fang, eds., *Dictionary of Ming Biography*（富路特，房兆楹，《明代名人传》），2 vols.（New York: Columbia University Press, 1976），以下简称 *DMB*，又见其中妥懽帖睦尔、扩廓帖木儿、纳哈出传记。

2. 见拙著 *Ming China, 1368—1644: A Concise History of a Resilient Empire* 第一章（Lanham, MD: Rowman & Littlefield, 2012）。

3. *DMB*, biography of Hsü Ta.

4. *Ming shilu*（《明实录》）(repr., 133 vols., Taiwan: Academia Sinica, 1965), 2.707–708。

5. Ibid., 2.815–816.

6. Ibid., 2.821–823.

7. Ibid., 2.831–832.

8. Ibid., 2.827.

9. Ibid., 2.847, 849.

10. Ibid., 3.846, 868.

11. Ibid., 2.874.

12. Ibid., 2.859–860；3.936, 1207.

13. Ibid., 2.865–866.

14. Ibid., 3.904–905.

15. Ibid., 3.944–945.

16. Ibid., 3.1027, 1056–1057, 1077, 1098, 1123, 1179.

17. Ibid., 3.1220.

18. Ibid., 3.1237.

19. Ibid.3.1328.洪武六年十二月（1374年1月），"陕西西文县土官千户赵伯达，贡马二，虎二，并虎豹狨皮"。

20. Ibid., 4.1539.

21. Ibid., 7.2912.

22. Ibid., 8.3307–3308.

23. Ibid., 5.2113.

24. Ibid., 5.2113, 6.2419, 6.2425. 此后，明朝政府遣虎贲左卫指挥佥事姜观、右卫千户沈成、行人任俊"以钞三十九万三千六百九十锭，往陕西河州等处市马，给骑士操练"。这数十万锭钞价值如何，今天已难以言明，详情可参考 Richard von Glahn（万志英），*Fountain of Fortune：Money and Monetary Policy in China，1000—1700*（Berkeley：University of California Press，1996），洪武二十五年（1392年），太祖又令尚膳太监专程赴河州，亦敕谕诸蕃族。诸族感恩，愿与明朝互市马匹。最后，明朝"得马万三百四十余匹，以茶三十余万斤给之"。

25. Ibid., 8.3369–3370.

26. Ibid., 8.3278.

27. Ibid., 8.3569. 又见 *DMB*，宁国公主传。

28. Ibid., 3619.

29. Ibid., 8.3635-3636. 又见 Morris Rossabi, See also Morris Rossabi, "The Tea and Horse Trade with Inner Asia during the Ming," *Journal of Asian History* 4, no.2（1970）: 136-168.

30. Ibid., 4.1416; *DMB*，邓愈传。

31. Ibid., 4.1453.

32. Ibid., 4.1437-1439.

33. Ibid., 4.1440, 1498, 1500; Tan Qian, *Guo Que*（谈迁,《国榷》), new ed., 6 vols.（Beijing: Guji chubanshe, 1958）, 1.490.

34. Ibid., 4.1430-1431.

35. Ibid., 4.1492.

36. Ibid., 6.2677, 7.2784, 8.3307-3308.

37. 参见 Karl E. Ryavec, *An Historical Atlas of Tibet*（Chicago: University of Chicago Press, 2015）中的论述和地图。

38. Ibid., 4.1517-1518, 1570, 1641-1642.

39. Ibid., 4.1645, 1650.

40. 见 Gao Fengshan and Zhang Junwu, *Jiayuguan ji Ming chang cheng*（高凤山、张军武,《嘉峪关及明长城》)（Beijing: Wenwu chubanshe, 1989）.

41. *Ming shilu*, 7.279-280; 8.3566.

42. Ibid., 4.1586-1587.

43. Ibid., 7.3077.

44. Ibid., 7.3132.

45. Ibid., 7.3138.

46. Ibid., 7.3141-3142.

47. Ibid., 7.3202.

48. *Ming shi*（《明史》）(any edition), ch.132, 曹震传; *Ming shilu*, 7.3216。

49. *Ming shilu*, 8.3240-3241.

50. Henry Serruys, "The Mongols in China during the Hung-wu Period,"（司律思,《洪武时期在中国的蒙古人》）*Melanges chinois et bouddhiques* 11 (1956-1959): 212-213.

51. *Ming shilu*, 8.3246-3247.

52. Ibid., 5.1982-1988.3666, passim; Elliot Sperling, "The Szechuan-Tibet Frontier in the Fifteenth Century," *Ming Studies*, no.26 (Fall 1988): 37-55.Also see Elliot Sperling, "Tibetan Buddhism, Perceived and Imagined: Along the Ming-Era Sino-Tibetan Frontier," in *Buddhism between Tibet and China*, ed.Matthew T.Kaplan (Boston: Wisdom Publications, 2009), and Weirong Shen, "Accommodating Barbarians from Afar: Political and Cultural Interactions between Ming China and Tibet,"（沈卫荣,《"怀柔远夷"话语中的明代汉藏政治与文化关系》）*Ming Studies*, no.56 (2007): 37-93.

53. *Ming shilu*, 8.3264.

54. Ibid., 8.3556-3557, 3589.

55. Ibid., 8.3611-3612.

56. Ibid., 4.1670, 1726.

57. Ibid., 5.1823, 1912-1913.

58. Ibid., 8.3443-3444.

59. Ibid., 5.1974.

60. Ibid., 5.2010-2104, passim.

61. Ibid., 7.2973.

62. Ibid., 7.3231.

63. Ibid., 8.3528.

64. Ibid., 8.3546, 3584.

65. *DMB*，耿炳文传。

66. *Ming shilu*, 4.1457; *Guo Que*, 1.483.

67. *Ming shilu*, 2.845–846; *DMB*，常遇春传。

68. *Ming shilu*, 3.925–927.

69. Ibid., 3.935–936.

70. Ibid., 3.999–1000.

71. Ibid., 3.947–948.

72. Ibid., 3.956.

73. Ibid., 3.973.

74. Ibid., 3.986.

75. 很遗憾，此役被后人低估了，见*Ming shi*, ch.125，徐达传；Edward L.Dreyer（戴德）, *Early Ming China: A Political History, 1355–1435*（Stanford, CA: Stanford University Press, 1982）, 72–73。

76. *Ming shilu*, 3.1003–1004, 1008, 1027.

77. Ibid., 3.1018.

78. *Guo Que*, 1.412.

79. *Ming shilu*, 3.1021.

80. Ibid., 3.1027, 1056–1057, 1077, 1098.

81. Ibid., 3.1030–1031

82. Ibid., 3.1040–1042, 1077.

83. Ibid., 3.1046.

84. Ibid., 4.1771–1772.

85. Ibid., 5.1860–1861.

86. Ibid., 7.2828–2829.

87. Ibid., 3.1119–1120.

88. Ibid., 3.1178.

89. Ibid., 3.1179.

90. Ibid., 3.1201, 1230.

91. Ibid., 3.1246, 1289. 洪武四年（1371年）秋，周边国家如高丽、三佛齐、浡泥等国使团赴阙朝贡，进献方物，而明军防线附近仍时不时出现小规模冲突。洪武五年（1372年）春，胡兵寇汾州，被明军擒获800余人。太祖令将老者就地赡养，年轻者令其牧马。其具体细节可参见 Cf.ibid., 3.1300, 1309–1310, 1313。

92. Ibid., 3.1321–1322.

93. Ibid., 3.1322.

94. Ibid.

95. Ibid.3.1332；4.1338, 1348；*Guo Que*, 1.467.

96. *Ming shilu*, 4.1358–1359；*Guo Que*, 1.469. 不过，冯胜一部班师后，太祖却认为公侯、都督、指挥、千户、百户等藏匿所获马、骡、牛、羊没有如数充公，不予封赏，而只给出征士兵赏白金（很可能是白银）44000两。

97. Ibid., 4.1372–1373；*Guo Que*, 470–471；*DMB*, 李文忠传。

98. *Ming shilu*, 4.1384, 1401.

99. Ibid., 4.1418–1419.

100. Ibid., 4.1425–1426.

101. Ibid., 4.1703.

102. Ibid., 5.1935–1936.

103. Zhu Yuanzhang, *Ming taizu yuzhi wenji*（朱元璋，《明太祖御制文集》）(repr., Taipei: Taiwan xuesheng shuju, 1965), 559–560. 又见 *DMB*，爱猷识里达腊、脱古思帖木儿传记。

104. Zhu Yuanzhang, *Ming taizu*, 165–167.

105. Ibid., 167–169.

106. Ibid., 164–165；*Ming shilu*, 4.1613–1614.

107. *Ming shilu*, 4.1762.

108. Ibid., 5.1948, 1957–1958.

109. Zhu Yuanzhang, *Ming taizu*, 74.

110. *Ming shilu*, 5.1967–1968.

111. Ibid., 5.2002.

112. Zhu Yuanzhang, *Ming taizu*, 169–170.

113. *Ming shilu*, 5.2074.

114. Ibid., 7.2824; *DMB*, 蓝宇传。

115. *Ming shilu*, 7.2854.

116. Ibid., 7.2865.

117. Ibid., 7.2870, 2873–2874.

118. Ibid., 7.2887.

119. Ibid., 7.2909–2910, 2928, 2975, 2979; *DMB*, 脱古思帖木儿传。

120. Ibid., 7.2981–2982; *DMB*, 傅友德传。

121. *Ming shilu*, 7.2990–2991.

122. Ibid., 7.2995–2996.

123. Ibid., 7.3004–3005; *Guo Que*, 1.705.

124. *Ming shilu*, 7.3011–3090, passim.

125. Ibid., 7.3098–3099.

126. Ibid., 7.3193, 3223; Serruys, "The Mongols in China," 52, 157.

127. *Ming shilu*, 8.3641–3642, 3650–3651.

128. Ibid., 8.3656–3658.

129. 元朝统治时期的情况，可参见 M.Robinson, *Empire's Twilight: Northeast Asia under the Mongols*（鲁大维，《帝国的暮光：蒙古帝国治下的东北亚》）（Cambridge, MA: Harvard University Asia Center, 2009）。

130. *Ming shilu*, 2.819–820.

131. Ibid., 3.1191–1193.

132. Ibid., 3.1320, 8.3652.

133. Ibid., 3.1241–1243.

134. Ibid., 3.1249–1251.

135. Ibid., 3.1254.

136. Ibid., 4.1351; cf.3.1300, 1323, 1328, 1332.

137. Ibid., 4.1360.

138. Ibid., 4.1407.

139. Ibid., 6.2565–2566.

140. Zhu Yuanzhang, *Ming taizu*, 67–69.

141. *Ming shilu*, 6.2718–2719.

142. Ibid., 6.2721–2722, 2726.

143. Ibid., 6.2731, 2740–2742.

144. Ibid., 6.2746, 2748.

145. Ibid., 6.2748–50.

146. Ibid., 7.2765–2766.

147. Ibid., 6.2758–2759.

148. Ibid., 7.2764–2765, 2768–2769.

149. Ibid., 7.2766.

150. Ibid., 7.2772–2773, 2781–2783, 2789, 2892.

151. Ibid., 4.1452, 1458–1459, 1545, 1655, 1738; 6.2367; 7.2928, 2991, 3157; 8.3560; *DMB*, 廖永忠传。

152. *Ming shilu*, 5.2269–2272..

153. Ibid., 6.2653.类似的故事还能在《明实录》其他地方看到，如《太祖实录》卷163载，定辽卫一恶少为霸占一村妇，手刃其母。村妇誓死不从，恶少以刀斫伤其脸，后事觉而逃。乡人救起村妇，并追捕恶少，将其绳之以法。

154. Ibid., 6.2661.

155. Ibid., 7.2788, 2872-2873; 8.3476, 3482.

156. 详情可参见Donald N.Clark, "Sino-Korean Tributary Relations under the Ming," in *The Cambridge History of China*, vol.8, *The Ming Dynasty*, *1368—1644*, *Part1*（《剑桥中国明代史》（下）第五章《明代中国与朝鲜的朝贡关系》）, ed.Denis Twitchett and Frederick W.Mote（Cambridge：Cambridge University Press, 1998）, 272-300.

157. *Ming shilu*, 5.2000-2001.

158. Ibid., 5.2090-2091.

159. Ibid., 5.2210.

160. Ibid., 6.2518, 6.2530.关于太祖谕辽东都指挥使司的敕书原文，见Zhu Yuanzhang, Ming taizu, 308-313。

161. Ibid., 7.2807-2808.

162. 见Gary Ledyard, "Yin and Yang in the China-Manchuria-Korea Triangle," in *China among Equals*：*The Middle Kingdom and Its Neighbors*, *10th-14th Centuries*, ed.Morris Rossabi（Berkeley：University of California Press, 1983）, 313-353.

163. *Ming shilu*, 7.2867-2868.

164. Ibid., 8.3366.

165. *DMB*，李成桂传；Clark, "Sino-Korean," 275-276。

166. *Ming shilu*, 8.3323.

167. Ibid., 8.3366.

168. Ibid..

169. Ibid., 8.3468-3469.

170. Ibid., 8.3651-3652.

171. 上述赞美词句，是许多关注朱元璋的学者对他的评价。详情可参见如下文献：拙著Confucianism and Autocracy：Professional Elites in the Founding of the Ming Dynasty（Berkeley：

University of California Press，1983）；EdwardL.Farmer（范德），Zhu Yuanzhang and Early Ming Legislation: The Reordering of Chinese Society following the Era of Mongol Rule（Leiden：Brill，1995）；Sarah Schneewind（施珊珊），Long Live the Emperor! Uses of the Ming Founder across Six Centuries of East Asian History（Minneapolis：Society for Ming Studies，2008）。

172. 参见Romeyn Taylor（戴乐），"Yuan Origins of the Wei-so System," in *Chinese Government in Ming Times: Seven Studies*, ed.Charles O.Hucker（贺凯）（New York：Columbia University Press，1969），23–40；Michael Szonyi，*The Art of Being Governed: Everyday Politics in Late Imperial China*（宋怡明，《被统治的艺术》）（Princeton，NJ：Princeton University Press，2017）。

173. *Ming shilu*，4.1607.

174. 详情可参见Edward L.Farmer（范德），*Early Ming Government: The Evolution of Dual Capitals*（Cambridge，MA：Harvard University Press，1976）。

175. 洪武十七年（1384年）10月，魏国公徐达奏称，北平诸卫共有17个，将校士卒之数计105471人。洪武二十二年（1389年）5月，将士之数增至139800人。到了洪武二十六年（1393年），太祖又于沿线大同、东胜、阳和、天城、怀安等处增置十余卫，将此前环北平的防线又向西、向北延展，形成一条戒备森严的军事防御带。见*Ming shilu*，4.1797，6.2550，7.2942，8.3295。

176. 洪武六年（1373年）6月，太祖命于密云等县为北征将士置备粮仓。7月，太祖诏增置北平仓库8所，每所置大使、副使各一人，又置税课司、局108处。洪武六年十二月（1374年2月）中书省定拟北平各卫军士每岁给布絮、绵花、钱、米的通例。根据地理远近将北平各卫分为四等，永平、居庸关、古北口为一等，密云、蓟州次之，北平在城为第三等，通州、真定为第四等。洪武七年（1374年）9月，太祖诏谕工部："北平边地早寒，军士冬衣，宜早给之"。于是工部遣官运皮袄6000件，战袄、棉裤各2万件给北平戍边将士。11月，太祖诏给戍守北平的各地将士颁赏，计赐钱1865万，白银22400余两，布绢23000余匹，绵5000余斤。洪武七年十二月（1375年1月），户部定拟开中盐法例，对运粮至北方的私商所可获取的盐引数作了细致规定。洪武八年（1375年）3月，太祖遣使赐北平各卫军士冬衣60000领。4月，又赐北平戍边卫士战衣156000余件。洪武十一年（1378年）5月，工部"定天下岁造军器之数"：甲胄年造13456件，马、步军刀年造21000把，弓35010张，矢172万支。其中，要求北平布政使司年造甲胄1000件，弓5212张。见 Ming shilu, 4.1483, 1487, 1540–1541, 1608, 1627, 1643–1644, 1665, 1678; 5.1928–1929。

177. Ibid., 6.2630.

178. Ibid., 7.2977.

179. Ibid., 8.3531.

180. *Ming shi*, chs.100–102.

181. *Ming shilu*, 8.3578, 3584, 3608.

182. Ibid., 8.3617.洪武三十一年（1398年）2月，朱元璋谕户部尚书郁新："大宁、开平二卫，盐粮若储偫已多，则令商人输粟于东胜、西河，以备军饷。"新言："大宁储粟六十二万余石，开平止二万五千八百石，甘肃亦不过一十五万二千石，其商人所入未宜改输。"上曰："大宁姑罢，若开平储至四十万亦宜止之，俱令转输东胜，其价与大宁同；西河之储，姑俟甘肃积五十万石然后再议。"见 ibid., 8.3695–3696。

183. Ibid., 6.2731, 2760; 7.2769, 2777, 2783.

184. Ibid., 7.2999, 3054; 8.3247–3248.大宁为何最后被永乐皇帝放弃，史无明载。详情可参见清代学者谷应泰的《明史纪事本末》。此后，东胜和开平也相继被放弃。尽管史无明载，但我们可以推测并确信的一个原因是，这些地方距中原过于遥远，与中原腹地相连接的交通、交流方式过于脆弱，因而明军无法在此长久驻防。详情可参见 Lane J.Harris, "Into the Frontiers: The Relay System and Ming Empire in the Borderlands, 1368—1449," *Ming Studies*, no.72（201）: 3-23。

第二章

1. 参见 Henry Shih-shan Tsai, *Perpetual Happiness: The Ming Emperor Yongle*（蔡石山，《永乐大帝：一个中国帝王的精神肖像》）(Seattle: University of Washington Press, 2001)。

2. *Ming shilu*, 11.856-857, 885-886, 1107.

3. Ibid., 12.1607, 1616.

4. Ibid., 11.862.

5. Ibid., 11.1048.

6. Ibid., 9.262.

7. Ibid., 9.278.

8. Henry Serruys, *Sino-Jürčed Relations during the Yung-lo Period, 1403—1424*（《永乐时期明朝与女真的关系》）(Wiesbaden: Harrassowitz, 1955)。

9. *Ming shilu*, 11.1053-1054, 1066.

10. Ibid., 14.2103, 2278-2279.

11. Ibid., 12.1441.

12. Ibid., 12.1641-1642.

13. Ibid., .610; Henry Serruys, "The Mongols of Kansu during the Ming,"（《明代甘肃的蒙古人》）*Melanges chinois et bouddhiques* 10（1952-1955）: 291.

14. *Ming shilu*, 10.721.

15. Ibid., 12.1248.

16. Ibid., 12.1324–1325, 1342–1343.

17. Ibid., 12.1352–1354.

18. Ibid., 12.1413, 1504–1505.

19. Ibid., 12.1547–1548.

20. Ibid., 12.1558, 1559.

21. Ibid., 12.1610–1611.

22. Ibid., 12.1650–1651.赤斤，亦称赤斤蒙古，此后多被简称为赤斤。

23. Ibid., 13.1657–1658, 1682–1683.

24. *DMB*，阿鲁台传。

25. *Ming shilu*，10.397–399.

26. Ibid., 10.440.

27. Ibid., 10.580.

28. Ibid., 10.640.

29. Ibid., 10.676–677.

30. Ibid., 10.765.

31. Ibid., 10.779.

32. Ibid., 11.803–804.

33. Ibid., 11.879–880.

34. Ibid., 11.938.

35. Ibid., 11.1026.

36. Ibid., 11.1030–1031.

37. Ibid., 11.1043–1044.

38. Ibid., 11.1073, 1117–1118.

39. Ibid., 12.1235.

40. Ibid., 11.1142–1143, 1182–1183, 1186–1187, 1195–1196.

41. Ibid., 12.1234.

42. Ibid., 12.1243-1244.

43. Ibid., 12.1258-1260; *DMB*, 火里火真传。

44. Ibid., 12.1269-1272.关于永乐皇帝的一系列亲征, 还有其他相关论述。可参见 Wolfgang Franke (傅吾康), "Yung-los Mongolei-Feldzüge," *Sinologische Arbeiten* 3 (1945): 1-54; Frederick W.Mote and Dennis Twitchett, eds., *The Cambridge History of China*, vol.7, *The Ming Dynasty, 1368-1644, Part 1* (Cambridge: Cambridge University Press, 1988), 224-229; vol.8, *The Ming Dynasty, 1368-1644, Part 2* (Cambridge: Cambridge University Press, 1998), 227-231。

45. *Ming shilu*, 12.1279-1280.永乐皇帝还在漠北草原深处建有两座带有城墙的粮仓, 一曰平虏城, 一曰杀虏城。

46. Ibid., 12.1313-1314.

47. Ibid., 12.1326-1327.

48. Ibid., 12.1327; Jin Youzi, *Bei zhenglu* (金幼孜,《北征录》), Jilu huibian ed., 32.9a-10a.

49. Jin Youzi, 18b-19a.

50. Serruys, "The Mongols in China," 52.

51. *Ming shilu*, 12.1347, 1349.

52. Ibid., 12.1347-1349.

53. Ibid., 12.1351-1352.

54. Ibid., 12.1358-1360; Jin Youzi, 25a-26a.

55. Ibid., 12.1361-1362.

56. Jin Youzi, 22b-23b.

57. *Ming shilu*, 12.1339.

58. Ibid., 12.1419-1420.

59. Ibid., 12.1476, 1537.

60. Ibid., 12.1591.

61. Ibid., 13.1654-1655.

62. Ibid., 13.1659.

63. Ibid., 13.1659, 1687.

64. Ibid., 13.1691, 1713.

65. Ibid., 13.1712-1715, 1722.

66. Ibid., 13.1713, 1731.

67. Ibid., 13.1739-1740.

68. Ibid., 13.1753-1754.

69. Ibid., 13.1742, 1753-1754.

70. Ibid., 13.1745-1752, 1754.

71. Ibid., 13.1756.

72. Ibid., 13.1759, 1763.

73. Ibid., 13.1763.

74. 金幼孜在《后北征录》中亦详细记载了此次战役的细节，与《太宗实录》所载略有出入。原文附录如下："初七日，次急兰。忽失温贼首答里巴，同马哈木、太平、把秃孛罗，扫境来战。去营十里许，寇四集，列于高山上，可三万余人，每人带从马三四匹。上躬擐甲冑，帅官军精锐者先往，各军皆随后至，整列队伍，与寇相拒，寇下山来迎战。火铳四发，寇惊，弃马而走。复集于山顶东、西，鼓噪而进，寇且战且却。将暮，上以精锐者数百人前驱，继以火铳，寇复来战。未交锋，火铳窃发，精锐者复奋勇向前力战，无一不当百。寇大败，人马死伤无算，皆号痛而往，宵遁至土剌河。上乃收军，回营已二鼓矣。遂名其地曰'杀胡镇'。"此外，明军在战争中对火器的使用改变了战争结果。关于火器，详可参见最新研究成果，如 Kenneth Chase, *Firearms: A Global History to 1700*（Cambridge: Cambridge University Press, 2003）; Tonio Andrade, *The Gunpowder Age: China, Military Innovation, and the Rise of the West in World History*（欧阳泰,《从丹药到枪炮:世界史上的中国军事格局》)(Princeton, NJ: Princeton University Press, 2016)。

75. *Ming shilu*, 13.1764-1766.
76. Ibid., 13.1767.
77. Ibid., 13.1768-1769.
78. Ibid., 13.1772.
79. Ibid., 13.1790, 1795, 1811-1812.
80. Ibid., 13.1816-1817, 1823, 1848, 1851, 1852.
81. Ibid., 13.1884.
82. Ibid., 13.1896, 1898, 1907, 1916.
83. Ibid., 14.2172-2173.
84. Ibid., 14.2072, 2139, 2248.
85. Ibid., 14.2165, 2261.
86. Ibid., 14.2168, 2187.
87. Ibid., 14.2278-2284, passim.
88. Ibid., 14.2285-2287.
89. Ibid., 14.2295-2296.
90. Ibid., 14.2308-2309.
91. Ibid., 14.2313-2314; *Guo Que*, 2.1189.
92. Ibid., 14.2314-2315.
93. Ibid., 14.2317-2318.
94. Ibid., 14.2319, 2322.
95. Ibid., 14.2322-2324.
96. Ibid., 14.2322-2326.
97. Ibid., 14.2329-2332.
98. Ibid., 14.2334-2340.
99. Ibid., 14.2343-2344.
100. Ibid., 14.2388-2389.

101. Ibid., 14.2393-2395.

102. Ibid., 14.2396, 2399, 2402.

103. Ibid., 14.2405-2408.

104. Ibid., 14.2411-2413; *DMB*, 也先土干传。

105. Ibid., 14.2448-2449, 2451.

106. Ibid., 14.2452-2453.

107. Ibid., 14.2457, 2463-2467.

108. Ibid., 14.2468-2469, 2471-2479. 永乐皇帝驾崩的原因，目前尚未清楚。他有可能因服用长生不老药而中毒，抑或淋雨感冒、中风。而关于失去行踪的阿鲁台，他在此后与瓦剌人的战争中被杀。详可参见 Moteand Twitchett, *The Cambridge History of China*, 7：272-273; *DMB*, 朱棣传、阿鲁台传。

109. 参见其 The Mongols in China during the Hung-wu Period, cited above。

第三章

1. *Ming shilu*, 15.83.

2. 2.Ibid., 16.182-183.

3. Ibid., 16.191, 264-266.

4. Ibid., 16.310-311.

5. Ibid., 17.574-575, 606, 675, 695.

6. Ibid., 17.600-601.

7. Ibid., 17.645-646.

8. Ibid., 17.847-848.

9. Ibid., 19.1715, 20.1742.

10. 有关阿端卫的更多信息，参见 *Da Ming yitong zhi*（《大明一统志》）(1461; repr., Taipei: Wenhai chubanshe, 1965), 10.5501-5502.

11. Ibid., 20.1744–1746.

12. Ibid., 20.1811–1813.

13. Ibid., 20.1937–1938.

14. Ibid., 20.1975–1976.

15. Ibid., 20.1989–1990; 21.2464–2465.

16. Ibid., 20.1994–1995.

17. Ibid., 20.1979–1980.

18. Ibid., 20.2011.

19. Ibid., 20.2045.

20. Ibid., 20.2130–2131.

21. Ibid., 21.2382–2383.

22. Ibid., 21.2475.

23. Ibid., 21.2506–2507.

24. Ibid., 21.2521.

25. 参见 William S.Atwell, "Volcanism and Short-Term Climate Change in East Asian and World History, c.1200–1699," *Journal of World History* 12, no.1（2001）: 29–98。

26. *Ming shilu*, 16.51–52, 110, 118–119.

27. *Ming shi*, ch.155, biography.

28. *Ming shilu*, 16.110.

29. Ibid., 16.259.

30. Ibid., 16.304–305.

31. Ibid., 17.768–769.

32. Ibid., 17.802.

33. Ibid., 18.885–886.

34. Ibid., 18.1131–1141.

35. Ibid., 18.1141–1144.

36. Ibid., 18.1144–1149.

37. Ibid., 18.1154, 1163.

38. Ibid., 18.1222.

39. Ibid., 18.1241.

40. Ibid., 19.1481, 20.2110.

41. Ibid., 20.1744.

42. Ibid., 20.2145, 2181–2182, 2230.

43. Ibid., 16.141, 308–309.

44. Ibid., 16.409–410, 17.459–460.

45. Ibid., 17.477–478.薛禄还提出其他若干意见，但本书未予转引。其中，关于烟墩的研究，可参见 Henry Serruys, "Towers in the Northern Frontier Defenses of the Ming," *Ming Studies*, no.14（1982）：16。又，洗马林在宣府西北约55公里处，西阳河在宣府西约60公里处。

46. *Ming shilu*, 17.505, 510–511.

47. Ibid., 17.506.

48. Ibid., 17.563–564.

49. Ibid., 18.1173.

50. Ibid., 19.1332–1333.

51. Ibid., 19.1340–1341.

52. Ibid., 19.1342.

53. Ibid., 19.1350, 1358, 1361.

54. Ibid., 19.1402.

55. Ibid., 19.1411, 1420.尽管谭广有这一系列失误，但谭广之任亘长而出色，并未被宣德皇帝罢免。详情可见 *Ming shi*, ch.155, biography。

56. *Ming shilu*, 19.1436–1437, 1617.

57. Ibid., 19.1515–1516.

58. Ibid., 19.1542–1543.《明实录》中还记载了其他军需供应保障计划的细节，如确保将士棉衣、茶盐、农具等物资供应充足等（19.1581-1582）。

59. Ibid., 19.151, 1574-1575, 1579.

60. Ibid., 21.2581.

61. Ibid., 19.1665-1670.谭广像极了问题儿童，一再惹是生非。宣德九年（1434年），谭广于宣府建弥陀寺、朝玄观，令官军之家的幼童入为僧道。行在礼部尚书胡濙认为此举有违太祖之制，因太祖此前有"不许军匠灶站违碍之人出家"的规定。宣德皇帝亦斥责谭广，认为"宣府边地，官军家属正当勤耕稼、精武艺，固封守以攘外夷，为僧道何益"。他要求，如寺观已经建成，那么应从外地拨僧道往隶，而不许谭广违背祖制，以官军子弟充僧道（21.2575-2576）。

62. Ibid., 20.1751.

63. Ibid., 20.1815-1816.

64. Ibid., 20.1816, 1845.

65. Ibid., 20.1893.

66. Ibid., 20.1929.

67. Ibid., 20.1986, 2061-2062.如前述，宣德七年（1432年）12月的边报显示，尽管阿鲁台的势力受到削弱，但他仍然"东行攻兀良哈"。因此宣德皇帝认为"虏谲诈，或者乘间为边患"，不无道理。阿鲁台从大同边防线一带向东迁徙，这固然远离了瓦剌的攻势，但同时也可能导致其与兀良哈人之间的矛盾。宣德八年（1433年）2月，阿鲁台遣使来贡，但不再经由其原来的大同—宣府路线，而是从辽东入贡。对此，宣德皇帝再次产生警觉。他告诉辽东总兵官巫凯等："往年虏使皆自大同、宣府入境，今迁路从辽东入，或欲窥觇作过，不可不虑，宜谨备之。"（21.2220）。

68. Ibid., 21.2553.

69. Ibid., 21.2364, 2393-2394.

70. Ibid., 21.2400-2401.昝卜残部并未全部就擒，凉州仍然受到其余部威胁（21.2414）。

71. Ibid., 21.2409，2423-2424.

72. Ibid., 21.2458-2459.

73. Ibid., 21.2523-2524.

74. Ibid., 21.2531-2539.

75. Ibid., 21.2335，2583，2565-2566.

76. Ibid., 21.2545.

77. Ibid., 21.2553.

78. Ibid., 21.2578.原注：更多统计数字，参见David M.Farquhar, "Oirat-Chinese Tribute Relations," in *Studia Altaica: Festschrift für Nicholas Poppe*（Wiesbaden: Otto Harrassowitz, 1957），60-68。

79. *Ming shilu*, 21.2586，2588.

80. 更多具体内容可参见Yang Yang and Yuan Lükun, *Ming dai Nuergan dusi ji qi weisuo yanjiu*（杨旸、袁闾琨、傅朗云，《明代奴儿干都司及其卫所研究》）（Henan: Zhongzhou shuhua chubanshe, 1982），54-60，64-68；DMB，亦失哈传。

第四章

1. *Ming shilu*, 22.74-75.

2. Ibid., 22.136.

3. Ibid., 22.176-177.

4. Ibid., 22.185-186.

5. Ibid., 22.187-188.

6. Ibid., 22.221-222，232-233.

7. Ibid., 22.267.

8. Ibid., 22.289-290.

9. Ibid., 23.313.

10. 肃州也在甘肃走廊上，甘州以西约170公里，即今之酒泉、张掖等地。

11. *Ming shilu*，22.331-332.刘广的命运并不算糟糕。他被流放到辽东三年后，又重新回到肃州、凉州供职，死于正统十三年（1448年）（29.3189）。

12. Ibid., 23.357.

13. Ibid., 23.377.

14. Ibid., 23.380.

15. Ibid., 23.387.沙州，即今举世闻名之敦煌，丝路上的著名城市。如前章所述，明朝于沙州置卫，但并不直接进行行政管辖。甘州为陕西行都指挥使司驻地，是以敕文中责任礼等"徒拥精兵"于此。

16. Ibid., 23.403.在明朝，宁夏仅仅只是一个边防卫所城市，今天这座城市被称为"银川"，是宁夏回族自治区的首府。

17. Ibid., 23.410-411.

18. Ibid., 23.412-413.

19. Ibid., 23.428.

20. Ibid., 23.447, 450-451.赤斤蒙古卫属游牧部族，在肃州以西。详见 Henry Serruys, "The Mongols of Kansu during the Ming,"（《明代甘肃的蒙古人》）*Melanges chinois et bouddhiques* 10（1952-1955）：290, 301ff.

21. *Ming shilu*, 23.453, 461, 474-475.

22. Ibid., 23.479-480.

23. Ibid., 23.481.

24. Ibid., 23.486.蒋贵是南方人，目不识丁却孔武有力，骑射水平堪称一流，行伍出身，官至总兵官。以此观之，明朝前中期许多戍守西北的将领并不见得都是从卫所世袭军户中产生，而很可能是从行伍底层中脱颖而出的。

25. Ibid., 23.496–497, 610.

26. Ibid., 23.498–506.

27. Ibid., 23.508.

28. Ibid., 23.517–518, 524, 535.

29. Ibid., 23.538.

30. Ibid., 23.568–569.

31. Ibid., 23.578.

32. Ibid., 23.591–593.

33. Ibid., 23.600, 611.

34. Ibid., 23.611–612.

35. Ibid., 23.633–634; *Ming shi*, ch.174，史昭传。

36. *Ming shilu*, 23.621–622.

37. Ibid., 23.625.

38. Ibid., 23.625.

39. Ibid., 23.641.

40. Ibid., 23.641–644.

41. Ibid., 23.656.

42. Ibid., 23.669, 675–676.

43. Ibid., 23.678–679.

44. Ibid., 23.689.

45. 见 Jiao Hong, ed., *Guochao xianzheng lu*（焦竑，《国朝献征录》）(1594; repr., Taipei: Taiwan xuesheng shuju, 1965), 1: 253.

46. *Ming shi*, ch.155, biography.《明史·罗亨信传》中亦载有此事。传曰："正统二年，蒋贵讨阿台、朵儿只伯，亨信参其军务。至鱼儿海，贵等以刍饷不继，留十日引还。亨信让之曰：'公等受国厚恩，敢临敌退缩耶？死法孰与死敌？'贵不从。亨信上章言贵逗遛状。帝以其章示监督尚书王骥等。明年进兵，大破之。亨信以参赞功，进秩一等。"《明史》中没有李安的传记。

47. *Ming shilu*，23.702.

48. Ibid.，23.703–704，718–719.

49. 见 JiaoHong, *Guochao xianzheng lu*，1.334–337,《昌平伯进侯追封颖国公谥武襄杨公洪神道碑铭》。

50. *Ming shilu*，23.724–725.

51. Ibid.，23.731–733.

52. Ibid.，23.736.

53. Ibid.，23.741–742.

54. Ibid.，23.744.

55. Ibid.，24.790–791.

56. Ibid.，24.899–900.

57. Ibid.，24.824–825.

58. Ibid.，24.968–970，1146.

59. Ibid.，24.1769–1770.

60. Ibid.26.1914–1915；Serruys,"The Mongols of Kansu,"289–290，302–304.

61. *Ming shilu*，26.1919–1920

62. Ibid.，26.1981，1985.

63. Ibid.，27.2090.

64. Ibid.，25.1567–1568.

65. Ibid.，25.1581–1582.

66. Ibid.，25.1410，1601–1602.

67. Ibid.，26.1989.

68. Ibid.，26.1925–1926.

69. Ibid.，26.1933–1935.

70. Ibid.，26.1949，2016，2024–2026.

71. Ibid.，26.1978–1980.八策中，余条所论为沿海或其他地方，与北境防线无涉，故不引用。

72. Ibid., 26.2001–2004.

73. Ibid., 26.2006.

74. Ibid., 27.2075.

75. Ibid., 25.1403.

76. Ibid., 25.1253.

77. Ibid., 25.1284. 又见 Henry Serruys, "Sino-Mongol Trade during the Ming,"(《明代的汉蒙贸易》) *Journal of Asian History* 9（1975）: 34–56.

78. *Ming shilu*, 25.1405.

79. Ibid.26.1659.

80. Ibid., 26.1697.

81. Cf.Ibid., 26.1700, 1702–1703.

82. Ibid., 24.820–821, 26.1707.

83. Ibid., 26.1738.

84. Ibid., 26.1750–1751.

85. Ibid., 26.1927.

86. Ibid., 26.1951–1952.

87. Ibid., 26.1970–1971.

88. *Ming shi*, ch.177, biography.Cf.*Ming shilu*, 26.1987–1988.

89. 剌塔所领兀者卫，是由女真人组成的卫所，地近朵颜三卫，位于今黑龙江省呼兰河中下游流域吉林省东北部。朵颜三卫之中，福余卫在最北，靠近今天的齐齐哈尔，朵颜卫居中，约位于福余卫以南约250公里，嫩江支流绰儿河流域的朵颜山附近，地近今天黑龙江的泰来县。泰宁卫在最南部，今吉林省洮南市附近，约于朵颜卫以南250公里。总的来说，朵颜三卫在今黑龙江、吉林以西一带，此地在蒙古高原渐至辽东之交界。具体可参见 Yang Changetal., *Mingdai Nuergan dusi ji qi weisuo yanjiu*（Henan: Zhongzhou shuhua she, 1982），301–302。

90. *Ming shilu*，26.1987–1988，27.2079–2082.

91. Ibid.，26.1997，20001.

92. Ibid.，27.2101–2102，2137，2148–2149.

93. Ibid.，27.2184.

94. Ibid.，27.2158–2159.

95. Ibid.，27.2184–2185.

96. Ibid.，27.2189–2190，2191，2202–2203.

97. Ibid.，27.2206–2207.

98. Ibid.，27.2208–2209.

99. Ibid.，27.2243.

100. 27.2239–2240，2243.

101. Ibid.，27.2256–2261，2270–2274，2311，2280–2281，2427.

102. Ibid.，27.2339–2340.

103. Ibid.，27.2358–2359.

104. Ibid.，27.2363–2364.

105. Ibid.，27.2372–2373.

106. Ibid.，27.2385–2388.

107. Ibid.，27.2389–2390.

108. Ibid.，27.2423–2424.

109. Ibid.，27.2436–2437.

110. Ibid.，27.2441.

111. Ibid.，27.2453.

112. Ibid.，27.2454–2457，2472–2473.

113. Ibid.，27.2479–2481.

114. Ibid.，27.2481–2483.

115. Ibid.，28.2672–2673，2687–2688.

116. Ibid.，28.2673–2674.

117. Ibid.，28.2701，2722.

118. Ibid., 28.2704.

119. Ibid., 28.2712–2713.

120. Ibid., 28.2718.

121. Ibid., 28.2724–2725, 2512.

122. Ibid., 28.2791–2793, 2853.

123. Ibid., 28.2854, 2862.

124. Ibid., 28.2859.

125. Ibid., 28.2865–2866.

126. Ibid., 29.2966–2967.喃哥后亡于正统十二年底（1448年1月初），其弟克罗俄领袭爵，后赐名罗秉忠（29.3122）。

127. Ibid., 29.3018–3019.Cf.Serruys, "The Mongols of Kansu," 304–309.

128. *Ming shilu*, 29.3112.

129. Ibid., 29.3136.

130. Ibid., 29.3155–3156.

131. Ibid., 29.3245.

132. Ibid., 29.3249, 3251.

133. Ibid., 29.3298–3299, 3336.

134. Ibid., 30.3361–3362, 3369–3370, 3380–3381.

135. Ibid., 28.2875.

136. Ibid., 29.2880–2881.

137. Ibid., 28.2892–2893.

138. Ibid., 28.2896–2897.

139. Ibid., 29.2962.

140. Ibid., 29.2926–2928.

141. Ibid., 29.2936–2937.

142. Ibid., 29.2937.

143. Ibid., 29.2942.

144. Ibid., 29.2957.

145. Ibid., 29.2997.

146. Ibid., 29.3020–3021.

147. Ibid., 29.3042–3043.

148. Ibid., 29.3043–3044.

149. Ibid., 29.3046.

150. Ibid., 29.3046–3047, 3061–3062.

151. Ibid., 29.3082.

152. Ibid., 29.3086–3087; *Guo Que*, 2.1729–1730.

153. *Ming shilu*, 29.3092–3093.

154. Ibid., 29.3111–3112; *Ming shi*, ch.173, 杨洪传。

155. *Ming shilu*, 29.3116–3117.

156. Ibid., 29.3118.

157. Ibid., 29.3134–3135, 3141, 3146, 3149.

158. Ibid., 29.3160, 3201, 3238–3239.

159. Ibid., 29.3306–3307. 参见 David M.Robinson, *Empire's Twilight: Northeast Asia under the Mongols*（鲁大维,《帝国的暮光：蒙古帝国治下的东北亚》）（Cambridge, MA: Harvard East Asia Center, 2009）, 22–25, for Chinggis's take over of Liaodong。

160. *Ming shilu*, 30.3354–3359.

161. Ibid., 30.3379, 3422.

162. Ibid., 30.3474.

163. Ibid., 30.3475–3477, 3480–3481, 3484.

164. Ibid., 30.3479–3480.

165. Ibid., 30.3486.

166. Ibid., 30.3486–3487.

167. Ibid., 30.3490–3491.

168. 如 Ph.DeHeer, *The Care-taker Emperor: Aspects of the*

Imperial Institution in Fifteenth-Century China as Reflected in the Political History of the Reign of ChuCh'iyü（Leiden：Brill，1986），16-21；Arthur Waldron，*The Great Wall of China：From History to Myth*（林霨，《长城：从历史到神话》）（Cambridge：Cambridge University Press，1990），87-95；Frederick W.Mote，"The Tumu Incident of 1449,"（牟复礼，《1449年土木之变》）in *Chinese Ways in Warfare*，ed.Frank A.Kierman Jr.and John K.Fairbank（费正清、小弗兰克·A.基尔曼，《古代中国的战争之道》）（Cambridge，MA：Harvard University Press，1974），243-272；Mote and Twitchett，*The Cambridge History of China*，7：322-325；DMB，也先和王振的传记。蒙古方面鲜有相关记载，可见Johan Elverskog（艾鸿章），"Sagang Sechen on the Tumu Incident,"载于*How Mongolia Matters：War，Law，and Society*，ed.Morris Rossabi（Leiden：Brill，2017），6-18。

169. *Ming shilu*，30.3498-3508.

第五章

1. Yang Ming（i.e.，Ha Ming），*Zhengtong linrong lu*（杨铭/哈铭，《正统临戎录》），Jilu huibian ed.，3ab.

2. Yuan Bin，*Beizheng shiji*（袁彬，《北征事迹》），Jilu huibian ed.，1ab.

3. Yang Ming，*Zhengtong*，1a-3b；以及其重新写作的*Zhengtong beishou shiji*（《正统北狩事迹》），Jilu huibian ed.，1ab；DMB，杨铭传。

4. *Ming shilu*，30.3509-3510；*Zhengtong beishou shiji*，2b；Yuan Bin，*Beizheng shiji*，1b-2a；1b-2a；Yang Ming，*Zhengtong*，4b；*Ming shi*，chs.172，173，罗亨信传、朱谦传。

5. *Ming shilu*，30.3514-3515；Yuan Bin，*Beizheng shiji*，2b-3b.

6. *Ming shilu*, 30.3517-3518; Yuan Bin, *Beizheng shiji*, 3b.

7. Yang Ming, *Zhengtong*, 5b.

8. Yuan Bin, *Beizheng shiji*, 4ab.

9. *Ming shilu*, 30.3612, 3615.

10. Ibid., 30.3621-3630.

11. *DMB*, 胡濙、徐有贞、于谦、朱祁钰等人的传记; deHeer, The Care-taker Emperor, 18ff.; Frederick W.Mote, "The T'u-mu Incident of 1449," 243-272; Mote and Twitchett, *The Cambridge History of China*, 7：322ff., 8：231ff。

12. 见拙文, "Protesting to the Death: The Fuque in Ming Political History," *Ming Studies*, no.47（2003）：88-91。

13. *Ming shilu*, 30.3518-3519, 3555.

14. Ibid., 30.3532-3533.

15. Ibid., 30.3574.

16. Ibid., 30.3582.

17. Ibid., 30.3588.

18. Ibid., 30.3602-3604.

19. Ibid., 30.3604-3605.

20. Ibid., 30.3631-3635, YuanBin, *Beizheng shiji*, 5a-6a.

21. Ibid., 30.3631-3632.

22. Yang Ming, *Zhengtong*, 3a-4a.

23. *Ming shilu*, 30.3636-3637.

24. Ibid., 31.3796-3797.

25. Liu Dingzhi, *Pitai lu*（刘定之,《否泰录》）, Jilu huibian ed., 10b.

26. *Zhengtong beishou shiji*, 5ab.对应的文本见Yang Ming, *Zhengtong*, 16ab, 但文白参半, 难以解读。

27. *Ming shilu*, 30.3646, 3665.

28. Ibid., 30.3643–3644, 3648, 3651.
29. Ibid., 30.3676–3677.
30. Ibid., 30.3719.
31. Ibid.31.3884–3887; Yang Ming, *Zhengtong*, 14b–15b; *Zhengtong beishou shiji*, 6a; Yuan Bin, *Beizheng shiji*, 7ab; Liu Dingzhi, *Pitai lu*, 8b.
32. *Ming shilu*, 31.3873–3874.
33. Ibid., 31.3890.
34. Ibid., 31.3894–3895.
35. Ibid., 31.3926.
36. Ibid., 31.3933, 3966–3967.
37. Ibid., 31.3692–3694.
38. Yu Qian, *Zhongsu ji*（于谦,《忠肃集》）, Siku quanshu zhenben, 4th ser.（1973）, 1.1a–6b.
39. *Ming shilu*, 31.3984, 3988, 3995–3996, 4000, 4039.
40. Ibid., 31.4000.
41. Ibid., 31.3999.
42. Ibid., 31.4020–4022.
43. Ibid., 31.4046.
44. Yang Ming, *Zhengtong*, 20ab.杨铭所述文白参半，难以解读，因此更多参照整理版的 *Zhengtong beishou shiji*, 6b.
45. Yuan Bin, *Beizheng shiji*, 4b.此事在袁彬的《北征事迹》中，所载时间在正统十四年（1449年）10月14日，或许更接近史实。
46. *Ming shilu*, 31.4037, 4048–4049, 4051–4053.
47. Ibid., 31.4051–4053.袁彬的记述中却不见有这封书信的记载。
48. Ibid., 31.4058–4059, 4066–4067.

49. Ibid., 31.4069; Li Shi, *Beishi lu*（李实，《北使录》），Jilu huibian ed., 2ab. 李实在正统十四年至十五年（1449—1450年）还写有五六十篇题本，可在东洋文库查阅，但笔者并未找到，详见 Kawagoe Yasuhiro, *Mindai ikoku jōhō no kenkyū*（川越泰博，《明代異国情報の研究》）（Tokyo: Kyuko shoin, 2003），109-139。

50. Li Shi, *Beishi lu*, 2b-3b.

51. *Ming shilu*, 31.4070.

52. Li Shi, *Beishi lu*, 1b-11a.

53. *Ming shilu*, 31.4082-4083.

54. *Ming shi*, ch.171; Jiao Hong, *Guochaoxianzhenglu*, 10.348, 杨善传。

55. *Ming shilu*, 31.4106, 4112.

56. Li Shi, *Beishi lu*, 11a-12a.

57. *Ming shilu*, 31.4121-4122.

58. Ibid., 31.4120-4124; Li Shi, *Beishi lu*, 13b-16b.

59. Li Shi, *Beishi lu*, 16b-17a; Yang Ming, *Zhengtong*, 26ab; Yuan Bin, *Beizheng shiji*, 8ab.

第六章

1. Yu Qian, *Zhongsu ji*, 1.59a-62a.

2. *Ming shilu*, 31.4040-4044.

3. 郭登是大同总兵官，开国功臣武定侯郭英的孙子，是明朝能征善战的将领。详细内容可参见 Jiao Hong, *Guochao xianzheng lu*, 1.242-243，以及 *Ming shi*, ch.173, for biographies. 其祖父郭英事迹，见 *DMB*, 郭英传（1335—1403）。

4. *Ming shilu*, 31.4143-4144; cf.32.4386-4390.

5. Ibid., 32.4207-4208. 景泰皇帝还向也先准许了一些其他事宜。

6. Ibid., 32.4216-4217.

7. Ibid., 32.4224–4226.
8. Yu Qian, *Zhongsu ji*, 8.27b–29b.
9. Ibid., 8.30a–31b; *Ming shi*, ch.175, 卫颖传。
10. Yu Qian, *Zhongsu ji*, 8.17a–27b.
11. *Ming shilu*, 32.4321–4322.
12. Ibid., 32.4326–4327.
13. Yu Qian, *Zhongsu ji*, 8.41b–46a.
14. *Ming shilu*, 32.4360–4362.
15. Ibid., 32.4363–4374.
16. Ibid., 32.4366–4370.
17. Ibid., 32.4376–4377.
18. Ibid., 32.4569–4570.
19. Ibid., 33.4812.
20. Ibid., 33.4883–4886; *DMB*, 刘定之传。
21. 于谦的观点，可从其《忠肃集》中总结得到，此处不再一一枚举。见 Yu Qian, *Zhongsu ji*, 3a–28a。
22. *Ming shilu*, 33.4904–4909.
23. Ibid., 33.4918–4919.
24. Ibid., 32.4570.
25. Yu Qian, *Zhongsu ji*, 2.2b–6a.
26. Ibid., 2.13a–16b.
27. *Ming shilu*, 32.4588.
28. Ibid., 33.4758; Yu Qian, *Zhongsu ji*, 6.1a–11a.
29. *Ming shilu*, 34.5129–5130, 5141–5142.
30. Ibid., 34.5143–5145.
31. Ibid., 34.5149–5151.
32. Ibid., 34.5177–5178.
33. Ibid., 34.5179–5180, 5185–5186, 5241, 5244–5245.

34. Ibid., 34.5270-5272, 4332-4333.

35. Ibid., 34.5338-5339; *Guo Que*, 2.1983-1984.

36. *Ming shilu*, 34.5376.

37. Ibid., 34.5391-5392.

38. Ibid., 34.5394.

39. Ibid., 34.5420.

40. Ibid., 34.5455.

41. Ibid., 35.5458-5459, 5467.

42. Ibid., 35.5469.

43. Ibid., 35.5529-5530.

44. Ibid., 35.5556.

45. Ye Sheng, *Ye Wenzhuanggong bianzou cungao*（叶盛，《叶文庄公边奏存稿》），Siku quanshu cunmu congshu, 2nd ser., vol.58（1996），704-705.

46. Ibid., 705-706.

47. Ibid., 706-707.

48. Ibid., 708-709.

49. 更多细节和详情可参看拙著 *Ming China, 1368—1644: A Concise History of a Resilient Empire*（Lanham, MD: Rowman & Littlefield, 2012），42-43。

第七章

1. *Guo Que*, 2.2048; *Mindai Man-Mō shiryō: Min jitsuroku chō, Mōko hen*（《明代满蒙史料·明实录抄·蒙古篇》）（Kyoto: Kyoto daigaku bugakubu, 1960），3.553, 568. 当然，这些内容亦多取自《明实录》中对北境防线的记载。

2. *Mindai*, 3.560-561.

3. 天顺三年（1459年）3月30日，锦衣卫指挥同知哈铭因徇私袒护有罪之人而锒铛入狱，后被流放贵州。尽管他对英宗皇帝忠心耿耿，但英宗皇帝仍对他的行为感到生气。见 *Guo Que* 2.2083。

4. *Mindai*，3.563.

5. Ibid.，3.564-565；*Guo Que*，2.2044.

6. *Mindai*，3.573-574.

7. Ibid.，3.575-576.

8. Ibid.，3.595-596.

9. Ibid.，3.583，585；*Guo Que*，2.2064.

10. *Mindai*，3.609-610.

11. Ibid.，3.612-613.

12. Ibid.，3.594.

13. *Guo Que*，2.2072.

14. *Mindai*，3.612-613，627.

15. Ibid.，3.628.

16. Ibid.，3.629；*Guo Que*，1.339-341；Jiao Hong，*Guochao xianzheng lu*，1.339-341；*Ming shi*，ch.173；*DMB*，石亨传。

17. *Mindai*，3.640-641.

18. Ibid.，3.598-600.

19. Ibid.，3.604-605，607.

20. Ibid.，3.634-637，643-644，646-647.

21. Ibid.，3.655-656.

22. Ibid.，3.656，660.

23. Ibid.，3.661-663；*Guo Que*，3.2131.

24. *Mindai*，3.664-665.

25. Ibid.，3.665；*Guo Que*，3.2132.

26. *Mindai*，3.683.

27. Ibid.，3.671-672.

28. 关于乩加思兰的英文拼写，参见 Dmitrii Pokotilov, *History of the Eastern Mongols during the Ming Dynasty from 1368 to 1635*（璞科第，《明代东蒙古史》），以及 Wolfgang Franke 的附录和勘误（repr., Philadelphia: Porcupine Press, 1976），84, index, 也作 "Pai-chia-ssu-lan."。

29. *Mindai*, 3.610–611.

30. Ibid., 3.638.

31. Ibid., 3.672–673.

32. Ibid., 3.677–678.

33. Ibid., 3.691.早在此前，都指挥使程俊等奉命使乩加思兰处，还从户部预支了16个月的军俸作为旅费。

34. Ibid., 3.693.

35. Ibid., 3.673–674.

36. Ibid., 3.681–682.

37. Ibid., 3.676.

38. Ibid., 3.677.

39. Ibid., 3.678–679.

40. Ibid., 3.679.

41. Ibid., 3.680–681.

42. Ibid., 3.684, 688–689.

43. Ibid., 3.693–694.

44. Ibid., 3.683–690.

45. Ibid., 3.694–696.

46. Ibid., 3.697–698, 4.3.

第八章

1. *Mindai*, 4.93–98.成化皇帝认可了王复奏议中提到的种种细节和策略。

2. E.g., ibid., 3.609-610, 628.

3. Ibid., 4.123-125.

4. 见拙著 Ming China, 1368—1644: A Concise History of a Resilient Empire, 12。

5. Mindai, 4.239-246.

6. Ibid., 4.246-249.

7. Ibid., 4.252-255.

8. Ibid., 4.255-258; DMB, 王越、余子俊、叶盛等人的传记。

9. Mindai, 4.258-263.

10. Ibid., 264-267.

11. Ibid., 4.270-271.

12. Ibid., 4.279-280.

13. Ibid., 4.287-288; DMB, 马文升传。

14. Mindai, 4.288-290; Waldron, The Great Wall of China, 103.所谓"铲削边山",即铲去山体一侧的土石,人为地将山体形状改变,从而构成高墙,以此修筑防御屏障。

15. Mindai, 4.290-292.关于孛罗忽,可参Pokotilov, Addenda, 48。

16. Mindai, 4.292.

17. Ibid., 4.293-295; Guo Que, 3.3320-3321.

18. Mindai, 4.296.

19. Ibid., 4.298.

20. Ibid., 4.299.

21. Ibid., 4.299-300.

22. Ibid., 4.301-307.郭镗为成化二年(1466年)进士,山东人,《明史》无传。

23. Ibid., 4.307-308.

24. Ibid., 4.307-308.马文升的奏议尚不止此,其余内容则涉及财物供需，武器供给等项，兹不枚举。

25. Ibid., 4.316–319.

26. Ibid., 4.332–336.

27. Ibid., 4.336–338.

28. 参见 *DMB*，王越传。

29. *Mindai*, 4.339–340.

30. Ibid., 4.343–344; DMB，韩文传。据《明史·王越传》载，王越虽是一名进士出身的文官，但"多力善射"，毕生投于戎旅。

31. *Mindai*, 4.348–349.

32. Ibid., 4.349.

33. Ibid., 4.353–354, 359.

34. Ibid., 4.355–356. 关于余子俊所提出的"铲削边山"筑墙策略，可参见 Waldron, *The Great Wall*, 95–107。

35. *Mindai*, 4.360–367.

36. Ibid., 4.372–375.

37. Ibid., 4.379–384.

38. Ibid., 4.384–385.

39. Ibid., 4.385–388.

40. Ibid., 4.385–388.

41. Ibid., 4.395. 成化十三年（1477年）8月，成化皇帝以"边备多弛"，命兵部集众臣商讨边防事务，由此形成一篇关于整个明朝边防形势的长篇叙述。随后，又有许多大臣补充对这一问题下具体细节的追述。可以看出，明廷正竭其所能弥合已经开始出现崩溃和过度扩张的防御体系。

42. Ibid., 4.408.

43. Ibid., 4.411.

44. Ibid., 4.418–419.

45. Ibid., 4.429–430.

46. 见 *DMB*，汪直传。

47. Ibid., 4.436–439.

48. Ibid., 4.441–443.

49. Ibid., 4.459–460.*DMB* 中有何乔新的传记。

50. *DMB*，巴图孟克的传记中称满都鲁死于成化三年（1467年），似误。

51. *Mindai*, 4.468.

52. Ibid., 4.478–479.

53. Ibid., 4.483–484; *Guo Que*, 3.2474.

54. *Mindai*, 4.474–475; *Guo Que*, 3.1474; Serruys, "The Mongols of Kansu," 343–346.

55. *Guo Que*, 3.2475–2476; *DMB*，汪直传。

56. *Mindai*, 4.488–491.

57. Ibid., 4.491–492.

58. Ibid., 4.493–495.

59. Ibid., 4.495–496.

60. Ibid., 4.496–498.

61. Ibid., 4.498–499.

62. Ibid., 4.500–501, cf.508–510.

63. Ibid., 4.501–508.

64. Ibid., 4.513–514.

65. Ibid., 4.513–518.

66. Ibid., 4.518–519.

67. Ibid., 4.519–522, 549.

68. Ibid., 4.519–522.

69. Ibid., 4.522–524.大通事杨铭即哈铭，前述英宗皇帝被俘时相伴其左右的官员，此时任锦衣卫署指挥使。

70. Ibid., 4.526–527.

71. Ibid., 4.528–529.

72. Ibid., 4.530.

73. Ibid., 4.533–541.

74. Ibid., 4.541–543.

75. Ibid., 4.549–551.

76. Ibid., 4.556.

77. Ibid., 4.561–562.

78. Ibid., 4.557–558.

79. Ibid., 4.561–562.

80. Ibid., 4.564–566.

81. Ibid., 4.573–576.

82. Ma Wensheng, *Xingfu Hami guowang ji*（马文升，《兴复哈密国王记》），Jilu huibian ed.

83. *Mindai*, 4.573–574.

84. Ibid., 4.576–577.

85. Ibid., 4.577–578，580.

86. Ibid., 4.587–588.

87. Ibid., 4.586–587，589.野乜克力其人，应非突厥族种，详见 Pokotilov, *Addenda*, 50.

第九章

1. *Mindai*, 4.596.

2. Ibid., 4.600–601.

3. Ibid., 4.602，606.

4. Ibid., 4.608–609.

5. Ibid., 4.619–620.

6. Ibid., 4.632，634.

7. Chen Gaohua，ed., *Mingdai Hami Tulufan ziliao huibian*（陈

高华编,《明代哈密吐鲁番资料汇编》)(Urumchi: Xinjiang renmin chubanshe, 1984), 166–167, 引自《明孝宗实录》卷11"弘治元年二月丁未条"。陈先生该书对我们快速检索相关文献资料意义重大。

8. Ibid., 167–168.

9. Ibid., 168, 引自马文升的记录。

10. Ibid., 168, 引自 Xu Jin's *Ping Fan shimo*（许进,《平番始末》)。

11. Ibid., 168–169, 引自 Yan Congjian's *Shuyu zhouzi lu*（严从简,《殊域周咨录》) of 1574.

12. Ibid., 170.

13. Ibid., 174.

14. Ibid., 174–175.

15. Ibid., 175–176.

16. Ibid., 176–177.

17. Ibid., 177.

18. Ibid., 179.

19. Ibid., 179–180.

20. Ibid., 181; *Ming shi*, ch.332, 关于失剌思的记载。

21. Chen Gaohua, *Mingdai Hami*, 182–184.

22. Ma Wensheng, *Xingfu Hami guowang ji*, Jilu huibian ed.

23. *Mindai*, 54.651–654.

24. Ibid., 4.661–662.

25. Ibid., 4.666–667.

26. Ibid., 4.668–669.

27. Ibid., 4.669–671.

28. Ibid., 4.671–672; *Ming shi*, ch.174, 彭清传。

29. *Mindai*, 4.672–673; *Guo Que*, 3.270.

30. *Mindai*, 4.674–676.

31. Ibid., 5.24–25.

32. Ibid., 5.25–26.

33. Ibid., 5.27–29.

34. Ibid., 5.32–33.

35. Ibid., 5.35–36.

36. Ibid., 5.36–39.

37. Ibid., 5.36–43.

38. Ibid., 5.45.

39. Chen Gaohua, *Mingdai Hami*, 185.

40. Ibid., 185–186.

41. Ibid., 187–188.

42. Ibid., 188.

43. 关于写亦虎仙，可见 Pokotilov, *Addenda*, 54，以及 *DMB* 中的相关传记。

44. ChenGaohua, *MingdaiHami*, 188–190.

45. Ibid., 190–192.

46. Ibid., 192–193.

47. Ibid., 193–194.

48. Ibid., 194–195.

49. Ibid., 195.

50. Jiao Hong, *Guochao xianzheng lu*, 3.1652–1653.

51. Chen Gaohua, *Mingdai Hami*, 198.

52. Ibid., 199.

53. Ibid.

54. Xu Jin, *Ping Fan shimo*（repr., Shiliao sanbian, vol.8, Taipei: Guangwen shuju, 1969），1–32.

55. Ibid., 32ff.

56. *DMB* 中有阿黑麻的传记，又见 Morris Rossabi, "Ming China and Turfan, 1406–1517," *Central Asiatic Journal 16*, no.3（1972）：206–225，以及他的 "Ming Foreign Policy: The Case of Hami," 载于 *China and Her Neighbours: Borders, Visions of the Other, Foreign Policy 10th to 19th Century*, ed.Sabrine Dabringhaus and Roderich Ptak（Wiesbaden: Harrassowitz, 1997），79–98。

57. *Mindai*, 5.46–47.

58. Ibid., 5.48–49.

59. Ye Sheng, *Ye Wenzhuanggong shangggu zoucao*, Siku quanshu cunmu congshu 2nd ser., vol.58（1996），721–722.

60. *Mindai*, 5.50.

61. Ibid., 5.51–53, 74–75.

62. Ibid., 5.55–62.

63. Ibid., 5.63–64.

64. Ibid., 5.64–66.

65. Ibid., 5.68–69.

66. Ibid., 5.72.

67. Ibid., 5.71.

68. Ibid., 5.74.

69. Ibid., 5.86.

70. Ibid., 5.91–93.

71. Ibid., 5.93–95.

72. Ibid., 5.95–97.

73. Ibid., 5.97–101.

74. Ibid., 5.107.

75. Ibid., 5.111–114.

76. Jiao Hong, *Guochao xianzheng lu*, 4.2419–2421，其墓志铭。

77. *Mindai*, 5.116–117.

78. Ibid., 5.115-116.

79. Ibid., 5.118.

80. Ibid., 5.120-121.

81. 见 Jiao Hong, *Guochao xianzheng lu*, 5.3371, 以及 *Ming shi*, ch.180, 其墓志铭和传记。

82. *Mindai*, 5.121-124.

83. Ibid., 5.125-127.

84. Ibid., 5.127-128.

85. Ibid., 5.132-135.

86. Ibid., 5.136-137.

87. Ibid., 5.130-131, 138ff.

88. Ibid., 5.146, 148-149.

89. Ibid., 5.149-151.

90. Ibid., 5.152-155.

91. Ibid., 5.161.

92. Ibid., 5.160-161.

93. 见其 *The Transformation of the World: A Global History of the 19th Century*（《世界的演变：19世纪史》）（Princeton, NJ: Princeton University Press, 2014），424.

94. Paul Johnson, *Modern Times: The World from the Twenties to the Nineties*, rev.ed.（《摩登时代：从1920年代到1990年代的世界》）（New York: Harper Collins, 1991），615.

第十章

1. *Mindai*, 5.173-176.

2. Ibid., 5.177-178.

3. Ibid., 5.179.

4. Ibid., 5.185-186.

5. Ibid., 5.187–191.

6. Ibid., 5.192–193.

7. Ibid., 5.198, 201, 208, 209.

8. Ibid., 5.226–229.

9. 是数人于 *DMB* 中俱有传记。

10. Yang Yiqing, *Guanzhong zouyi*（杨一清，《关中奏议》），Siku quanshu zhenben, 5th ser., vols.81–84（1974），1.1a–2.62b.

11. Ibid., 3.1a–51a.

12. *Mindai*, 5.159.

13. Ibid., 5.196.《明实录》对此事记载有限，更为详尽的叙述可参见杨一清的《关中奏议》，*Guanzhong zouyi*, 5.6b–12b.

14. Yang Yiqing, *Guanzhong zouyi*, 4.16a–24b.

15. Ibid., 5.1a–6b.

16. 正德时期，明朝的腐败问题愈加突出。正如 David Frum 在其新著中所述："权力产生诱惑，即使是最小的权力增量也是如此……腐败是公共事务的休眠状态；诚信是与文化惯性和政治引力进行艰苦不懈的斗争。"见 *Trumpocracy: The Corruption of the American Republic*（New York: Harper Collins, 2018），67。

17. *Mindai*, 5.197.杨一清认为"文式墩台"具有可采处："文贵新筑砖墩，制度精巧，非惟便于瞭望，亦可按兵击贼，所患墩空隔越稀疏。"见 *Guanzhong zouyi*, 8.21a–30a.

18. *Mindai*, 5.200; Yang Yiqing, *Guanzhong zouyi*, 6.43b–48a.

19. *Mindai*, 5.200–201.

20. Yang Yiqing, *Guanzhong zouyi*, 6.48a–57a.其中提到的明军败绩，杨一清之后有更为详尽的奏议上奏朝廷。参见 *Mindai*, 5.206–208.

21. *Mindai*, 5.208–210.

22. Yang Yiqing, *Guanzhong zouyi*, 7.3b–9b.

23. Ibid., 7.9b–29b.

24. Ibid., 7.29b–33b.

25. Ibid., 7.41b–79a.

26. Ibid., 8.1a–7b.

27. Ibid., 8.10a–15b.

28. Ibid., 8.15b–21a.

29. Ibid., 8.30a–36b.

30. Ibid., 8.36b–43b.

31. Ibid., 8.43b–49b, 9.33b–35b.

32. Ibid., 9.24b–27b.

33. Ibid., 9.35b–38a；*DMB*，杨一清、刘瑾的传记。

34. Ibid., 10.1a–29a; Moteand Twitchett, *The Cambridge History of China*, 7：409–412；又见杨一清的日记，the *Xizheng rilu*（《西征日录》），reprinted in *Shiliao sanbian*, vol.8（Taipei: Guangwen shuju, 1969）。也见 David M. Robinson, "Princes in the Polity: The Anhua Prince's Uprising of 1510," *Ming Studies*, no.65（May 2012）：13–56.

35.《宁夏新志》以"天一阁藏明代方志选刊续编"为参考版本。关于兰州，又可参见 Richard G. Wang（王岗）"Four Stelaeat the Monastery of Sublime Mystery（Xuanmiao guan）: A Study of Daoism and Society on the Ming Frontier," *Asia Major*, 3rd ser., 13, no.2（2000）：37–82.

36. *Ningxia xinzhi*（《宁夏新志》），181–190.

37. Ibid., 200–202.

38. Ibid., 202–204.

39. Li Wenjun, *Mingdai Xihai Menggushi yanjiu*（李文君，《明代西海蒙古史研究》）（Beijing: Zhongyang minzu chubanshe, 2008），20–29，李著详细论述了亦不剌所在的野乜克力部落的源

流与发展，书中亦颇论及诸史料之梗概，对我们了解使用史料文献不无裨益。又见 *DMB*，亦不剌传。

40. *Mindai*, 5.320.

41. Li Wenjun, *Mingdai Xihai*, 20–38.

42. *Mindai*, 5.332; *Guo Que*, 3.3054.

43. *Mindai*, 5.343–344.

44. Ibid., 5.334–337. 关于"流贼"问题，可参见 David M. Robinson, Bandits, *Eunuchs, and the Son of Heaven: Rebellion and the Economy of Violencein Mid-Ming China*（Honolulu: University of Hawaii Press, 2001）。

45. *Mindai*, 5.344–346.

46. Ibid., 5.351, 354–355.

47. Ibid., 5.357, 359.

48. Ibid., 5.360–361.

49. 附带一提，阿黑麻是印度莫卧儿帝国皇帝巴布尔的舅舅。

50. 见 *DMB*，满速儿和阿黑麻的传记。

51. *Ming shi*, ch.198, 彭泽传; *DMB*, 写亦虎仙传。

52. Chen Gaohua, *Mingdai Hami*, 244.

53. 详情可见 *DMB*，王琼传; Wang Qiong, *Jinqi benbing fuzou*（王琼，《晋溪本兵敷奏》），Siku quanshu cunmu congshu, 2nd ser., vol.59（1996），144-145。正德十二年（1517年），甘肃副总兵郑廉及哈密都督奄克孛剌等败吐鲁番于瓜州，斩获首级79级。吐鲁番同时也和瓦剌发生战争，瓦剌人试图求和，但未得回音（*Mindai*, 5.464–465; *Guo Que*, 3124-3125）。我们认为，吐鲁番四处出击的目的，是为建立一个伊斯兰政权，赶走畏兀儿、瓦剌等人。

54. *Mindai*, 5.366–367.

55. Li Wenjun, *Mingdai Xihai*, 37.

56. *Mindai*, 5.427-428.

57. Wang Qiong, *Jinqi benbing fuzou*, 121-122.

58. *Mindai*, 5.417-418.

59. Ibid., 5.419-420, 468-469.

60. Ibid., 5.424, 432-433.

61. Ibid., 5.460-461.

62. Ibid., 5.467.

63. Ibid., 5.440-442.

64. Ibid., 5.443-448.

65. Ibid., 5.444.

66. Ibid., 5.445.

67. Ibid., 5.448-449.

68. Ibid., 5.459-460.

69. 见 James Geiss, "The Leopard Quarter during the Cheng-te Reign,"（盖杰民，《明武宗与豹房》）*Ming Studies*, no.24（Fall1987）: 1-38。

70. 见 *DMB*, 朱厚照传; Mote and Twitchett, *The Cambridge History of China*, 7: 416, 418-423.

71. Mote and Twitchett, *The Cambridge History of China*, 7: 516.

72. *Mingdai*, 5.471-474; *Ming shi*, ch.188, 张钦传。

73. Mote and Twitchett, *The Cambridge History of China*, 7: 418-423.其中附有"正德皇帝巡幸西北"图，可作一观。《明武宗实录》中，亦有更多相关细节。

74. Wang Qiong, *Jinqi benbing fuzou*, 65.

75. Ibid., 89-90.

76. *Mindai*, 5.481.

77. Ibid., 5.481-482.

78. Ibid., 5.483–484.

79. Ibid., 5.483–487.

80. Ibid., 5.487–488; *Guo Que*, 3.3150; *Ming shi*, ch.188, 刘士元传。

81. *Mindai*, 5.489–490.

82. Ibid., 5.490–491.

83. Ibid., 5.493–495, 498.

84. Ibid., 5.499–500.

85. Ibid., 5.502–504.

86. Ibid., 5.512.

87. Ibid., 5.514–515.

88. Wang Qiong, *Jinqi benbing fuzou*, 53.

89. Zhao Fu, *Ping Yilu*（贺钦,《平夷赋》）, *Jinxian huiyan* ed. 贺钦的《医闾漫记》《医闾记》亦可追溯到这段时间。贺钦（1437—1510）乃辽东本地人。赵辅则于《明史》中有传。

90. Wang Qiong, *Jinqi benbing fuzou*, 55–57.

91. Ibid., 30.

92. Ibid., 30–32.

93. Ibid., 32–50.

94. *Guo Que*, 3.3150.

95. Wang Qiong, *Jinqi benbing fuzou*, 50–53.

96. Ibid., 64.

97. Ibid., 65–66.

98. Ibid., 66–92.

99. Ibid., 93; *Mindai*, 5.445–446.

100. Wang Qiong, *Jinqi benbing fuzou*, 95–99.

101. Ibid., 102–103.

102. *Ming shi*, ch.42.

103. Wang Qiong, *Jinqi benbing fuzou*, 112-114.

104. Ibid., 114-116.

105. 萧翀巡抚陕西以替冯清，陈璘巡抚延绥，边宪巡抚宁夏，李昆巡抚甘肃。

106. Wang Qiong, *Jinqi benbing fuzou*, 118-119.

107. Ibid., 119-120.

108. Ibid., 143.

109. Ibid., 144-145.

110. Ibid., 147-149.

111. Ibid., 148-149.

112. Ibid., 150-151.

113. Ibid., 151-152.

114. Ibid., 153-154.

115. Ibid., 154-155.

116. Ibid., 156-157.

117. Ibid., 157-158.

118. Ibid., 159.

119. Ibid., 159-175.

120. Ibid., 175-219. *DMB*中亦有速檀满速儿传记。

121. Ibid., 175-219. *DMB*中亦有速檀满速儿传记。

122. Wang Qiong, *Shuangqi zaji*, Jinxian huiyan ed.

123. *Ming shi*, ch.198, biography.

第十一章

1. 见*DMB*，朱厚熜（嘉靖皇帝）传记。

2. *Mindai*, 5.530.

3. Fan Qin（1506-1585），ed., *Mingchaoben Jiajing shili*, 4 vols.（范钦编，《明抄本嘉靖事例》（全四册））（Beijing: Beijing

tushuguan chubanshe，1997），其中收录大量户部相关奏议。

4. *Ming shilu*，71.383-384；Huang Fengxiang，"Gansu bingbian," in *Jiajing dazheng leibian*（黄凤翔，《嘉靖大政类编・甘肃兵变》），Siku quanshu cunmu congshu，2nd ser.，vol.55（1996），435-36；Yang Tinghe，*Yang Wenzhonglu*（杨廷和，《杨文忠公三录》），Siku quanshu zhenben，9th ser.，vol.106（1976），4.37ab.

5. *Ming shi*，ch.200，张文锦传；Gu Yingtai，*Mingshi jishi benmo*（谷应泰，《明史记事本末》），ch.57，"Datong panzu"；有关张文锦的更多细节，见 *Mindai*，5.575-576。

6. *Mindai*，5.529，532，536，541，543-544。

7. Ibid.，5.532-533.

8. Ibid.，5.552.

9. Ibid.，5.579-581.

10. Ibid.，5.583.

11. Gao Jing etal.，eds.，*Liaoning jiufangzhi*：*Fengtian tongzhi*（高静编，《辽宁旧方志・奉天通志》）（Shenyang：Liaoning minzu chubanshe，2010），1：339-340，引自《明实录》。

12. Gu Yingtai，*Mingshi jishi benmo*，ch.57；*Ming shi*，ch.200，蔡天祐、胡瓒、张文锦的传记。

13. 史道，嘉靖十五年（1536年）督抚大同，有《创立五堡以严边防事》一疏。大同兵变并未阻止明廷继续于大同沿边设置堡垒的计划与需求。正如史道疏中所称，大同沿边对于明军御虏十分重要："大同镇城迤北一带，东抵阳和，西尽高山，一百四十余里，俱系平川旷野、黄沙白草，直与虏境通连，故我太祖高皇帝迅扫腥膻之后，即以此为胡马奔冲之会，特建此雄镇，犹砥柱之在中流，将使虏酋不敢背城南下，轻犯倒马、紫荆等关。然以一城孤悬天外，漫无重山迭嶂之险容，或我备受失其固，一骑马驱，直至城下。是以从来本镇地方遭残蒙患特甚。诸边常年四月以至十月，塞草畅发之余，秋高马壮之日，纵横侵扰，四流奔劫，日无定时，东出则西入，此出则彼来。必须动调兵将，常川防守。其追逐按伏，糜费额外钱粮。以岁计之，不下数十余万。然而边民罹杀掳之灾，战士遭锋镝之惨，卒有不可免者。先年原议创置五堡之人，盖亦得见。各该险要处所果能立堡设兵，真为我国家亿万年永逸之计。"随后，史道又在奏疏中详细介绍五堡之选址及对早期张文锦方案之改进。详见 Chen Zilong et al., eds., *Huang Mingjingshi wenbian*（陈子龙，《皇明经世文编》）(repr., Taipei: Guolian tushu chubanshe, n.d.), 11.405–419。

14. Han Bangqi, *Yuanluo ji*（韩邦奇，《苑洛集》）, Siku quanshu zhenben, 4th ser., vol.360（1973）, 13.17b–18b.

15. *Mindai*, 6.58–59; Su You, *Yunzhong shiji*（苏祐，《云中事记》）, Jilu huibian ed.

16. Han Bangqi, *Yuanluo ji*, 13.22a–24b.

17. *Guo Que*, 4.3492.

18. *Mindai*, 6.67–68.

19. Ibid., 6.68–70.

20. Chen Zilong, *Huang Ming*, 10.736–743，黄绾奏议。

21. *Mindai*, 6.71–73.

22. Han Bangqi, *Yuanluo ji*, 13.27a–28b.

23. *Mindai*, 6.80–82.

24. Ibid., 6.82–94. 对于应抚伤亡将士、官吏及其他有功者，朝廷很快给了抚恤措施。在黄绾的奏议中，至少有"镇抚王宁等官舍八人应升三级，正千户周宗等二十三人升二级，正千户罗杲等五十四人升实授一级、署一级，指挥佥事蒋深等八十五人阵亡，指挥佥事李宗七百一十九人升一级，旗军郭忠等四十三人升署一级，余有功官军二千三百五十三人给赏有差"。

25. *Ming shi*, ch.204, 曾铣传。

26. Gao Jing, *Liaoning jiufangzhi*, 1.346–348, 引自《李朝实录》以及《明实录》等史料。

27. *DMB*, 林希元传。

28. Chen Zilong, *Huang Ming*, 11.286–296.

29. *DMB*, 王廷相传。

30. Chen Zilong, *Huang Ming*, 10.345–349.

31. Ibid., 12.617–625.

32. *Mindai*, 5.589–590.

33. Ibid., 5.591, 592.

34. Yang Yiqing, *Guanzhong zouyi*, 11.10a–21a.

35. Ibid., 11.21a–28b.

36. Ibid., 11.36b–42a.

37. Ibid., 11.42a–46a.

38. Ibid., 11.52b–60a.

39. Ibid., 11.60a–62b; 14.30a–33b.

40. Ibid., 11.62b–66a.

41. Ibid., 12.1a–11b.

42. Ibid., 12.25b–32b.

43. Ibid., 12.36a–40a; *Mindai*, 5.601.

44. Yang Yiqing, *Guanzhong zouyi*, 12.44a–49a.

45. Ibid., 12.49a–55b.

46. Ibid., 13.1a–9b.

47. Ibid., 13.9b–16b.

48. Ibid., 13.16b–27b.

49. Ibid., 13.27b–36a.

50. Ibid., 13.36a–37b; *Ming shi*, ch.202, 唐龙传。

51. Yang Yiqing, *Guanzhong zouyi*, 13.39b–042a. 杨一清另有奏议一份，冗长而复杂，专门讨论了如何利用盐引制度获取更多马匹（13.42a–54b）。

52. Ibid., 13.54b–56b.

53. Ibid., 14.1a–9b.

54. Ibid., 14.9b–14b.

55. Ibid., 14.14b–20b; *Ming shi*, ch.211，刘文传。

56. Yang Yiqing, *Guanzhong zouyi*, 14.20b–22b.

57. Ibid., 14.22b–30a.

58. Ibid., 14.33b–43a.

59. Ibid., 14.43a–57b.

60. Ibid., 15.1a–37a.

61. Ibid., 15.40a–73b; 16.2b–11a.

62. Ibid., 16.11a–13b.

63. Ibid., 16.14a–17b.

64. Ibid., 16.17b–22b; *DMB*，巴图孟克传。

65. Yang Yiqing, *Guanzhong zouyi*, 16.22b–30a.

66. Ibid., 16.33a–35a.

67. Ibid., 16.39b–49b, 17.1a–11b.

68. Ibid., 17.25b–27b.

69. Ibid., 17.32b–67b.

70. Ibid., 17.1a–21b.

71. Ibid., 18.21b–31a.

72. 杨一清、王琼等人的思想也深深影响了学者 Alastair Iain Johnston（江忆恩）的分析。详见氏著 *Cultural Realism: Strategic Culture and Grand Strategy in Chinese History*（《文化现实主义：中国历史上的战略文化与大战略》）(Princeton, NJ: Princeton University Press, 1995)。

73. Chen Zilong, *Huang Ming*, 7.350–357.

74. *Mindai*, 5.612.

75. Chen Gaohua, *Mingdai Hami*, 324–325, 引自《明实录》。
76. Ibid., 328–329.
77. Ibid., 336–338.
78. Ibid., 338.
79. Chen Gaohua, *Mingdai Hami*, 340–341; *Ming shi*, ch.207, 杨言传。
80. Chen Gaohua, *Mingdai Hami*, 341.
81. *Ming shi*, ch.204, 陈九畴传。
82. Chen Gaohua, *Mingdai Hami*, 341–342.
83. Ibid., 342–344.
84. Hu Shining, *Hu Duanmin zouyi*（胡世宁,《胡端敏奏议》）, Siku quanshu zhenben, 7th ser., vol.77（1977）, 8.24b–29b.
85. Chen Gaohua, *Mingdai Hami*, 352–353.
86. Ibid., 353–355.
87. Ibid., 355. 王琼有关甘肃局势的长篇奏议，载于 Yan Congjian，见 Chen Gaohua, *Mingdai Hami*, 356–58.
88. Ibid., 359–361, 引自 Wang Biao, ed., *Huang Ming jingji wenlu*（万表辑,《皇明经济文录》）(1554)。
89. Ibid., 361–362。霍韬的奏议可见于《明实录》卷95，完整版可见 Chen Zilong, *Huang Ming*, 12.499–512。
90. Chen Gaohua, *Mingdai Hami*, 367–369.
91. Ibid., 369–377; Hu Shining, *Hu Duanmin zouyi*, 10.1a–22b; 胡世宁于嘉靖七年至嘉靖八年（1528—1529年）间曾短暂任兵部尚书。
92. Chen Gaohua, *Mingdai Hami*, 377–378.
93. Ibid., 465–466; Chen Zilong, *Huang Ming*, 7.382–392.
94. Gui E, *Wenxianggong zouyi*（桂萼,《桂文襄公奏议》）, Siku quanshu cunmu congshu, 2nd ser., vol.60（1996）, 128–133.

95. *Mindai*, 6.421–423.
96. 参见 Pokotilov, Addenda, 55。
97. *Mindai*, 6.112.
98. Ibid., 6.208–209.
99. Ibid., 6.410–411.
100. Ibid., 6.484–485.
101. Ibid., 6.136–137.
102. Ibid., 6.147.
103. Ibid., 6.152.
104. Ibid., 6.199–201.
105. Ibid., 6.211–212.
106. Ibid., 6.378–379.
107. 俺答汗一步步夺权之路，可见 Qu Jiusi, *Wanli wugong lu*（瞿九思，《万历武功录》）(repr., Taipei: Guangwen shuju, 1972), 1.1–37。又见于 Carney T.Fisher, "Smallpox, Salesmen, and Sectarians: Ming-Mongol Relations in the Jiajing Reign (1522—1567),"（费克光，《论嘉靖时期（1522—1567年）的明蒙关系》）*Ming Studies*, no.25（Spring1988）: 1–23。
108. *Mindai*, 6.262–263; cf.6.241–242.
109. Qu Jiusi, *Wanli wugong lu*, 1.38.
110. *Mindai*, 6.215–219.
111. Ibid., 6.266.
112. Ibid., 6.269–271.
113. Ibid., 6.285–287.
114. Ibid., 6.436–438.
115. Ibid., 6.444–447.
116. Ibid., 6.448–450.
117. Ibid., 6.493–496.

118. 更多精彩内容，详参拙著 *Four Seasons: A Ming Emperor and His Grand Secretaries in Sixteenth-Century China*（《嘉靖帝的四季：皇帝与首辅》）（Lanham, MD: Rowman & Littlefield, 2016）, 29-137.

119. *Mindai*, 6.538, 563-566, 574-575.

120. Ibid., 6.592-596.

121. Ibid., 6.606-608, 613-614.

122. 有关"庚戌之变"的研究成果十分丰富，如 Mote and Twitchett, *The Cambridge History of China*, 7: 475-476; Arthur Waldron, *The Great Wall of China: From History to Myth*（Cambridge: Cambridge University Press, 1990）, 159-160; 拙著 A Political Life in Ming China: A Ming Grand Secretary and His Times（Lanham, MD: Rowman & Littlefield, 2013）, 24-29, 以及 Four Seasons: A Ming Emperor and His Grand Secretaries in Sixteenth-Century Ming China（Lanham, MD: Rowman & Littlefield, 2016）, 203-207; Gu Yingtai, *Mingshi jishi benmo*, ch.59, "庚戌之变"。

123. *Mindai*, 6.664-668, 672-674.

124. 其事可参见 Kenneth J. Hammond, *Pepper Mountain: The Life, Death, and Post humous Career of Yang Jisheng*（London: Routledge, 2007）。

125. *Mindai*, 6.678-681.

126. Ibid., 6.682-684. 近年来，西方学者对白莲教的看法渐趋正面。详可参见 B.J.ter Haar, *White Lotus Teachings in Chinese Religious History*（田海，《中国历史上的白莲教》）（Leiden: Brill, 1992）。而关于山西社会与其他中原地方的脱节问题，详可参见 Jinping Wang, In the Wake of the Mongols: The Making of a New Social Order in North China, 1200-1600（王锦萍的《蒙古征

服之后：13—17世纪华北地方社会秩序的变迁》）（Cambridge, MA: Harvard University Press, 2018）。

127. *Mindai*, 6.693-694.

128. Ibid., 6.688-692.

129. Ibid., 7.1-3.

130. Ibid., 7.11-12.

131. Ibid., 7.32-34, 36, 39-40; 以及拙著 *Four Seasons*, 267.

132. *Mindai*, 7.75-77.

133. Ibid., 7.78-96.

134. Ibid., 7.114-116.

135. Ibid., 7.117-120.

136. Ibid., 7.142-144.

137. Ibid., 7.151-152.

138. Ibid., 7.173-180.

139. Ibid., 7.184-185.

140. Ibid., 7.200-202, 211-214.

141. Ibid., 7.219-225.

142. Ibid., 7.226-231.

143. Yang Bo, *Yang Xiangyi gong benbing shuyi*（杨博，《杨襄毅公本兵疏议》），Siku quanshu cunmu congshu, 2nd ser., vol.61. 关于北境防线，他一共收录有269件奏议，时间跨度在嘉靖三十三年（1554年）到隆庆六年（1572年）。

144. *Mindai*, 7.264, 267.

145. Ibid., 7.271-273.

146. Ibid., 7.282.

147. Ibid., 7.290-291.

148. Ibid., 7.305-306, 316-318.

149. Ibid., 7.320-324, 326-327.

150. Ibid., 7.335-336.
151. Ibid., 7.338-346.
152. Ibid., 7.361-362, 366.关于严嵩倒台的细节,见拙著 *Four Seasons*, 210ff.
153. Ibid., 7.374-376.
154. Ibid., 7.399-408;又见拙著 *A Political Life in Ming China*, 162-164.
155. *Mindai*, 7.443-446.
156. Ibid., 7.456-457.
157. Ibid., 7.461-462.

第十二章

1. *Mindai*, 7.524, 550-553.
2. Ibid., 7.550-553; *Mingshi*, ch.211.
3. *Mindai*, 7.636-637.
4. Ibid., 7.642-643.
5. Ibid., 7.683-684.
6. *Mingshi*, ch.222,王崇古、方逢时传。
7. *Mindai*, 7.705-707; *Guo Que*, 4.4142;但与把汉那吉同降者为谁,诸史各有其说(见 Gao Gong, *Furong jishi*, in *Fangbian jishi*(高拱,《伏戎纪事》《防边纪事》)(repr., Taipei: Shiliao sanbian), 10.35ff)。
8. *Mindai*, 7.708-710.
9. *Guo Que*, 4.4147.
10. *Mindai*, 7.710-712.
11. Ibid., 7.714-715; *Guo Que*, 4.4148-4149.
12. *Mindai*, 8.27-31; Gao Gong, *Furong jishi*, 35-98.
13. *Mindai*, 8.2-10.

14. Ibid., 8.14-16.

15. *Beidi Shunyi wang Anda xiebiao*(《北狄顺义王俺答谢表》)（Xuanlantang congshu; repr., Taipei: Zhongzheng shuju, 1981. 又见 Henry Serruys, "Four Documents Relating to the Sino-Mongol Peace of 1571,"(《有关1570—1571年明蒙和议的四份文献》) *Monumenta Serica* 19（1960）: 1-66。

16. Chen Zilong, *Huang Ming*, 23.659-679.本奏未引之文尚有许多精彩描述，囿于篇幅，未能一一枚举。如夷使打儿汉，本名马天禄，原系靖边军余汉人，被掳后成为吉囊亲信。何东序试图感召他，以"骨血在此生长，何忍背华向夷"说之，马天禄"感动泣下"。诸如此类细节，还包括涉及边境文化混合的居民、被掳之人的情况、吉囊的私人状态等。

17. *Mindai*, 8.15-18.

18. Yang Bo, *Yang Xiangyi gong benbing shuyi*, Siku quanshu cunmu congshu, 2nd ser., 61.731-733.

19. *DMB*, 325，朱翊钧传记。

第十三章

1. *Mindai*, 8.175-176, 179.
2. Ibid., 8.109-110.
3. Chen Zilong, *Huang Ming*, 19.25-26.
4. Ibid., 20.466-467.
5. 详可参见 Walter Heissig, *The Religions of Mongolia*（London: Routledgeand Kegan Paul, 1980）, 26-28; Tsepon W.D.Shakabpa, *Tibet: A Political History*（New Haven, CT: Yale University Press, 1967）, 92-96; *DMB*, 宗喀巴、索南嘉措的传记。可以说，这次接受实则是藏传佛教在蒙古的复兴。详可参 Henry Serruys, "Remarkson the Introduction of Lamaism into Mongolia,"(《关于喇

嘛教传人蒙古的注记》) *Mongolia Society Bulletin* 7 (1968): 62–65. 而关于归化城, 详可参其 "Chinese in Southern Mongolia during the Sixteenth Century,"(《16世纪漠南蒙古的汉人》)*Monumenta Serica* 1 8 (1959): 1–95.

6. Chen Zilong, *Huang Ming*, 20.389–391.

7. *Mindai*, 8.179–180.

8. Ibid., 8.256.

9. Ibid., 8.90–92.

10. Ibid., 8.92–93.

11. Ibid., 8.119–120.

12. Ibid., 8.131.

13. Ibid., 8.187–188. 此处省略《明实录》原文对砖砌城墙修建的大段描述。详可参David Spindler(石彬伦), "A Twice-Scorned Mongol Woman, the Raid of 1576, and the Building of the Brick Great Wall," *Ming Studies*, no.60 (2009): 66–94.

14. *Mindai*, 8.189–190.

15. Ibid., 8.230.

16. Ibid., 8.234, 236–239.

17. Ibid., 8.239–241.

18. Ibid., 8.242.

19. Ibid., 8.243–244.

20. Ibid., 8.262.

21. Ibid., 8.274, 298.

22. Ibid., 8.300, 327, 328.

23. Wolfgang Franke, *An Introduction to the Sources of Ming History* (Kuala Lumpur: University of Malaya Press, 1968), 207–213, 其中详细列举了这些史籍。

24. *Mindai*, 8.321.

25. Ibid., 8.329–332.

26. Ibid., 8.333–334, 354–355.

27. Ibid., 8.335–337.

28. Ibid., 8.339, 342–348.

29. Ibid., 8.346–347, 388–389, 421, 429–430, 442.

30. Ibid., 8.347–348.管志道是明代非常有名的思辨学者,同时也是张居正的反对者。详可参 Jaret Wayne Weisfogel, *A Late Ming Vision for Local Community: Ritual, Law, and Social Torment in the Proposals of Guan Zhidao*, ed.Sarah Schneewind(魏家伦著、施珊珊编,《晚明地方社会中的礼法与骚动——管志道〈从先维俗议〉研究》)(Minneapolis: Society for Ming Studies, 2010)。

31. *Mindai*, 8.369.

32. Ibid., 8.371–376.

33. Ibid., 8.432–433.

34. Ibid., 8.435, 436.

35. Ibid., 8.448, 483.

36. Ibid., 8.471–472; Johan Elverskog(艾鸿章), *The Jewel Translucent Sutra: Altan Khan and the Mongols in the Sixteenth Century*(Leiden: Brill, 2003), 181.

37. *Mindai*, 8.519–520.

38. Ibid., 8.535.

39. Ibid., 8.502, 505, 512.

40. Ibid., 8.543–545.

41. Ibid., 8.546.

42. Ibid., 8.553–554, 558–559.

43. Ibid., 8.620; Elverskog, *The Jewel Translucent Sutra*, 190–191.

44. *Mindai*, 8.609–611.

45. Ibid., 8.612-613.

46. Ibid., 8.622-625.

47. Ibid., 8.633-636.

48. Ibid., 8.651.

49. Ibid., 8.659-661；671-672，674-681.

50. Ibid., 8.684-685.庄酋即指庄秃赖，吉囊孙。见Pokotilov, Addenda，62。

51. 关于三娘子，见Henry Serruys, "Two Remarkable Women in Mongolia: The Third Lady ErketüQatunand Dayičing-beyiji（with a genealogical diagram by Francoise Aubin），"（《两个杰出的蒙古女人三娘子和大成妣吉》）载于 *The Mongols and Ming China: Customs and History*, by Henry Serruys, ed.Francoise Aubin（London: Variorum Reprints，1987），viii，191-245。

52. Ibid., 8.705-707.

53. Ibid., 8.707.

54. Ibid., 9.1.

55. Ibid., 9.5-6.

56. Ibid., 9.8-9.

57. Ibid., 9.9-11.

58. Ibid., 9.11-14.

59. Ibid., 9.17-18.

60. Ibid., 9.18-23.

61. Ibid., 9.24-26.

62. Ibid., 9.27-29，32.

63. Ibid., 9.34-37.

64. Ibid., 9.36-37.

65. Ibid., 9.42-44.

66. Ibid., 9.46-47; Chen Zilong, *Huang Ming*, 25.1-8.

67. Chen Zilong, *Huang Ming*, 25.9-13.

68. Ibid., 25.13-16.

69. Ibid., 25.16-22.

70. Ibid., 25.22-28.

71. Ibid., 25.32-40.

72. Ibid., 25.50-58.

73. Ibid., 25.58-75.

74. *Mindai*, 9.60-61.

75. Ibid., 9.69.

76. Ibid., 9.83, 93.

77. Ibid., 9.96.

78. Ibid., 9.130, 133.

79. Chen Zilong, *Huang Ming*, 25.58-75.

80. 详可参Kenneth M.Swope（石康）,"All Men Are Not Brothers: Ethnic Identity and Dynastic Loyalty in the Ning xia Mutiny of 1592," *Late Imperial China* 24, no.1（June 2003）: 79-129。

81. Gu Yingtai, *Mingshi jishi benmo*, ch.63,"平哱拜"; Mao Ruizheng, *Wanli sandazheng kao*,（茅瑞征,《万历三大征考》）"The Pu Family," 15, *Guo Que*, 5.4667。

82. Zhuge Yuansheng, *Liangchao pingrang lu*（诸葛元声,《两朝平攘录》）(repr.Taipei: Xuesheng shuju, 1969), 115ff.

83. Mao Ruizheng, *Wanli sandazheng kao*, 32.

84. Yao Shilin, *Jianzhi pian*（姚士麟,《见只编》）, Jilu huibian ed.

85. *Mindai*, 9.171-172.

86. Ibid., 9.179-180.

87. Gu Yingtai, *Mingshi jishi benmo*, ch.63,"平哱拜"。

88. *Mindai*, 9.187.

89. Gu Yingtai, *Mingshi jishi benmo*, ch.63.
90. *Guo Que*, 5.4684.
91. *Mindai*, 9.173–174.
92. Ibid., 9.200–201.
93. Ibid., 9.213, 216.
94. Ibid., 9.223–226.
95. Ibid., 9.227–228.
96. Ibid., 9.240–251.
97. Ibid., 9.259–260, 262, 272.
98. Ibid., 9.272–273.
99. Ibid., 9.283–284, 286–288.
100. Ibid., 9.288–290.
101. Ibid., 9.290–293.就在徐成楚奏题诸忧不久，明军在蕃人的协助下，在西海莽刺河处取得重大胜利（9.294-297）。
102. Ibid., 9.298–299, 301, 303.
103. Ibid., 9.305–307.
104. Ibid., 9.304–305, 310, 313–314, 319–320.
105. Ibid., 9.311–312.
106. Ibid., 9.316–318.
107. Ibid., 9.336–337, 343.
108. Ibid., 9.315, 344.
109. Ibid., 9.329–330, 333–334.
110. Ibid., 9.357–358.
111. Ibid., 9.335–342, 371–372.
112. Ibid., 9.367–368.
113. Ibid., 9.415.
114. Ibid., 9.394–398.
115. Ibid., 9.408–409.

116. Ibid., 9.419–420.

117. Ibid., 9.417–418.

118. 俺答汗后裔世系等诸酋信息，可参见 Wang Shiqi, *Sanyun chouzi kao*（王士琦，《三云筹俎考》）(ca.1613)(repr., Taipei: Taiwan shuju, 1968), 267–270.

119. *Mindai*, 9.497–498.

120. Ibid., 9.499–500.

121. Ibid., 9.498, 502–503.

122. Ibid., 9.562–563.

123. Ibid., 9.565–567.

124. Ibid., 9.582.

125. Ibid., 9.608–609, 611.

126. Ibid., 9.617–619.

127. Ibid., 9.626–627.

128. Ibid., 9.641–642.

129. *Guo Que*, 5.5048. 又见 Henry Serruys, Genealogical Tables of the Descendants of *Dayan-qan*（《达延汗后裔世系表笺证》）('S-Gravenhage: Mouton, 1958), 89–91, 106–107.

130. *Mindai*, 9.642–643.

131. Ibid., 9.643–646.

132. Ibid., 9.659–662.

133. Ibid., 9.663–667.

134. Ibid., 9.671.

135. Ibid., 9.673–674.

136. Ibid., 9.700–702.

137. *Guo Que*, 5.5100.

138. Ibid., 5.5159.

第十四章

1. 可参见Morris Rossabi, *The Jurchens in the Yuan and Ming*（Ithaca, NY: China Japan Program, Cornell University, 1982）。

2. 详可参Kenneth M. Swope, "A Few Good Men: The Li Family and China's Northern Frontier in the Late Ming," *Ming Studies*, no.49（Spring2004）: 24–81.

3. Qu Jiusi, *Wanli wugong lu*（Taipei: Guangwen shuju, 1972）, 2.1.

4. Ibid., 2.59–60.

5. Ibid., 2.64–67.

6. *Guo Que*, 5.4271.

7. Arthur W.Hummel, ed., *Eminent Chinese of the Ch'ing Period, 1644–1912*（恒慕义编，《清代名人传略》）（Washington, DC: United States Government Printing Office, 1943–1944）, 杨家奴传（以下简称*ECCP*）。

8. Gao Jing, ed., *Liaoning jiufang zhi: Fengtian tongzhi*（Shenyang: Liaoning minzu chubanshe, 2010）, 1.386–387.《奉天通志》等之史源，俱来自《明实录》及其他相关史料，内容大致能覆盖万历及天启年间的辽东事务。

9. *ECCP*, 王台传。

10. Gao Jing, *Liaoning jiufang zhi*, 395–396.

11. Ibid., 396–398; *ECCP*, 尼堪外兰、努尔哈赤、王台传记。《国榷》对此另有说法。其载："建州王杲子阿台，复诱阿海等深入松山、杏山、小凌河。李成梁自大宁堡出塞四百余里，直捣袄郎兔，转战四日夜，大破之。斩阿亥、恰脱奈等三百四十余级，死十四人，失马六百八十。"（5.4436）.但这一史源未可知。关于努尔哈赤，又可见Frederic Wakeman, *The Great Enterprise: The*

Manchu Reconstruction of Order in Seventeenth-Century China（魏斐德,《洪业：清朝开国史》）(Berkeley: University of California Press, 1985), 1.49-58, 以及 Gertrude Roth Li, "The Manchu-Chinese Relationship," 载于 *From Ming to Ch'ing: Conquest, Region, and Continuity in Seventeenth-Century China*, ed.Jonathan D.Spence and John E.Wills Jr. (New Haven, CT: Yale University Press, 1979), 33-38.

12. Gao Jing, *Liaoning jiufang zhi*, 398; ECCP, 杨家奴传。
13. Gao Jing, *Liaoning jiufang zhi*, 399-400.
14. Ibid., 402-403.
15. Ibid., 404-407.
16. Ibid., 407-408.
17. Ibid., 408-409.
18. Ibid., 409-410.
19. Ibid., 410-413.
20. Ibid., 412-415.
21. 详可参 Kenneth M.Swope, *A Dragon's Head and a Serpent's Tail: Ming China and the First Great East Asian War, 1592—1598*(《龙头蛇尾：明代中国与第一次东亚大战,1592-1598》)(Norman: University of Oklahoma Press, 2009)。
22. Gao Jing, *Liaoning jiufang zhi*, 419-420.
23. Ibid., 421.
24. Ibid.
25. Ibid., 423-428, 432.
26. Ibid., 430-431, 435-437.
27. Ibid., 441.
28. Ibid., 439.
29. Ibid., 437.

30. Chen Zilong, *Huang Ming*, 28.89–97, also 97–129.

31. Gao Jing, *Liaoning jiufang zhi*, 438.

32. *Ming shi*, ch.238，李成梁传。*ECCP*，李成梁传。

33. Gao Jing, *Liaoning jiufang zhi*, 441–444.

34. Ibid., 451–452.

35. Ibid., 452.

36. Ibid., 453.

37. *Guo Que*, 5.5115.

38. *ECCP*，李永芳传。

39. Gao Jing, *Liaoning jiufang zhi*, 453.

40. Ibid.; *Guo Que*, 5.5115.

41. Gao Jing, *Liaoning jiufang zhi*, 454.

42. Ibid., 454–456.

43. Swope, *A Dragon's Head*, 252; *ECCP*，杨镐传；*Ming shi*, ch.259, biography。

44. Gao Jing, *Liaoning jiufang zhi*, 457–461; *DMB*，刘綎传；*Ming shi*, ch.211，马林传；ch.239，杜松传。

45. Gao Jing, *Liaoning jiufang zhi*, 461.

46. *Ming shi*, ch.291，张铨传。

47. Gao Jing, *Liaoning jiufang zhi*, 464–465.

48. Ibid., 465–466; *DMB*，刘綎传。

49. *Ming shi*, ch.238，李如柏传。

50. Ray Huang, "The Liaotung Campaign of 1619,"（黄仁宇，《1619年辽东战役》）*Oriens Extremus* 28（1981）：30–54. 又见其 "The Lung-ch'ing and Wan-li Reigns," in *The Cambridge History of China*, vol.7, *The Ming Dynasty, 1368—1644, Part1*, ed.Denis Twitchett and Frederick W.Mote（Cambridge：Cambridge University Press，1988），577–584。

51. Gao Jing, *Liaoning jiufang zhi*, 466-467. 又见 Chen Zilong, *Huang Ming* 中宋懋澄的记述, 30.678-687.

52. Gao Jing, *Liaoning jiufang zhi*, 468; ECCP, 杨镐传。

53. Gao Jing, *Liaoning jiufang zhi*, 469.

54. Feng Yuan, *Kaiyuan tushuo*, Xuanlantang congshu ed.（冯瑗,《开原图说》,《玄览堂丛书》等）（repr., Taipei: Guoli zhongyang tushuguan chuban, 1981）.

55. Gao Jing, *Liaoning jiufang zhi*, 469; ECCP, 熊廷弼传。

56. Gao Jing, *Liaoning jiufang zhi*, 469-470.

57. Ibid., 469-474.《清实录》中对海西和叶赫二部的历史进行简单的介绍。

58. Chen Zilong, *Huang Ming*, 29.604-607.熊廷弼的信件和奏议,由其自己辑成《熊经略文集》收于 Ming Qing shiliao huibian（《明清史料汇编》）（Taipei: Wenhai chubanshe, n.d.）, 2nd ser., vols.9 and 10 中,其内容截止到万历四十八年（1620年）。

59. C.R.Bawden, *The Modern History of Mongolia*（London: Weidenfeld & Nicolson, 1968）, 41-47.

60. Gao Jing, *Liaoning jiufang zhi*, 474-475.

61. Ibid., 475-477.

62. Ibid., 467, 477-478.

63. Ibid., 478-481.

64. Ibid., 483.

65. Li Guangtao, *Xiong Tingbi yu Liaodong*（李光涛,《熊廷弼与辽东》）（Taipei: Zhongyang yanjiuyuan lishi yuyan yanjiusuo chuban, 1976）, 194.

66. Ibid., 195.

67. *Ming shi*, ch.259, 袁应泰传; *Guo Que*, 5.5188-5189.

68. Li Guangtao, *Xiong Tingbi yu Liaodong*, 197-198.

69. Ibid., 198–200.
70. Ibid., 200–201.
71. *Ming shi*, ch.259, 熊廷弼传。
72. *Guo Que*, 5.5190–5192.
73. Gao Jing, *Liaoning jiufang zhi*, 490.
74. *Ming shi*, ch.259, 王化贞传。
75. Gao Jing, *Liaoning jiufang zhi*, 491–492; *Guo Que*, 5.5192.
76. *Guo Que*, 5.5193.
77. *Ming shi*, ch.257, 张鹤鸣传; ch.259, 王化贞传。
78. *Ming shi*, ch.259.
79. *Guo Que*, 5.5197.
80. Ibid., 6.5199–5200.
81. Li Guangtao, *Xiong Tingbi yu Liaodong*, 253–254.
82. *Ming shi*, ch.248, 方震孺传。
83. Ibid., ch.259, 王化贞传; ch.306, 徐大化传。
84. Gao Jing, *Liaoning jiufang zhi*, 492–493; *Ming shi*, ch.259.
85. Gao Jing, *Liaoning jiufang zhi*, 493; *Ming shi*, ch.259; *Guo Que*, 6.5200.
86. Gao Jing, *Liaoning jiufang zhi*, 497.
87. Ibid., 493.
88. *DMB*, 徐鸿儒传。
89. *Guo Que*, 6.5202.
90. *Ming shi*, ch.259; 拙著 *Blood and History in China: The Donglin Factionand Its Repression, 1620—1627*（Honolulu: University of Hawaii Press, 2002）, chs.3–6, 其中也谈及了大部分相关事宜。
91. *Ming shi*, ch.250, 孙承宗传。又见 Kai Filipiak（费凯）, "The Effects of Civil Officials Handling Military Affairs in MingTimes," *Ming*

Studies, no.66（September 2012）: 1-15，

92. Ibid., ch.257，王在晋。

93. Huang Yi-long, "Sun Yuanhua: A Christian Convert Who Put Xu Guangqi's Military Reform Policy into Practice,"（黄一农，《天主教徒孙元化与明末传华的西洋火炮》）载于 *Statecraft and Intellectual Renewal in Late Ming China: The Cross-Cultural Synthesis of Xu Guangqi, 1562—1633*, ed.Catherine Jamietal.（Leiden: Brill, 2001）, 225-262。

94. *Guo Que*, 6.5202-5203.

95. Gao Jing, *Liaoning jiufang zhi*, 496; *Ming shi*, ch.270, 马世龙传。

96. *Guo Que*, 6.5209.

97. *Ming shi*, ch.250, 孙承宗传。

98. Ibid.; Gao Jing, *Liaoning jiufang zhi*, 497.

99. Gao Jing, *Liaoning jiufang zhi*, 498.

100. *Guo Que*, 6.5235-5236.

101. Gao Jing, *Liaoning jiufang zhi*, 499-500.

102. Ibid., 494.

103. Ibid., 497-499; *Guo Que*, 56.5225.

104. *Ming shi*, ch.250, 孙承宗传。

105. 孙承宗在他的文章中对财政状况进行了详细的说明。个中细节请参见其 *Gao yang wenji, Qiankun zhengqi ji*,（《高阳集》、《乾坤正气集》本）vol.40（repr., Taipei, n.d.）, 22887-22892.

106. Cai Ding, *Sun Gaoyang dushi lüe*（蔡鼎《孙高阳督师略》）, Ming Qing shiliao huibian, 3rd ser., vol.4（Taipei, 1968）.

107. *Ming shi*, ch.250.

108. *Guo Que*, 6.5242-5243.

109. Ibid., 6.5257-5258.

110. Ibid., 6.5258-5259.
111. Gao Jing, *Liaoning jiufang zhi*, 501.
112. Ibid., 501-502.
113. *Guo Que*, 6.5315-5316; *Ming shi*, ch.257, 高第传。
114. Gao Jing, *Liaoning jiufang zhi*, 501.
115. *Ming shi*, ch.247, 袁崇焕。
116. 见 Frederic Wakeman, *The Great Enterprise*, 1: 84.
117. Gao Jing, *Liaoning jiufang zhi*, 503-504.
118. Ibid., 507-508.
119. Ibid., 508.

译后记

了解美国汉学界，或者关注《剑桥中国史》的读者，一定不会对窦德士这个名字感到陌生。因此，我在初接翻译任务时，也感到十分错愕，这是我第一次翻译如此大部头的学术专著，其挑战程度，不啻重新撰写一篇博士论文。事实证明，翻译完这部鸿篇巨制，需要六七十万字。

严复在《天演论》的"译例言"中曾指出，翻译要做到"信、达、雅"三点，因此在很长一段时间内，我总以为，译介书籍是专业翻译者们干的事，像我这种只会应试的"哑巴英语"，是注定做不好此事的。当然，如果仅仅把语言视为一种可以被解构、被分析的狭隘的工具，你可能会与我得出相同的结论。但我们知道，人类的语言与动物的叫声终究不同，它被倾注进了诉说者的感情，以及诉说者所描述的特定对象，因此，翻译就不再是机械的，而是作为一种命运的共同体，即我们都是人，我们都活在这个地球上，以及我们共同经历过一段历史，有一种跨语种的倾诉和表达。若从这层意义上讲，对描述对象，特别是不同社会的风俗习惯、历史文化的了解，也能促成翻译的完成。20世纪伟大的翻译家林纾，不正是基于这一点，完成了40余部国外名著的翻译吗？

我在社科院攻读博士学位时，具体方向是元史，侧重在制度史、法律史。元朝和明朝，是两个长期被人为劈开的朝代。市面上能看到的书籍，绝大多数把元朝"附庸"到了"宋元时期"，而把明并入了"明清时期"，实际上，这是一种偏见。我从来都不主张以严格的断代去划分和看待一段历史，即便真的在某个具体的议题上去探究不同朝代之间的传承和断裂时，元朝与明朝也不应该被分开，它们在经济、政治、文化、社会生活等诸方面都存在千丝万缕的联系和传承，这在近年来无数研究中已经得到一步步印证。因此，当贾启博编辑邀约我试译该书时，我选择了接受。事实上，我的一点微弱优势在于，我能够精准地翻译出监察御史，而不是检察官，能够精准地判断出都指挥使，而不是司令员。比之翻译出"常凯申""双鸭山"之辈，我认为我还是专业的，仅此而已。

窦氏著作以明朝北部从辽东到西域的漫长长城防线为切入点，通过翔实的史料考察明朝从开国之初至天启年间在这一防线的经营与布防。与传统西方汉学夺人眼球的写作手法不同，窦氏著作中大量援引了史料原文，这使得他的叙述显得谨慎，结论亦下得有理有据，甚至称其为广涉明朝长城边防文献的汇编之作，亦不为过。故无论什么类型的读者，观之当有所裨益。

翻译终得成书，还要特别感谢贾启博编辑提供的机会和无限的宽容耐心。我在翻译过程中遇到一些文献不足征的情况，多由贾编协助获得。初稿译毕，又由其逐一核校所用引文。责编武波对稿件进行了细心审读，在文字、体例、译文等方面进行了规范统一，大大提高了文稿质量。两位编辑工作之细致敬业，专业水平之深，令我折服。此外，还要感谢诸师友之支持，希望译介此书，能为中外学界之沟通交流添砖加瓦。

陈佳臻
2022 年 6 月 2 日
于京郊南五环外

从声音到文字·分散人类面

天壹文化